何與懷　主編

文革

五十年祭

目次

代序／毛澤東與當今中國社會

何與懷

一、上世紀七十年代末八十年代初，中國廣大民眾、中共思想理論界以及中共高級領導幹部，經歷十年「法西斯專制暴政」後，痛定思痛，熱切參與「撥亂反正」，體制外和體制內都出現了一股「評毛批毛」浪潮。

1976年10月6日，江青、王洪文、張春橋、姚文元一夥被抓。消息傳出後，全中國民眾無不拍手稱快，為這場反文明、反人類、摧殘中華民族的大劫難的結束喜極而泣。當時人們把文革定性為極其殘酷的「十年法西斯專制暴政」，全國掀起一個鋪天蓋地的控訴、批判浪潮。在文學領域，出現「傷痕文學」，後來進而有「反思文學」。各式各樣的非官方刊物也像雨後春筍，紛紛問世。從1978年冬到1981年春，僅北京就有五十餘種出版，較著名的如《探索》、《四五論壇》、《中國人權同盟》、《今天》、《北京之春》……等等。北京在1978年至1979年間還出現令人矚目的西單民主牆，每天群情洶湧，張貼許多不同政見的大字報。許多文章，包括文學藝術作品，以激烈悲憤之情，揭露、控訴江青、林彪兩個所謂「反革命集團」及其爪牙的罪行，這也是當局所需要的，可以堂而皇之進行，加之他們的種種罪行確實罄竹難書；而其中所透露的精神實質，是要肅清專制餘毒，要言論自由，要爭取人民權利，是呼喚第五個現代化——民主化，是評論、批判毛澤東（「評毛批毛」），找出罪惡的根源……這個「非毛化」浪潮，一時聲勢浩大，波及全國，儼然中國民主運動的開端，被史家稱之為「北京之春」。中共當時要「撥亂反正」，所以領導人也給其以很高的評價。葉劍英在1978年12月中共十一屆三中全會上說：「黨的十一屆三中全會是黨內民主的典範，西單民主牆是人民民主的

典範。」胡耀邦認為,西單民主牆是「人民新的覺醒」。有一段時間,鄧小平對西單民主牆也是肯定的。1978年11月,他借接見日本客人的機會表示:「寫大字報是我國憲法允許的。我們沒有權力否定或批判群眾發揚民主,貼大字報。群眾有氣讓他們出氣。群眾的議論並非一切都是深思熟慮過的,也不可能要求完全正確,這並不可怕。」在當月的中共中央工作會議的總結講話中,鄧小平更擲地有聲地說:「一個革命政黨,就怕聽不到不同聲音,最可怕的是鴉雀無聲。」

如果說,歷經十年暴政的體制外廣大民眾通過地下刊物和民主牆自發評毛批毛,為民主、自由、人權大聲疾呼,並不足為奇,那麼,1979年1月18日由中共中央宣傳部和中國社會科學院聯合召開的全國理論工作務虛會,則可謂20世紀70年代末中國理論界一件破天荒大事。在第一階段會上,體制內的思想理論界,首次公開出現大規模評毛批毛的壯舉。近兩百位與會者解放思想,爭相發言,痛快淋漓,會議氣氛非常活躍。

與會代表以「實踐標準」的精神廣泛地論及到1949年以來中共思想理論路線方針各個方面,指名道姓公開批評毛澤東,批判毛澤東的個人崇拜,批判他極左的思想、理論、指示和決策,諸如社會主義歷史階段的階級和階級鬥爭理論、無產階級專政下繼續革命理論、全面專政理論、關於走資派──黨內資產階級的理論,等等。所有這些文革中被認為是毛澤東對馬克思列寧主義的偉大貢獻、體現了「第三個里程碑」的寶貝,全都受到批判。與會代表對中共建國以後歷次政治運動提出質疑,認為反右派、大躍進、反右傾、四清、文化大革命,統統是毛澤東左傾路線的產物,造成的冤假錯案,都應該澈底平反。特別是文化大革命,被批得很凶。為「十七年」正名也得出「毛主席革命路線」就是極左路線的結論。與會代表批判「兩個凡是」,全面否定中共十一大仍表示要堅持的「無產階級專政下繼續革命的理論與實踐」。會上很多人還主張:把西單民主牆變成一個常設的發揚民主的陣地,要給它建一個擋風避雨的場所,大家可以到那兒去自由發表意見。

在會上,王若水一馬當先,開公開評毛之先河,作了振聾發聵的長篇發言,題目為〈文化大革命的重要教訓是必須反對個人迷信〉,整整講了

一天，反應異常熱烈，被譽為評毛「第一炮」。哲學家王若水任《人民日報》副總編輯，得以參與高層意識形態工作的討論，因而對毛澤東的為人和毛澤東思想有深刻的研究和認識。在王若水看來，毛澤東總是犯左的錯誤，越左越反右，越反右就越左，惡性循環，越搞越亂，終於無法收拾。左在經濟上的表現是「大躍進」，這和毛的好大喜功有關；左在政治上的表現是「殘酷鬥爭，無情打擊」，這又和毛的缺乏容人肚量和猜忌多疑有關。這裡是毛的個性起作用。毛澤東的這種個性之所以能不受抑制地發展，這就有制度的條件（高度集權體制），也有文化的原因（包括傳統文化和來自蘇聯的黨文化）。在這種體制下，加上意識形態方面的個人迷信，毛幾乎可以為所欲為。王若水一針見血地指出：「個人迷信是文革能夠產生的重要條件。」

當時擔任中國歷史博物館黨史研究室主任的李洪林也在會上做了一個長篇發言，題為〈領袖和人民〉。他認為，要求人民都用封建社會忠於皇帝的標準去對待國家領袖，絕不符合社會主義經濟制度和政治制度；要求每個黨員都忠於黨的領袖，也顯然根本不符合共產主義政黨的綱領和組織原則。他說，從歷史觀來看，《國際歌》和《東方紅》就是不一致的。一個說「從來沒有什麼救世主」，一個說「他是人民大救星」。還有一首歌，叫做《大海航行靠舵手》，它把魚水關係完全弄顛倒了。如果黨是「水」，人民是「魚」，那麼1921年以前，幾萬萬人民豈不是都變成乾魚了嗎？他的結論是：「不是人民應當忠於領袖，而是領袖必須忠於人民。」

公開評毛批毛的思潮甚至發展到中共領導幹部大會上。1980年秋，中共黨內四千高級幹部（中央機關約一千人，地方、省軍級幹部三千人）加上當時在中央黨校學習的一千五百多名學員，就〈關於建國以來黨的若干歷史問題的決議（草案）〉進行了一次大討論。史家認為，如果說理論務虛會是理論界的思想解放，那麼，這次討論會就可以說是黨內高層幹部的一次思想解放。

當時會議簡報刊登許多精彩的發言。例如：中共元老、中央統戰部長李維漢在發言中列舉了毛澤東的片面性和十大錯誤：不熟悉科學社會主義；不熟悉產業工人和資本家；不熟悉工業；不懂政治經濟學；不研究經

濟規律；對知識分子按世界觀劃階級，主張「外行領導內行」，批「臭老九」；搞農民平均主義，1958年搞「大躍進」是小資產階級狂熱性發作；在需要「外為中用」時，大批國際修正主義，把「自力更生」變成「閉關自守」；1964年提出四個現代化，1966年又開始搞四個大破壞；鑽進線裝書，搞他的「古為今用」。中華全國總工會秘書長李頡伯說，毛澤東發動文革的動機不是為了反修防修，而是以整人開始，以整人告終。團中央書記胡克實說，毛澤東後來的思想走上唯意志論，認為個人意志可以創造一切，可改變客觀經濟規律，改變黨和國家的根本大法，甚至改變歷史發展的趨勢，走上追求絕對權勢和個人意志的王國、唯我主義的道路，實際上是犯了「左」傾機會主義錯誤。……胡克實舉例說毛出爾反爾的事情很多。他說，毛的問題「只有觸及本質問題，才能解釋。不能用（草稿中的）驕傲情緒、主觀上要反修防修來概括，否則群眾不滿意，我們這些正統派也不誠服。」中共中央對外聯絡部副部長張香山說：毛澤東的錯誤太大、太多。因此，很難把毛的錯誤思想排除在毛澤東思想之外。著名作家、對外友協副會長夏衍概括毛澤東的錯誤是十六個字：「拒諫愛諂，多疑善變，言而無信，綿裡藏針。」中共中央組織部副部長李銳則言簡意賅地概括毛澤東的性格特徵是翻雲覆雨、任性生變的「權變」謀略。中央軍委副秘書長張愛萍上將說，毛是「言必稱秦始皇」。著名經濟學家、國家統計局副局長孫冶方說，毛「熟讀的不是馬列著作，而是二十四史。線裝書看得太多，把封建社會帝王將相的權謀用到黨內鬥爭上來了」。中紀委駐農機部紀檢組第一副組長宋敏之說，毛是「封建主義打底，馬列主義罩面」。國務院副總理方毅說得更直白，他認為毛澤東是歷史上最大的暴君，連朱元璋也不如他。

　　許多參與討論者反對把毛澤東「同林彪、四人幫區別開來」。他們強調，1949年中共執政後存在一條「左」傾路線，毛澤東就是「左」傾路線的總代表，不能回避，毛的錯誤太大、太多，很難把毛的錯誤思想排除在毛澤東思想之外。最後，許多參會人員要求重新撰寫〈決議〉這個文件。在重新寫的過程中，應該解放思想，要擺脫一些人為的思想障礙。要明確毛澤東思想到底包不包括毛澤東的錯誤思想，或者把毛澤東的錯誤思想說

成不屬毛澤東思想這個說法對不對。再則，〈決議（草案）〉為把毛主席同林彪、四人幫區別開來，而說什麼存在的路線一條是「極左」（林、四），一條只是「左傾」（毛），這種通過文字遊戲來區別兩者的論斷顯得太勉強了。還有，把明明是毛澤東個人的錯誤寫成是全黨的錯誤……等等。大家認為，草稿講「我們黨在大部分時間執行的路線基本是正確的」，這個估計顯然與事實不符，以這種錯誤估計來寫這段歷史，不能不處處文過飾非，為毛的錯誤路線及其造成的災難後果開脫。

這些中共領導幹部，以其幾十年的親身經歷，對毛澤東的思想、品性、行為及其在各個階段引發的後果，深有體會，切膚之痛難以忘懷。他們所發表的言論，固然由於時代局限、自身局限，未必具有理論深度具有系統性，但句句實情，句句中的。

在那幾年的撥亂反正、思想解放運動中，當時先後擔任中共中央黨校常務副校長、中央組織部部長、中央書記處秘書長兼中央宣傳部部長的胡耀邦功勳至偉。他以「我不下油鍋，誰下油鍋？」的非凡膽略和高超的政治智慧，開始並完成了中共史上前所未有的浩大工程——平反冤假錯案，給右派摘帽，基本解決了殃及一億人的問題。他斬釘截鐵地強調：所有冤假錯案，即使是毛主席定的、批的，都要實事求是地改正過來。胡耀邦在平反冤假錯案的同時，還悄悄地取消了以「五類分子」（「地富反壞右」）為代表的賤民群體背了三十年的恥辱桎拷。他這個貢獻堪比解放黑奴的美國林肯總統。在意識形態方面，胡耀邦頂著來自各方面甚至是最高層的政治壓力，一步步推進那場「實踐是檢驗真理的唯一標準」的討論。特別是，他毅然決然破除「兩個凡是」（「凡是毛主席作出的決策，我們都堅決維護；凡是毛主席的指示，我們都始終不渝地遵循。」），由此，那場此後被反覆追憶、讚譽的思想解放大討論全面鋪開。原《人民日報》評論部主任馬立誠在其《交鋒三十年》一書中評論道：如此重大的舉動，即使以今天的眼光來看，也屬膽大包天！

二，鄧小平提出「四項基本原則」，終止「非毛化」浪潮；又以〈關於建國以來黨的若干歷史問題的決議〉把已經垮掉了的毛澤東重新樹立起

來。鄧小平當時出於維護一黨專政的考慮,認定一定要這樣做,但也心知肚明,毛澤東難題始終要解決。

然而,文革以後所出現的這一評毛批毛、有可能讓中國政治制度發生重大變革的勢頭,最後戛然而止。「力挽狂瀾」者何人?第一人當推鄧小平。

鄧小平一度公開支持西單民主牆。但是,當西單牆延伸到大學(如北京大學三角地);當西單牆運動與工人維權運動開始結合;當西單牆成為民主運動的代名詞,並開始提升理論追求、要求中國實施政改、進入第五個現代化(政治文明現代化即憲政民主);當西單牆運動開始成為國際新聞熱點;當西單民主牆前聚集的人數從一天七千人增加到二萬人;當多地省委被申冤的民眾包圍;當「西單牆」上體制外的欲求與「三中全會」後新中央班底的政治權威和治國思路產生衝撞;特別是在1978年末、1979年初的中央理論工作務虛會上,當王若水等體制內人士也開始從根子上否定傳統意識形態、要求澈底的政治體制改革、並與社會上民主力量呼應時,鄧小平忍耐不住了。他一百八十度翻臉,即與陳雲聯手給理論務虛會「糾偏」,並以迅雷不及掩耳之勢強硬收拾體制外力量,終結了這段短暫的「北京之春」自由時期。

這一連串事件經常為史家論及:1979年3月22日,《北京日報》發表〈人權不是無產階級的口號〉一文。3月25日,魏京生在西單民主牆貼出那張被認為不合時宜的大字報〈要民主還是要新的獨裁〉,指名道姓批評鄧小平「走的是獨裁路線」。3月29日,魏京生被捕(到1980年在全國逮捕了民主牆與民刊活躍人士上千人)。3月30日,鄧小平在由中共中央主持的後一階段的理論務虛會全體會議上,作了〈堅持四項基本原則〉的講話。

鄧的「四項基本原則」是:堅持社會主義道路;堅持無產階級專政即人民民主專政;堅持共產黨的領導;堅持馬列主義毛澤東思想。正如鄧小平自己所說:「這四項基本原則並不是新的東西,是我們共產黨長期以來所一貫堅持的。」的確是這樣。即使文革期間紅衛兵和革命群眾理直氣壯地「踢開黨委鬧革命」,他們其實是遵照林彪副統帥的「四個念念不忘」:念念不忘階級鬥爭;念念不忘無產階級專政;念念不忘突出政治;

念念不忘高舉毛澤東思想偉大紅旗。「四項基本原則」和「四個念念不忘」，說法不同，主旨一樣，就是要堅持共產黨歷來的法統和道統，也就是和專制主義一脈相承的一黨專政。

很有意思的是，這個理論工作務虛會分中間休會的前後兩個階段，而兩個階段的氣氛和主導思想完全相反。據記載，1979年1月18日理論工作務虛會開幕，胡耀邦的引言報告話聲剛落，時任中國社會科學院副院長的周揚就從鄧小平家裡匆匆趕來，傳達鄧小平的指示：「不要設禁區，不要下禁令。」鄧小平唯恐大家思想不解放，不敢講話，因而發出指導會議的十個字的方針。但這位當代「葉公」萬萬沒有想到，自己黨的幾乎全部理論精英根本不需要什麼鼓勵，紛紛在會上爭相評毛批毛要求政治變革。他被這個洶湧澎湃的浪潮打昏了，黯然歎道：「看理論務虛會的簡報，越看越看不下去。」（見鄧力群回憶錄《十二個春秋》）他請胡喬木起草關於四項基本原則的講話，要堅決剎車了。從3月28日開始的第二階段會議也應聲在4月3日草草結束。

1980年秋，中共黨內四千高級幹部就〈關於建國以來黨的若干歷史問題的決議（草案）〉進行大討論，會議出現的評毛批毛的「嚴重」結果，也是鄧小平始料不及的。他當然絕對不會接受許多參會人員要求重新撰寫〈決議（草案）〉這個文件的呼聲，因為這個決議草案是在遵照他「宜粗不宜細」的方針下擬寫的，是嚴格按照他的這個指導原則：「毛澤東思想這個旗幟丟不得。丟掉了這個旗幟，實際上就否定了我們黨的光輝歷史。」1981年6月27日至29日，中共十一屆六中全會在北京舉行，通過了這個「決議」，為了保住毛澤東那面「旗幟」，也就顧不得什麼「實事求是」了，更顧不得什麼「群眾滿意不滿意」了。

鄧小平的「宜粗不宜細」方針，就是為了文過飾非掩蓋歷史。人們都說，寫歷史要有史德，中國的史學傳統是秉筆直書。「在齊太史簡，在晉董狐筆」，都代表了中華民族的正氣，是中國史學最可貴的傳統。而對歷史作個政治性的決議，要大家都來服從，這本身就是按照黨派領袖主旨，出於某種政治需要，這就必然改寫歷史，粉飾歷史，抹殺歷史，或者憑空捏造歷史。李洪林說，當初他參加1981年〈決議〉起草組的時候，並沒有

意識到這一點。經過三十年的風風雨雨,才明白過來,不論第一個〈歷史決議〉(1945年)還是第二個〈歷史決議〉(1981年),都是為當時領導者的政治需要服務的。結果,鄧小平這個〈決議〉,將文革定性為「領導者錯誤發動,被反動集團利用,給黨、國家和各族人民帶來嚴重災難的內亂」;毛澤東雖然應為「這一全域性的、長時間的左傾嚴重錯誤」負主要責任,但他仍然是「偉大的馬克思主義者,是偉大的無產階級革命家、戰略家和理論家」。鄧把已經垮掉了的毛澤東重新樹立起來。

論者認為,鄧小平否定文革,但不否定文革的罪魁禍首毛澤東,大致有三個原因。第一,文革中,雖然鄧小平被稱之為第二號最大的「走資本主義道路的當權派」,後來甚至被定為「死不改悔」的走資派,但毛澤東始終嚴格地把他和要剷除掉的頭號走資派劉少奇區別開來。鄧小平在歷史上總體來講,是積極執行毛澤東路線的。毛鄧兩人對此可謂均心照不宣。因此,鄧現在維護毛,亦算是桃李相報;而且,否定毛,就一定會涉及到鄧自己,鄧當然犯不著幹這種傻事。第二,鄧小平他們不想因為否定文革而影響到中共的一黨專制制度。所謂「文革要與文革時期分開」,就是說,文革可以否定,但是黨不能否定,而毛澤東就是中共的祖宗牌位,所以他們不跟毛澤東算帳,而是把責任推給江青、林彪等人承擔,文革成了只是黨內少數野心家、陰謀家做的壞事。第三,從本質上來講,文革以階級鬥爭和暴力革命為核心思想,正是出自發展了馬列主義的毛澤東思想,出自中共這個政黨體內的基因。毛澤東思想是中共的指導思想,否定毛,丟掉毛澤東思想,就是沒有了「體」,中共的合法性便受到挑戰。

這些年來,不少思想先進的中國人都有共識:文革始作俑者,非毛其誰?早已人人都說,「四人幫」實為「五人幫」,而且「五人幫」說法還是不準確──文革就是毛澤東一個人的「傑作」。林彪集團、「四人幫」集團、康生等人,乃至周恩來,無一不是毛澤東掌中利用或把玩之物。毛澤東獨斷朝綱,決定文革的起承轉合,其決定性的個人作用無可倫比。把中共也就是毛澤東在取得政權後越來越左的方針政策路線一起宏觀研究,文革就是「毛澤東極左路線不斷惡化的必然結果」,完全是毛澤東思想的「外化」。毛澤東妄圖通過搞文革,治療他害怕被「睡在身邊的中國赫魯雪

夫」鞭屍的妄想症，要將自己提升到生前死後都不可動搖的真命天子地位。

鄧小平其實也不是不認識到毛的問題的嚴重性，不是不想到制度改革的必要性。例如，1980年8月18日，鄧小平在中共中央政治局擴大會議上作了關於黨和國家領導制度的改革的講話。他指出：

> 我們過去發生的各種錯誤，固然與某些領導人的思想作風有關，但是組織制度、工作制度方面的問題更重要。這些方面的制度好可以使壞人無法任意橫行，制度不好可以使好人無法充分做好事，甚至走向反面。（鄧小平，〈黨和國家領導制度的改革〉，《鄧小平文選》第二卷，頁333）

鄧小平接著說：

> 史達林嚴重破壞社會主義法制，毛澤東同志就說過，這樣的事件在英、法、美這樣的西方國家不可能發生。他雖然認識到這一點，但是由於在實際上沒有解決領導制度問題以及其他一些原因，仍然導致了「文化大革命」的十年浩劫。這個教訓是極其深刻的。（同上）

鄧小平也心知肚明，知道毛澤東難題始終要解決。

據有關資料，1986年7月，在北戴河中央政治局、中顧委的聯席會議上，鄧小平說：「作為共產黨人，以馬克思主義對毛澤東作一生的政治評價是唯心的，是搞了中庸，是照顧當時的政治環境，顧及到部分同志的思想認識和情緒。我們是錯的。這個錯誤主要由我來承擔。但要說明，我們是清醒的。……再過十五年，要不二十年，對毛再作評價是必要的，時間成熟了。」他還說：「重新評價毛澤東，現在只能唯心、違心。在這個問題上，說我們是馬克思主義的黨，我們還不夠格！」（見北京《共識網》以及其他網上文章。）

中國黨史專家、前國防大學教官辛子陵大校在他的巨著《紅太陽的隕

落——千秋功罪毛澤東》（香港書作坊出版社，2007年7月）中還披露，
鄧小平於1993年1月15日在上海西郊賓館召開的一次政治局常委擴大會議
上的講話中也就這個話題表達他同樣的意見：

> 十一屆六中全會上對毛澤東在中國革命中的歷史地位及功過的評
> 價，是受到當時黨內、社會上形勢的局限的，部分歷史是不實的。
> 不少同志是違心地接受的。歷史是我們走過來的，不能顛倒，不能
> 改變。對毛澤東一生功過評價，一直是有爭論的。我對彭（真）
> 老、（譚）震林、（陸）定一說了：你們的意見是對的，但要放一
> 放，多考慮下局面，可以放到下世紀初，讓下一代做出全面評價
> 嘛！毛澤東的功過是擺著的，搬不掉，改不了。有人擔心對毛澤東
> 全面評價，會導致中國共產黨的歷史功績被否定，會損害共產黨的
> 領導地位。我看，不必擔心。我建議，對毛澤東一生的評價，可以
> 在我們這一代走後，作全面評價。到那時，政治環境會更有利，執
> 著意見會少些。共產黨人是唯物主義者，對過去的錯誤、過失和違
> 心、不完整的決議做出糾正，是共產黨自信、有力量的表現，要相
> 信絕大多數黨員，相信人民會理解、會支持的。

　　辛子陵在書中指出，江澤民、胡錦濤都清楚鄧的意見。他在上述引語
加了一個注：

> 1993年1月15日，在上海西郊賓館召開了一次政治局常委擴大會
> 議。參加會議的除中共第十四屆中央政治局全體常委江澤民、李
> 鵬、喬石、李瑞環、朱鎔基、劉華清、胡錦濤外，還有鄧小平、陳
> 雲、彭真、萬里、薄一波、楊尚昆、王瑞林。鄧小平在會上作了關
> 於若干年後對毛澤東歷史地位和一生功過，要作出科學、全面評價
> 的講話。當時江澤民在會上提出，對小平同志這一談話紀要及其他
> 同志的發言紀要，作為一次政治局常委擴大會議通過的議題存案。
> 在會上曾舉手表決，一致通過。

辛子陵在書中也披露，胡錦濤2004年7月回應中共元老萬里時作了如下表態：

> 當年中央政治局和小平同志的意見、決議是存在的，我個人是理解的，遲和早要解決好的。這是建國後很主要的政治問題，黨的組織問題。我們這一代人或許能在沒有束縛的情況下處理好。當前工作千頭萬緒，待解決的問題、矛盾較多，如能在較平和的政治氣氛、環境下解決對毛澤東的一生的評價，就能有較大的共識。

可是，到了今天，這個「共識」不但還沒有找到，而且更加分歧了。

三，鄧小平的「護毛」方針讓歷史失去了評毛批毛的最佳時機。隨後幾十年，政治上的「距離美感」隨著時間的推移空間的變換逐漸發酵，更主要的由於中國社會已經發生了極其重大的變化，解決毛澤東難題的「共識」已經喪失。鄧小平的缺乏政治體制改革的「改革開放」國策竟然致使中國成了世界上唯一的而且是空前奇特的共產大國——既聲稱信奉謀求窮人解放的馬列毛主義又被權貴利益集團綁架了整個國家。

鄧小平的「護毛」方針讓歷史失去了評毛批毛的最佳時機。從一般心理機制而言，所謂「魔鬼藏在細節裡」，政治上的「距離美感」隨著時間的推移空間的變換逐漸發酵，而這個「美感」卻可能是完全大謬的錯覺。今天，由於長期不准觸及文革這個禁區，文革真相不讓探討，許多人對文革不單是淡忘而且更加認識不清了。文革經歷者當年那種慘烈的切膚之痛，慢慢消失了；對始作俑者毛澤東的罪責追究，也變得似乎可有可無了。文革後出生者已經兩代，他們一方面缺乏文革反人類反文明的慘烈恐怖的親身經歷，因而對毛澤東難以準確認識；一方面在不斷重複的洗腦宣傳下竟對毛在文革浩劫中發揮得淋漓盡致的翻手為雲覆手為雨的手腕、我行我素無法無天的性格、冷酷無情蔑視生命傷天害理的品行不以為意，反而為他的「雄才大略」、「高瞻遠矚」、「不同凡響」而極度欣賞、崇拜。現在，這

個發動並領導文革造成民族大災難的罪魁禍首、公然宣稱超過秦始皇「焚書坑儒」一百倍的毛澤東，竟又成為中國許多青少年心目中的頭號英雄。

「共識」的喪失，最主要的，更因為當今中國社會已經發生了極其重大的變化。

1976年10月6日，時任中共中央第一副主席、國務院總理的華國鋒領導驚天動地的「宮廷政變」，抓捕了毛澤東妻子和意中接班人江青及其一夥。但他由於主、客觀等原因，卻又以真正的毛澤東繼承人自居，發誓要把毛創立的「無產階級專政下繼續革命」的偉大事業繼續下去。鄧小平精明地抓住了華的死穴。華只「繼續」了兩年，就乖乖地被鄧剝奪了繼續「繼續」的權勢。而這位曾被毛譴責為「死不改悔的走資派」、曾經信誓旦旦「永不翻案」的鄧大人確是中國政壇高人，把中國文化政治哲學的「模糊」特性掌握得爐火純青出神入化。他以「三論」（「貓」論、「摸」論、「不爭論」論）指導他的在1978年中共十一屆三中全會上得到確認的「改革開放」國策的貫徹實行。他把毛的「突出政治」以階級鬥爭路線鬥爭為綱完全顛覆為「突出經濟」以經濟建設為中心；又能通過1981年〈決議〉把已經垮掉了的毛澤東重新樹立起來為己所用。但是，鄧小平的缺乏政治改革缺乏健全法律配套下的「讓一部分人先富起來」以及「發展才是硬道理」的思路，帶來了今天中國貧富懸殊、道德淪喪、環境惡劣、社會撕裂的嚴重後果。從本質意義上來說，這也是毛澤東的文革後遺症。在這種社會生態下，毛澤東竟不可思議地成了被剝奪的社會底層民眾和權勢利益集團共同需要的神靈。

這裡，讓我們從頭稍微回顧一下當代中國權勢利益集團的「原始積累」過程。經濟學家、社會學家如何清漣、胡星斗、孫立平……等人已經做了許多考究。

文革結束後，幾乎全部曾經短期或長期被打倒的所謂「走資派」重新上臺。在他們的蔭護下，他們的子弟（有些是文革初期的「老紅衛兵」即「權貴紅衛兵」）作為「第三梯隊」培養並隨後逐步成為各級接班人。他們中，不少人吸取的經驗教訓是：「有權不用，過期作廢。」這些人千方百計利用手中權力撈錢，權錢交易越演越烈。在改革過程中出現了一個掌

握政治資本、經濟資本與文化資本的總體性資本精英集團。從他們致富的實際過程來看，他們中的大多數不是依靠技術創新和產業化的過程而誕生，而是借助權力市場化，利用手中的資源配置大權，借助壟斷條件的再生產來聚斂財富。全國收入增長最快的都是與權力相關的群體，實際上形成了一個有權必有錢的怪圈：以權力為中心，離權力越近的人越富，離權力越遠的人越窮。

在這三十多年中，中國大致出現過四輪暴富潮。第一輪暴富潮是走私進口潮，最初出現於1970年代末至1980年代初的廣東沿海，後來愈演愈烈。第二輪暴富潮發生在實行價格雙軌制和企業承包制期間，「官倒」及承包者迅速暴富了起來。第三輪暴富潮是以土地和股票為主的投機熱。第四輪暴富潮是賣完了土地賣企業，推行國有企業私有化，這實際上變成一場明火執仗的搶劫。在這期間，專家們發現中國政治資本、經濟資本、文化資本三者之間的可轉換性。他們稱之為「圈內轉換」。典型的就是「不落空」現象：在國家政權層面上總體性血緣資本代際交換，強化了不同資本的可轉換性，換言之，在「原始積累」過程中的每　次資本轉換和資源佔有的風潮中，都沒有落下他們，成為他們總體性資本積累的重要環節。

詳考上述四輪暴富潮的來龍去脈，細查權貴資產階級的「原始積累」發家軌跡，可以說無時無處不活躍著權力神通廣大的身影。事實表明，貪官也好，貪官的親朋好友和買通貪官的奸商也好，沒有一個不是依靠權力暴富的。經濟學常識告訴人們，權力不能創造財富，創造財富的只有勞動和資本。但權力卻能夠讓人致富，而且能夠讓人一夜暴富，這是因為權力能夠轉移財富、分配財富，讓財富從創造者的手中「搬家」到掌握權力或能夠利用和買通權力的人那裡。這就是依靠權力暴富的本質。經過不擇手段空前貪婪罪惡的「原始積累」，中國出現四大非正義的利益集團：壟斷國企利益集團、政府部門利益集團、官商勾結利益集團、身分血緣利益集團。這些利益集團的存在引發中國政治、經濟、社會、文化教育等方面一系列問題，而且這些問題容易結成全方位，又互為因果的惡性循環。其利益取得的來源、方式和影響，全都不符合社會正義的要求。

古往今來，利用權力致富乃至暴富的可謂不乏其人，歷代各國都有。

但可以肯定的是，不論是在實行計劃經濟的毛時代，還是在真正意義上的市場經濟國家，權力都不曾成為也不可能成為整個社會最有效的暴富手段。為何在當今中國權力卻能夠具有和顯現如此神奇的財富魔力？答案就在於中國這個「改革」的本身。

如論者所指出，鄧小平開導的「改革」所建立的所謂「具有中國特色的社會主義市場經濟」，其實是一種權力市場經濟，而權力市場經濟最大的特點就是缺乏公眾監督的政府對市場的強有力控制。正是政府的這種強勢地位使權力在中國的財富分配過程中充當了決定性的角色，從而使權力產生了巨大的財富效應。更為惡劣的是，在當下的中國，由於權力對市場所具有的巨大控制力，尋租活動還呈現出一種惡性循環的趨勢。由大規模的尋租發展到在尋租的同時積極地創租、設租，權力的財富效應變得越來越大，貪官變得越來越瘋狂，他們的錢包也變得越來越鼓。

三十多年前，當改革開放剛剛拉開帷幕，鄧小平許諾「讓一部分人先富起來」的時候，幾乎所有的中國人都對自己的未來充滿了憧憬。然而三十多年後的今天，當人們從這場流光溢彩的財富夢中相繼醒來時方才明白，所謂「讓一部分人先富起來」，並不是讓一般中國老百姓先富起來，而是讓權貴們先富起來，而且是讓他們利用權力通過掠奪和盜竊人民用血汗創造的財富暴富起來。

這就是2006年4月開始在網上流傳的那份〈全國地方黨政部門國家機關公職人員薪酬和家庭財產調查〉的調查統計結果——中國的億萬富豪，90%以上是高幹子女。或據2012年6月19日北京《人民政協報》官方的報道，0.4%的人掌握了全國70%的財富。實際上已形成了一個權勢和錢勢都如日中天的官僚特權階級。

這些年來，中國大陸貧富差距懸殊引起許多有識之士關注，他們提出不少有關調查研究報告。聯合國曾估算，2011年中國的基尼係數將突破0.55。中國西南財經大學中國家庭金融調查與研究中心於2012年12月公佈的《中國家庭金融調查報告》則指出，2010年中國家庭基尼係數為0.61，遠高於警戒值0.4，顯示「當前中國的家庭收入差距巨大，世上少見」。這份研究報告顯示，中國大陸收入排名在前20%的人控制著68.4%的收入，

但收入最低的後20%的人，僅控制著0.5%的收入。報告認為，中國大陸貧富差距問題非常嚴重，可能是世界各國之最。

特別是，由於政治體制存在問題，在權力精英和資本精英互相勾結的情況下，階層出現「世襲」，造成官二代、富二代和窮二代、農二代的利益固化。這種社會階層的分化對立日益嚴重，造成草根階層失去向上流動的可能、中等收入階層產生嚴重的被剝奪感、新富階層則出現嚴重的移民傾向。

社會階層出現「世襲」這個結論，也得到中共喉舌《人民日報》承認。它在2013年5月26日發文談論中國農村教育問題，稱：教育公平是社會公平的底線，農村孩子棄考傳遞出一個信號：底層上升通道受阻，「社會階層固化」趨勢加劇，貧窮將會代際傳遞，「一代窮世代窮」。許多社會調查證實，貧富懸殊的社會階層形成，撕裂定格，再也難以逆轉了。階層的固化比貧富差距對國家的傷害更為嚴重。

今天中國狀況，應該說鄧小平是始料未及的。上世紀八十年代中，當鄧小平多次發表他的「一貫主張」——「讓一部分人、一部分地區先富起來」的時候，他並沒有忘記「大原則是共同富裕」。但是，歷史的確經常開玩笑作弄人。由於自身的局限以及國內外形勢的影響，鄧小平下不了進行政治體制改革的決心，而沒有政改沒有健全法制的保障，他這個「大原則」就始終無從得到切實執行；後來，在1989年「六四」之後，他又陷入了「毛澤東之憂」因而錯上加錯。毛死前說，他一生做了兩件事：建國與文革，都沒有做完；最憂慮的是他的文革決策在他死後可能被否定因而將聲名狼藉。鄧小平的後半生最主要的是兩大決策：改革開放和六四鎮壓。下令開槍的惡名很難擺脫，他只能依賴改革開放政策來保住聲望名譽。1992年年初，鄧小平不顧老弱之軀毅然南巡，以挽救「六四」後在批判「和平演變」的浪潮中大有可能被衝垮的他的改革開放政策。在南巡中，他進而提出「發展才是硬道理」，一時真是「東方風來滿眼春」。但是，他這個響亮口號，由於缺乏社會正義的保證，更讓權貴利益集團乘機加促了發展勢頭。改革開放脫離了初始的運行軌道，既得利益集團迅速掌控了中國的政治社會經濟文化命脈。在中國經濟高速發展的背後，這個國家在不知不覺中被既得利益集團所壟斷，連改革依賴的路徑也被既得利益集團

所把持或控制，變成了一種不受監督、不受制約、不需要全民共識的官僚利益集團和壟斷利益集團雙贏的格局。這樣，鄧小平的六四鎮壓不但以完全逆反的連鎖效應導致蘇東歐國家天鵝絨革命並最終引向國際共產主義陣營的解體，也致使中國成了世界上唯一的而且是空前奇特的共產大國——既聲稱信奉謀求窮人解放的馬列毛主義又被權貴利益集團綁架了整個國家。

今天，雖然「改革開放」國策極大地提高中國國力，讓中國成為全球第二大的經濟體，但是，社會上大量底層民眾，那些被剝奪被損害者，並沒有感謝鄧小平，反而懷念那個他們認為的「雖然人人貧窮但卻人人平等」的毛澤東時期。這毫不奇怪。翻開鄧小平歷次講話記錄，他自己已有話在先：中國如果出現了千萬富翁，億萬富翁，我們的改革就失敗了，我就成了歷史的罪人！如果我們的政策導致兩極分化，我們就失敗了；如果產生了什麼新的資產階級，那我們就真是走了邪路了。——非常不幸，三語三中，全部成真！

四，當今中國，各種社會思潮斑駁雜亂，紛至遝來，特別是毛左思潮與反毛左思潮，尖銳對立，不斷劇烈爭論交鋒。由於黨國體制決定性的影響，毛左勢力坐大，毛澤東奇特地成為中國社會底層被剝奪被損害者和掌握了政治、經濟大權的權貴利益集團共同需要的「尊神」。

1976年文革宣佈結束時，可能所有的中國人都想像不出，幾十年後的中國大陸竟然如此社會分化，貧富懸殊，貪汙腐敗，道德淪喪。與此同時，作為社會生態的重要反映，各種社會思潮竟然如此斑駁雜亂，紛至遝來，不斷劇烈爭論交鋒。馬立誠在他於2012年1月出版的《當代中國八種社會思潮》一書中，對這些流行於當代中國的社會思潮進行了梳理，歸納為八種，即鄧小平思想、老左派思潮、新左派思潮、自由主義思潮、民主社會主義思潮、民族主義思潮、新儒家思潮和民粹主義思潮。這八種社會思潮是在當前語境下能夠在大眾傳媒上公開進行論述和博弈的思潮，不是社會思潮全部，特別是排除了那些極端主義與分離主義的暗潮，文革後公開影響民間社會生活的基督教思潮也沒有包括在論述對象裡。當然，此

書也來不及論及2012年11月中共十八大習近平上臺後出現的新思潮。可以說，近年來思潮非常之多，多到十幾種，二十幾種。

中國老左派就是以「毛澤東晚年思想的捍衛者」自居，認定毛澤東具有無可置疑的「晚年正確性」，而不是什麼「晚年錯誤」。鄧小平上臺後三十多年來，據馬立誠考察，他們先後發動四波進攻，其決絕性一波高過一波。第一波，是圍繞「兩個凡是」與真理標準的交鋒，主要在政界高層展開。第二波，是1989年「六四」過後，「老左派」認為清算改革開放的時機來了，就是要「問一問姓社姓資」，矛盾直接對準鄧小平。第三波是四處散發「萬言書」，前後四份，抹黑私營經濟，以便影響公共決策。第四波，利用網絡和海外媒體，逕直呼喚再來一次「文革」。

年逾九旬的前冶金部副部長馬賓2007年自費印刷的《紀念毛澤東》，公然提出「澈底為毛主席、江青、張春橋、姚文元、王洪文等人平反昭雪！」《烏有之鄉》毛左寫手梅俏同年所著《毛澤東的「珠峰」》，高調歌頌「文革」。中央民族大學教授張宏良，則在2011年6月15日為英國BBC撰文，極力為「文革」辯護，並在隨後發表的〈重慶模式成敗與中國政治前景〉一文中，大罵改革開放的排頭兵廣東。老左派甚至公開發表文章攻擊咒罵黨和國家領導人如鄧小平和溫家寶，甚至組織了幾個掛著「毛澤東主義」掛著「工人」招牌的共產黨，還曾經打算敬選薄熙來做他們的總書記。他們都沒有因為這些應該是滔天大罪而受到相應的懲罰。今年文革五十周年，5月2日在北京人民大會堂舉行了聲稱由中宣部屬下機構作為主辦團體之一的「在希望的田野上」大型交響演唱會，大肆為文革招魂。近萬人出席這場聲勢浩大等於是宣戰式的「紅歌秀」。2016年5月16日，〈五·一六通知〉下達五十周年之日，江青墳前擺放著拜祭鮮花。這些人要澈底否定改革開放。他們堅信：中國的腐敗和民生等一切問題，都是鄧小平走資本主義道路集團否定文革、推動資產階級改革路線造成的，如果不肯定文革就不會否定改革，而不否定資改路線，就不可能從根本上解決腐敗和民生等問題。最大的腐敗是路線腐敗，反腐敗不反腐敗路線，不放手發動群眾，不能根本解決腐敗問題。他們號召：在毛澤東思想旗幟下團結起來，緊緊抓住兩個戰略任務——破鄧小平設計的資改路線；立毛式新

社會主義——下定決心，不怕犧牲，排除萬難，去爭取勝利！

　　毛左勢力有新左派加盟為其添加時髦光亮的理論色彩。新左派他們不再熱衷繼承史達林主義的蘇聯遺產，也很少操弄「階級鬥爭」、「計劃經濟」之類話語，他們奉為至寶的主要是西方新左派如「新馬克思主義」、後現代和後殖民主義理論。中國新左派不和老左一起唱「舊時曲」，反而打扮得很時髦，但他們共同之處不少：反「市場拜物教」、反全球化、反對鄧小平的改革開放、反對中國加入WTO、嘲諷與現代性相關的啟蒙與理性精神，也有部分新左讚賞毛澤東發動的「文化大革命」。人們說，新左派不是藥方而本身就是一個病，一種時代病，其病症可以變得很快。例如，自從2008年提出「中國模式」之後，新左派一反過去對改革開放的質疑與批判，一擁而上盛讚「中國模式」，成了國家主義者。「中國模式」是毛左包括中國民族主義者津津樂道引以為榮的東西，無論如何，新左派是毛左最具眩惑力的打手。

　　毛左勢力雄大還因為有強大的民族主義思潮和民粹主義思潮作後盾。現代中國有著滋長強大的民族主義和民粹主義的豐富土壤；毛澤東起家就是靠善於煽動民粹主義和民族主義。今天中國以世界第二位的經濟體傲視全球，民族主義情緒與時俱進也空前高漲。民族主義在中國主要是抵制全球化、反對西方；在世界上的作用是加劇了中國威脅論，加深中國和其他國家的緊張關係，絕不是中國的福音，但是它為毛左也為執政當局所喜歡欣賞也隨時被加以利用。至於民粹主義，和毛左更有天然的血肉關聯。老左派他們對與過去有著天壤之別的現實問題非常敏感，對底層民眾疾苦關切，特別是對貧富懸殊、腐敗叢生的現象進行激烈的抨擊，有相當的民意基礎。他們很多做法是煽動民粹，以司法不公、官商勾結等問題刺激中國的民粹。民粹主義特別看重、崇拜那些魅力型領導人，由此出現了毛澤東熱、文革熱，前幾年還出現薄熙來熱。

　　但也有這麼一種觀點，就是鑒於中國實際上已形成了一個權勢和錢勢都如日中天的官僚特權階級，幾百個既得利益集團壟斷著或者說綁架了整個中國，所以權貴集團是中華民族包括自由派和毛派的共同敵人，自由派和毛派應該聯合起來對付之。這種觀點認為，自由派和毛派之所以糾纏不

休，相互為敵，是各自存在一些重要的認識誤區。概括起來說，不少自由派糾纏歷史，恐懼毛澤東和文革，怕回到過去的毛澤東時代；一些所謂的毛派反對政改，恐懼民主和美國，怕走向「普世價值」的未來。雙方為此無休止爭鬥，卻穩定了最需要改變的今天，放過了他們其實要聯合對付的共同敵人——權貴集團。

看得出，這裡所說的「毛派」，不是和統治集團利益相關血肉相連的「毛派」，而是處在社會最底層的那些仍然把毛澤東看作「大救星」的廣大中國民眾。這種毛派，受壓迫被剝奪，對社會不公、貪腐盛行憤懣難耐，傾向於民粹主義，期望再來一次文革，而且要像毛澤東所提出的，「七、八年來一次」。他們嚮往文革中的所謂「大民主」，想訴諸文革式的暴力運動以達到「翻身」。但是，這種思想意識，已經和今天時代趨勢、和法治、憲政背道而馳了。他們的理念還有一個致命的缺陷——全然無視這個基本的事實：許多底層民眾固然把毛澤東看作搭救人間苦難的天神，但是當前最需要通過請回毛澤東這個「精神教父」這個「尊神」來穩固自己的根基和既得利益的，卻正是掌握了政治、經濟大權的利益集團特別是那些「紅二代」「趙家人」。在這個要害問題上，這些「毛派」和他們設想的「革命」對象竟是一致的。

毛左現在集結力量，要將12月26日毛誕辰這一天定為「人民節」法定節日。他們聲稱，建立人民節的自發運動，就是一場偉大的鑄魂運動。在他們看來，當今中國社會的諸多問題，就思想方面的原因來說，悉為離開毛澤東思想的魂不附體所造成。毛澤東是人民領袖，是人民之神，是人民的化身。毛澤東把中國的一切全都打上了人民的烙印——人民政府，人民軍隊，人民法院，人民醫院，人民鐵路，人民郵政，人民銀行，人民警察，人民教師，甚至連鈔票都稱人民幣。在人類歷史上，只有毛澤東創建的人民共和國把一切都打上了人民的烙印，而正是因此，毛澤東是以人民領袖身份走進歷史的，也必將永遠定格在人民領袖歷史豐碑上。毛澤東就是黨魂軍魂國魂民族魂！事實上，時至今日，毛澤東至今仍受到很多中國民眾頂禮膜拜，在全國不少地方，毛廟堂裡供奉著毛澤東神主牌位。

中共政權源自於暴力革命。按其傳統來說，中共黨人自然是左派；所

有以「左」的名號打著毛澤東神主牌從事活動的都可以看作「自己人」，即使其見解有時不甚正確活動有時有些出格也不失為「犯了左傾錯誤的自己人」。疏親一目了然。正如過去中國政治生活的一句老話常說：左是認識問題；右是立場問題。從對幹部黨員的影響看，左比右有更多的欺騙性；從國情和黨情看，左比右有更強的易發性。這幾十年來一些經濟改革，也要「打左燈向右轉」。左的危害太嚴重太可怕了。鄧小平在1992年南巡談話中基於當時改革成果極易葬送的嚴峻局面，講了了一句曾經讓很多人高興的話：「中國要警惕右，但主要是防止『左』。」但是，今天再回頭看看鄧的這番話，防「左」實際收效甚微，極「左」思潮非但沒有消弭反而時時表現更為嚴重。今天毛左勢力坐大，是其表現也是其結果。其實，毛左勢力背後一直有一個即使拉下人間還是神的毛澤東；中華人民共和國是他這尊神領導的中國共產黨用槍桿子打出來的。1982年《中華人民共和國憲法》已經把鄧小平「四項基本原則」規定為「立國之本」。

的確，在目前中國，不管多少思潮呈現、起伏、交集或碰撞、博弈，最主要的是毛左思潮和與之相對的反毛左思潮。兩者非常不對稱，毛左勢力遠遠大於反毛左勢力。或者可以這樣的區分：「人權派」與「特權派」。這樣，推崇普世價值、推崇自由主義、維護人權正義的有志之士可以在基本理念上和民主社會主義以及其他思潮盡可能取得最大公約數，特別是，在維護人權正義的共同目標上可以爭取並啟蒙那些仍然把毛澤東看作「大救星」的處在社會最底層的廣大民眾。

五，2016年2月下旬，在文革五十周年之際，中國大陸發生了一場「十日文革」。鄧小平的「繼續前進」加深了原本毛主義在各個領域的破壞；當今中國各種問題，均可以在毛澤東那裡找到源頭，均是未得到澈底改造的毛建立的崇尚暴力、摧殘人性的特權專制體制造成的。在文革後中國土地上，「中國病毒」產生，它不但禍害中國，也傳染世界，對世界形成了一種另類威脅。

行文至此，不能不提到，今年（2016年）2月下旬，在文革五十周年之

際，中國大陸發生了一個「任志強事件」，被史家稱之為「十日文革」。

　　所謂「任志強事件」起自2月19日。這天上午，中共中央總書記習近平年後首次調研，分別視察了中共三大官媒人民日報社、新華社、中央電視臺。下午，習近平主持召開新聞輿論工作座談會並講話，要求中共文宣官員要維護「中央權威」，「與中央保持一致」等。據多家官方報導，「黨媒姓黨」也是這次會議的說法之一。19日晚上，在微博上擁有3000多萬粉絲的知名地產商任志強在微博發貼炮轟：「政府啥時候改黨政府了？花的是黨費嗎？」還稱「這個不能隨便改」！「別用納稅人的錢去辦不為納稅人提供服務的事」。緊接著，任志強又說道：「澈底地分為對立的兩個陣營了？當所有的媒體有了姓，並且不代表人民的利益時，人民就被拋棄到被遺忘的角落了！」22日近中午時分，任志強受批判後還發表微博稱：「董事會受股東的委託代表股東管理、經營公司。但公司是屬於股東的，不是屬於董事會的。這是常識！」

　　2月22日，由北京市委旗下的《千龍網》首先發表題為〈網友為何要給任志強上黨課〉、〈誰給了任志強反黨的底氣〉的兩篇評論。用文革式的語言稱任「簡直就是黨性的泯滅、人性的猖狂」。並把質疑指向任背後的領導：一個半夜三更喜歡給領導打電話的任志強，究竟誰給了他跳出來推牆的「勇氣」？《千龍網》這兩文被多家門戶網站轉載，並在首頁顯著位置刊發評論文章，直指任志強反黨，並質疑其黨員資格。2月22日晚上，中央網信辦轉載了《千龍網》發表的文章。就此事進行了表態。

　　對任志強的各種攻擊如潮水般湧來。新華社的《新華網》以〈亂放炮的任志強「黨性」去哪兒了〉；人民日報社的《人民網》以〈任志強同志，你正在演出一場機會主義鬧劇〉加入圍攻的隊伍；上海市的《東方網》指任是「8,000多萬黨員的恥辱」、對黨「忘恩負義」、「處處抹黑、污蔑黨」；共青團的《中青網》稱任「用心險惡」、「妄議中央」、「違反『國安法』」；《廣州日報》謾罵任「甚至禽獸不如」；光明日報社的《光明網》稱任為「顛覆勢力代言人」。還有自稱民間「愛國網民網站」的《察網》發表署名「崔紫劍」的文章，呼籲對任志強「依紀處理」，如有違法就移送司法。

2月24日，任志強在微博上發了《呂氏春秋》的一句話：「石可破也，不可奪其堅；丹可磨也，不可奪其赤。」第二天早上他透過騰訊微博，宣佈他的新浪微博被封殺：「早上起來新浪的微博已經被關閉了。在這打個招呼！」

2月26日，中宣部主管的《黨建網》刊文〈黨要管黨任志強不能例外〉，稱：「黨內的任志強們，吃共產黨的飯，砸共產黨的碗，中央必須狠下決心，依照黨章和紀律處分條例把那些在黨反黨的人剔除出去。」

2月28日，中央網信辦責令「新浪」、「騰訊」等有關網站「依法關閉」任志強微博賬號，並表示絕不允許被關閉賬號的用戶改頭換面再次註冊。此舉意味任此後難在網上再發聲。

2月29日，北京西城區委下發〈關於正確認識任志強嚴重違紀問題的通知〉。通知稱，要對任志強作出「嚴肅處理」。

至此，任志強應是必死無疑了。而且，受影響者不只任志強一人。2月25日，中共中央黨校教授蔡霞三篇替任辯護的文章同樣遭到封殺。此外，國家網信辦近日還宣告對多位網絡大V封號，包括@羅亞蒙、@演員孫海英、@王亞軍上海、@榮劍2001、@文山娃等……近年來對自由派知識分子的打壓大有升級之勢。

只是到了2月29日與3月1日，王岐山屬下的中紀委機關報《中國紀檢監察報》和中紀委網站先後刊發了一篇題為〈千人之諾諾，不如一士之諤諤〉的文章，鼓勵人們講真話，實質是挺任志強，才風向大轉。至此十日，在這期間，中國大陸各地爭相表態，紛紛聲討，展開大批判，鋪天蓋地，劈頭蓋臉，用語之重，上綱上線之高，一時風聲鶴唳，就像1966年6月1日《人民日報》發表社論〈橫掃一切牛鬼蛇神〉出現的局勢。真是恍如文革重來！

在文革結束四十年之後，這個「十日文革」是如何得以發生的？究竟有些什麼內幕？所有這些，一般人都難以深究。但這個事件，證實許多論者的判斷：可能形式和規模不同，但類似文革性質的政治態勢絕對有可能出現。或者說得更尖刻些：文革開始早在開始之日；文革結束於遠未結束之時。

對照今天中國社會現狀，世紀交接那幾年的評毛批毛壯舉，回想起來簡直恍若隔世。這似乎不可思議，但又是合乎邏輯的發展。鄧小平在他

的重新豎立毛澤東前提下的所謂「澈底否定文革」根本就談不上什麼「澈底」；而他的建立在不否定毛澤東的基礎上的「改革」就只能是現在惡果越來越被看清的「改革」。但鄧小平站在他的立場上別無選擇——只有不否定毛澤東，他的治理、改革才具有合法性；只有輕描淡寫毛澤東在前一個階段只是犯了「錯誤」而不是犯了「罪」，他鄧小平後一個階段接著做的便不是懲治犯罪，而是「糾正錯誤，繼續前進」。正是因為拒絕澈底否定毛澤東，這個「繼續前進」很不幸地卻加深了原本毛主義在各個領域的破壞——在民眾價值觀念、在生態環境、在整個社會結構、在民族人文傳統，等等。今天社會存在的腐敗、專制、暴戾恣睢、誠信缺失、道德淪喪、生態破壞、貧富懸殊、階層固化……這些問題，均可以在毛澤東那裡找到源頭，均是未得到澈底改造的毛建立的崇尚暴力、摧殘人性的特權專制體制造成的。

例如，毛澤東的文革最令人震驚的一點莫過於它的殘酷，首先是對所謂「階級敵人」的滅絕人性的殘酷。旅美文革研究專家王友琴在《文革受難者》的前言裡說了，大規模的對人的迫害，實際上是文革的主要場景，是文革的最主要的罪惡，就其規模和性質而言，可以用一個現在已經被普遍承認的術語來說，是一種「群體滅絕罪」。文革中天天發生的羞辱、迫害、遊鬥、抄家，當時人們都習以為常了，在湖南道縣、廣西，以及北京等地發生的大屠殺才比較駭人聽聞。但當時的大屠殺的組織者和執行者都振振有詞，理直氣壯，自認為是執行偉大領袖的最高指示。在道縣，他們就是聲稱在進行「第二次土改」，發出殺人指令的「貧下中農最高法院」就是土改時期「人民法庭」的某種翻版，而施害者所採用的對受害者們先開「殺人現場會」鬥爭、再宣判，後用「刀殺」、「沉水」、「棍棒打死」、「活埋」、「火燒」等方法處死，完全是土改殺地主的全套流程。人們在屠殺「政治賤民」的時候沒有任何負罪感。這些從毛澤東早年的《湖南農民運動考察報告》都可以找出根據，更不用說毛在文革開初就有「要武」的倡導。而文革暴力現在在黑社會化的城管、警察的所作所為可以天天看到。在上述的「任志強事件」中，任居然被批判為「黨性的泯滅、人性的猖狂」。真是一語道破天機！文革時倒正是「黨性猖狂，人性泯滅」，專制暴力滅絕人性喪盡天良。

　　毛澤東視民眾生命如草芥，他以階級鬥爭為理論，鼓動暴力，製造仇恨，撕裂族群，不斷地尋找鬥爭的目標，不停地挑起社會衝突。這一切，在文革中達到高峰，也表現在文革前的各種運動，如土改、鎮反、反右、大躍進、社教、四清、三反五反⋯⋯等等。他不斷地掀起的暴力運動整治、殘害了多少中國人？簡直罄竹難書！今天社會充斥暴力，哪一個不是毛的暴力宣傳結的果？今天那些官員對待人民生命和財產的態度，特別是其「敵對勢力」思維，將維權律師、地下宗教、異見人士、網絡領袖、弱勢群體即「新黑五類」稱之為甘受美國擺佈而「滲透中國基層」、起到「滯緩或干擾中國崛起」作用的五種內部敵對勢力，不就是毛澤東思想的延續嗎？今年7月12日南海仲裁案裁決結果公佈以來，越來越多的毛左憤青言論，充斥著對於生命的殘忍、暴戾與冷血，也充斥著對於現代文明與秩序的破壞與漠視，類似「雖遠必誅」的口號，一時甚囂塵上。尤其令人震顫膽寒的是知名學者紀連海的那句：「戰爭如若真的爆發，中國即使犧牲十億人口，仍然是世界上人口第二多的大國。」「犧牲十億人口」論真可謂得到毛澤東那番「就是炸死一半人，還有三億人，我怕誰？」的真傳。

　　今天中國各地政府，執法機關，不守自己制定的法律規矩，甚至破壞法制，選擇性執法，以權代法，干預司法，等等事例，天天發生，司空見慣，民眾非常痛恨。長期以來，「黨大還是法大」居然還是一個問題；司法獨立，憲政治國，居然被一概否定。而蔑視法律，無法無天，在毛澤東看來不過小事一樁。早在中共政權建立之初，毛即把憲法和法律看作一種工具，一種手段。他斥責有人「企圖把黨置於憲法的約束之下」；表示：「我從來不相信法律，更不相信憲法，我就是要破除這種憲法迷信。」1959年，他在一份文件上明確批示：要人治，不要法治。文革大亂天下，是破壞黨紀國法的登峰造極，毛還自鳴得意，1970年，他對美國記者斯諾說，他就是「和尚打傘，無法無天」。

　　特權、腐敗和貧富懸殊，最為今天的中國人所譴責，有些人因而懷念文革時期所謂的「反特權」以及「人人平等」的生活。然而，事實真相是，當時人分三六九等，「黑五類」與「紅五類」何來平等?!這種政治上的不平等正是最本質最可怕的不平等。講到反特權，毛澤東恰恰是當時中

國最大的特權分子。在那個全民禁欲、極端貧困的年代，毛澤東衣必特製、食必特供、住必行宮、行必專列，還霸佔著一群女人，特別是掌控著全體國民的生殺予奪之特權。所謂腐敗，並不止於貪圖金錢美女，它的確切定義是以權謀私，無論所謀之私是財物女色還是權力地位。文革時期「政治掛帥」之下的腐敗，最要緊的還不是以權謀財，而是以權害命。在文革中成長、升遷的那些「革命幹部」，以及許多文革後官復原職的所謂「走資派」，經過文革「鬥私批修」的「革命風暴」洗禮，往往官癮權欲更強、貪婪之心更大。文革沒有遏制腐敗、消滅權貴，而是培植新權貴——今天權貴利益集團最早的基本成員。而且，貧富尊卑階層固化，其實也起自毛澤東建制之日。毛以「打土豪、分田地」為號召，忽悠廣大農民跟其鬧革命，為其賣命，然而，他一旦取得政權，就通過「合作化」、「公社化」逐步讓農民喪失土地的自主權、所有權；更通過農村戶口制度讓占中國人口大多數的農民世代困守在貧窮落後的農村。當今「一代窮世代窮」的階層固化現象正是最令人心寒地集中表現在「農二代」身上。

現在中國社會，到處看到誠信缺失、道德淪喪、暴戾恣睢。有一個非常無奈的說法是：除了騙子是真的，一切都是假的。還有一個說法是：這是一個互害的社會。誠然，鄧小平的缺乏社會正義保證的「讓一部分人先富起來」、「發展才是硬道理」加速這個勢頭，但毛澤東倡導的批判「封資修」、「破四舊」不是已經種下禍根嗎？文革中，在「捍衛毛主席無產階級革命路線」狂熱中，大家爭相告密揭發誣陷，出賣親師朋友，人人既是受害者又是加害者。結果，毛成功地用專制暴力把人們馴化成奴才，又造成了一大群沒有道德、沒有約束、為了私利六親不認毫無人性的人。這種全民素質退化經過好幾代不但沒有抑制反而變本加厲，因為權貴率先群氓緊隨大家嘗到甜頭——不擇手段竟然可以高速發財，一夜暴富。從1979年到2013年，中國GDP平均年增長9.8%，35年增長26倍。如何解釋中國經濟起飛的奇跡？北京清華大學秦暉教授認為是因為「低人權優勢」，北京大學國家發展研究院名譽院長林毅夫教授說的「後發優勢」也有道理，依美華學者馮勝平之見，是「低道德優勢」。馮勝平指出，文革之後，再無理想；改革之後，再無信仰。就在這片信仰的廢墟上，以腐敗為核心的「中國病毒」

應運而生,把人性之惡發展到極致。它透支的不僅是環境和未來,更是靈魂和良知。在崛起的背後,是肆無忌憚的盜版、舉國風行的造假、創意迭出的騙術、不擇手段的手段……樹若無皮,必死無疑;人不要臉,天下無敵!

「中國病毒」是文革後中國土地上產生的一個毒瘤。在很多方面它像癌症,但又是能傳染的病毒。明鏡新聞出版集團總裁何頻首先提出「中國病毒」的概念。他認為,所謂中國白貓黑貓的發展模式,正成為一種難以遏制的中國病毒,使中國陷入全面性錯亂,甚至在全世界侵蝕自由的基石。中國病毒不但禍害中國,也傳染世界,對世界形成了一種另類威脅,這是最可怕的事。

六,毛澤東確實不同凡響,只有他才能搞得起這麼一個長達十年的史無前例的「無產階級文化大革命」;現在,毛死後四十年來,畢竟世界發生了巨大變化,中國更不是與舊時可以同日而語,從各種形勢推考,中國不太可能再出現另一個毛澤東,不太可能再出現另一個毛澤東領導的另一場文革。

毛澤東是個非常複雜的人物。你可以用許多詞來形容他的為人:暴虐、專制、獨裁、多疑、冷酷、虛偽、好大喜功、嗜權如命、翻雲覆雨……而且每一個詞都可以找到許多史實來加以證明。不過,以曾任中共中央組織部副部長、毛澤東兼職秘書李銳老先生的見解,知夫莫若妻,還是毛的第一任夫人楊開慧對毛的八字評語最準確,最傳神──「生活流氓,政治流氓」。李銳為此寫下三首「評毛」的打油詩:「生活流氓政治氓,賢妻早識太心傷;莫予毒也殺成性,培養奴才大黑幫」;「肖三一語三字誇,道破其人品太差;其樂無窮拼命鬥,家亡國破竟由他」;「運動頻頻無限哀,人才不要要奴才;殃民禍國何時了?文革嗚呼曉色開」。

與此相關,可以一問:為什麼中國,且古今中外全世界只有中國,發生長達十年之久的文革大災難呢?為什麼文革結束四十年之後,造成大災難的罪魁禍首還陰魂不散甚至被一些人尊稱為「國父」為「黨魂軍魂國魂民族魂」呢?這真如林彪於1966年9月18日在一次接見時所宣稱的那樣:

毛澤東「全世界幾百年，中國幾千年才出現一個」；「毛主席是世界最偉大的天才。」毛確實不同凡響，既異於世界各國的共產黨領袖，又不同於中國其他的無產階級革命家。進而論之，只有毛澤東才能搞得起這麼一個長達十年的史無前例的「無產階級文化大革命」；因此，可以得出另一個也許很有爭議但很重要的結論：到今年九月九日，毛剛好死了四十年，畢竟，四十年來，世界發生了巨大變化，中國更不是與舊時可以同日而語，從各種形勢推考，中國不太可能再出現另一個毛澤東，不太可能再出現另一個毛澤東領導的另一場文革。2016年2月「十日文革」之所以只搞了十日，可以說是一個小小的證明。以下再分別簡單論述之。

毛澤東能夠讓全黨全軍全國人民把自己神化起來。對他的個人崇拜在文革達到登峰造極的地步。早請示、晚匯報、揮舞「小紅書」、跳忠字舞、學毛著「雷打不動」、「三忠於」、「四無限」、把毛的每一句話稱為一句頂一萬句的「最高指示」，理解的要執行，不理解的也要執行……這些都是借鑑宗教手段達到毛澤東神化，讓人頂禮膜拜，無比虔誠，不容任何絲毫的懷疑。在這方面，毛澤東超過惡魔希特勒和史達林。今天，固然有人想搞個人崇拜，但還能夠像毛澤東那樣神化嗎？

毛澤東自從上世紀四十年代延安整風運動確立他在全黨全軍至高無上的地位之後，一直把權力緊緊地掌握在自己手中。任何對他權力有潛在威脅的人，他都想法幹掉、拔除，直到死前都不曾放棄。在他大病昏迷醒來後那一刻，他的總理周恩來第一時間對他說的話是：「主席，大權還是在你手裡！」無限的權力欲也許是領袖的通病，但像毛澤東那樣能夠在文革中把全黨打爛又把全黨玩弄於股掌之中，可能沒有第二人了。

毛澤東斬釘截鐵不容置疑實行以黨治國，又作了黨的終身領袖。他的專政黨組織嚴密等級森嚴且滲透整個社會，不經公民投票授權而壟斷政治權力，高踞於國家、政府、社會和法律之上。文革時期，鼓吹「黨的一元化領導」，「對資產階級實行全面的專政」，對社會細胞控制所達到的深度和廣度，或說國家恐怖主義的程度，可謂空前絕後，在當今的社會生態環境裡可能很難再度出現了。

毛澤東自稱「馬克思加秦始皇」。他把古代專制帝王與現代無產階

級革命領袖合二而一;他把一黨專政與領袖獨裁合二而一;他「君師合一」。他把自己的「毛澤東思想」定於一尊,確定為包羅萬象並帶有宗教性質的國家意識形態,成為黨國事業的總體指導思想,強制全民信仰、遵守並將違反言行定為犯罪。在文革中,他居然成功地最大限度煽動全民意識形態狂熱,讓全民深信不疑他的思想包含人類全部真理及完美理想。在當今的中國,經濟和文化領域已演變為半多元,社會思潮眾多,要完全重新逆反實屬不易。

毛澤東敢於公開聲稱他比秦始皇「焚書坑儒」厲害一百倍,敢於說「知識越多越反動」,整體上極端仇視知識分子。他治理下的中國,閉關鎖國,信息封閉,讓中國遠離世界文明,從而把思想控制、愚民教育發展到極致,達到全民心甘情願的地步,人人以非常感恩的心情「吃共產黨的飯」,天天讚頌「天大地大不如黨的恩情大;爹親娘親不如毛主席親」。這是毛澤東發動文革的群眾基礎。今天思想警察雖然還是大行其道,但肯定只能得逞於一時而不能永遠,在全球化地球村訊息發達的環境下,其成本將是越來越大,收效則越來越小。

毛澤東精通中國歷代帝王權術。他一套整人的陰謀詭計逐年逐個把黨內外對手不但打倒而且讓其痛不欲生。在如何可以讓一隻貓吃下一隻辣椒的問題上,毛澤東不同於周恩來的用糖裹住辣椒餵貓吃的騙術,也不同於劉少奇的揪住貓脖子硬把辣椒塞進它嘴巴裡的強幹,毛是把辣椒剁碎碾成漿,塗在貓的屁眼上,因為太痛太難受,它只得不停地力圖將屁眼舔乾淨。這位政治奇才的農民式智慧以及為人之惡千年無人能及。

毛澤東最善於利用人性的弱點,把內鬥發揮到了極致。頗有悟性的林立果等人在《五七一工程紀要》中將文革形容為「絞肉機」。毛澤東讓各種派系互相撕咬,包括權傾一世的「接班人」林彪也被絞得稀巴爛。文革中的所謂「大民主」、「群眾專政」,是毛式另類統治手法,其無法無天的無比的威脅效力更無所不在更持久更恐怖。這是他的有別於其他共產國家的「偉大」創舉。

毛澤東推崇「鬥爭哲學」——「與天鬥其樂無窮;與地鬥其樂無窮,與人鬥其樂無窮」。他的一生就是鬥爭的一生,不管是革命年代還是和平

年代。他不但自己喜歡鬥，還喜歡全民都鬥。鬥爭的對象囊括一切，最後是曾經並肩作戰的戰友。文革是他的「以階級鬥爭為綱」的無以復加的瘋狂實踐。而今天重提「階級鬥爭」不啻是玩火上身自焚。

毛澤東禍國殃民的烏托邦理想主義讓中國民眾蒙受慘烈災難。他好大喜功，急功近利，激進浮誇，無視客觀經濟規律，一次又一次把國民經濟弄到難以收拾的地步。1958年搞的「三面紅旗」（總路線、大躍進、人民公社），聲稱要「超英趕美」「跑步進入共產主義」，結果釀成人類歷史罕見的大饑荒，讓三千七百多萬人進入墳墓。但結果這些卻都能文過飾非，甚至反而被認定是因為不按毛澤東思想辦事而造成的。而今天，只要國民經濟下滑到一定程度，社會就必然動盪，必然擊發領導問責機制。

文革中，毛澤東把「破四舊」（舊思想、舊文化、舊風俗、舊習慣）作為重要目標，造成中國傳統文化道德的空前大破壞。「大破」之外，他還有一個「大立」宏圖──「五七指示」（即他於1966年5月7日寫給林彪的一封信）。在這個「五七指示」中，毛澤東對整個社會模式，即政治、經濟、文化制度，都有構思宏大的「美妙」設計，要讓全國各行各業民眾，包括軍隊，都生活在「毛澤東思想大學校」裡，學工、學農、學軍、批判資產階級。這就是毛澤東心目中的共產主義藍圖，要在文革中強力推行。他這個「人類社會發展的長遠計劃」，完全與現代人類文明背道而馳，當時全國竟無一人敢於質疑，而在今天，這只是茶餘飯後的笑談。

文革爆發前十年，毛澤東已經用「全盤公有制」剝奪了全民自由謀生權，用「城鄉戶籍制」剝奪了全民自由遷徙權。這個「全民枷鎖制」讓幾億中國人剩下的唯一活路，就是被迫在公有單位和人民公社裡，「一切行動聽指揮」地終身奉命扛活，誰也無處可躲，因為要解決最基本吃飯問題。毛澤東建立的這個壟斷一切資源和分配權的超級極權制度，使得中華民族一百多年來追求自由解放的努力全部化為烏有，這也是廣大中國人澈底斷了「脊樑骨」的根本原因。按照著名文化學者易中天及其他一些專家的觀點，這個毛措施是更甚於文革的滔天罪行，讓中國一下倒退了2200多年，復辟到了井田制時代──「三年餓死三千萬」就是這個復辟制度造成的直接惡果。今天的中國社會結構顯然無法再倒退到毛澤東這個制度。

　　毛澤東為了要取代蔣介石統治中國，敢於在抗日戰爭中華民族生死存亡關頭指示他的黨「一分抗日，二分敷衍，七分發展，十分宣傳」。更為令人髮指的最新資料見於東京福祉大學國際交流中心主任、築波大學名譽教授遠藤譽博士的新書《毛澤東勾結日軍的真相：來自日諜的回憶與檔案》（中文版，明鏡出版社，2016年6月17日）。這位在中國長春出生的日本學者，一直反對日本侵華戰爭，她在此書披露，抗戰中毛澤東為削弱國民黨軍隊的力量，竟然冒天下之大不韙，背著其他中共領導人偷偷派人勾結日軍，把從國共合作中獲得的國民黨軍事情報出賣給日本。對於毛澤東來說，為了勝利完全可以不擇手段。

　　毛澤東又能以「愛國主義」之名極大地煽動中國人的民族主義。他讓中國人深信不疑全世界三分之二的人民都生活在水深火熱之中，等著中國人民去解救！他讓中國人既相信「美帝國主義是紙老虎」，又相信它「亡我之心不死」。他打了朝鮮戰爭後，多年來一直和蘇聯站在一起把美國當成頭號敵人，後來又與蘇聯撕破臉，生前的最後幾年更著手聯美制俄。他要打倒「蘇聯現代修正主義」，企圖作國際共產主義運動領袖，要超過馬克思、列寧、史達林。他提出「三個世界」理論，要以「世界農村」包圍「世界城市」，打人民戰爭，進行世界革命。他不斷輸出革命，妄圖打出一個紅彤彤的無產階級新世界。他不但要做中國人民大救星，而且要做「全世界人民心中最紅最紅的紅太陽」。這個極度狂妄發昏的「巨人」，今天誰能學習?!如何複製?!

七，雖然毛澤東那樣的梟雄不太可能再現，雖然另一場完整意義的文革不太可能發生，但人們必須時刻保持警惕。解決當今中國社會問題唯一之途是深化開放改革，實行政治體制改革，說到底，還是繞不過評毛批毛。正如許多論者所提出的那樣，方向是：「腐屍出堂，頭像下牆，批毛正史，促進憲政。」雖然這些做起來談何容易，但時不我待，目前中國已經到了改革與革命賽跑的時刻。

　　毛澤東這個開創自己的時代、發動史無前例的文革、自認為可以指

點江山、可以改變歷史、可以改造人性的梟雄，這個「世界最偉大的天才」，是中國人的宿命和孽債。雖然他一死，他那套「無產階級專政下繼續革命」理論馬上就灰飛煙滅；雖然他晚年最信任的人——老婆和侄子——在他死後不到一個月就鋃鐺入獄；雖然如新加坡國父李光耀先生早在文革剛起之時就準確預言，他是在玻璃板上畫畫，一場大雨過去之後，就會被沖得一乾二淨；雖然他最後被歷史所捉弄，不過是黯然收場，因為他那套反人類、反文明的文革做法註定不能得逞，然而，在經他奠定的中國社會制度環境下，他的幽靈至今還在中國四處遊蕩；毛思想、毛體制仍是支撐現政權的基石；很多受改革開放損害的底層民眾，仍然把希望寄託在毛身上；中國還得要繼續被毛的夢魘所纏繞，時間還可能相當長。

但是，無論如何，這種狀況到底還是要改變。首先，雖然毛澤東那樣的梟雄不太可能再現，雖然完整意義的文革不太可能發生，但人們必須時刻保持警惕。還要認真面對這些嚴重問題：中國社會轉型，中國改革開放事業，還要不要繼續進行？三、四十年來由於政治改革的缺失以及其他失誤所帶來所積累越來越嚴重的社會矛盾社會衝突要不要刻不容緩去解決？中國執政黨要不要取得執政合法性？要不要恢復公信力？……等等。而這一切，怎麼也不能繞過評毛批毛這個關口。正如鄧小平早在二十世紀八十年代中期就心知肚明：毛澤東難題始終要解決。

一些反毛左的「救黨派」如前述的辛子陵大校提出一種「救黨」辦法——「切割論」。他說毛澤東有五條嚴重錯誤和罪行，別人是無法替他分擔的：一，一個人推翻了七屆二中全會形成的計劃要實行十五至二十年的新民主主義治國路線，於1953年開始搞所謂「三大改造」，動搖和消滅私有制。二，一個人推翻了「八大」務實的經濟建設路線，在1958年強制推行大躍進和公社化運動，造成社會大破壞，大饑荒。三，一個人以秦始皇自居，以「焚書坑儒」為樂，1957年將55萬愛國知識分子打成「右派」，製造了中國歷史上最大的文字獄。四，一個人發起個人崇拜，鞏固終身制的執政地位，重用自己的親屬，建立家天下。五，一個人公然違背憲法，發動「文化大革命」，造成中華民族的空前大災難。

這些「救黨派」認為毛澤東已成了中共的「負資產」，應該切割拋棄。

　　許多有識之士包括自由主義學者也早已指出，直到今天，中國政治改革之所以停滯，社會問題和矛盾之所以嚴重，就是因為沒有真正澈底評毛批毛匡正歷史罪過，被沉重的歷史包袱壓得難以前進一步。毛澤東的以黨代政、個人崇拜、不講規則、愚民洗腦、人身控制、不容異見、踐踏法律、殘酷鬥爭、群眾運動以及戶籍制度、勞教制度、國有制度、官僚制度、人治制度、文字獄制度等影響深遠，嚴重地阻礙了當今中國政治與社會的健康發展。他們的方案是：「腐屍出堂，頭像下牆，批毛正史，促進憲政。」

　　當然，有人另有想法。在文革五十周年之際，著名毛左司馬南發表一通談話。他把毛澤東主持起草於1966年8月8日發佈的〈中共中央關於無產階級文化大革命的決定〉喻為「1號文件」；把由鄧小平主持起草於1981年6月27日發佈的〈關於建國以來黨的若干歷史問題的決議〉喻為「2號文件」。司馬南呼喚「3號文件」儘早出臺。他認為「新一屆中央對文革其實是有說法的」，習多次提到「前後30年不能相互否定」以及「探索性失誤」的概念很好地將革命、文革、改革幾段歷史統一了起來，假如出臺「3號文件」，習的認識必為主基調。關於這種「統一」，司馬南有個形象說法：「毛小平」——「毛」是毛澤東的「毛」，「小」是鄧小平的「小」，「平」是習近平的「平」。他乾脆說：「毛澤東思想是馬克思主義中國化的元理論、根理論」，「沒有離開老根兒獨立存在的什麼鄧論、習論」。

　　2016年7月1日是中國共產黨成立95周年，再過五年，中共將正式成為一個百年大黨。在慶祝中共成立95周年大會上，習近平發表講話，呼籲黨員「不忘初心」。習總書記不會沒有想到，講到中共「初心」，人們一定馬上記起上世紀四十年代毛澤東那些信誓旦旦的「諾言」。

　　那時，毛澤東承諾：「有人懷疑共產黨得勢後，來一個無產階級專政和一黨制，這是不可能的，我們保障人民言論、出版、集會、結社、思想、信仰和身體等自由。」

　　那時，毛澤東大力鼓吹民主自由。他極其正確地指出：「自由是人民爭來的，不是什麼人恩賜的。……沒有人民的自由，就沒有真正民族的國民大會，就沒有真正民選的政府。人民的言論、出版、集會、結社、思想、信仰和身體這幾項自由，是最重要的自由。」

那時，毛澤東有聲有色有理有據批駁「民主難行」論，指出：「有些人說：老百姓沒有知識，不能實行民主政治。這是不對的。在抗戰中間，老百姓進步甚快，加上有領導，有方針，一定可以實行民主政治。例如在華北，已經實行了民主政治，雖然還沒有做得澈底。在那裡，區長、鄉長、保甲長，多是民選的。縣長，有些也是民選的了。」

那時，毛澤東對中國歷史上那個「其興也勃焉，其亡也忽焉」、從興旺到滅亡的週期律不以為然，欣然對應：「我們已經找到一條新路，我們能跳出這個週期律，這條新路，就是民主。只有讓人民起來監督政府，政府才不敢鬆懈。只有人人起來負責，才不會人亡政息。」

那時，毛澤東甚至說到這個地步：中共「不是求達到蘇聯的社會與政治的共產主義」；中共在政治上「既不要求也不計劃無產階級專政」；「我們也不主張一個足以沮喪個人創造性的集體主義」；「我們信仰與實行民主政治，……限制任何一黨專政的可能性」；「我們不再是蘇聯所謂共產黨這個字的意義了」。

…………

毛澤東後來所做的所有事情，完全與他當年所作的這些諾言背道而馳，中國人不會遺忘，更不能原諒。

論者感歎道：毛澤東在延安所暢想的民主之路在他執政掌權後，並沒有讓執政黨去嘗試，更不用提讓人民當家作主。一直到今天，人民都還沒有嘗試過用選票來選擇任何一個領導人選擇任何一條政治道路。意識形態領域仍然糾結於中國走老路還是走新路抑或是走邪路。中國依然沒有走向當年所暢想的民主之路，這是歷史的宿命，還是中國的劫數?!

文革結束時，曾作為中央組織部長的安子文，提出的第一個問題就是：「誰來監督毛主席？」風雨蒼茫四十年，這個「誰來監督」之問，依舊沒有答案！

人們感覺到，毛的頭像一天不從天安門城樓牆上取下來，文革那把達摩克利斯之劍，還是時刻懸掛在中國民眾的頭上。

上世紀八十年代，時任中共總書記的胡耀邦曾說：「我們要使我們的國家成為一個正常的國家。」怎樣的國家是「正常國家」？相信人人都心

裡有數。胡德平在他的《中國為什麼要改革——思憶父親胡耀邦》一書中披露，胡耀邦經常講，認識到自己的奴隸地位，為之而奮鬥的同志是革命家；過著默默無聞、渾渾噩噩奴隸生活的人是奴隸；身為奴隸還讚美自己的奴隸生活的人是奴才，是無恥之徒。而今天，無恥之徒何其之多！

　　中共元老習仲勳，在上世紀八十年代擔任全國人大副委員長期間，針對社會上普遍不敢說真話，特別是針對「如果今後又出現毛主席這樣的強人怎麼辦？」這個問題，大力主張言論自由，提出制定一個《不同意見保護法》。可惜習老這個遺願至今未能實現。今年7月17日，習老曾經題詞稱讚「辦得不錯」的著名敢言刊物《炎黃春秋》也被迫宣佈停刊了。雜誌社被以文革方式佔領，律師訴諸公堂亦不被受理，法律無力約束權力的專橫。真正不忘初心的《炎黃春秋》遭致命偷襲而轟然倒地，代價高昂至此，寧不令人寒心？

　　面對現實，思考歷史，顯然，對憲政民主的呼喚，對人類進步共同方向的認同，是當今時代的最強音。

　　清華大學社會系教授、南都觀察顧問孫立平於今年6月28日在騰訊思享會夏季論壇上說，他最近一直在說，這幾年可能是中國改革開放三十多年來最讓人困惑的一段時間，而且這個困惑好像跟原來有點不一樣。最現實、最眼前、最急迫的是什麼？他認為，從最虛的層面來說，就是三方面：國家的方向感、精英的安全感、老百姓的希望感。孫教授指出：「現在社會要進入一個新的三十年。這個新的三十年應該建立在過去那兩個三十年認真反思的基礎上，從而提出具有一種超越性理念。這個理念，應當體現出對過去兩個三十年的繼承與超越，應當體現出十三億人利益的最大公約數，應當體現出人類的普世價值，應當體現出人類進步的共同方向。這幾年我一直在強調公平正義的問題，就是想對這個問題有所討論。」

　　著名的「皇甫平」系列評論作者、《人民日報》原副總編輯、現鳳凰評論家周瑞金，於今年7月12日以「皇甫欣平」筆名發表《文革反思萬言書》。他明確提出，「深化改革的方向，一言以蔽之，就是用依法治國來取代以黨治國。」文章分別論證：階級鬥爭思維錯了；民主政治是新型國家建立的邏輯基礎；不能把法律當統治工具；要以開放心態對待各種社會

力量；結束以黨治國從依法治國開始。該文分析道，以黨治國的另一個後果，就是拒絕甚至壓制其他社會力量的參與，這使得執政黨難以成為問題的解決者，而成為問題本身。周瑞金懇切呼籲：「民主是社會主義核心價值之一。民主不應該只是一個口號，而應該是精神，更應該是制度安排。民主最根本的體現，是憲政框架。是否能夠把執政行為置於憲法的框架之內，是民主與否的試金石。」

人們問道：不是已經制訂了一個「社會主義核心價值觀」嗎？既然在國家層面的價值目標確立為「富強、民主、文明、和諧」，就應該大力反對並擯除「貧弱、獨裁、野蠻、動亂」；既然在社會層面的價值取向確立為「自由、平等、公正、法治」，就應該大力反對並擯除「專制、失衡、不公、人治」；既然在公民個人層面的價值準則確立為「愛國、敬業、誠信、友善」，就應該大力反對並擯除「賣國、懈怠、欺詐、兇惡」。難道這些僅是紙上談兵嗎？

當然，這些做起來談何容易！2012年中共18大後，習近平鐵腕治貪反腐，給官僚體系帶來前所未有的巨大壓力。目前，最具刺激效用的腐敗催化劑受到限制和遏止；在經濟放緩且頹勢難挽下，GDP數字不再是官場業績的最重要標示，因而曾推動官員「積極有為」的動力消失，許多官員怠政掣肘，為官不為。另一方面，治標不治本的反腐以及選擇性反腐也受到質疑……據分析，今天中國利益集團主體各級官僚，有三個特性：第一，信仰上，只信利益，既不信普世價值，其實也不真信「馬列毛鄧三科」；第二，基因上，傳承自紅一代，崇拜實權，忽視人權，轉型成佛的可能性較小；第三，人格上，屬分裂型，一邊在西方法治國家將自己的子女和財產安排好後路，一邊向國民宣傳西方是罪惡的；一邊宣揚共產黨人沒有自己的利益，一邊拒絕財產公示。一些紅後代，為了維持紅色身分以便於撈取特殊利益，不僅否認毛時代造成上百萬知識精英被殺害和數千萬無辜平民的非正常死亡，甚至還否定毛對自己父母叔伯親戚的極度侮辱和殘酷迫害，轉而站到為毛開脫乃至謳歌的陣營之中，大搞歷史虛無主義，反將帽子扣到歷史覺醒者的頭上。凡此種種，表明他們在信仰上、基因上以及人格上存在重大缺陷，很難走上真正的憲政之路。

　　而且，對待政治改革這一重大問題上，執政黨必然會有許多制約和考慮。如許多論者所歸納，第一，改，有可能動搖國本；第二，改，有可能對現有的既得利益集團形成巨大衝擊；第三，改，意味著對重大歷史遺留問題的清算；第四，改，意味著傳統治理模式的重大調整；第五，改，會出現對國家統一、民族團結的考驗；第六，由於政治的惰性，現體制只要還能維持就不會輕易改變；以及第七，由中國傳統文化與國民性所決定，再不堪的體制在中國都有可能存續較長的歲月。這裡有一種歷史的慣性。

　　但是，能無限等待下去嗎？依許多有識之士之見，目前中國，是「已經到了改革與革命賽跑的時刻」。北京著名學者陳行之先生指出，如果國家政治進程不能通過政治妥協達到政治和解，社會矛盾將會持續累積，直至出現最壞的局面：民眾的暴力反抗和「國家」的暴力鎮壓。所有這些耐人尋味的景象都曾經在中國歷史上反復出現過，在幾近相同的社會政治條件下，誰也不敢說這樣的景象不會再度出現。而這正是中國當下的困境，一種暗淡的無解的國內困境以及由此衍生出來的國際困境，中國和世界似乎都在消極地等待著隨後將要發生什麼事情。是的，極權主義無理性，誰也無法預料這樣一顆失去軌道的行星下一分鐘會發生什麼事情，誰也無法預料。（陳行之，〈中國特殊利益集團的國家權力特徵〉，刊於《共識網》、《愛思想》、《博客中國》等網站。）

　　而這不但關係到中國國民的福祉，也關係到整個世界的安危。

　　此刻，人們也許應該深思二十世紀政治思想史上的矚目人物、美國政治理論家漢娜‧鄂蘭在《論革命》一書中的觀點。她尖銳地指出：

> 革命的暴力只能使用一次，如果革命後不建立一個有效的民主的法律與制度，就不會有真正的自由，就會進入一個循環往復的繼續革命的階級鬥爭暴力運動之中，並且不可逆轉！

（2016年7月）

艾斯

作者簡介：

　　艾斯，曾作過大學團委校刊編輯、中央行業報社記者、省電臺編輯，2003年移民紐西蘭。現為梅西大學教師。自由作者，著有詩集《鄉下孩子的歌》（1991年）、詩文集《新西蘭的微風》（2011年）、詩文集《長白雲下》（2013年）、少兒英漢小說《聰明島奇遇記》（2014年）；合編英漢雙語《澳紐華文作品精選》（2015年）、《紐澳華文作品選》中文版、英文版（2016年）。

文革五十年祭

（一）
我們一直在悲哀
一百五十年前的圓明園
雨果說起兩個強盜
大清帝國失去了臉面

（二）
我們一直在紀念
八十年前
南京大屠殺
八年抗戰的教訓與艱險

（三）
能否讓我們
也拿出一點心情
拿出一點時間
回首五十年前

（四）
和平時期
卻硬要製造全國性的內亂
十年殘酷的革命
卻道貌岸然
使用文化的名義

陰險如蛇
卻說要引蛇出洞
那本來見不得光的陰謀
忽然閃耀太陽的光輝

翻手為雲
你剛謳歌偉光正的洗禮
覆手為雨
你已跌入萬劫不復的谷底

「三天不學習
趕不上劉少奇」
而劉主席自己
談笑間死無葬身之地

寶書如林
紅旗如海
亢奮的人群
如山的手臂

那雙滿是魔力的巨手下面
你我全是提線的木偶
爾虞我詐沒有底線
以鄰為壑全是對手

手舉得再高終歸要放下
眼睜得再久還是要閉上
南山的竹子據說都已用光
支支指向天堂安檢門前的廣場

據說現在流行夢遊今天
滿天海印的鈔票飛向明天
貪心的你我蒼蠅嗜血般地追趕
管他什麼理論公式主義還是昨天：

一個共和國家的十年
當時長著一張怎樣的苦臉
我們還要等待幾個五十年
來為祖國苦難的十年祭奠

安紅

作者簡介：

　　安紅，生於1968年，會計、法律專業畢業。曾在電力集團和期貨證券從業。1999年移民澳大利亞，擔任BUPA保險公司銷售顧問。「澳華文學網」與「澳洲網」撰稿人，現任雪梨新州華文作家協會副會長與《南洲沙龍》會刊主編。

慶父不死，魯難未已
——院內院外

> 媽媽拉著我的手
> 往收租院裡走
> 收租院裡有個女孩子
> 和我一樣
> 也拉著她媽媽的手
> ……

坐落在四川大邑縣的劉文彩收租院，我兒時經常去參觀。

襤褸的衣衫，飢餓的眼神，凹陷的眼睛，精瘦的軀體，異常悲慘的場景，格外壓抑的氛圍……每次參觀回來，我都會做噩夢，夢裡大喊大叫，揮胳膊踢腿外加喊口號，然後被父母搖醒，安慰，哄好再入夢。因為暈車嘔吐的緣故，我不喜歡去，寧願上山拔草，下壟摘豆，地頭拾糞。年幼的心裡一直納悶兒：托兒所的老師阿姨為什麼總是會帶我們前往那個地方？慢慢地長大，會鸚鵡學舌，於是知曉原因：與反動派搶奪無產階級的教育陣地，為了不讓人民再吃二茬苦，受二茬罪。

軍區大院裡，晨鐘是急促嘹亮的起床號，暮鼓是遲緩悠揚的熄燈號。平時則充滿了各樣各式的革命歌曲。耳濡目染，日夜薰陶，四二拍四四拍的節奏融進了血肉裡。一灶二灶三灶……一直數到八灶，均勻地分布在大院裡。灶，就是食堂的簡稱。八個食堂裡，菜肉包子饅頭大餅糖三角豆沙包切糕麻花油條寬窄各式麵條，豬肉燉粉條，臘肉煨白菜，栗子辣雞丁，醬鴨子炸黃魚，還有等等等等，管吃管夠，只是一日三餐要定時定點，過時不候。

「偉大領袖毛主席教導我們，人是鐵，飯是鋼，一頓不吃餓得慌！」母親最恨我挑食，外加吃飯慢，耽誤她夜間去上戰備班，所以於晚餐時分

向毛主席請示彙報之前，先給我單開一個耳提面命的小灶──

「你現在多麼地幸福啊，有吃有喝一日三餐，紅軍過草地時煮皮帶吃野草，一天只吃一頓飯，快吃！」

「肥肉怎麼你了，你和它有什麼冤仇，都吐出來，紅軍在井岡山只能喝紅薯稀飯和南瓜湯，根本沒有肉吃，統統嚥下去，快點！」

「不愛吃菜，不吃菜缺維他命會便秘，紅軍過雪山時別說炒菜了，連菜根都吃不上，快嚼！」

我嘟著嘴，噙著淚，抬頭低頭，一口一口地遵命嚼著飯菜，卻獨獨把肥肉含在舌頭底下，或者藏在牙腮幫旁，啄磨著什麼時候才能找個機會吐出去。

「想當年最餓的時候最年輕，我跟你爸爸還有叔叔阿姨們餓得都沒飯吃，瓜菜代，拌紅薯葉子，喝小球藻，全身浮腫，一按一個坑……」母親突然停住了，錯愕著。我眨著眼睛，弄不機密她說的「瓜菜代，小球藻」是什麼東西，邊嚼邊等下一句，好不容易等到了這個空子，轉身就把肥肉吐在了早已準備好的草紙裡，塞進褲兜。心裡有些怵怵的，著實怕她發現以後那凌厲的高聲大喝，還有瞬間即出的五指大巴掌……父親較母親溫柔慈祥，在一旁看著卻不說話，時不時地給我撥些綠色蔬菜，還有滋味濃鬱的菜湯。

但是把父親氣惱了的時候並非沒有。他每日早起，額外給家裡每人煎一份荷包雞蛋，我吃膩了，上學之前偷偷地把煎荷包蛋扔進了廁所。

三五天過後，廁所就堵住了。

父親從工程處借來了疏通管道的工具，我沒見過那些工具，充滿了好奇心，揉著辮梢在一旁觀看。

疏通堵塞的結果嚇了我一大跳，嚇飛了辮梢。

疏通堵塞的結果也嚇了父親一大跳，一跳三尺高。

──鐵鉤的前面竟然串著七個完完整整的油煎荷包蛋！！！

手抽五指山，腳踢清炒筍，揮臂殺威棒……好一頓急風驟雨般的暴打，我根本沒時間尋思，也沒時間解釋，我只扔了四個啊！晚上弟弟爬到我的被窩裡，緊緊地摟住我，貼在耳邊偷偷地說，「姐姐，有三個雞蛋是

我扔的！你還疼嗎？」

我咬著被角，大哭，不敢出聲，怕因拐帶弟弟浪費糧食沒做好榜樣再挨上一頓鐵拳。

關上軍區大門，我幾乎不知道大院外面的世界。

周日趕街逛成都，午餐時分來到一間飯館，母親為她自己點了一碗紅油抄手，為我點了一碗黑芝麻湯圓。母親前後端好兩隻大碗坐下，起身拿筷子湯匙的瞬間，一口濃痰就被吐在了紅油抄手上，母親發愣的功夫，那碗紅油抄手就直接被搶走了，端碗的人並不走開，呼啦啦一下子喝下去了半碗，連油帶辣地嗆得直咳嗽。

母親回轉過神兒來的時候，用手蓋住了黑芝麻湯圓的碗。

「哪一個會搶娃兒子的飯？」那是個盜亦有道的賊，邊說邊大口吞著紅油抄手。

「吃得好安逸，謝謝解放軍大姐！」那還是一個懂禮貌的賊，吃罷合手稱謝。

然後揚長而去！

四個大湯圓，滿滿一大碗，我那天只吃了一個，推說吃不了，讓了三個給母親。

母親掙著三十八元的工資，整整十八年。六點起床，白天工作嚴肅緊張，晚飯後與父親一起，撇下我後來加上弟弟，分別去上緊張嚴肅的戰備班。戰備班要上到子夜十二點，下了班之後才回家，洗洗涮涮，入睡至少要凌晨一點以後，沒有一分錢的加班費和額外工資，每週七天只有周日一天才可以睡懶覺，這樣的軍營生活，傷肝摧膽，脾氣能好才怪！可是那天她脾氣格外的好，只是一個勁地說，「不著急，慢慢吃，我想你舅舅了！」

母親的舉止出乎我的意料。

「那年夏天你舅舅鬧革命，在重慶，革命革累了，走了三天三夜，來成都找我和你爸爸，三天三夜啊，沒有吃東西！我問他你想吃什麼，他說，我想吃肉。你爸爸趕快給他做了一鍋燉肉，我給他熬了一鍋粥。到吃飯的時候，我就是不讓他吃肉，光叫他喝粥，整整喝了一天的粥，怕他把胃吃壞了，不能繼續革命。第二天，才敢叫他吃上一點點肉……」

「閨女，你給我記住，要是好長時間沒有吃飯，千萬不能一下子就吃很多肉，那樣會蛋白質過敏中毒，會死人的！」

母親的言行出乎我的意料。

多年以後我還記得當時的我，聽到舅舅是在「鬧革命」時的那種心潮翻湧的神聖感覺，「革命不是請客吃飯，不是作文章，不是繪畫繡花，不能那樣雅致，那樣從容不迫，文質彬彬，那樣溫良恭儉讓。」我默默地在背語錄，「革命就是暴動，是一個階級推翻一個階級的暴烈的行動！」

多年以後我才知道，母親在重慶的後面，漏說了武鬥兩個字。

多年以後我才知道，重慶大武鬥，「鬧革命」的舅舅只差那麼一點點就被打死。

周日趕街去崇州，大院附近的千年老城。在古老的城牆下集市的邊緣處，我看到了幾個身高與我相似，年齡與我相仿的女孩子，髒亂的頭髮，迷惑的眼神，皮包骨頭的身板，破得不能再破的襤褸衣衫，打著赤腳，概無例外在脖頸處插著草標……

我迫不及待地問母親——

她們為什麼不像我一樣衣著乾淨整潔？

她們也是挑食不吃肥肉才這麼瘦的嗎？

她們為什麼要插草標？

母親牽著我的手，任憑我怎麼問，咬緊牙關不開口，繼續領著我往前走。

被一根伸出來好長的竹竿絆了一下，我跌倒了。順著裂著口的竹竿頭，我往上朝前看，看到了腦海裡再熟悉不過的一個畫面，和收租院裡幾乎一模一樣，栩栩如生的會說話的雕像——渾身破布條般一縷一縷的衣衫，戴破帽半遮顏的老爺爺，黑青的瘦臉，無神無光澤的一隻枯眼，捧著一個掉瓷裂縫缺口的青花大碗說：「可憐可憐我吧！給口飯吃吧！好人，好人，給我口飯吃吧！」

我到底是身在大邑縣的泥塑收租院呢？還是在崇州街頭？

這到底是發生在惡霸地主劉文彩的莊園裡呢？還是革命群眾扮演的街頭活報劇？

他不是真的瞎子吧？他是裝的吧？

母親牽著我的手，任憑我怎麼問，咬緊牙關不開口，繼續領著我往前走。

逼真的收租院的泥塑和逼真的現實就這樣交織融合著，在我的眼前晃動著，模糊，清晰，清晰，復又模糊。無言無語的母親不需要告訴我答案，我已經知道了——

那些插草標的女孩子是被賣的！

那個拄著裂竹竿捧著破碗的老爺爺是乞討要飯的！

回到家我就病了，夜裡做噩夢，揮胳膊踢腿大喊大叫，那一夜無論父母怎麼抱我哄我安慰我，我都沒有再入眠。

冰夫

作者簡介：

　　冰夫，原名王澐，南京江寧人，年少時參軍，長期從事軍中文藝工作，上世紀七十年代轉業上海電影系統。中國作家協會會員，中國電影家協會會員，上海作家協會第4、第5屆理事，詩歌委員會主任。上海俳句（漢俳）研究交流協會副會長。1996年定居雪梨。現為澳大利亞酒井園詩社創社社長及南瀛出版基金新詩評審委員會主任。著作甚豐，多次獲得各種文學獎。

久纏心頭的「五・一六」夢魘
——確實與金敬邁無關

　　人生如夢。癡活八十五歲，仍然天天如在夢中。如夢的生命，誰是主宰？長年糾結我心頭的塊壘，胎孕於歷史斷裂的碎片。

　　前些天，何與懷博士說正在編一本有關「文革」的書，稿件備齊，正待發排，唯一遺憾的是缺「清查「五・一六」」的稿件，他曾聽說我因金敬邁問題，在文革中被打成「五・一六」分子，約我寫篇短文。

　　記得一位北大教授曾言：「拒絕遺忘，搶救記憶，給那一段不堪回首又必須審視的歲月留下一些細節，註腳，也是在場者的證詞」。我猜想這大概也是與懷兄編輯此書的本意。

一

　　史料記載：「文化大革命」期間，1967年9月8日毛澤東在《人民日報》發表的姚文元的《評陶鑄的兩本書》一文中加了一段話：「現在有一小撮反革命分子也採用了這個辦法，他們用貌似極『左』而實質極右的口號，刮起『懷疑一切』的妖風，炮打無產階級司令部，挑撥離間，混水摸魚，妄想動搖和分裂以毛主席為首的無產階級司令部，達到其不可告人的罪惡目的，所謂『五・一六』的組織者和操縱者，就是這樣一個搞陰謀的反革命組織。應予以澈底揭露。」第一次公開在報刊上提出要在全國澈底揭露「「五・一六」反革命陰謀集團」。於是從中央機關到各地方機關，曾發生自上而下大規模清查「「五・一六」反革命集團」運動。一時間，全國黨政軍機關、學校興師動眾，全力投入清查運動。

　　大約1968年初秋的一個上午，在歌舞團辦公室，革委會副主任（原舞蹈隊副隊長）張某對我說：「上級通知，你和王群生去參加政治部舉辦的學習班。地址在鐵道兵大院。王群生已經去了。」並說：「你的問題很嚴

重，要如實交代，爭取個好態度。」嚴肅凝重，好似面對罪犯。

於是我帶了簡單的洗漱工具等，騎著自行車到指定地點鐵道兵駐地報到。走進營房大門，就被一種蕭穆恐怖的氛圍籠罩。一個配槍的士兵知道我是歌舞團來的，便將我帶到一間辦公室。我在門外立正報告。

「進來！」房裡坐著軍區保衛部的郭科長（外號郭黑子）。他原本是二科的幹事。那時，我在文化部文藝科當幹事，曾經一起參加助農勞動，又同在一個食堂吃飯，經常見面，本應很熟的。可如今，完全不同了。他狠狠直視著我，兩眼透射凶光，冷冷地，足足一分鐘，臉色方緩和一點，指旁邊的一把木凳：「坐下吧。」

頓時，我彷彿被轉換了身分，成了一個罪犯，坐在那裡聽他訓話：「你的問題自己知道，如實交代和金敬邁的關係，爭取個好態度。」我一時愣住了，禁不住自語道：「金敬邁和我有什麼關係？」

「裝什麼糊塗！你去軍委文革小組找過金敬邁吧？」郭黑子厲聲喝問道。「看你這態度就不老實！好好反醒去！」

於是，我被交給他的助手（我的專案組負責人）鐘鋒和誠子。鐘是革委會成員（原話劇團演員），誠子是我們歌舞團學員隊負責人。

他們將我領到一個的大房間，誠子指著一張木板床說；「這是你的鋪位。你就在這裡寫交代。筆與紙在枕頭底下。寫完我會拿給你。」

鐘鋒兩眼盯了我一會兒，指著我旁邊一個趴在床邊低頭寫交代的人說：「你們不准交談，不准串供！」經他一說，這時我才注意到王群生就在我隔壁。王群生是我們創作組的詩人，曾出版過兩部長詩。他平時為人謙虛膽小，此刻聽鐘峰一說，連忙站起來，高聲說：「保證不交談！」

鐘鋒為人陰刁狡點，與舞臺上演的反派角色頗為一致。文革初期，他曾數次聯繫，要我幫他揭發文化部王林亭副部長（因我在文化部當過幹事，又曾跟隨林亭部長去泰安縣農村搞社教，比較瞭解他），我未同意。後來，各自參加了不同的造反組織。我在1967年初，因反對山東造反派「二・三」奪權，被打成現行反革命，在軍事監獄關押30多天，雖然此後不久，便被正式平反，並由軍區副政委陳美藻負責向我談話道歉。陳在講述一番道理之後，拉著我的手說：「共產黨員要能經得起怨屈。我年輕時

候，在紅軍中遭遇剿除AB團，差一點被拉出去槍斃了。」他真誠的話深深感動了我。對於這段往事，我也並未記恨在心。但是文工團革委會，特別是鐘鋒等造反派總對我有所防範與忌憚。

不久前，文工團（歌舞團與話劇團）家屬區大院，有人發現了一條「反標」：在通往食堂的路邊，有一張寫著「打倒毛主席，擁護劉少奇」的紙條貼在磚牆上。全院頓時被驚慌恐怖所籠罩，軍人與家屬，人人自危，相互猜疑，揣揣不安。在經過十多天緊張盤查之後，鐘鋒將懷疑惡毒的目光盯向我母親。他曾多次找我母親攀鄉情拉近乎（我老家南京郊區，母親講鄉下土話，鐘鋒是蘇北射陽，能聽懂我母親的話）。有一次趁我和妻子上班時，他特地到我家裡，找我母親談話，並拿出圓珠筆和紙，讓我母親寫「毛主席萬歲」、「打到劉少奇」，連寫數張，送到保衛部去核對筆跡。因為他曾聽鄰居家的保姆說我母親識字，會背唐詩。我母親一直被鐘鋒當作書寫反標的嫌犯。

現在軍區清查「五‧一六」反革命分子，由鐘鋒負責我的專案，他對我懷有相當多的成見。我當日以繼夜，澄心凝慮，思過自新。

二

從此，我便失去行動自由。吃飯，上廁所，均有持槍的士兵跟在後面。特別令我詫異的是，就在當天下午，我從廁所回來的路上，迎面碰到軍區政治部秘書長辛矛劍，我當時一愣，本能地停下腳步，欲向他敬禮問好。因為他曾是我原來在煙臺的單位76師副政委。哪知我還尚未張口，他卻朝我微露苦笑，低頭匆匆走過，原來他身後也跟著一個持槍的士兵。後來我在飯堂裡，又見到宣傳部長朱兆豐、青年部長王洛、前衛報社胡社長以及剛從68軍調來的新聞辦公室趙主任等。無疑，他們也都被當作清查「五‧一六」反革命的嫌疑犯。

他們要我交代跟金敬邁的關係。我寫的第一份材料就令鐘鋒大為光火：「這是你的交代？你太不老實了！」鐘鋒將我的材料呈送郭科長。郭看後令誠子將我帶到他的辦公室。我一進門，郭黑子板著臉，怒氣衝衝地

喊道;「你太不老實！在北京待了29天，怎麼就沒有跟金敬邁見面講話？這誰能信?!」我辯解說：「事實就是如此。」

他將威嚴的目光將我渾身上下掃視一遍，緊逼我說;「你不是會寫文章嗎？你把在北京的活動全寫下來。」很快，鐘鋒就拿出他們命令我交代的提綱，共7條：

1. 你為什麼到北京軍委文化小組去找金敬邁？
2. 金敬邁都給你佈置了什麼任務？
3. 你是什麼時候在什麼地方認識林雨的？
4. 林雨是福州軍區造反派，你們都交談過什麼內容？
5. 你與趙寰什麼時候認識的？都談了什麼？
6. 你在北京軍委文化小組還見過些什麼人？
7. 你在北京期間還有哪些活動要向組織交代的？

於是，我回到大房間，趴在鋪位上寫材料，交代我去北京的經過。

金敬邁是廣州軍區戰士話劇團演員，因創作長篇小說《歐陽海之歌》一炮而紅。受到毛澤東、劉少奇等領導的讚賞，發行量近3000萬冊，僅次於《毛澤東選集》，創下當代中國小說發行量之最。後來他被江青看重，從軍委文藝組調到中央文革小組，並派其接手文化部（實際是文化部長）。但再後來，被抓進監獄。

我所以到北京找金敬邁，緣由是當初出現歐陽海之後，各部隊紛紛刮起樹立歐陽海式的英雄戰士之風，如南京軍區的蔡永祥。山東省軍區也出現一位在津浦鐵路的濟南黃河大鐵橋上，以生命維護列車安全的歐陽海式英雄王士棟。當時山東各報與解放軍報大肆宣傳，文工團革委會命我和王群生以一周時間寫了一部歌劇，準備由臧東升（《東方紅》大歌舞中《情深誼長》的作者）譜曲。革委會又決定派李心田和我將劇本送北京軍委文藝組審查。當時我們到了文藝組所在地——空軍東四的一個招待所，接待我們的工作人員是趙寰，他告訴說：「金敬邁同志很忙，他不在這裡辦公。你們的劇本他一時看不了。我認為你們將劇本留下，他如果看了，有

什麼意見，電話告訴你們；或者你們留下一人在這裡等。」

趙寰對人和藹可親，與我也有過交往。如果他能看劇本，對我們也會有所幫助。於是，李心田和我商量後，決定讓我留下聽取意見，他先行返回濟南。因我有兩個堂姐均住在北京。我三姐是海澱醫院的牙科醫生，三姐夫在軍委高等軍事學院（後改為國防大學）戰略系任教官。

於是，我便暫時留住在東四空軍招待所，等待金敬邁審查劇本。

趙寰是廣州軍區的著名劇作家，寫過《董承瑞》、《南海長城》等名作，我們曾經見過面交談過。那是1965年中南區戲劇匯演時，我跟隨前衛話劇團陳戈副團長與吳導演參加華東代表團（由上海和江蘇、安徽、山東、福建、浙江、江西等六省市和南京、濟南、福州三大軍區組成華東觀摩學習代表團，團長由中共華東局宣傳部長夏征龍領銜，南京軍區著名劇作家沈西蒙和安徽省委宣傳部鄭副部長擔任領隊），前往廣州觀摩學習，為時20天，每天看戲、討論，寫心得體會。

在觀摩學習期間，我和南京軍區歌劇團創作組的石樂（本名劉榮貴），曾合作寫出評紅線女主演的粵劇《山鄉風雲》及廣州軍區話劇團演出的《英雄工兵》（萬川編劇），兩篇長文曾被《羊城晚報》以兩整版分別刊登。匯演後期，又應組委會之約，寫了《綜述中南匯演的戲劇成果》一文，刊登於北京的《戲劇報》，反映頗佳。

後來在廣州軍區文化部開座談會時，我們和趙寰、張永枚等人曾經交談過。趙寰給我留下較深印象：他是北京燕京大學畢業生，又比我參加革命早，所以我對他頗為敬仰。

趙寰先看我們的劇本，看後，他很坦率地說：「主題思想挺好，唱詞也不錯。你們兩個作者都是詩人。但是我要說，整體看，比較概念，或者說有些公式化，不能讓觀眾感動。」停了一息，他又說：「當然還是等老邁有空，聽他看了劇本怎麼說。你們是來請他審查的。由他說了算。」

就這樣，我一直在招待所等著金敬邁審查劇本。他的行蹤比較詭秘，但報紙新聞中常有他的名字出現。

記得，在空軍招待所還有福建軍區的作家林雨，他以短篇小說《政治連長》、《五十大關》等享譽文壇，曾和金敬邁連袂出席北京「亞非作家

特別會議」的特邀中國代表。後來，我們在江西南昌共同參加「支左模範李文忠」的宣傳工作，相交甚為融洽。

記得廣州軍區的詩人韓笑（當時他是海上文化工作隊長）也曾在招待所住過。有一天，他告訴我，黃永勝司令員有專機回廣州，他就跟這飛機走了。

記得著名作曲家、瀋陽音樂學院院長李劫夫一家人也在招待所住過，他是文革期間紅遍神州的《大海航行靠舵手》作曲者，也曾為毛主席的多篇詩詞譜過曲。不過，他人很平和，沒有大音樂家的架子，見面時總是笑著點點頭。

另外，招待所還有幾個文化人，記不起名字了。

在空軍招待所等待期間，我經常到紅山口高等軍事學院三姐家去住幾天。因為趙寰說，老邁一般是晚上來，他會預先通知。他確實很忙，現在又要管文化部那一攤子。

終於，有一天中午，我從高等軍事學院三姐家回到空軍招待所，當時感到北京政治氣候似乎有些異動。趙寰告知：「近幾天你別再去姐姐家，老邁可能會來。」

這一天快後半夜了，金敬邁突然來了，好像身後還跟著幾個人，像是隨從。趙寰也沒有作介紹。當時，房間裡氣氛凝重肅穆，我只記得金敬邁神色淒然地說：「中央出事了。大家回去吧，各自回原單位。明天我也要回廣州了。」當時給我留下的印象，金敬邁不像文化部負責人，而是一個普通作家或演員。

當時的情況很緊張，我也沒有到紅山口高等軍事學院三姐家告別，第二天就徑直回濟南了。

不久，就聽到傳達楊、余、傅反黨集團被揪出來的消息。1968年3月，在中國人民解放軍擔任要職的楊成武（代總參謀長、軍委常委）、余立金（空軍政治委員）、傅崇碧（北京衛戍區司令員、北京市革命委員會副主任）被指「陰謀奪取空軍大權」、「武裝衝擊中央文革」、為「2月逆流」翻案，是「2月逆流」的「新反撲」。緊接著，王力、關鋒、戚本禹也被揪出來了，據說，他們是「五・一六」反革命分子的後臺。

　　我將當時所能想起來的全寫出來，交給專案組。郭科長和鐘鋒，他們看後，大為光火。郭說：「你這不是交代材料，你是在擺功！」鐘鋒指著我鼻子，惡狠狠地說：「你在廣州大出風頭呀！你傲氣什麼？周揚黑店的徒子徒孫！」

　　從那以後，他們很少再叫我寫交代。我知道他們已派人外出調查。鐘鋒則一再向我交代政策：「林副主席講過：問題不在大小，關鍵在於態度。」

　　有一天，我又被叫到專案組辦公室。推開門，只見房間裡多了兩個人：話劇團的李保明和羅士昌坐在靠窗邊的椅子上。顯然，他們是外調回來，要跟我核對材料。郭科長說：「你交代的材料，我們派人調查核對。你有很多假話。」

　　「我如實交代，沒有假話。」

　　「你還想抵賴！」鐘峰拍著桌子說：「我問你：林雨是怎麼從福州到南昌的？」

　　「當時，宣傳愛民模範李文忠，文道宏副政委主管這件事，是我向他推薦林雨的。」

　　「就這麼簡單？」郭黑子反問。

　　我回答：「他叫王秘書打電話向福州軍區要的。」

　　「誰打的電話？」

　　「王秘書。」

　　「撒謊！睜著眼睛說瞎話！」鐘鋒沙啞的嗓子喊道：「告訴你，保明和老羅剛從福州回來。」他向李保明示意：「保明，你說說。」

　　李保明兩眼直盯著我，慢吞吞地說：「我們在福州作了詳細調查。看了電話記錄，上面寫著江西南昌來的長途，發話人是王澐。絕對沒有錯。」。

　　「我確實沒有打過。」我堅持保證。

　　郭科長兩眼一瞪，怒氣衝衝地喝令我端正態度，回去好好檢討。

　　鐘鋒在我走出房間時，又冷冷地說了一句：「告訴你，金敬邁早就關進監獄，趙寰也已畏罪自殺。你好好考慮自己的罪行。」

　　「我有什麼罪行？」我又回到大房間，坐在那裡抱頭沉思。我真想不

通：我只是奉命送劇本到軍委文藝組審查；我在江西南昌和林雨一道宣傳76師支左模範李文忠的英雄事蹟，有什麼錯？到底犯了什麼罪？白天沒完沒了地寫檢查，夜晚，十幾個人的大房間，頭頂上100支光電燈泡，晝夜通明，根本無法睡覺。有時，好容易迷迷糊糊入睡，但很快又被噩夢驚醒，常常睜著眼睛盼天亮。我的神經受到很大刺激，嚴重失眠，比我在軍事監獄坐牢的日子還難熬。王群生和我「相鄰而居」，將近一個月，我們之間沒有說過一句話（因為怕串供），只是經常互遞同情的目光。有時半夜裡，我也常常能聽到他無奈的嘆息。

如此，精神上的折磨，持續鞭打的日子，不知過了多久。忽然發現鐘峰不見了。有一天，我忍不住詢問誠子：「怎麼好幾天沒有看見鐘峰了？」、「你問他幹什麼？」誠子回了一句。突然又說：「他正在交代自己的問題，與你無關。」（後來知道，他們內部有人揭發他與省軍區造反派參謀長莊中一有聯繫。）

沒有過多久，清查「五‧一六」學習班，竟然悄沒聲地結束了。

與開始不同的是，我與王群生可以共同騎著自行車回家了。在路上，我問到在江西時候，不是文副政委的王秘書打電話，要林雨來的嗎？王群生說：「不是。是我以你的名義打了電話。因為林雨不認識我，但你們是朋友。」

「哎呀，原來如此。老弟，你可把我害苦了！」

雖然學習班名義上結束了，但是「迫害」並未終止。一系列政治運動仍在進行，「清理階級隊伍」、「整黨」以後，歌舞團宣布解散，絕大部分文藝骨幹復員到地方。我和王群生、穆彬予三人被一道命令，開除軍籍，復員處理。

據說，在軍區黨委高層研究處理時，政委袁升平曾發話說：「我看，依照南京許世友司令員的作法，讓他們一律下放農村。」楊得志司令員不同意。他說：「不能這樣處理。這個歌舞團當初是我向羅（瑞卿）總長要來的。現在解散了，應該按照政策，讓他們各自回到參軍的城市。」

於是，王群生回了重慶。穆彬予回到北京，但她通過高層關係，調到解放軍藝術學院任舞蹈教員。

　　我回到上海，分配在上海交流儀器廠當工人，因為沒有技術，廠領導分配我到金工車間看牛頭刨床。我妻子受我牽連，也從山東政府機關幹部變成工人，和我在同一個工廠，在裝配車間當繞線工。我們每月工資41元，比當時的學徒工38元多3元。

　　直到1975年，鄧小平第一次復出，主持領導工作，中央軍委與國務院聯合發出的104號紅頭文件，將文化大革命期間被錯誤處理的部隊營以上幹部一律收回部隊，重新處理。於是我和文化部的徐翔南，從上海工廠回到濟南軍區，又重新恢復軍籍，穿上軍裝，拍照留念，裝入檔案。

　　在政治部領導徵求我們分配工作意見時，我們一致表示，依舊願意返回上海，重新分配工作。就這樣，我從上海交流儀器廠的車工，變成上海美術電影製片廠的編劇。工作變了，身分變了，環境未變，噩夢依舊。億萬人遭殃的文化大革命仍在進行。

高誦芬

作者簡介：

　　高誦芬，1918年出生，2005年去世，女，浙江杭州人。出身世代書香門第。南宋武烈王高瓊後代。自幼在家延師授讀。年十八，依父母之命，媒妁之言，于歸同邑徐定戡。相夫教子，克盡厥職。1994年1月，夫婦定居於澳大利亞始寫作回憶文字。其中與其子徐家禎合著之《山居雜憶》三十餘萬言，陸續在墨爾本《漢聲》月刊連載，在全澳洲廣得好評，影響極大，後由中國南海出版社出版。其增訂插圖本亦在2015年12月中國長江文藝出版社出版。

徐家禎

作者簡介：

　　徐家禎，1942年出生，上海人，祖籍杭州；語言學家、散文作家。畢業於上海師範學院中文系，在上海任教十餘年；1980年2月初赴美國留學；1983年2月，應聘澳大利亞阿得萊德大學亞洲研究中心教授漢語；2009年8月從大學退休。定居阿得萊德。

　　徐家禎出版散文集《南澳散記》、《山居雜憶》（與母親高誦芬合著）、《東城隨筆‧人物篇》。其創作能顯示出較為豐厚的文化底蘊、廣博開放的知識胸襟、清逸淡泊的生命境界以及較為超遠沉潛的人生意趣。這些因素構成了他散文作品中無處不在的「自我」形象。

抄家（山居雜憶・四十九）

　　我家是共高祖以下幾房住在一個大牆門內的。直到日寇侵杭，各房人家都避居外地，從此分散，不再在同一個牆門裡住了。[1]

　　我小時候聽父親說：不知那一房做官的長輩觸怒了清朝皇帝，聽說要來抄家，於是其他幾房人家為了自保，就在每房大門口都貼上「某房」的紙條，意思是大家已經分開，以免殃及池魚。後來，風平浪靜，並沒來抄家，大家才放了心。[2]

　　到我十二、三歲時看了《紅樓夢》，才知道抄家是怎麼一回事。我想：賈府倚仗皇親國戚的地位，做了許多喪天害理之事，罪有應得。誰知道過了三、四十年，我自己竟也親身嘗到抄家的滋味了！

　　1965年年末，我丈夫中風了，從醫院出來以後就在家裡休養。那時，每天都有幾個私人醫生上門來為他看病：看神經的是曾經臣醫生，看心血管的是周頌康醫生，中醫內科是汪月齡醫生，管針灸的是陸李還醫生，管推拿的是李鹿平醫生；再加日夜班請的兩位護士是彭雲卿和陳輝女士。真是「病急亂投醫」啊！[3]

　　為了服侍我丈夫方便一點，由我的老友程英美醫生介紹，我們雇傭了一個男傭老李，每天早出晚歸，來照顧我丈夫。那時，我們每天忙於照顧病人，對外面社會上「山雨欲來風滿樓」的局勢竟然毫無所知，簡直好像

---

[1] 根據資料，我們高家從乾隆年間遷杭始祖高士楨開始，就住在杭州孩兒巷雙陳衙了。我曾祖父去世後，我父親與他叔叔們分了家，還是住在那裡，只是改了進出的大門，所以地址就變成了「布店弄」。1949年改朝換代後，這棟房子賣給了我哥哥那時工作的單位：浙江衛生實驗院。近年來，杭州房屋改造，孩兒巷一帶就徹底變了樣。現在，在孩兒巷口建了個所謂的「陸遊紀念館」，因為據說陸遊的名詩「小樓一夜聽春雨，深巷明朝賣杏花」就是他住在那裡時寫的。這裡，以前也就是我們高家的住宅所在了。

[2] 關於此事，我有點懷疑可能就是因為我母親的三叔祖高爾嘉（子谷）與劉鶚勾結，洩密於俄國使館案發，高家才怕政府會來抄家的。那時，我母親還遠未出生，所以她不會知道。後來，劉鶚充軍新疆，病死於該地。高子谷如何處理不很清楚，但至少二十年代他已在上海做寓公，並聽說到五十年代初才過世。可參見《山居雜憶》第30章《姨太太》注4。—徐家禎注。

[3] 關於我丈夫中風事和我家的男僕老李，可詳見《山居雜憶》的附錄〈老李〉。

住在與世隔絕的桃花源裡。

到了六六年8月下旬的某一天早上，老李照例按照我的吩咐打電話去約各位醫生來診治，可是他來告訴我，每位醫生都對他說：

「老李，請你轉告徐先生，上海今天開始，全市所有的私人醫生都不許開業了。」

不一會兒，兩位護士也來電說不能再來上班了。我們這才意識到外面的局勢已經如此緊張。幸虧老李不屬於任何單位，他可以照樣來照顧我丈夫；我家原來雇傭的女僕也仍在，所以家務暫時沒有問題。

從這天開始，我即使待在屋裡，也可以聽見街上不時傳來口號聲和鑼鼓聲，日夜不停。又聽見傳說，愚園路上大隆機器廠的老闆嚴慶祥家已經抄了家，牆上貼滿了大字報；另一家楊氏藥廠的資本家楊樹勳也抄了家，家裡的衣服都掛在陽臺上展覽呢。楊家離我家很近，我知道楊先生的填房太太一星期前剛生了孩子，還在醫院呢，現在抄了家叫她怎麼辦呢？就好奇地去看看究竟怎樣。到楊家門口，果然只見沿馬路的陽臺上掛滿了皮貨和五彩的綢緞、衣料之類，像商店的大拍賣一樣。我心裡一驚，想：怎麼政府又變起臉來了？難道又要來一次整資本家的運動了？但轉而一想，嚴慶祥和楊樹勳都是上海有名的大資本家，而且他們在五十年代初的「五反運動」中都被評為過「嚴重違法戶」，可能現在查出來又有什麼違法亂紀的事，所以紅衛兵才去抄他們家的吧。

當時，我的四個孩子中，中間的兩個都已經去外地讀大學了，不住在上海。家裡只有大孩子已經大學畢業後在上海教書，小兒子還在高中念書。那天小兒子回來說，他的一個同學家也被抄了，而且還逼他有病的母親在前園挖掘草地、花圃，懷疑他們在地下埋了金銀財寶。那同學的家長我也認識，她家是開一家有名的肥皂廠的，祖父在抗戰時因為愛國而被日本兵槍殺，所以她家一直被政府列為「愛國資本家」，連後代都被看做「烈士子女」；那同學的母親一向十分積極，在工商界被評為「全國三八紅旗手」，怎麼現在政府竟可以如此翻臉不認人呢？[4]

---

[4] 我小兒子同學家即開五洲固本肥皂廠的項家。五洲固本肥皂廠是1949年前中國最大的製皂廠，創辦人為項松茂，名世澄，別號渭川，浙江寧波鄞縣人，是中國新藥業先驅人物。項松茂幼讀

　　不一會，我大兒子也從學校回來了。他說，今天他帶學生下廠勞動，回家時看見紅衛兵在路上剪路人的褲腳管，說是「小褲腳」；也脫路人的皮鞋，說是「尖頭皮鞋」，都是資產階級思想的反映。有的女孩子的褲腿被剪破了，只能在路上哭；脫了皮鞋的人只能赤了腳回去。他說，明天開始他不穿皮鞋上班了，要我找一雙布鞋出來。我聽了更加覺得大惑不解了，但總不相信我們自己也會遭到如此厄運。

　　再過了一兩天的一個晚上，忽然鑼鼓聲敲到我們弄堂來了。原來是我們自己廠裡的紅衛兵來抄在我家隔壁住著的三叔公的家了。我們嚇得連忙把整幢房子的燈全都熄滅，天真得以為紅衛兵看見隔壁沒有燈火就以為沒有人在，就可以逃脫臨頭大禍了！

　　我們當然也不放心三叔公，就全家都聚在我小兒子二樓的房裡，從窗口看隔壁的動靜。我們只看見三叔公家上下三層樓全部燈火通明，屋裡人影幢幢，但看不見他們在做什麼。大約一個小時以後，忽然紅衛兵都到他們屋前的草地上去了，正把東西從屋裡搬出來，然後就點起熊熊大火燒了起來！火光到很晚才熄滅。我們正在等紅衛兵的鑼鼓敲到我們這兒來，不料只聽見人聲倒漸漸遠去了。

　　徐家的企業一向是由二位叔公經管的[5]，他們從來奉公守法，這我很清楚，怎麼也會被抄呢？我真越想越糊塗了。第二天一早，我就從我們院子通三叔公院子的那扇小門走過去慰問三叔公一家。他們說，昨天廠裡的紅衛兵來，主要是「掃四舊」，把一些他們認為是「封、資、修」的文

　　私塾，14歲到蘇州當學徒。1900年，學徒學期結束後任上海中英藥房司賬（會計）。1911年任上海五洲藥房總經理。曾多次到日本考察藥業，並派人到歐美學習，學習引進製藥先進技術。1922年，斥鉅資盤進原德商開辦的上海固本肥皂廠，改名為上海五洲固本肥皂廠。九一八事變後，項松茂積極支持抗日救亡運動，擔任上海抗日救國委員會委員。1931年1月31日，項松茂和五洲固本肥皂廠十一名員工遭日軍殺害。國民政府以「抗敵不屈，死事甚烈」予以褒揚。各界輿論高度評價項松茂的愛國精神。（摘引自「百科百度」中「項松茂」詞條）我小兒子同學家即項松茂後人。

5　從我丈夫祖父徐吉生開始，徐家就在江浙一帶經營繅絲事業。鼎盛時期，在杭州、紹興、嘉興、諸暨、上海等地都有工廠。後來，主要企業就漸漸集中在滬杭兩地了。徐吉生先生三十年代中去世。之前，他長子，亦即我丈夫的父親已經去世。所以，吉生先生去世後，企業就有他另兩位兒子，也就是我的二叔公和三叔公負責經營。他們的分工則是：二叔公徐立民主要負責上海企業，三叔公徐禮耕則主要負責杭州的。我丈夫法學院畢業後就當了法官，從來不參與家庭事業的經營。

物、書畫、器皿砸的砸，燒的燒了。金銀財寶都封存起來，說不許動，但沒有拿走；至於存摺、現金則沒有拿，所以生活還不至於有問題。而且，三叔公告訴我，同一天夜裡，住在跟我們同一條街上的二叔公家也被廠裡的紅衛兵抄了。至於我們家沒有來，可能是時間不夠了；也可能因為我丈夫從來不參與廠裡的經管，所以紅衛兵不知道我們就住在隔壁；也可能還有別的原因，就不知道了。

我回來把情況一說，全家才知道可能真的要事到臨頭了，應該想個對策。大兒子堅決主張把家裡值錢的東西全部藏起來，堅壁清野，一樣都不讓紅衛兵拿去。他還年少氣盛地說：

「如果紅衛兵來，我們就對他們說：『我們家一樣東西都沒有，你們不信就抄吧！』他們找得著，算他們運氣；他們找不著，算我們運氣！」

他還說，他知道我們房子二、三樓有四間大臥室的壁櫥頂上都有密室，外面看上去像是木頭的天花板，但推上去卻又有一層，好放很多東西。我們在這棟房子裡住了十多年都從來不知道，還是我大兒子一次偶然機會發現的。

我卻猶豫不決，覺得如果紅衛兵來，發現什麼東西都沒有的話，一定不會相信。如果他們找不到東西，惱羞成怒起來還會動手打人。不是最近傳來過很多紅衛兵打死人的消息嗎？這樣做太危險了。

但大兒子和小兒子都主張把東西藏起來，我無法阻止他們，結果他們花了一個上午，把家裡的金銀財寶、現款、存摺、手錶、照相機、皮貨、文物……反正可以搬得動，放得下的東西都塞進幾個密室裡去了！

剛做好準備，嚴陣以待紅衛兵的抄家，誰知當天晚上大兒子卻回來對我們說：

「好了！好了！上海市委發表了十條通知，說紅衛兵抄家是不對的，以後不允許再這樣做了！」

我一聽很是高興，想，大概我們家可以保住了，於是叫兒子們把藏著的東西都拿出來。不料，第二天，《人民日報》就發表了〈橫掃一切牛鬼蛇神〉的社論，說紅衛兵「把地主、資本家藏在黑暗角落裡的變天賬、金銀財寶抄出來，亮在光天化日之下，好得很！」那就等於給紅衛兵的抄家

行動撐了腰。我的兒子還來不及重新把東西藏回密室，發表社論的當天晚上我們家就著了靶！

那天晚上八時許，鑼鼓終於敲到我們後門口了。後門敲得「嘭嘭」響，我知道一定是紅衛兵上門來了，就由兒子們去開門。進來的是我們自己廠裡來的十幾個戴著紅臂章的紅衛兵。領隊的看樣子是幹部，說是「掃四舊」來的。我迎上去說：

「我丈夫中風了，躺在床上，不能起床，請你們多照顧。」

他們說：「我們知道！」就要我們一間間房讓他們檢查，還要我們把金銀財寶都拿出來給他們看。我知道這時候再躲躲藏藏也沒有意思了，反正前幾天藏東西時都已理好，就叫我的兒子把箱子間的門打開，把裝我結婚時陪嫁的一大福建漆皮箱的銀器和兩個裝首飾的鐵箱都抬到二樓大兒子的房裡去。幾十年來，那套銀器幾乎從來沒有動用過，連手環上紮著的紅綠絲線都還在呢！鐵箱裡盛的則是我結婚時三朝那天娘家送來的首飾、我婆婆遺下的首飾、我丈夫出生時、我孩子出生時親友送的金銀瑣片，以及我丈夫買給我的首飾，等等，還有我結婚時親友送的見面禮幾百塊銀元也在裡面，有幾塊上面還貼著「喜」字呢！想不到那些東西竟落了這樣一個下場！

紅衛兵又讓我把存單和現金也拿出來，他們一一點清，還叫我大兒子再核實一遍。在一部分紅衛兵清點金銀財寶和存款、現金的同時，另一部分紅衛兵則已拿了我的鑰匙從樓下到四樓平臺一間間房打開來檢查了。他們把我們的衣服、照相機、收音機、錄音機、手錶、衣料、繡貨、皮貨、文物、洋酒、成套的瓷器等等，等等，凡是起一點眼的東西全都搬到二樓和三樓的大房間，一件件檢查；要拿去的東西就登記下來。

正在忙亂時，後門又「嘭嘭嘭」地敲打起來。我兒子去一看，原來大兒子學校[6]的紅衛兵也來了。他們一進門就知道廠裡的紅衛兵已經捷足先登。學生到底鬥不過工人。兩方面商量了一下，大概達成了協議：所有值錢的東西都讓工廠的紅衛兵拿去，學校的紅衛兵就拿他們剩下的「四舊」。

---

[6] 大兒子師範大學畢業，那時已在上海建東中學教書。

　　學校的紅衛兵和工廠的紅衛兵一共總有三、四十人,他們分散在我們三層樓十多間房間裡:有的清點,有的搬運,有的查抄,有的撕、砸,有的看守我們不讓我們「串通」,有的卻在書房裡借檢查書籍之名欣賞起來了。他們看到二樓書房裡有一套日本出版的《世界美術全集》,共精裝幾十冊,一邊指著人體畫說:「看,有黃色畫片!」一邊卻看得津津有味。學校的紅衛兵還拿我們餅乾箱裡的餅乾、糖果大嚼起來。整棟大房子裡裡外外、上上下下燈火通明,亮得像水晶宮一樣。

　　這時,老實說,我們倒真正已經把身外之物置之肚外了。反正事情已經到了這一田地,我們還能做什麼阻止事情的發展呢?他們要怎麼就怎麼吧。我和兒子偷偷對我丈夫說:

　　「你躺在床上裝作不會動的樣子。一切由我們來應付。」

　　其實,經過半年多的療養和醫治,那時我丈夫的手腳基本上能活動,也能自己起床行動了。但我們既然這麼說,他就躺在床上裝死。紅衛兵以為他中了風,已經半死,倒也沒有怎麼難為他。

　　時間已經過了半夜,紅衛兵還在查抄、清點、欣賞得起勁。他們把我們一家四人都分隔在不同的房間裡,怕我們串通一氣,把財物隱藏起來;還盤問我們:有什麼東西藏起來了。我暗暗好笑:我們的東西全都交了出來,你們再抄也找不出東西來了。但他們仍不相信,連枕頭、被子都一件件摸過,當然一無結果。我的兩個兒子都躺在椅子上睡著了,好像這個家已經不是我們的,隨那班人想做什麼就做什麼,想拿什麼就拿什麼吧。這樣一想,我也有了睡意,竟然在燈火通明、人聲嘈雜的房裡坐在椅子上迷迷糊糊地睡著了。朦朦朧朧中,還聽見看守我的女紅衛兵在對別人說:

　　「看她倒放心,還睡得著覺!」

　　我想:是你們做強盜、幹壞事,來抄我們的家,搶我們的東西;我不做壞事,心不虛,有什麼睡不著的!

　　天亮了,紅衛兵們想要的東西都拿得差不多了。廠裡的紅衛兵把拿走的東西都開了清單,要我大兒子在清單上簽字。當然,我們是無法核對拿走的跟清單上的是不是一致的,但有清單總比一筆糊塗賬要「文明」得多。早晨八點多鐘,廠裡開來兩輛大卡車,裝得滿滿的,滿載而歸了。本

來，他們說還要把家具也車走的，特別是我們客堂裡那套把地板都壓沉的紫檀木古董家具，但是兩輛卡車已經裝滿，他們懶得再開第二趟，說了一聲：「下次再來拿！」就揚長而去了。

因為他們把我們的存款和現金也全部一抄而空，我不知今後怎麼生活，於是就問那紅衛兵頭頭，能不能留一點生活費給我們。他們商量了一下，留下五百元，並說：「你們放心，過三個月會解決的！」那時，我們當然不理解那「三個月會解決」的真實含義：是三個月後財產會還給我們，還是三個月後財產會正式沒收呢？其實，我看，說這句話的頭頭也不會知道他自己這句話的可靠性有多大。但是，不管他的意思是什麼，我想在當時，全世界沒有一個人會相信那場「史無前例」的文化大革命竟然不是三個月而是會延續整整十年才解決！

廠裡來的紅衛兵走了，剩下學校的紅衛兵只能拿廠裡紅衛兵留下的「殘羹剩飯」。他們來了幾輛「黃魚車」（上海把三輪貨車叫做「黃魚車」），在我丈夫的書房裡揀了幾千本書，再拿了些廠裡看不上眼的財物，就也揚長而去了。當然，拿書時他們是不會漏掉那套「黃色」的、日本出版的《世界美術全集》的。至於是去大批判還是大欣賞的，我們就不得而知了。

兩批紅衛兵都走了。男傭老李倒按時來上班了。我丈夫站在樓梯口大聲對他說：「我們已經一夜光了！一夜光了！你不用來了！」老李驚得目瞪口呆，進退不得，不知如何是好。我把老李請到樓下，對他說了昨夜抄家的經過，並說：

「以後我們再也用不起傭人了。請你不用再來了。」

老李連連搖頭嘆息，說了幾句安慰話只好也走了。

這時，我們的整棟房子從上到下就像剛遭過戰火的洗劫或強盜的搶劫，每一間房間的地上、桌上、床上、櫥上都是東西；樓梯下一塊十多平方米大小的方磚地上被紅衛兵撕碎的書畫竟有丈把高，差不多堆到二樓。有幾間專門放箱子、雜物的房間給廠裡紅衛兵封了起來，不許我們動用。我們既沒有力氣打掃、整理，也不感到餓，只感到疲倦。中午草草吃了一點東西剛想休息，後門又「嗙嗙嗙」敲響起來。我兒子去一開門，來了一

批不認識的紅衛兵,說一口標準的北京話,都穿著解放軍的黃軍裝,腰裡還系著四指寬的大皮帶,有男也有女。他們說是北京來的,到上海來掃「四舊」。我兒子對他們說:

「昨天已有紅衛兵來掃過了。你們不相信可到居民委員會去問。」

我們的意思當然是希望居民委員會為我們講幾句好話,至少為我們作個證,阻止北京紅衛兵再來抄家。誰知過了幾分鐘,助紂為虐的居民委員會幹部竟親自帶著這批北京紅衛兵來了。

北京紅衛兵沒有見過上海的世面,一進門看見我們的房子就對我兒子說:「你們是上海最大的資本家吧!這棟房子應該開展覽會。」

我兒子說:「上海大資本家多的是呢,我們根本算不上最大!」

他們樓上樓下一間間房又查抄了一遍,實在真正值錢的東西早就給前兩批紅衛兵拿光,大件的家具他們又無法搬走,只好把我兒子收集的幾十本郵票簿的郵票都一張張揭下來,扔在地下;又把我丈夫幾十年拍的照片都用幾個大盒子裝了說要帶到北京去開展覽會,展覽「資本家的腐朽生活方式」。他們還看見我家有很多五彩的塑料吹氣動物,原來那是當時流行的玩具,我丈夫看見覺得顏色好看就買回來掛在房裡,準備有小孩來送給他們做禮物的。紅衛兵看見說:

「老資本家還要玩玩具!」

就拿了一個塑料鸚鵡,套在躺在床上的我丈夫頭頸上!在紅衛兵進門前,我們早關照我丈夫躺在床上裝作不會動彈的樣子,所以北京紅衛兵以為他已病得快死,倒沒有怎麼注意他,於是所有的怒氣就都出在我身上了。在揭照片時,他們看見我結婚第二年跟丈夫游黃山時坐在轎子上拍的照片,對我大怒道:

「你竟敢坐在轎子上,叫勞動人民抬你!你是騎在勞動人民的頭上,吸勞動人民的血汗!」

於是拿來一把剪刀,要剪我頭髮!我起初以為他們見我燙髮,所以要剪去我燙的部分,不想他們竟亂七八糟地把我的頭髮都剪光了。然後,再在我的襯衣背後用毛筆寫了「大臭蟲」三個字,又寫了一塊「大臭蟲」的牌子掛在我身上,給我一把掃帚,要我馬上到路上去掃馬路!

　　被紅衛兵簇擁著走出家門，我看見我們隔壁的三叔公和三叔婆也剪了頭髮，拿了掃帚，掛了牌子，被幾個紅衛兵推著出來掃街了。再過一會兒，住在十號的孫家老奶奶也被剪了頭髮擁出來了，她的衣領上還插著一個大被拍。後來，我們才知道，因為那批北京紅衛兵抄孫家時發現孫奶奶有一張拿著被拍子在拍被子上的灰塵的照片，於是說她「臭要美！拍被子還要拍照！」當場剪了她的頭髮，插上被拍，掛上牌子，勒令掃街。孫家奶奶已經七十多歲了，平時身體不錯，但這樣受了一次驚嚇及污辱，不久就去世了！

　　我們被紅衛兵和圍觀的孩子們簇擁著在街上掃了一圈。小孩們還要我用手把垃圾放到垃圾桶裡去，我只能忍著怒氣照做了，心裡想：我的頭髮給剪了，以後怎麼上街？不明真相的人見了，總以為我做了什麼見不得人的壞事，怎麼說得清呢？

　　掃了一圈地，回到家門口，紅衛兵不讓我們休息，叫我們分別站在自己家門口的凳子上，要批鬥我們。這時，弄堂裡已擠滿了看熱鬧的群眾。紅衛兵大聲「揭發」我們的「罪行」，還要我的大兒子也揭發我們。我大兒子是做教師的，他事後對我說：「要我做戲有什麼難！我才不會吃眼前虧呢。」於是他理直氣壯地大聲演說了一番，紅衛兵也無話可說，只能就此下場了。我經過這些磨難已經難以支持了，站在凳子上竟不能自禁地發起抖來。

　　天早黑了，紅衛兵臨走寫了一張大字報貼在我家門口，揭發我們的「罪行」，說我們一向吸人民血汗，現在從我家抄出了多少多少金銀財寶云云。他們也沒有忘了「解放」我們的女僕，還要我向女僕三鞠躬，並問我們的女僕要多少解散費。按照上海的規矩，一般解雇一個女僕是給一、兩個月的工資；但那時有紅衛兵撐腰，當然她要三個月我們也只好給了，於是早上工廠紅衛兵留下的五百元生活費一下子就去掉了六分之一！紅衛兵還氣勢洶洶地勒令我：明天開始，每天早上六點鐘就要掛上「大臭蟲」的牌子去掃街！勒令我丈夫：掛在頭頸上的塑料鸚鵡不許拿掉！明天他們要來檢查！

　　他們走了。我累得坐在床上發呆。那時，我已經麻木不仁、呆若木雞

了。大兒子看見我這樣，連忙過來對我說：

「你要忍耐呀！千萬不要想不開！就當做戲一樣吧。」

但我想：以後怎麼出門？怎麼做人呢?!

第二天，早上六點鐘，我臉也不洗，早飯也不吃就掛上「大臭蟲」的牌子去掃街了。看見隔壁的三叔公夫婦和十號的老太也出來了，大家默默無語。掃完地回去，見我丈夫早已躺在床上裝死，頭頸裡的塑料鸚鵡當然沒有忘了套上，而且鸚鵡嘴正對著他的鼻子呢！我看得真是哭笑不得！

我丈夫脖子上的鸚鵡就這麼套了三天，除了吃飯、睡覺除下，平時就這麼套著，以防紅衛兵突然闖進來。然而北京紅衛兵竟沒有再來，他們一定去別的地方造反去了，早已忘了我們。但我的掃地卻持續了幾個月，因為那時我們已成「壞人」，任何人都可以勒令我們去掃街了！

自從北京紅衛兵來抄家以後，幾乎每天都有紅衛兵上門來騷擾我們。開始幾天，每次紅衛兵走了，素愛整潔的大兒子還要整理一下「戰場」。後來，連他也厭煩了，紅衛兵走了索性就讓東西都橫七豎八地堆在地上，要什麼就在地上翻找。大兒子說，我們的房子像一條擱淺的船，而我們則像魯濱遜一樣，缺什麼東西就去沉船上找！

每天晚上，我們都要坐著等到九、十點鐘沒有紅衛兵上門來才去睡覺，早睡了怕聽見打門聲要再起床開門。大兒子學校的紅衛兵簡直把我們家當做了倉庫，缺什麼就來拿什麼。晚上來了就待到半夜甚至第二天早晨。他們在樓下談話、拿我們廚房的食品煮夜宵，有時還要我的兩個兒子也去吃——因為他們也是革命群眾。我們就在樓上睡覺，好像樓下已經不是我們的家一樣。他們走時常不鎖門，我們也不起來關門，反正家裡也沒有什麼值錢的東西可偷；再說，即使防了小偷也防不了強盜，何必厚此薄彼呢？

小兒子學校[7]的紅衛兵也來了，抄去了廠裡紅衛兵留給我們的清單，說這是「變天賬」，還把廠裡紅衛兵封著的房間打開，再查抄一遍。我和大兒子只能去廠裡報告，以免他們以為是我們打開的。廠裡說：

---

[7]　小兒子那時正在上海復旦中學念高中。

「知道了。我們會通知你們居民委員會，讓他們阻止別的紅衛兵再來抄你們家。」

我以為這下子大概不會再有紅衛兵來騷擾了。誰知當天下午就又來了一班延安中學紅衛兵，把我們全家都趕到二樓一間房裡，在其他房間又亂翻了一通，我們放在床前櫃裡的幾十塊錢和幾百斤全國糧票也就不翼而飛了。他們走時，將上下十幾間房全都封了起來，只留二樓一個臥室給我們四個人睡覺，底樓一間客堂給我們吃飯。我們的日常衣物都給他們封進了房間，天氣日冷，怎麼過日子呢？我們只好再去向廠裡報告，希望他們來開封，但他們說：「紅衛兵封的房間，我們不能動！」

我的兩個兒子見他們都那麼蠻不講理，就動腦筋自己想辦法。他們發現我們有的房間的房門外還有紗門，那是防蚊子用的，而紅衛兵的封條就貼在紗門上。紗門的另一頭是用螺絲和絞鏈連在門框上的。於是，我兒子就找來一把螺絲啟子，把絞鏈拆下，把門從另一頭打開，而這一頭貼著的封條卻可以原封不動，等進屋拿好東西再把門裝上去，別人一點看不出我們已經開過門了！有的門，這批紅衛兵來封了，另一批紅衛兵打開再封，誰都弄不清楚是誰弄壞的封條，兒子們索性就小心地揭開封條進去拿東西，然後再封上，只要不把封條弄得太破就好了。

就這樣，我們四個魯濱遜在這條即將沉沒的破船上住了兩個月，直到「掃地出門」。在這六十多天之中，不知來了多少批紅衛兵，房間的每個角落幾乎都找遍了；有的房間，連地板都橇開來看，想找我們「藏」著的「財物」，可是，竟然沒有一批紅衛兵發現過我們起先藏過東西的那幾個密室！我常常想：當時是否真應聽兒子的話，把所有的東西都藏在裡面呢？但是，如果真這樣做，說不定我們全家都早就被紅衛兵逼死了呢！再說，後來我們全家都被趕出了那棟房子，在別處住了十多年，那麼即使東西還藏在密室裡，又有什麼用呢？

高誦芬作文，徐家禎整理，1995年9月4日於斯陡林紅葉山莊

掃地出門（山居雜憶・五十）

　　1966年從8月底到10月底這兩個月中，我家不知來了多少批紅衛兵。家中值錢的東西都被他們搶的搶，偷的偷，拿光了。三層樓的房子，十幾間房間，每間都像剛遭過戰火一樣：家具挪了位，橫七豎八地放著；抽屜開的開，關的關，有的還翻倒在地上；滿地都是踩髒的衣服、被單，撕碎的紙片、書畫、文件；打破的瓶瓶罐罐，堆得有幾寸厚。我們也懶得打掃、整理，因為知道整理、打掃好了，說不定再過幾小時就會有一批紅衛兵來抄家。何況，那時已聽見有資本家被掃地出門的事了。消息傳來說：某某大資本家被趕到棚戶區去了，一家幾口擠在閣樓上，只有幾平方公尺大的房間，還沒有自來水和衛生設備，要每天去公用水喉提水，去公用廁所大、小便，還要倒馬桶。還聽說紅衛兵讓某大火柴廠的老闆一家住沒有抽水馬桶的房子，他們兩夫婦都是全上海有名的大胖子，有幾百斤重，以前我看見他們坐在三輪車裡，一個人坐一輛還塞得滿滿的。現在只好用木馬桶，一坐上去，馬桶就散開了，糞尿流得滿房間都是。這簡直是惡作劇！

　　我想：我們一家四口在這樣大的房子裡總是住不長的，不知會搬到哪兒去呢。只希望不要如此狼狽就好了。

　　11月4日下午二點左右，突然居民委員會的正、副主任和房管處的幾名幹部來了，通知說：這房子要做紅衛兵串聯接待站，我們明天就得馬上搬出去。

　　那時，我經過兩個月抄家、批鬥的折磨已經吃不消了，經常會感到噁心、氣悶，脈搏間歇很厲害，心臟也很不好，又患嚴重的失眠症，正躺在床上。我丈夫半年多前剛中風出院，抄家前已能行走，現在受了刺激又嚴重起來，也躺在床上。我想：現在要我們立時三刻搬出去總不是好事，只希望不要搬到棚戶區去；再說，一房子抄剩的木器、衣物叫我放到哪兒去呢？總不見得再讓我們住幾百平方公尺的大房子吧！這樣想著，我就對幹部們說：

「你們要我們搬到哪兒去呢？我們只希望住的地方要有自來水和抽水馬桶。我丈夫中風過，身體不好，希望你們能夠照顧照顧。再說，這裡剩下的東西怎麼辦呢？」

一個幹部說：「給你們住的地方當然有自來水、抽水馬桶。這裡的東西我們會照顧的。你們不放心的話，現在就可以跟我們去看房子。」

那天，我的大兒子和小兒子正在家，於是，我們三人就跟他們去看房子了。原來居委會打算讓我們搬去的房子就在附近，離我們自己的房子只有十五分鐘路，在一條很大的弄堂裡，是老式的石庫門房子。分配給我們的是朝北的後間，倒很大，好像有二、三十平方，但黑洞洞的，只有一扇窗，窗外一、二公尺就是別家的高牆，幾乎完全沒有光線能射進來。房裡唯一的光源來自很高的一扇天窗，像牢房一樣。而且這幢房子的住戶好像很多，只見周圍都是人家，廚房、洗澡、水龍頭都是公用的。

我大兒子對里弄幹部說：「我父親中風後身體到現在還未復原，能不能換一間朝南有陽光的房間？」

他們回答道：「這樣的房間，條件已經很不錯了。很多資本家被掃到沒有衛生設備的棚戶去了，你們也一定知道。還要挑精揀肥嗎？明天上午就搬進來吧！」

在「無產階級專政鐵拳」之下，我們還有什麼討價還價的餘地？只好默默依從。回到家裡，我們整理了一些東西，把要帶的必需品裝在幾個箱子裡，再決定要搬什麼家具去，還打算明天一早請人先幫我們去那間房打掃一下。

誰知第二天早上，居委會來人通知：「不要搬了！」我們不知是吉凶禍福，心中轉輾不安。到了下午三點鐘，突然來了大批街道黨委、居委會和房管處的幹部，男男女女總有幾十人，他們叫我們立刻搬到附近另一條里弄去。我們說想先去看一看，至少也要先去打掃一下吧。他們說：

「不用看了！花園洋房，還有什麼好看的！」

說搬就立刻要我們動手。我們以為至少昨天已經整理了一下東西，那麼就把準備好的東西帶去吧。誰知他們說，所有帶去的東西都要檢查過：衣服只能帶布的，呢絨、綢緞、皮貨一律不准帶；家具只能拿最劣質、簡

單的。而且每人只能帶一隻箱子、一條被子；再拿一張原來放在院子裡吃飯的白木桌子、四張方凳、一張大床、兩張可以折疊的鋼絲床和一隻放被子的被櫃！後來大兒子說，他是當老師的，總要一張書桌和一個書架吧。他們說，拿了書架就不能拿書桌，兩者選一。最後，大兒子選了書桌，於是他們讓他拿了家裡最破舊的一張。大兒子又說，父親中風還未恢復，希望能有一張有靠背的椅子可以讓他坐坐，於是總算他們答應讓我們拿了一張籐椅。至於書籍，除了《毛澤東選集》，我們只能拿一套《魯迅全集》。這就是我們允許帶去的全部財產！

我在二樓房裡整理要帶去的衣服時，里弄幹部們就在旁邊監督，順便就在我們的抽屜中亂翻。平時都是鄰居，現在卻「痛打落水狗」，翻臉不認人了。一個叫劉英的幹部，在我的櫃子裡看到一塊綠格子的錦緞被面和一對白布繡花的枕套，拎起來對大家說：

「看呀！他們用這麼講究的東西！」

我心裡暗暗想：真是少見多怪，鄉曲小民！這種普通東西也值得大驚小怪！

我在理衣服時，背後站著一個叫魏淑琴的幹部，她惡狠狠地對我說：

「高誦芬，你以後要改改呀！」

我心中暗想：我一世不偷別人的財物，不搶別人的東西。天讓我生在富家，嫁在富家，這不是由我選擇的。我從未做過壞事，待人一向客客氣氣，沒有貧富之分。以前里弄要選婦女代表，派出所還硬要群眾選我。政府每次有什麼號召，作為婦女代表，我只好帶頭響應。有一次某地發生水災，里弄裡發起捐寒衣運動，我第一個將家裡的棉衣、棉被拿了許多送到居民委員會。你們幹部還玩笑地表揚我說：「高誦芬呀，你發嫁妝了！」辦人民公社，辦托兒所，我又第一個把家中碗碟、畫報、書籍捐出去；五八年大煉鋼鐵，我把嫁妝裡全新的銅、錫器捐出去，居委會還把我捐出去的東西放在里弄展覽會展覽，做大家的榜樣。現在怎麼講這樣的話？真欺人太甚！想到這兒，我就脫口而出：

「我五十歲了，改不好了！」

她討了個沒趣，倒也只好啞口無言。

　　東西理好了。兒子們去叫了一輛三輪車，把躺在床上的父親扶上了車，車上再放兩隻幢籃，裡面裝的是油鹽醬醋和碗碟筷子。三輪車來回裝了三、四趟，全部家當就都裝完了。天黑了，幹部們不讓我們再搬，我們就這樣離開了居住了十多年的老屋。屋子裡剩下的東西，連破布、紙屑、垃圾都全被沒收，我們真的成了一無所有的「無產階級」！最後一個離開老屋的是我，手裡拿的是掃帚和畚箕，倒真是名副其實的「掃地出門」！

　　第二天，我們才知道，在同一天，住在我們隔壁的三叔祖一家也被里弄幹部掃地出門了，而且就掃在與我們同一條弄堂裡。因為三叔公家那時只剩他們兩老夫妻和一位還沒有結婚的女兒，按照里弄幹部的標準，三口之家還沒有資格跟我們那樣住朝北的後間呢，於是就分配給他們住一個只有一扇小窗的汽車間。他們的大兒子一家七口以前也跟他父親同住，現在同時掃出了老屋，住在同一條弄堂內一棟老式石庫門房子裡，七個人合用兩間，連衛生設備也沒有，只好每天倒馬桶。不久，原來跟我們住在同一條街道的二叔公也被掃出了老屋。二叔公以前有姨太太，租房子住在靜安寺附近，後來姨太太死了，房子就由本家紹大看守，現在紅衛兵就把他們一家掃到那間屋子去了，條件比我們都好。看來所謂「狡兔三窟」還是有道理的。[1]

　　搬出了老屋，紅衛兵的騷擾總算停止了，因為我們擁有的一針一線都是他們檢查過、批准過的，當然再抄家就沒有意思了。但別的騷擾卻又來了。搬出老屋不到一個月，房管處忽然來了一男一女兩個青皮寡血、猴頭吊頸的幹部，來責問我們為什麼當年的房地產稅還沒有繳付。我說：

　　「我們已經掃地出門，不住自己的房子而租住房管處的公房了。既然我們的房子已經交給了房管處、居委會，怎麼還要我們付房產稅呢？」

　　他們回答說：「不管你們住不住，房屋的所有權還是你們的，房產稅還得由你們來付！如果三天之內不繳，紅衛兵再會來一次革命行動，把你們掃到棚戶區去！」

　　這真是蠻不講理了：既然房產權是我們的，我們當然應當付房產稅，

---

[1]　關於我的二叔公和三叔公，可分別參見《山居雜憶》這本書的第23章《結婚之四》注2和注3。關於紹大，有專文詳述，可見《山居雜憶》第44章《阿蘇和紹大》一文。

但為什麼我們卻沒有權利住到自己的房屋裡去呢？既然整棟房子現在都由房管處、居委會在使用，我們已經住進公房，每月要按時向房管所繳付房租，那麼還有什麼責任為我們已經沒有使用權的房子付房地產稅呢？無論從哪一方面來說都是說不通的！但這就是當時紅衛兵的邏輯！

自從抄家第一天廠裡紅衛兵留給我們五百塊錢以後，廠裡始終沒有再給我們一分錢生活費。我們一家四口只有大兒子每月有五十多元的工資收入，這就是全家的生活來源。那五百塊錢除了給女傭解散費，還被紅衛兵偷掉一部分，再在兩個月的家用中貼掉一部分，剩下不到兩百元了，現在房產稅就要一下子付掉一百多元，將來生活怎麼過下去呢？

第二天，我大兒子陪我去區房管處，想懇求他們寬容一下。他們絲毫不肯讓步，並說：「這一期房產稅一定要在三天之內繳清，否則馬上叫革命小將採取革命行動！以後，不管住不住在那房子裡，只要房屋所有權是你們的，就要每年按時付房產稅，除非主動將房屋上繳。」

我聽了恍然大悟：原來這就是他們逼我們繳房產稅的本意。他們是要沒收我們的房子！因為這棟房子的戶名一向是我的名字。我是一個家庭婦女，他們沒有理由可以沒收我的財產，於是就想了這個辦法來逼我上繳。但不上繳又能怎樣呢？我們難道每年還有能力為自己不能住進去的房屋繳房產稅？何況，這樣一年年付下去，到哪年才會了結呢？於是全家商量了一下，只好填了房管處早就準備好的「房屋上繳申請表」，簽了字、蓋了章，把老屋「主動」上繳了。

里弄分配我們住的新住處離我們的老屋很近，走路只有五、六分鐘而已。其實，從我們的窗口望出去，正好可以望見老屋的全景，好像時時提醒我們原來的家在哪兒！

新住處的房子不能算差。那條里弄原來也是很整潔、安靜的。每家都有一個小鐵門，一個小花園，兩層樓的小洋房，西班牙式的，有汽車間，有小陽臺。我們搬進去的那棟，原來是上海有名的大資本家、現在已被供為大花瓶的榮毅仁家的私人秘書獨家租住的。主人跟榮家是同鄉，也是世交。那時住著男女主人和他們的四個女兒，一個兒子，還有一位老父親，大家叫他老爺爺。老爺爺原來就是榮家的私人老師，後來進了文史館。像

他們這樣的家庭，不算資本家，當時是不一定輪得著抄家的。但據說因為什麼事得罪了里弄幹部，幹部叫了一班不知來歷的紅衛兵，被莫名其妙地抄了一次家。因為抄過家，在房管處看來就成了好欺負的對象。再說，這房子本來不是私人擁有而是房管部門的。於是，房管所先逼他們空出車間樓上兩個小亭子間來，讓兩家工人搬了進去；又叫他們空出樓下朝北的一間來，讓我們一家搬進去；最後又要他們出空汽車間，讓一家工人和他們的兩個女兒住進去。於是，本來獨家住著的房子就成了五家合住！主人七口人縮在四間房裡，雖然條件比我們幾家都要好得多，但也已經夠委屈他們了。

那位老爺爺真正是位兩耳不聞窗外事的讀書人[2]。六十年代中，上海有位資本家自費印了一本《思親記》，紀念他以前當過寧波米業公會會長的父母，請文史館的很多文人學者為那本書題詩、寫序、作跋。也有人請我丈夫題詩，他沒有答應。那位老爺爺也是文史館館員，又會舞文弄墨，當然書中少不了他的大作。結果該書文革之前就受批判，說：「做『米蛀蟲』的父母還值得思念？什麼階級感情！」於是參與者人人檢查過關，老爺爺自然也逃不掉挨一番批判，但文革初期倒沒有觸動他。我們掃地出門，天翻地覆、狼狽不堪的那天，他一個人還低頭在中間客堂裡專心致志地剝兩隻小螃蟹，對來往穿梭似地搬瓶瓶罐罐、破破爛爛的我們，連一眼都不看，好像那時那地，除了兩隻螃蟹，世界上別的東西早就不存在似的。後來，我們搬進去住，老爺爺的房間跟我們只有一門之隔，他也很少跟我們講話，只是在家裡看書、寫字而已。有時還下廚去做一兩樣自己愛吃的小菜，換換口味。他那時已經七十多歲，精神卻很好，走路健步如飛，有時還一個人上街去看大字報，回來給大家講講見聞。不料過了一年，老爺爺忽然在里弄的批鬥會上被揪了出來，說他是「地主分子」之類，勒令他去掃地勞動，還要捧著毛的「寶像」每天去「請罪」，受紅衛兵的污辱。一次他被一個紅衛兵在腰裡打了一拳，就此一病不起，不到半

---

[2] 老爺爺名朱夢華，上海文史館館員。在文史館網頁上有小傳：「朱夢華，別名朱烈，江蘇無錫人。曾任無錫縣立小學、公益工商中學教員、無錫梅園諤然洞讀書處主講、私立光華大學附中教師。解放後任蘇南區各界人民代表會議第一屆特聘代表，無錫市恒善堂主任董事，榮毅仁家庭教師。長期從事教育工作，擅長國畫、圍棋和文學，輯印《敘文彙編》七十二卷，精繪《植物寫生圖譜》等。」

年，嗚呼哀哉了。

老爺爺的兒子是屋子的男主人，也是位讀書人，善書畫，愛藏書。[3]
他把自己的書齋叫做「千明樓」，據說已經收藏了四百多本明版明鈔本，
正向一千本的目標努力，所以叫「千明樓」。他知道我丈夫學識淵博，
擅長詩詞，就常來跟他談論，倒從來沒有對我們顯出一絲歧視。即使在我
們最為倒運的時候，他們兩夫婦也稱我們「徐先生」、「徐師母」。男主
人有一次還對我們說：「在外面我們不要打招呼，在家裡我們都是一樣
的。」老實說，在這樣惡劣的環境中，能這樣處事的人當時實在並不多。
他見我丈夫的幾萬冊藏書都被抄光，就常借書給我丈夫看。還拿插頁出來
請我丈夫題詩、題詞，並要我丈夫把日期倒填在四九年改朝換代以前。這
樣，一旦紅衛兵抄家發現，也不至會批判說：「文化大革命中竟還敢繼續
搞封、資、修！」

男主人還喜愛玫瑰。他們的花園不大，但花圃卻整理得井井有條。幾
十株玫瑰品種都很好。每株花下還插著一塊小木牌，上書中英文對照的花
名，像植物園一樣。但文革期間，養花也被認為是「資產階級思想」的反
映，所以男主人不敢再照顧玫瑰，於是花兒也就一年不如一年了。

那家住在亭子間的工人每天早出晚歸，我們很少見面。而住在車間的
工人一家倒每天都碰頭。他們雖算是「領導階級」，應該與我們「階級敵
人」劃清界線，但實際上卻待人很講道理，常為我們講幾句公平話。尤其
是大家接觸多了，他們也看得出我們不是「壞人」，就常對我們的遭遇表
示同情。他們的兩個女兒後來進了學校，常來請教我大兒子功課。他們不
在家時，就托我們照看這兩個孩子。大家來往很密切。

在這棟房子裡，歸我們獨用的就是底層那朝北的一個十六平方米的後
間。夏天下午，朝西太陽曬進半個房間，熱得像蒸籠；四個人睡一間，晚
上熱得不得不開窗，但又怕壞人從窗上爬進來，只好用兩個裝水果的竹簍

---

[3] 屋主朱先生，名朱褆康，「百科百度」上有其簡歷：「朱龍湛（1914-1996），金石學家、書畫
家、藏書家。字褆康，一字敬園，江蘇無錫南市橋人。其父朱夢華，學名聞於時。朱龍湛家學
淵源，幼受薰陶，書畫詩詞無不如意。早年就讀於武漢大學經濟系。後成為申新紡織總公司榮
德生的私人秘書。解放後為上海社會科學院研究員，後入上海文史館，1978年退休。」

子的蓋子綁在窗上做柵欄。冬天則終日不見陽光，玻璃窗上結滿冰花，放在窗臺上的一杯水會連底冰凍！房間朝南那面隔一扇拉門就是老爺爺的房間。原來，那扇拉門一拉開，前後間可以打通成為一個大客廳；現在，後面一半就住了我們一家四口。朝北是兩扇玻璃窗。離窗十多米遠就是棚戶區的房子，從他們的窗口可以洞察我們室內的一切。我們剛搬進去時，棚戶區的孩子們幸災樂禍地成天爬在離我們房間兩、三米遠的籬笆上看大資本家的家，有時還高聲叫喊：「大臭蟲！」這是北京紅衛兵寫在我襯衣背後的字，我穿著掃馬路，當然大家都看見了。他們還用石子、泥巴扔我們的窗戶，我們只好整天把窗關上，對他們的謾罵、喊叫、投擲不聞不問、熟視無睹。鬧了幾個月，孩子們覺得乏味，也就不來管我們了。

十六平方米的房間裡放了一張大床、兩張鐵絲折疊床、一張書桌，一張飯桌和四隻箱子，已經沒有地方再放被櫃了。幸虧我們吃飯的方桌，原來是放在園裡夏天在庭院中吃飯時用的。平時不用時可以把桌面拆下，桌腿折起。現在，我們就把桌面拆下，擱在被櫃上，把兩件家具合而為一。這件「二合一」的「新式」家具，就放在朝北的窗口。平時把桌面朝窗戶推過去，留出地方來走路；吃飯時才拉出來。我們把它叫做「活動桌子」。除了這些東西之外，房裡就幾乎一無所有了。而留下讓人走路的空間最多也只有二、三平方公尺而已。

我們房間的隔壁是一個兩平方米左右的小間，有個洗水池，一口白色的碗櫥。照例，這間小間應該是由我們使用的，我們可以用來做廚房，放雜貨。但原主人房子壓縮之後，他們的東西也無處可放了，於是占著白櫥不讓，其他雜物也堆在小間裡，我們只能見縫插針地使用。而煮飯，則就到公用的廚房去跟原主人和汽車間的那家工人合用。

我們房間的外面就是一個十一、二平方米的門廳，原來應該是公用的，但既然原主人的飯廳被我們佔用做了房間，他們一家七口就用門廳來吃飯了。門廳邊上有一個廁所，由所有的住戶合用，洗澡則要到二樓去。洗澡間也是由全棟房子的住戶合用的，於是夏天只好排隊輪流。我們一輩子從來沒有跟別人合住過一幢房子，用水、用廁所、洗澡、煮飯都要動用三家合用的一點地方，於是糾紛總是難免的。

　　搬進那棟房子不久，冬天就來了。掃地出門時，里弄幹部只讓我們拿一隻皮箱的衣服，春夏秋冬一年四季的衣服都在裡面，可以放得下多少呢？天氣漸冷，我們的衣服被子都不夠了。那時，我們留在老屋裡的物品，大概除了被褥、家具被居委會、房管處拿去給大串聯的紅衛兵、革命小將用，或者被幹部順手牽羊、渾水摸魚拿回自己家去之外，還都放在房子裡面。只是因為房間要空出來給大串聯的紅衛兵住，就把所有的衣物、箱子都鎖在幾個較小的房間裡。那時，上海每天有幾百萬紅衛兵從全國各地來上海串聯，上海市委要解決他們的吃住。最多時，光我們的老屋就住了幾百個紅衛兵！

　　1967年1月是所謂的「1月風暴」。紅衛兵造上海市委的反，各級幹部自身難保，學校也成立了「造反隊」。我大兒子沒有歷史問題，也可以參加「造反隊」。於是，他戴了「造反隊」的紅臂章，到居委會主任朱玲娣家要求回老屋拿東西。朱玲娣那時自己也在挨鬥，一見我兒子戴了紅臂章上門去，以為要造她的反，只敢將門打開一條門縫，連聲把責任推到房管處。大兒子再到房管處去要求。房管處那時也群龍無首了，就把老屋的鑰匙交給一位老管理員，要他陪我們去拿寒衣。我們進了老屋，看見原來的房子已被紅衛兵破壞得千瘡百孔、面目全非了。打開堆衣物的房間，只見箱子、雜物堆到天花板，要的衣服無從找起，只能爬進去揀拿得出的箱子抬了幾箱出來，順便看見父親收藏的硯臺、書籍中還有一些沒有被紅衛兵拿去，也「偷」了一些夾帶出來。後來，去拿東西的次數多了，房管處的那位老管理員既不耐煩，也對我們有點同情，而且那時有風聲說「資本家抄家沒收的財物都要發還」，他就對我兒子說：

　　「反正東西遲早總是你們的，你們把鑰匙拿去吧。以後拿東西不要再來找我了！」

　　於是我們就可以正大光明地開進老屋去「偷」自己的東西了。不過，我們住的房間只有十六平方米，再多拿也放不下；再說，好一點的東西早就被幾批紅衛兵搶光，我們「偷」來的只是虎口剩餘而已；加上那時還真的認為「東西很快就會發還」，何必現在去拿呢？於是拿了幾次就不再去拿了。誰知不久，大串聯結束，紅衛兵接待站關閉，我們的老屋就變成了

整個區的抄家物資處理中心。造反隊把全區抄來的書籍、字畫、文物全部集中在我們的老屋中整理、分類、處理。我們的書畫、文物當然也混在其中了。其餘的物品則由我們廠裡再來幾輛卡車全部車去。抄家物資處理完畢，我們的老屋就成了區的警察局，樓下做交通警察的辦公室，二樓做警察宿舍，三樓則住了局長一家。這樣的局面一直保持到八二年政府落實政策把老屋發還給我們。

　　搬進那後間的第一個5月，天剛開始熱起來。一天下午，我坐在床沿，忽然看見一隻大臭蟲，吃得飽飽地在爬。我還以為是兒子們從學校裡帶回來的。誰知那天夜裡，我和丈夫都被臭蟲咬醒了。我們家一向沒有臭蟲，所以一咬就睡不著覺，但怕開燈會照醒第二天要上班的兒子，就只能忍耐著。看看兒子們睡夢裡也在抓癢，但年輕人好睡，沒有被臭蟲咬醒。第二天，我看床上席子的四角，見裡面已經躲著臭蟲了，只好忍痛把好好的席子角剪掉，再用布把四角縫起來，不讓臭蟲爬進去。在上海，一般人家都睡木頭框架的棕繃床，最容易有臭蟲鑽進去藏身，所以我家的每個棕繃都用厚布做著棕繃套，以防萬一。我檢查了一下那時家裡唯一的那個棕繃，套子裡倒幸而還沒有發現臭蟲。後來，我們看見主人在院子裡用滾水燙棕繃裡的臭蟲，也看見臭蟲在他們牆上爬，才知道原來這棟房子是個臭蟲窩！兩個兒子連忙買了很多「敵敵畏」、「DDT」、「六六六」等殺蟲藥來，把所有的家具腳和門框都塗了一遍。床上先灑一層「六六六」，在粉上鋪報紙，報紙上再放墊被、床單。每天晚上，我們就是這樣睡在「六六六」上的！跟隔壁老爺爺通的那扇拉門是臭蟲爬過來的主要通道。兒子們就先在門框上塗厚厚一層以「DDT」溶化的「六六六」粉，再密密層層糊上牛皮紙，紙上再塗一層殺蟲藥。整個房間充滿濃濃的殺蟲藥氣味。我們知道這樣對身體不利，簡直是「飲鴆止渴」，但除此之外還有什麼辦法呢？採取這樣嚴密的防守政策之後，房裡的臭蟲竟然漸漸減少，最後終於消滅了。

　　掃地出門之後，紅衛兵抄家不來了，但我丈夫是本地區的大資本家，又因四九年前做過法官，是雙重「四類分子」[4]，於是凡是里弄街道開批

---

[4]　關於我丈夫經歷，請參見《山居雜憶》第23章〈結婚之四〉之注1。

鬥會，即使不是鬥他，他也總會被拉去陪鬥。尤其剛搬到新地，孩子們每天都來敲門要他去掃地，大熱天還故意要他在中午烈日當頭時去掃。幸虧這樣弄了幾個月，他們也乏味了。

十六年中，我們就在這樣的環境中熬了過來。1979年，政府落實政策，我們的財產發還了。1982年，我們終於搬回老屋去了。一次，我在路上遇見一位鄰居，她對我說：「你們搬回老家去，真是『死人從棺材裡爬出來，青草從石板裡長出來』了啊！」

又有一次，我在菜場買菜，遇見一個平時不熟的鄰居，上來主動跟我打招呼，對我說：「你們只不過比別人多幾張鈔票而已，有什麼罪！現在『四人幫』打倒，你們好了！」

我去附近眼鏡店配眼鏡，一位我不認識的女職員再三對我說：「現在你要想通點，不要再做人家了（「做人家」是上海話，「節省」的意思）！」

我家附近有一位擺攤的小販，後來退休了。每次在路上看見我，他總要熱情地握著我的手說：「你千萬不要做家務了。休息休息，吃得好一點，想通點啊！」

這些都是善良之人呀。我想：世界上到底還是好人多啊！

　　　　　高誦芬作文，徐家禎整理，1995年9月8日於斯陡林紅葉山莊

海曙紅

作者簡介：

　　海曙紅。自幼喜愛文學藝術，與父親海笑姐姐海蔚藍合著有散文集
《三海集》，1992年加入江蘇省作家協會。1996年移居澳洲，工作之餘
堅持寫作，著有長篇小說《在天堂門外》和《水流花落》，以及《澳洲藝
術隨筆》。

途中的一抹記憶

　　回國探親，在上海下飛機，登上直快列車去南京，本可以租個計乘車，但我很想坐坐火車，因為從前在中國坐得最多的就是火車，還有那滬寧線，我生命中的許多時間曾耗在那條鐵路線上，尤其是文化大革命期間，曾多次乘火車去「五‧七」幹校探望父母。火車一路向前開去，望窗外一閃一閃遠去的青山，一畦一畦撲面而來的秧田，掠過眼底的都是我所熟悉的江南村野的景物。景在物移，時光倒轉。

　　文化大革命一開始，當時父親年方三十八歲，剛當了省委宣傳部文藝處長一年多，因為與文藝沾邊，最先受到衝擊。先是家裡被抄得一塌糊塗，來抄家的造反派個個怒氣衝天，幾隻藤書架上的書被撕扯成爛片，書桌上的玉器瓷器擺設被砸碎，牆上掛的字畫被潑墨。好在抄家時父母未有親眼目睹，那時他們都躲到誰都不知道的地方去避風頭了，外婆帶著我們年幼的兄弟姐妹，整天擔心著不知會發生什麼。父母親避了一個多月的風頭才回家來，大概以為家已被抄了不會有什麼事了，可還是躲不過惡神，父親剛到家就被機關裡的造反派揪去批鬥了。

　　第一場批鬥會聲勢浩大，在一個以「人民」二字命名的劇場裡召開。那個劇場從前經常上演崑劇、錫劇、揚劇之類的地方戲，自從所有的劇都被禁演之後，劇場裡還從來沒有人聲鼎沸過。開批鬥大會那天場內座無虛席，只是不屬熱氣騰騰而是殺氣騰騰。造反派頭頭一聲令下把「走資派」、「黑幹將」押上臺來時，臺下的口號聲如雷轟頂，「打倒走資本主義道路的當權派」、「橫掃一切牛鬼蛇神」……十來個凶神惡煞的造反派，兩人一組，左抓右拽地把父親等幾個黑線人物從後臺押到了前臺。

　　父親和宣傳部長陶白、錢靜人等「文藝黑線幹將」站成一排，他們的兩臂都被用力向後抬起，頭頸不得不低垂，整個身體扭曲成飛機狀。每個人的頸脖上還掛著巨大的牌子，黑字紅叉十分醒目，父親的牌子上除了「文藝黑線幹將」以外，還標著「楊獻珍的徒子徒孫」的字樣。當時母親

在省委宣傳部做期刊編輯，她必須帶著我們四個十歲左右的兄弟姐妹到場觀鬥反省，不得有違，我們被指定入座在前席，從前看戲也難得有的好位置。記得當時我是坐立不安，既想捂上眼睛和耳朵不看不聽，又想睜大眼睛看清臺上的人和父親。而父親大概是在尋找觀眾席裡的我們，腦袋低得不夠，硬是被前後左右戴著紅袖套的人使勁地摁了下去。

後來批鬥成了家常便飯，父親被無數次地押上批鬥台，在造反派的拳打腳踢下必須低頭、必須認罪。因為頭低得不夠低，罪認得不夠乾脆，父親的牙齒被打掉打鬆，肉體上的折磨和痛苦更難以言說。批鬥了一年多之後，父親被隔離審查，關在難見天日的小黑屋裡反省、坦白、交待，不得見家人。審查期間父親老家有人舉告，說父親身為國家幹部曾回鄉祭掃爺爺奶奶的墓，於是又牽查出父親的父親，也就是我的爺爺是個國民黨份子，於是父親罪上加罪，儘管他在十四歲參加新四軍時就與國民黨爺爺斷絕了往來，但到了文革中還是舊帳新算，且另加罪名「敵特叛徒嫌疑」。為此，父親的認罪書屢寫屢不通過，最後父母親雙雙被集中到「五‧七」幹校勞動改造。

父母親勞動改造的「五‧七」幹校在滬寧線上一個叫六擺渡的鄉村，當年為了看望父母親，我和姐姐弟弟曾坐著火車慢車在滬寧線上往返過不知多少個來回。當時母親和父親同在一個勞動大隊，卻不能言語交流，且三天兩頭地開會批鬥，母親天天眼見著父親挨批鬥受折磨，卻不能向他表露安慰之意。記得有一次，母親拉著我和姐姐的手在山坡上透透氣，無意中遇見父親迎面走來，他身負一大捆柴禾，那時他在廚房當夥頭軍，每天都要去山上砍柴拾柴。父親的身後跟著一個兩手空空漫不經心的年輕人，因父親是隔離審查對象，隨時有人看押著他，且未經有關人員批准不得隨便與家人說話。父親看見我們母女突然就停住了腳步，我也差點沒認出父親，只見他又黑又瘦，滿頭長髮蓬亂，臉上粗黑的胡茬如野地裡的荒草。父親站在那兒一動不動地有那麼一兩分鐘，他苦苦地望著母親望著我們姐妹，似乎在等待什麼。

母親趕緊扭過臉去，而我剛要喊出一聲「爸爸」，母親就頭都不回地把我們姐妹拉走了，她拉著我們快步走上一個種滿茶樹的小山坡，在那兒

看不見其他人，只有遠近的青山綠樹在眼前晃動。但見母親的眼淚像斷了線的珍珠啪嗒啪嗒往下掉，我和姐姐一時不知所措。我左顧右盼，忽見不遠處的山丘頂上立著個怪物似的大水塔，水塔上的每塊磚石都滲透著粉刷呼風喚雨的標語口號時留下的殘紙剩漆，好像長著一百隻眼睛的巨獸一樣瞪著我們，它不會向我們撲來把我們給吞了吧？我拼命拉著母親的手想盡快地逃離那個山坡。

後來我才知道，當時由於母親出身三代工人家庭，造反派們不許她和父親說話，天天給她施加壓力逼她和父親劃清界線，所謂的劃清界線意味著夫妻分離、家庭解體，這對母親來說無論如何是做不到的。那時候母親一直以沉默作答，只有在沒人看見的時候才會偷偷流淚，由於母親堅持不和父親劃清界線並脫離關係，最後我們全家被下放到了偏遠的蘇北鄉村……

多少年過去了，每次我坐火車奔往在滬寧線上時都會想起這段往事，每次都忘不了去尋那矗立在小山坡上像怪物似的水塔。不知是隔得遠還是火車開得快，每次我好似捕捉到衰敗的水塔時，它便又影子般地稍縱即逝了。回想當年，自己是多麼地幼稚無知，既不明白父親為什麼不能和我們說話，也不懂得如何安慰母親，雖說每個月都要坐一次火車去幹校看望父母，但很少有開口說話的機會。可是那時又有誰能解釋我心中的疑惑？又有誰來撫平我掙揣不安的靈魂？真是想問都不能問啊，在那沉重鬱悶的年頭，並非人人願意相信沉默是金，但個個心裡明白禍從口出。儘管現在我明白了為什麼當年這場人為的暴風雨摧毀了無數家庭，且強加於我父親和其他文化人頭上的罪名都不成立，但那留在年幼者心靈上的傷疤仍時有隱痛。

何丹尼

作者簡介：

　　何丹尼，1946年生。文革後於1980年入上海師範學院中文系，有幸於著名古典文學教授馬茂元先生門下攻讀研究生。畢業後留校任教，從事古典文學教學與研究。1992年初來澳洲。發表文字約八、九十萬字。平生服膺諸葛武侯之名言：「寧靜以致遠，淡泊以明志」。

滿紙荒唐言，一把辛酸淚
——讀項德寶《「文革」牢獄之拍案驚奇錄》

　　最近有幸拜讀了項德寶先生大著《「文革」牢獄之拍案驚奇錄》，情不自禁地也拍了一下案，驚了一回奇！

　　項先生1960年畢業於北京政法學院（今中國政法大學），是一位資深法學專家。其生涯窮通交替大起大落。困窮時在文革中含冤入獄年復一年，運來時他非黨非軍人，卻被邀請任解放軍總參謀部法律顧問處法律顧問，法庭上唇槍舌劍睥睨群雄。來澳洲後，在雪梨和香港多家媒體上發表了一系列法學論文。其立論之深刻，論據之堅確，邏輯之嚴密，辭鋒之犀利，引人注目影響深廣。然而，此書是一部紀實文學書籍，文學與法學畢竟風馬牛不相及，形象思維與邏輯思維也絕不是孿生兄弟。沒有想到他一反尖利長槍衝鋒陷陣之常態，竟以三寸小刀精雕細刻出一部精彩的文學作品。

　　其精彩之處，首先在於作者以自身牢獄生涯為經，以獄友案情為緯，縱橫交錯相互映襯，既寫出了慘不忍睹的牢獄生活，更描摹出社會上各式人物之眾生相，而重點在於從牢獄生活這一特定角度，折射出文化大革命的嚴酷慘烈。

　　十年浩劫冤獄遍地，林昭、張志新、遇羅克等英烈先賢事已傳誦人口。但本書中揭示的並非是大義凜然的英雄，而是身不由己被捲入政治漩渦的草根百姓。其情由之荒謬、得罪之古怪，不入吉尼斯世界記錄大全實在是湮沒了這些今古奇觀。其一，為一夢做成十年牢。一個小青年父母在美國，他在夢中坐船出海，又游泳潛行。幸好遇到外國輪船相救，終於來到美國重逢父母。不料他興沖沖向知心好友講述夢境後，竟被好友告密，於是保衛科幹部義正辭嚴：「你日有所思才夜有所夢，你做夢都要去投靠社會主義祖國的敵人，證明你的叛國投敵反動思想根深蒂固。你用說夢話的手法向臭味相投的知心朋友傳授犯罪經驗，教唆同事叛國投敵游水去外國，既有思想又有行動，是徹頭徹尾的現行反革命罪行」。革命有理做夢

有罪，於是這位「夢兄」以反革命叛國投敵罪，判刑十年。

其二是英國間諜案。主角是上海廚師，1949年隨著東家英國怡和洋行女大班去香港，但女兒留在浦東鄉下。公安局安排下鰲魚吞鈎計，讓他女兒出面寫信，叫老爸回國探女。廚師回上海時順便受東家之托，探望她的老同學，七十多歲的英國孤老太。不料一頂早就安排好的「英國間諜」帽子不偏不倚地落到了他的頭上。罪名如何落實呢？英國孤老太的丈夫解放前就病死，並下葬在上海。於是公安局分析得頭頭是道：他打著到各地畫畫的幌子跑遍中國，目的是要去各地搜集情報，他死了還要侵佔中國土地，葬在上海萬國公墓是為老婆打掩護，給她留在上海繼續潛伏找藉口，以便進一步搜集情報。廚師大惑不解，七十多歲孤老太怎麼會做間諜？公安環眼圓睜怒髮衝冠說：「英國是老牌間諜國家，做間諜的人一直要做到死，沒有退休的。英國老太婆只要有一口氣總歸是間諜。而且很多是全家老小一齊做」。於是廚師的帽子鐵板釘釘而他則是奉英國女大班之命，來上海與孤老太英國間諜會面刺探情報這一大案澈底破獲，又是文化大革命一大勝利。一頭霧水的廚師以間諜罪判刑20年。

其三是打破世界紀錄的幼年反革命犯。三個五、六歲的頑皮小兒，儘管出身貧農家庭，千不該萬不該把印著紅太陽「寶像」的報紙，或者加上眼睛框或者添上大鬍子，更有甚者作彈皮弓的靶子，紙彈紛飛報紙四裂，三個小搗蛋自然是批鬥示眾。更可憐的是其中一個老爸，為幫小鬼毀屍滅跡，把這些碎報紙一火了之。於是這個老貧農犯下兩項滔天大罪：一、包庇三名小現行反革命；二、對毛主席共產黨恩將仇報刻骨仇恨火燒印有「寶像」報紙。虧得他出身貧農，認罪服法態度好，才法外賜恩，從輕發落給他輕輕判了個十年徒刑。

老貧農燒報紙還算事出有因，更有人橫遭無妄之災。一老太太責罵家中小保姆，不料小保姆懷恨在心暗生毒計。她把老太太一隻鞋印在報紙「寶像」上，然後趕去報警。「寶像」上鞋印歷歷在目，事實清楚證據確鑿構陷大功告成，老太太判刑五年，角落裡笑壞了小保姆。凡此種種不勝枚舉。它們清楚說明了為什麼文革十年是浩劫歲月、荒謬時代。苛法重刑之下的鮮血與烈火，原材料竟是千奇百怪的冤屈靈魂。

　　書中另一引人入勝之處，是披露了大量獄中的奇人異事。「四朝元老」是書中一個重要人物，其生平就是一部扒手泰斗傳奇。早在二、三歲時，就被雌雄賊抱在手中，專門盜取他人上衣口袋中的金筆、掛錶。對方不察則手到擒來；對方發覺，則托詞小孩無知，頑皮不懂事，照樣安然脫身。然而上得山多終遇虎，三歲時就和賊「父母」一抓進提籃橋，稱得上是史無前例的最小刑事犯。一生中歷經英國佬、日本鬼、國民黨、新中國四朝牢獄，故稱「四朝元老」。他最輝煌之戰績，是在一次失手由看守所轉送監牢時，吉普車上，儘管他雙手反銬，左右二名警察貼身看守押送，他卻乘二警瞌睡朦朧時，輕輕鬆鬆脫去手銬，把兩個警察口袋中錢包、鑰匙甚至手錶一一囊括無遺，然後再把自己銬上，兩名警察居然一無所知。直到進了牢獄澈底搜身，才事件敗露，此事驚動了公安部。重組案件，全國通報，並特別重判無期徒刑，監中稱「遙遙」，遙遙無期者也。一戰成名，成就他在提籃橋中的無上名聲。

　　獄中犯人有沒有絕食自由？會不會送去吊葡萄糖、鹽水？獄吏們一不用耗費國家藥物，二不用花費醫生精力，他們自有雄據世界之巔的反絕食絕招。「在政府隊長一個手勢下，一個勞動犯按著絕食犯的雙手，一個勞動犯擒住兩腳，一個勞動犯一手捏住他的鼻子，同時拿出預先準備好的一合子約二、三兩的粥。當地下躺著的絕食犯人，為了生存需要呼吸，自然而然張開嘴巴時，勞動犯將合子裡的粥，熟練地一口一口地準確、及時、不疾不徐地倒進了他的嘴裡」。絕食夢碎，求死不得。然而還有好戲在後面，名曰「以餓治餓的革命人道主義」。隊長每天依法炮製，灌你二兩、三兩粥，幾天下來，餓得你前胸貼著後背，但又絕對死不了。你只能磕頭求饒。罰誓賭咒再也不敢絕食了。又過了若干天，政府隊長這才皇恩大赦賜你正常的兩粥一飯。作者慨嘆道：台灣前總統陳水扁貪汙入獄後，幾次三番搞絕食，全球電視實播入醫院、吊葡萄糖、鹽水搶救不迭。作者笑稱：「如果兩岸交流了對付監所中嫌犯或犯人的絕食經驗，按照大陸獄方傳授的無產階級專政下只此一家秘方，屢試不爽的『以餓治餓的革命人道主義』辦法，則陳前總統一類人及所有犯人的絕食秀，就是請他們演，諒必也沒人敢粉墨登場了。」其實從兩粥一飯度日，到絕食以死要挾，是從

一個極端走向另一個極端，而絕食失敗，苦苦哀求下得回的兩粥一飯，看似回到原點，卻是把人的最後一絲尊嚴打得粉碎，只剩下動物本能。

二粥一飯半飢半飽，本來就是大陸獄中常態。難怪有獄友坐過的「外國人監獄」，居然餐餐是大米豬腳爪，頓頓管飽。不由得所有獄中人心想神往垂涎三尺。作者沒有神通穿越去朝鮮，但還是出盡法寶，冒著吃銬子的風險，把種種日用品與同監犯交換，一次湊齊四合薄粥，以求夢寐中的一飽。粥未吃，眼已飽，儼然成了獄中最幸福犯人。第一合粥入肚，有了半飽感覺，第二合居然回到飢腸轆轆狀態。第三合漲到喉嚨，按理應該收口停食，第四合，一口口拼死吞下，結果腹中火山爆發，吐得天暈地轉幾幾乎一命嗚呼。作者對此全過程用了大量篇幅，極細緻極生動地描繪了心態、神情、舉止、外部環境，是全書中人物刻劃最具神采的部分。作者本人的欣快、貪婪、踟躕、恐懼、不得不停又不甘停止，直至最後無可奈何、種種複雜交集心理如在眼前。刻劃得如此真切、詳盡，不是當事人豈能有此體驗。筆者認為，追求一飽本來是日常生活中起碼要求，但是在監獄這一特定環境中，起碼要求卻成了至高願望，這本身已構成人性的扭曲，而為求一飽，不惜以死相拼，謀生卻被捨身替代，這是人性的雙重扭曲。

此書中披露的獄中內幕還有多多，如死刑犯最後一餐有沒有酒肉相伴送他上路；手銬的新式老式及多種花式銬法；準確率達到88%的殺人犯面相特徵……等等，等等。

作者寫的是極慘極痛之事，但作者出於冷峭嘲謔、嘻笑譏刺之筆，讀來常會忍俊不禁，但一笑之後更深刻地體驗到的卻是滿紙荒唐言後的一把辛酸淚，可以說是大陸式的黑色幽默，地獄中的苦中作樂。

此書於去年聖誕正式出版，已有台灣、香港、日本、馬來西亞、澳洲等地二十多個中文購書網站，特別是著名的香港商務印書館網站以整頁篇幅加以大力推薦，效果也算得上是轟動了。

值此「文革」五十年祭，希望讀者們讀了此書，抗拒遺忘歷史，牢記這十年浩劫恐怖歲月，堅拒荒謬重現，這才是作者寫作的初衷吧！

何與懷

作者簡介：

　　何與懷，博士，現為雪梨華文作家協會榮譽會長、澳大利亞南溟出版基金評審、澳大利亞廣東外語外貿大學校友聯誼會名譽會長、新州華文作家協會顧問、澳洲《酒井園》詩社顧問、雪梨詩詞協會顧問、澳大利亞南瀛出版基金顧問、《澳洲新報，澳華新文苑》主編、《澳華文學網》榮譽總編、澳大利亞華人文化團體聯合會和澳華文化博物館籌委會召集人。除一般寫作外，主要研究興趣是當代中國問題和華文文學。

那顆曾經劃破夜幕的隕星
——紀念文革中慘遭殺害的思想者遇羅克

　　1980年7月21日和22日連續兩天，《光明日報》發表了王晨、張天來寫的長達兩萬字的文章：〈劃破夜幕的隕星——記思想解放的先驅遇羅克〉。該文以這樣詩情澎湃的議論來展開震撼心靈的敘述：

> 　　幾千年來，我們中華民族的英雄豪傑，似群星燦爛，彪炳於歷史的太空。
> 　　那些扭轉乾坤、功昭日月的巨星，那些有創造發明、能利國福民的名星，將永遠被人們稱頌。然而，人們也不會忘記，當銀漢低垂、寒凝大地，我們民族蒙受巨大苦難的時候，那拼將自己全部的熱，全部的力，全部的能，劃破夜幕、放出流光的隕星。雖然看來它轉瞬即逝了，卻在千萬人的心頭留下了不熄的火種。
> 　　恰似長夜的十年動亂中，被殘酷殺害的青年遇羅克，就是這樣一顆過早隕落的智慧之星。

　　流水行雲，真是彈指一揮間！1980年，至今竟已過了二十六年！該文兩位作者，不知近況如何？不知是否還記得他們當年激情？至於一些傳媒近年來的狀況，相信海內外的讀者都心裡有數……且不管這些，且讓我們刻下的心思，只集中在遇羅克一個人身上。1979年，〈劃破夜幕的隕星〉發表一年之前，遇羅克案件剛透露出來，尚未正式平反，社會上已開始到處傳頌遇羅克的事蹟了。很多人都在讀他的文章，傳抄他的日記和詩作，甚至在一些正式會議上，都有人公開朗誦遇羅克的詩文。當時，面對被慘遭殺害的思想解放的先驅和勇士，全國億萬民眾曾經何等悲憤！曾經何等痛惜！曾經何等深思！如今呢？據說時代不同了，遇羅克這種人物已成為歷史，並大可以在歷史中湮滅……

　　遇羅克，你難道就這樣命中註定，就這樣無可奈何，只不過是一顆過早隕落、只不過一閃即滅的流星嗎?!

　　遇羅克遇難，年紀輕輕只有二十七歲，是1970年3月5日，至今更是過了三十六年了！

　　讓我們打開記憶的閘門，暫且回到那些災難深重黑暗無邊的年月吧。

一

　　1966年，在所謂「紅8月」中，北京市最早掀起一場慘無人道的「紅色恐怖」的狂風惡浪，幾個星期之內，單單在這麼一個城市，根據不完全統計，就有超過三萬三千戶被抄家，超過一千七百人被活活打死或受到迫害後自殺而死。這就是那幫最早「造反」的「老」紅衛兵的「得意傑作」！他們後來成立了「首都紅衛兵聯合行動委員會」，簡稱「聯動」，以便他們的惡行更為組織化。

　　而這「英雄業績」得以成就的指導思想就是他們視為通靈寶玉的「血統論」。

　　當時有一個「紅對聯」事件。那年7月29日，北京航空學院附中學生中的幹部子女貼出了一副對聯，上聯是「老子英雄兒好漢」，下聯是「老子反動兒混蛋」，橫批是「基本如此」。這副基於封建「血統論」——即所謂「龍生龍，鳳生鳳，老鼠生兒會打洞」——的「紅對聯」一出臺，立即引起了人們的廣泛議論。8月2日，「中央文革小組」組長陳伯達在接見「紅對聯」辯論雙方代表時說，對聯「不全面」，建議改成：「父母革命兒接班；父母反動兒背叛。——理應如此」。8月6日，江青、康生在參加天橋劇場的辯論大會時，江青一再重複這條新改對聯。聽了陳伯達、江青、康生他們那些貌似公允實質卻是煽動階級對立階級仇恨階級鬥爭的講話，本來就承襲有封建「血統論」思想觀念的學生更自以為在理。更多血統論對聯紛紛出籠，例如：「父母革命兒接班——當然；父母反動兒背叛——很難。橫批：理應如此」；「老子槍桿打天下穩上穩；兒子皮帶保江山牢上牢。橫批：專政到底」；「老子闖江山革命革命再革命；兒子定乾

坤造反造反再造反。橫批：代代相傳」；「老子革命打江山；兒子造反為江山。橫批：代代紅」；「老前輩降群魔大殺大砍；後來人伏妖崽猛鎮猛斬。橫批：誰敢翻天？」……

這些「自來紅」們，迅速以出身為標準，自為「紅五類」——即出身於工人、貧下中農、革命幹部、革命軍人和革命烈士者，並把其他人視為「黑五類」——即出身於地主、富農、反革命、壞分子、右派者（後來又加上叛徒、特務、走資派、資產階級知識分子，成了「黑九類」）。在清華、北大、北師大等校及其附屬中學以及其他學校，掀起了成立「貧協」的風潮。8月12日，「紅對聯」的堅決支持者、北京工業大學學生譚力夫與他人聯名貼出〈從對聯談起〉的大字報，向毛主席和中共中央建議，提出把「老子英雄兒好漢，老子反動兒混蛋」、「提煉為政策，上升為本本條條」，要寫進中共黨章和法律，當作「全面的」、「策略的」黨的階級路線來推行。以後，他又在一次全校性集會上，發表了一個講話，公開宣揚「血統論」和「紅對聯」。譚的講話被翻印了數百萬份，幾乎傳遍全國，流毒深廣，成為流行的「行話」。自認出身「高貴血統」的青少年爭先恐後地穿起父輩的舊軍裝，紮上武裝帶，更加不可一世地起來「造反」。於是北京掀起「紅色恐怖」，而且很快「紅色恐怖」就在全國風行。淫威之下，以出身定一切的風氣竟然成為全國民眾都得遵守的慣例：升學、招工、提幹、參軍，甚至去醫院、乘車船、進商店、住旅館，都必須報出身，看出身。全國各地成千上萬人在「血統論」指導的「紅色恐怖」中被打被殺被侮辱。

就在「血統論」氣焰囂張的時候，1966年10月，北京城市各大路口、各大機關、劇院及各大院校門口，極其震撼地突然出現了數百份題為〈出身論〉、署名為「家庭問題研究小組」的油印文章。當時才二十三歲的遇羅克就是這篇一萬多字的論文的作者。

「血統論」一向是門閥權貴維護特權的有力工具。「王侯將相，寧有種乎？」兩千多年來，農民起義領袖陳涉面向蒼天的吶喊，感染了一代又一代生活在社會中下層的志士仁人。現在，一位叫「遇羅克」的，響應了。這位年輕的平民思想家在文革前就曾挺身而出寫過一篇長達一萬五千

多字的文章批駁姚文元的〈評新編歷史劇《海瑞罷官》〉，成為全國敢這樣做的寥寥無幾中的一個。現在，他又挺身而出了。他斷然指出：「對聯不是真理，是絕對的錯誤。」他用大量的事實說明「出身問題」這一嚴重的社會問題。他描述了一個簡單而殘酷的狀況，那就是，在那個年代裡，家庭出身，個人成分，幾乎成了決定一個人未來的社會政治地位的全部因素。「出身壓死人」——一個人如果出身或成分有「問題」，便每時每刻都生活在迫害的陰影之下，遇羅克尖銳地質問：「像這樣發展下去，與美國的黑人、印度的首陀羅、日本的賤民等種姓制度有什麼區別呢？」

　　1967年1月18日，打著「首都紅衛兵革命造反司令部宣傳部」旗號（希望這能對打砸搶的「聯動」分子起一定的震懾作用）的《中學文革報》創刊，引人注目發表了遇羅克這篇〈出身論〉。在以後幾期的《中學文革報》上，遇羅克還發表了〈談純〉、〈聯動的騷亂說明了什麼〉等文章，對「血統論」繼續作出一針見血的系統的批判。由於他筆鋒犀利，有理有據，反對派無可奈何，只能有氣無力地詭辯和謾罵。因發表驚世駭俗的〈出身論〉而「一炮打響」的《中學文革報》一夜之間風靡全國。人們排起長隊購買這份小報，如饑如渴地爭讀〈出身論〉。全國各地的讀者紛紛寫信給遇羅克。他接到的讀者來信之多，高達每天幾千封，甚至令郵遞員不堪重負，只好讓遇羅克派人去郵局取信。《中學文革報》先後印了近十萬份，都被一搶而空。當時，這張小報二分錢一份，但在黑市上賣到兩三元，或者要用好多份其他小報才能換到。為《中學文革報》所設的接待站也異常繁忙，以應對讀者的來訪。遇羅克和《中學文革報》的夥伴們深受鼓舞，他們真誠希望中央領導人能夠讀到這篇文章，並且支持他們。

二

　　可是，等待他們的是厄運。
　　1967年4月14日，中央文革小組成員戚本禹公然宣布：「〈出身論〉是大毒草，它惡意歪曲黨的階級路線，挑動出身不好的青年向黨進攻。」這樣，〈出身論〉立時便被置於死地。面對隨時會來的危險，遇羅克毫無

懼色。他坦然地對夥伴們說：「把一切都放在我身上好了，你們不必去承擔什麼，因為那樣也不會減輕我的罪名，反而只能給你們自己找麻煩。」他照常寫作、生活，相信人們終究會對〈出身論〉作出公正的評價。

1968年1月5日，遇羅克被捕。他大聲地質問：「我犯了什麼罪？」回答很乾脆：「出身就是你的罪！我們擁護『老子英雄兒好漢，老子反動兒混蛋』！」在獄中，遇羅克受盡了那個時代所司空見慣的摧殘和虐待。有時他每天都押到各處受批判，每次帶出去就像扔木頭一樣扔上汽車，被士兵踩在腳下，用刺刀桀住後背，脖子上還要戴一個鋼製器械，如果在現場喊叫，只消在後面一勒，即可休克。批鬥時一名警察踩住腳鐐，兩名警察把住胳膊，惟恐掙扎。腳鐐粗糙不平，鐵圈上的毛刺把腳脖子刮得鮮血淋淋。遇羅克回到牢房偷偷用布纏上，而每次看守見到就要扯下！

遇羅克一直堅強不屈。曾經與他關在同一個死囚牢房的張郎郎，在談到遇羅克時仍然滿懷由衷的敬意。他回憶說：

> 遇羅克向管教說話時，有種嘲弄的腔調，冷靜裡的辛辣，柔裡帶剛。在最後關頭，他頭腦還是那麼理智，那麼機智。他是通過這個方式，讓新來的人明白形勢嚴重的程度，讓我們做好犧牲的心理準備。同時，也表現出他對生命的強烈追求，要想一切辦法延緩屠刀下落的速度。（張郎郎，〈我和遇羅克在獄中〉）

在張郎郎的眼中，遇羅克很有智慧，甚至把審訊當作一種訓練，一種遊戲，始終站在主動的地位。他從容瀟灑、軟硬不吃，對預審員那套忽而一驚一乍，忽而和風細雨的把戲早就了如指掌。但他從來不為多吃一口窩頭、多喝一口白菜湯而陷害別人，更不會在當局謊言的「感招」之下，見利忘義、落井下石。

「文革」研究者發現，最為難能可貴的是，遇羅克在自己及親人遭受暴虐的對待、甚至家破人亡之時，仍然反對以暴易暴，他的思考仍然充滿清醒的人道理性。在那個瘋狂的血紅時代裡，仇恨是紅色的，暴力是紅色的，而只有遇羅克是罕見的純黑色，他的思考和文字都是黑色的，與那個

紅太陽閃爍的時代格格不入。

遇羅克對張郎郎說出他心裡的想法：

> 你不可能理解我們的心情。我們這些出身不好的人，一直沒有和你們一樣擁有同等的政治權利和生活權利。所以，即使在我們有機會說話的時候，我們也往往會出現先天性的自卑感──一種政治上的軟骨病。因此，我們這些人很難勇敢地團結起來奮勇前進，形成一股政治力量，去爭取自身應有的權利。這次，〈出身論〉的發表，也許是我們這類青年所能發出的最強音了。它甚至比我想像的還要強些。我很有滿足感，我願為此付出任何代價。（張郎郎，同上）

遇羅克付出代價的時刻到了。那天，在北京工人體育場裡，在排山倒海的「打倒」聲中，遇羅克被宣判死刑，並立即執行。

之前，遇羅克曾經讓家裡人買一件新背心，但等到母親好不容易把新背心送到監獄給他時，他已知道自己要被判處死刑了。他想，既然這樣，就沒有必要穿新背心了。新背心還是留給弟弟們穿吧。那天，他就是穿著一身破舊不堪的衣裳走上了刑場⋯⋯

再回溯到六年前，1964年初，遇羅克曾作過兩首詩詞。題為〈遊仙詠香山鬼見愁〉的一首云：

> 巨石抖，欲把乾坤摟，千古奇峰人共有，豪傑甚或阿斗。山上綠紫橙黃，山下渺渺茫茫，來路崎嶇征路長，那堪回首眺望。

另一首為〈無題〉：

> 千里雪原泛夜光，詩情人意兩茫茫。
> 前村無路憑君踏，路亦迢迢夜亦長。

這是他那時的心境和抱負。他準確地預測出「來路崎嶇」而且「路亦

迢迢夜亦長」；但這是一條「征路」，他「欲把乾坤摟」。而現在，一切都作了一個了結──他已經走完他的路了。

逮捕遇羅克的主要原因就是〈出身論〉，但一篇文章畢竟只是個觀點問題，難以重判，於是遇羅克就被一而再、再而三地「上綱」，直至成為「現行反革命」。在審判中，沒有事實依據，全都是各種抽象的罪名，如「大造反革命輿論」、「思想反動透頂」、「揚言要暗殺」、「組織反革命小集團」等等。就是這些莫須有的罪名結束了一個優秀青年的生命。在北京台基廠附近的市中級人民法院的一個被塵封的牆角邊，一大摞半人多高的材料，一共二十四卷，這就是遇羅克的全部「罪證」。

三

這位在中國最黑暗的年代裡寫出〈出身論〉的人就這樣離開了世界。「文章憎命達，魑魅喜人過。」但遇羅克無法見容於這個社會，當然還不單單是因為才華橫溢，特立獨行。

人們把遇羅克的〈出身論〉稱作在中國最黑暗的年代裡發出的中國第一部〈人權宣言〉，同時又是在毛澤東的絕對神權威懾著幾億中國生靈之時，中國人發出的第一篇革命檄文。遇羅克不同凡響之處是看到了「血統論」背後的「階級論」。毛澤東的所謂「階級路線」，如果說在戰爭年代是團結隊伍、奪取政權的有力保證；在掌握了政權的和平年代裡，就成了統治集團用來為他們自己、也為他們的後代去「名正言順」地壟斷政治、經濟、文化等各種社會資源的「封建」手段了。（據說，當遇羅克被槍殺後，那些「聯動」分子曾經大為歡欣鼓舞。他們相信這個槍斃的最後決定是謝富治上報中央得到毛親自批准，所以感動地說：「主席還是維護本階級的利益的。」）在〈出身論〉中，遇羅克以種種論據一層層剝開「血統論」的反動和荒謬的實質。當然，如論者所說，在當時政治環境裡，他只能把話說到「不好」的出身並不比「好」的出身更能使人變壞，卻不能說這種出身帶來的壓迫和侮辱反而使人更可能作為叛逆。他甚至還必須用毛澤東本人的論點去批判毛澤東的階級鬥爭路線造成的「血統論」。據張郎

郎回憶，當時遇羅克也承認他那篇文章並不是理論上特別完美的，他說他出去還要繼續研究他這些理論。但是遇羅克實際上卻又比單單批判毛澤東走得更遠。他嚴正地宣布：「任何通過個人努力所達不到的權利，我們一概不承認。」在〈出身論〉的結尾處，他發出了「自己解放自己」的號召。他寫道：「有理由這樣講，如果不把以前受壓迫最深的這一大部分革命青年澈底解放出來，那麼，這次運動就絕不會取得澈底勝利！」由誰來解放呢？遇羅克明確指出：被壓迫者必須自己「團結起來，組織起來」，「掌握自己的命運」；「只有膽小鬼才等待別人的恩賜，而革命從來依靠的就是鬥爭！」

人們覺得，中國的遇羅克，這個普羅米修斯式的盜火者，就是一個美國的馬丁・路德・金恩。

1963年8月28日，三十四歲的美國黑人民權運動領袖馬丁・路德・金恩牧師在美國首都華盛頓市林肯紀念堂前，面對二十五萬聽眾，發表了一個震撼美國、震撼世界的演說。他滿懷激情地說：

> 我夢想有一天，這個國家將會奮起，實現其立國信條的真諦：「我們認為這些真理不言而喻：人人生而平等。」

馬丁・路德・金恩反對種族歧視，要求種族平等。他一貫主張非暴力主義，但仍多次被捕入獄。1964年，他榮獲諾貝爾和平獎。1968年3月，他組織「貧民進軍」；4月4日，在田納西州孟斐斯市領導罷工時，遭白人種族主義分子槍擊而逝世。金恩的遇刺觸發了美國黑人抗暴鬥爭的巨大風暴，在全美及全世界引起了極大反響。從1986年起，美國政府法定每年1月的第三個星期一為「全國紀念日」。美國人，包括全體白人，至今都以擁有為人權而奮鬥、犧牲的馬丁・路德・金恩為光榮為驕傲，年年紀念他，把他的夢想願景，作為美國精神的象徵，融化到美國社會理念中。馬丁・路德・金恩這篇題為〈我有一個夢〉的演說，更成為驚天地泣鬼神、氣貫長虹的千古美文，響徹寰宇，永垂不朽。

中國人民，當然也不能忘記中國的馬丁・路德・金恩——遇羅克！

　　當年也為「老紅衛兵」一員的張承志（「紅衛兵」是他起的名字，最早用作他及同夥寫大字報的筆名），在他的〈高貴的精神〉一文中萬分感概地說：

> 遇羅克啟發的，是平民的尊嚴，是可能潛伏底層的高貴。同樣，對遇羅克的懺悔，也決非乾淨的回想錄，而是接續他與特權主義的對峙。我們對過去（文化大革命只是其一環而已）的最激底反省，就是對歧視人權的血統論的永不媾和的宣戰。

　　當年，還是非常年輕的詩人北島，目睹了那場北京工人體育場裡萬人高呼「打倒」聲中的最後審判，以極其悲憤的心情，罕見地寫了兩首詩獻給遇羅克。

　　那首題為〈結局或開始〉的詩中寫道：

> …………
> 以太陽的名義
> 黑暗公開地掠奪
> 沉默依然是東方的故事
> 人民在古老的壁畫上
> 默默地永生
> 默默地死去
> …………
>
> 我，站在這裡
> 代替另一個被殺害的人
> 沒有別的選擇
> 在我倒下的地方
> 將會有另一個人站起
> 我的肩上是風

風上是閃爍的星群

也許有一天
太陽變成了萎縮的花環
垂放在
每一個不朽的戰士
森林般生長的墓碑前
烏鴉，這夜的碎片
紛紛揚揚

在〈宣告〉一詩中，北島替遇羅克，向世界嚴正地宣告：

也許最後的時刻到了
我沒有留下遺囑
只留下筆，給我的母親
我並不是英雄
在沒有英雄的年代裡，
我只想做一個人。

寧靜的地平線
分開了生者和死者的行列
我只能選擇天空
絕不跪在地上
以顯出劊子手們的高大
好阻擋自由的風

從星星的彈孔裡
將流出血紅的黎明

後記

本文曾收入拙著報導文學隨筆集《北望長天》一書，原為筆者長文〈他們讓所有的苟活者，都失去了重量……——祭「文革」中慘遭殺害的思想者〉的一部分，初稿於2006年5月文革發動四十周年之際。原有一段前言：

> 四十年前，毛澤東及其同夥在神州大地上掀起了一場所謂「無產階級文化大革命」。在這場史無前例、慘絕人寰的大浩劫中，兩千萬無辜的生命被奪走，一億人遭受政治迫害，整個國家的經濟損失高達八千億人民幣。中華民族幾千年的文化遺產，就連人類公認的準則、道德、文明、人性，也被摧毀被扭曲了——這又是無法計算的、長遠的、深層的對中華民族的創傷。這十年所發生的種種，還歷歷在目，如同昨夜的惡夢一般，無不在一個個如我一樣的「文革」經歷者的心中留下難以磨滅的顫慄與傷痛。

此時此刻，我特別敬祭那些在文革中（也有在文革之後）慘遭殺害的思想者。有名的，無名的，他們不可計數，此文只能參考各種資料，略微描述幾位。他們珍貴的思想猶如沉沉黑夜裡一星半點火種，來不及發光發亮，卻被兇惡的政治勢力以極端殘酷的方式撲滅了。他們以寶貴的生命作為代價，見證了文革的罪惡，專制制度的罪惡……

沉淪神州的血祭者

一

2009年5月，緣因參加一個歐洲華文作家會議，我來到位於阿爾卑斯山北麓多瑙河畔的奧地利首都維也納。

一踏上這塊土地，我不由得馬上提醒自己，千萬記住這句傳遍世界的話：「在維也納走路，請千萬當心腳下，別踩著音符。」說出這個既生動又深刻的名句的德國作曲家約翰奈斯‧布拉姆斯，極其虔誠地把維也納這個當時歐洲音樂中心看作他的第二故鄉。

真是名不虛傳。置身維也納，便感受到濃郁的音樂氣息。而音樂氣息最濃是它的「金色大廳」了。這間大廳是維也納音樂協會大樓的主要演出場地，始建於1867年，是著名建築師奧菲爾‧漢森的傑作。如評論家所說，這所大廳本身就是一部音樂，是莫梨特《朱庇特交響曲》凝固的形式。「金色大廳」現在被稱之為世界最高級別的音樂聖殿。在這裡，你會看到全世界最傑出的樂隊和演奏家們，更能夠欣賞到本地的著名的維也納交響樂團、維也納少年兒童合唱團這些高水平的音樂團體的演出。不過，即使要充分感受這個世界音樂之都，其實也並非一定要走進它的「金色大廳」。整座城市，躍動的令人悅耳歡心的音符無處不在。只要漫步街頭，到處都可聽到音樂之聲——大多數是一些藝術院校的青年學生在街頭練功。你看著聽著，心裡便想，說不定其中有人幾年後還會成為大師呢。在一些街邊空地上，你可以就像所有遊客一樣，入鄉隨俗，與當地人一起，或放開喉嚨高歌一曲，或熱情奔放地跳個什麼舞。在維也納的星光大道，人們還看到一百多位曾經在這裡生活過工作過的音樂人師的名字被鐫刻在這裡。世界上沒有其他任何一座城市對古典音樂對音樂大師這樣推崇，這樣敬仰了！

進一步見識這個世界音樂之都，最好還要親臨維也納東南郊的中央

公墓。

　　是月24日，我來到這個維也納最大也是全歐洲第二大的公墓。公墓占地二百四十公頃，十九世紀初奧地利帝國皇帝弗朗茨在位時修建，迄今一共安葬了二百五十多萬人，現有墓穴三十三萬座。由於面積廣大，墓地以一座氣勢宏偉的分離派風格的教堂為中心，分成幾個墓區發散開去。儘管是墓地，卻很有藝術氣息，造型各異的墓碑就像一件件精美的藝術品。我時走時停，駐足之際，放眼巡望，在綠樹掩映中感到一派寧靜、祥和、高雅。我不可能遍游各個墓區。我知道，公墓在維也納乃至奧地利整個國家社會生活和文化史上佔有非常重要的地位，但最使它聲名遠播的，是其中的音樂家墓地，而我就是專門為此而來的。這裡以莫紮特紀念碑為中心，安葬著海登、貝多芬、舒伯特、施特勞斯父子等二十多位世界著名的音樂家、作曲家，他們的墓穴呈半環形依次分布周圍。

　　我來到貝多芬墓前，端詳著。墓碑為白色大理石，錐形造型，簡潔方正，其後三面有蒼翠松柏圍繞。正面底座上用黑色大字寫著：「Beethoven」（貝多芬），中間雕刻著一架金色的豎琴，頂端是一隻展翅欲飛但被一條蛇團團圍住的金蝴蝶，象徵性地濃縮了這位音樂大師與命運進行頑強鬥爭的一生。蛇象徵病魔——貝多芬自二十六歲開始聽力明顯下降；蝴蝶則象徵渴望自由飛翔的貝多芬——他直到兩耳失聰後還寫出了大量傳世之作。他與海登、莫紮特一起，被後人稱為「維也納三傑」，在我們華文世界，他被尊稱為「樂聖」。

　　我以摯誠恭敬的心境，前來瞻仰貝多芬之墓，更是出自一個原因——我心裡思念著一件事情：

　　八年前的2001年，也是5月，有一位中國人，萬里迢迢也來到這塊我現在瞻仰過的貝多芬墓地前，徘徊良久。他神情蕭穆，眼含熱淚，喃喃自語。他在完成一件神聖的託付——代託付者向他所崇拜的音樂大師深深鞠躬，獻上鮮花，告訴他有個中國晚生後學是哼著他的《莊嚴彌撒》上天堂的。

　　當天晚上，這位中國人還特意在維也納參加了一場音樂會，就在著名的「金色大廳」。當維也納交響樂團上臺演奏貝多芬《英雄交響曲》時，他觸景生情，一下子眼淚如清泉般湧出，無法抑止。雖然身處異國他鄉，

這熟悉的音樂卻把他帶進那苦難的「文革」年代，勾起了他對死去難友的深沉的追思……

這位中國人叫劉文忠，當年滿懷信任交付他一個看似難以完成的重托的，是即將被槍決的難友，名叫陸洪恩。

二

我能和劉文忠先生聯繫上，並瞭解陸洪恩老師的案情，是通過和我同住在雪梨的好朋友江濤女士。

江濤於2000年即和夫婿喬尚明先生一起移民到了澳洲。她原名林志明，1933年出生，父親是林子青居士。1956年，江濤於南京國際關係學院英語系畢業，後來在煤炭研究院系統從事科技情報、翻譯、外事工作，直到1990年退休。此後，曾任常州佛教文化研究會副會長，參加編輯《毗陵佛教》。父親於2002年9月30日往生後，在臺灣法鼓山聖嚴法師的支持下，她以五、六年的時間編輯出版長達一百五十萬字共分為四冊的林子青選集——《一花一葉一如來：林子青佛學論著集》、《白雲深處一禪僧：林子青傳記文學集》、《人間此處是桃源：林子青詩文集》和《鴻雁千里寄故人：林子青書信集》）。這是一個意義非凡的工程，不但對她家族而言，而且對佛教文化研究也提供了珍貴的資料。江濤悉心畢力，把這套書編得非常出色，真是可敬可佩，在雪梨華人文化界傳為佳話。

江濤年事已高，為人文靜低調，但心明眼亮，洞察時事政治，富有正義感。

前幾年我出版了一部報告文學隨筆集，名叫《北望長天》，書中寫了上世紀六十年代初在中國甘肅一個叫「夾邊溝」的農場「勞改」的三千名「右派」大都因飢餓死亡的慘絕人寰的悲劇，也寫了2008年「五‧一二」汶川地震中致使大量學童罹難的人禍；寫了中國知識分子如儲安平、劉賓雁、公劉、昌耀、巴金、梁宗岱、郁風、王若水、楊小凱等令人唏噓的坎坷命運，更寫了文革中慘遭槍決的林昭、遇羅克、張志新、王申酉、沈元這些烈士和精英。這部書有幸得到三位人士作序——澳大利亞南溟出版基

金創辦人主持人蕭虹博士、上海作家協會前理事冰夫先生,以及北京著名評論家陳行之先生。陳先生序言最後寫了一段令我感激不盡也令我擔當不起的感想:

> 我有理由認為這本書是何與懷為那些高尚而深刻的靈魂鐫刻的一座心碑。我也有理由據此推想:倘若有更多的人鐫刻這樣的心碑並把它們置放到一起,我們就將得到一座穿越祖國歷史時空的長城,它巍峨壯麗,肅穆莊嚴,在它面前,任何可笑的事物都將愈發可笑,任何輕飄的事物都將更加輕飄,因為它是一個偉大民族真正的精神創造──它無與倫比。

江濤讀了《北望長天》,對我說,她讀得淚流滿面,多日不能成寐,常常回憶起那些親身經歷的暗無天日、是非顛倒的日子。她還說,想起在那些日子裡,自己與這些堅持真理、誓死為真理而戰的烈士相比,她真的是個「失去了重量」的「苟活者」!她以「LEST WE FORGET!」為題,為我寫了一篇書評。文中說:

> 生活在澳大利亞這個南太平洋美麗的國家的我們,切勿忘記在太平洋北側曾經撫育我們的祖國,切勿忘記所有那些曾經為了我們祖國的民主自由和美好未來而戰鬥和犧牲的中華兒女們。他們應該永遠活在我們心中。

三

於是,江濤給我講述一個人,一個我在《北望長天》中很不應該遺漏的人──他就是陸洪恩。

陸洪恩是江濤的表姐夫。他的父親在上海一所孤兒院長大,十七歲時為一個天主教徒所收養,所以後來他們全家都是天主教徒,陸洪恩少時就讀的法國人辦的徐匯中學,也是一所教會學校。陸洪恩後來考入上海國立

音專,並於1941年畢業。他和也是從上海音專畢業的胡國美交了朋友並且喜結良緣。而這位胡國美就是江濤的的表姐。1944年,江濤隨父母由蘇州遷居上海,與胡家表兄弟姐妹的聯繫頻繁起來。他們兩家人當年都住在上海常德路恒德里內,江濤請胡國美做她到上海後的第一位鋼琴老師,每天放學後便在胡家練琴。陸胡結婚後,江濤的鋼琴老師改成了陸洪恩。

那時,江濤是一個初中生,十幾歲的小姑娘,聰明伶俐,求知欲非常強,跟陸洪恩學習鋼琴的那段日子成了她永遠的美好回憶。

當時陸洪恩在上海藝術劇團的小型樂團裡當鋼琴伴奏,有時也給咖啡館彈琴。江濤回憶說,表姐夫很會當老師,在其指點下,她激發濃厚的興趣,居然每天可以一連練上三個小時而不感到疲倦。陸洪恩規定江濤每天必須首先練音階二十到三十分鐘,要求掌握正確的手指觸鍵姿勢,然後要有力度,最後才要求由慢到快的速度。音階之後,就是練《車爾尼》,再逐步加練巴哈的二部創意曲、三部創意曲。只有在練好了以上這些練習曲之後,他才讓練奏鳴曲和一些比較抒情的曲子。陸老師覺得江濤很投入,很用功,也有悟性,給她買了一本大大的《Masterpieces》讓她練習。江濤記得,陸老師選給她練的第一首是Chas. D. Blake的《Waves of the Ocean》,此曲氣勢磅礡,令人陶醉於海洋的滾滾波濤中;第二首是Gustav Lange的非常輕快柔美的《Flower Song》……。這個階段,江濤也開始聽古典音樂和鋼琴曲,尤其喜歡蕭邦的作品。每次上完琴課,她都要請求表姐夫彈一首蕭邦的波蘭舞曲或夜曲,而表姐夫總能有求必應,信手彈來,就把波蘭舞曲的奮勇激昂和夜曲的恬淡柔情充分展現出來,使江濤無限陶醉,並夢想著有一天自己也能彈奏這樣的曲子。事實上,江濤的確打下了堅實的基礎,這些曲子,即使後來三十年沒有機會摸琴,到上世紀80年代她第一次買了自己的鋼琴後,居然還可以比較熟練地彈出來,實在不能不說是他表姐夫嚴格要求的結果。

1950年1月,陸洪恩進入了上海交響樂團。這時已是共產黨新政權。陸洪恩以無限歡欣鼓舞的心情迎接這個新政權,熱情洋溢地施展了自己的藝術才能。1954年,才三十六歲的他被任命為上海交響樂團副團長和副指揮,上海市市長陳毅代表市人民政府親自向他頒發了任命書。此後的幾年

中,他曾為蘇加諾總統等各國首腦人物演出,還與捷克、波蘭等國音樂家代表團聯合演出,其中與蘇聯專家的合作演出尤其頻繁。他總是處於非常忙碌的狀態,然而,這幾年也是他最有成就感和最快樂的時光。例如,他在1956年10月11日給江濤父母的信中就這樣說:

> ……回滬以後,忙於工作,昨天剛搞完招待蘇加諾總統的演奏任務。很榮幸,這位反殖民主義傑出戰士還和我握了手。從反殖民主義的立場來說,咱們倒是志同道合的。就拿孫中山先生的學說來講,「聯合世界上以平等待我之弱小民族共同奮鬥」這麼句詞兒,今天在共產黨領導下,中國完全能夠實現中山先生的遺言,而且由於解放七年來黨的努力,我們國家已經成為亞洲的盟主了。

陸洪恩作為一個單純的音樂家,只要讓他有機會能發揮才幹,就感激涕零,稱頌不已。他當時顯然由衷地信服和尊崇「偉大領袖」毛主席和他的共產黨,以為從此毛主席共產黨將會毫無疑問地把「新中國」帶上一條前途無限光明的康莊大道。這時的陸洪恩,也可謂春風得意,步入了他人生的輝煌期。

四

但是,非常不幸,陸洪恩的性格特別是他性格中所蘊含的優秀品質,決定了他的悲慘命運。江濤黯然地對我說,陸洪恩他這個人,生活隨便,愛喝酒愛抽煙愛美食,愛遊山玩水,好書,好畫,好音樂……。他一個心地善良、純篤敦厚、胸無城府的人,直爽開朗,從不隱瞞自己的真實觀點,有什麼就說什麼。加之他詼諧幽默,才思敏捷,常常計上心來,便脫口而出,不懂得韜略和避諱。豈知,這樣的性格在那樣的年代,便註定地給他帶來殺身之禍!

江濤清晰地記得陸洪恩一首後來釀成大禍的打油詩。那是五十年代初,陸洪恩和上海交響樂團團長和指揮、也是他的好朋友黃貽鈞一同參加

電影《武訓傳》的配音工作。當時以黃為主，結果1951年全國批判《武訓傳》，黃也遭殃。為此，陸感到十分懊惱和不平，寫了一首用上海話念起來「很好玩」的打油詩送給黃貽鈞：

> 弟本姓武，小名曰訓。已一百年，骨肉無存。
> 忽有導演，動我腦筋，搞七念三，拍成電影。
> 還有壽頭，是黃貽鈞，嘰哩咕嚕，替我配音。
> 弄到結果，大出毛病——
> 人民日報，一篇社論，全國轟動，罵我山門，
> 我在陰曹，也受批判，活鬼闖禍，帶累死人。
> 下次創作，千萬小心——
> 文藝方向，為工農兵，如再弄錯，勿講情面，
> 罰入地獄，九十八層，當牛做馬，永不超生。

　　1957年反右整風之後，中國大陸越來越深地陷入毛澤東「極左」路線的泥坑，全國政治形勢越來越險惡。陸洪恩對此竟然渾然無知。他竟然不理會共產黨最忌諱最仇恨對它的「領導一切」而且「外行領導內行」的鐵定方針表示不敬甚或抗拒，竟然在大會小會上公開主張「指揮負責制」，提出：「樂團每天五小時業務活動時間全部由指揮來支配安排，實行指揮負責制！」還說：「給我人權和財權，我一定能搞好交響樂團。」這不是和共產黨爭奪領導權嗎?!共產黨要求每一個人都作「螺絲釘」作「馴服工具」，而陸洪恩卻號召：「演奏員要忠實於樂譜的每一個音符」，「要為爭取在十年後參加布拉格之春音樂會而努力奮鬥。」這又是典型的煽動走「白專道路」的罪行。更有甚者，陸洪恩還膽大包天挑戰起「偉大領袖」毛主席的權威來了。毛在1942年發表的《在延安文藝座談會上的講話》中，要求所有的知識分子向工農兵學習，二十年之後，在1962年（當時中國大陸因為大饑荒政治上曾有短暫的寬鬆），陸洪恩在樂團學習討論毛的這篇講話時，直率地說：

是貝多芬面向工農兵，還是工農兵面向貝多芬呢？我看應當是工農兵面向貝多芬。工農兵應該提高自己的文化藝術修養，逐步熟悉交響音樂。

　　陸洪恩以上這些言論都是會議上的發言，都是記錄在案的。在私下，他更是「肆無忌憚」地淋漓盡致地發揮這些他堅信不疑的觀點。例如，他在給江濤的一些談音樂的信件中也是這樣主張的。陸洪恩的這些觀點，後來都被加罪為「刻骨仇恨工農兵」，「瘋狂排斥黨對文藝事業的領導」，「惡毒攻擊偉大領袖毛主席」。他始終不懂得用假話來保護自己，始終是有什麼就說什麼，當然就會大禍臨頭了。江濤傷心地對我回憶說。

五

　　陸洪恩一步步走向「深淵」，結果發生一樁駭人聽聞的「陸洪恩反革命事件」。

　　1965年11月至1966年5月，姚文元先後發表了《評新編歷史劇〈海瑞罷官〉》及《評「三家村」》等文章，氣勢洶洶。顯然，這是「無產階級文化大革命」的前奏，可是缺乏政治嗅覺的陸洪恩，也像很多善良的中國人一樣，卻把姚文只看作個人的「一己之見」，一點也沒有覺察到翻手為雲覆手為雨的「偉大領袖」的「偉大戰略部署」。他在上海交響樂團小組學習討論會上說，既然黨號召大家討論海瑞，他就要發言。關於海瑞，歷史上確有其人，他被罷官時有幾十萬老百姓去送他，人民歡迎他，因為他對人民有利。無產階級總不能否定歷史吧?!把海瑞這個清官以及岳飛、文天祥這些民族英雄都否定了，還有什麼歷史文化遺產呢?!

　　在次日的小組會上，他覺得意猶未盡，繼續說，《評「三家村」》的文章是姚文元開的火，黨中央並沒有下結論；難道姚文元說鄧拓他們反黨反社會主義，大家就得肯定他們是反黨反社會主義？當初鄧拓的文章也是在《人民日報》上發表的，難道毛主席、黨中央就不知道？為什麼要到現在才來反對才來批判？到底是毒草還是什麼？不能亂扣帽子！

　　致命的那天是1966年5月28日。

　　那天，陸洪恩依然早早走出家門。正在學校裡念初中三年級的十六歲獨子走到他跟前，低聲說：

　　「爸爸，今天就坐在那裡聽大家發言，你不要講話了……」

　　兒子聽母親說，爸爸在前幾天學習討論時由於講了些不該講的真話而遭到批判，當夜單位的好友就到家裡來讓母親勸父親忍一忍，不要講真話。

　　陸洪恩輕輕地摸著兒子的頭說：

　　「放心吧，爸爸明白。」

　　那是個陰沉的早晨。妻兒目送他一步一回頭地去上班，可誰也沒想到，陸洪恩從此再也沒有回家。

　　這天在學習批判會上，單位的一些卑鄙小人以及外面不知哪裡來的一些陌生人，一而再再而三地侮辱陸洪恩的人格，並大肆栽贓誣陷他講反動言論，逼他表態「與修正主義決裂」。脾氣耿直的陸洪恩不知怎麼搞的竟然忘記了出門時對妻兒的承諾。他再一次控制不住自己。他又發言了，說不同意「除了樣板戲，建國以來所有的文藝作品都是修正主義毒草」這一謬論，還說自己看不出鄧拓的文章有什麼錯誤。在遭到毆打與凌辱情況下，他忍無可忍，大聲反駁：「你們到底擺不擺事實，講不講道理？如果擺事實講道理，我認為鄧拓講對了。」

　　接著，陸洪恩毅然決然地當眾宣布說：「你們說我修正主義，我就修正主義！」並衝動地喊起來：「修正主義萬歲！」這一聲口號，在當時視為絕對「反動」透頂，一聲喊出，簡直有如晴天霹靂，石破天驚，在場的所有人都震呆了。整個會場一片寂靜……。突然，有人回神之後大喊一聲：「陸洪恩……反革命！」接著又有人喊「對！反革命！」於是那些革命派七手八腳，一擁而上，立刻把陸洪恩以「現行反革命」的罪名扭送到公安局，接著公安把他關進了上海第一看守所。

六

　　陸洪恩被關在監獄後情況如何？他是怎樣悲壯地走上黃泉路的？江濤

女士熱切地向我介紹住在中國上海的劉文忠先生，說一定要認識他，他對
陸洪恩最後的生命歲月特別是陸洪恩如何慘遭處決知之甚詳。

　　劉文忠先生是一位具有強烈正義感的人。文革開始不久，只有十九歲
而且腿有殘疾的他便被關押，結果蹲獄十三年。這位漢子，滿腔熱血，
不屈不撓，這些年來，以自己的親身經歷撰寫了不少文章。不准發表不准
出版嗎？就想辦法在海外出版。他在澳門自費出版了三部書：《風雨人生
路》（2004年11月）、《一個文革受難者的新海國圖志》（2007年11月）
和《反文革第一人及其同案犯》（2008年10月）。他給我寄來有關資料，
希望我讓其廣為傳播。可以感覺到，他此生餘年的人生目的非常明確。

　　劉文忠原來是陸洪恩的難友，而且剛好是監犯編號為1144的陸先生的
「鄰座」，在獄中日夜相處的近兩年時間，一直特別關心他的不幸遭遇。

　　1967年至1968年間，處於文革高潮中的上海文藝系統批鬥成風，許多
單位的各派紅衛兵和造反派紛紛到上海第一看守所來爭奪一些被關押但有
名望的人，把他們拉出去戴高帽子批鬥。名為批鬥，實為「顯耀」——顯
示本派的「實力」。可憐的陸洪恩，幾乎每月都要被拉出去批鬥。有一
次，陸洪恩被拉到上海小劇場批鬥。那天來了文藝界許多單位，有交響
樂團、京劇院、滬劇院等等，上千人的造反派大軍濟濟一堂，逼令他老
實交代攻擊「文革旗手」江青親自指導創作的革命樣板戲的罪行。誰知陸
洪恩卻理直氣壯地反問：「樣板戲有什麼好？中華文化藝術星光燦爛，音
樂、戲曲的優秀作品比比皆是，為什麼只許演唱這幾個戲，而要毀滅傳統
呢？」又說，「外國世界一流的音樂、戲劇多的是……」還未等他說完，
紅衛兵衝上批鬥台，對他又是拳打腳踢一頓毒打。他們像瘋狗一樣狂叫：
「他滿嘴放毒，打他臭嘴！」結果竟撕裂了陸洪恩的嘴唇！他回到牢房
時，一副慘不忍睹的模樣，連晚飯都無法吞嚥，看了叫人心酸。

　　一天，開飯時刻，看守突然打開牢門進來，叫夥司（監獄中給犯人送
飯的輕囚犯）把陸洪恩的飯菜倒在地上，喝令他趴在地上像狗一樣舔著
吃。可憐的陸先生，這位有社會聲望的音樂家，怎經得住這般凌辱人身尊
嚴的胡作非為，何況他雙手被反銬著，連低頭彎腰也艱難萬分。他再也忍
受不住了，怒火萬丈，當著看守的面破口大罵：「巫婆！什麼文化大革

命？是大革文化的命！大革人的命！」他稱江青是一個「巫婆」，是中國人民中國文藝界的「大災星」。看守聽著不由驚呆了，隨即把他橫拖豎拉出去，又是一頓暴打。

劉文忠眼見他奄奄一息委實不想活了，悄悄勸阻說，好漢不吃眼前虧，最好以沉默對抗批鬥會，以免遭皮肉之苦，為了兒子，要活下去。可陸洪恩對這些勸告總是苦笑著搖搖頭。他固執地說：「我還是要講，有一口氣在就要講，什麼樣板戲？破爛女人搞的破爛貨！」他甚至說：「在巫婆搞的這場『大革命』中，我陸洪恩寧做『反革命』！」他要講要鬧，就像吐出一肚子惡氣，吐完便好像忘記了渾身被打的傷痛，忘記了被反銬著的雙手，嘴裡輕輕地哼著，手指微微地顫抖打著拍子，完全沉浸在他自個哼唱的美妙樂曲之中。

陸洪恩是個天主教徒，在監房裡還經常禱告。自然，他的宗教信仰也成了他的一項大罪。那些革命群眾當眾羞辱他，進而要他當眾羞辱天主教，羞辱上帝。他當然誓死不從，這又引來一場場狠毒施暴。但這位挨了暴打的音樂家卻說「小將們是被愚弄的」，並不記恨在心。他常說一句話：「我跟主走苦路，是他給我的恩寵；我為義而受迫害是有福的。」

陸洪恩全然不顧自己正一步步地走向絕境，反而擔心師兄賀綠汀的命運。有一次，他被拉到上海音樂學院批鬥後回來，人被打得鼻青臉腫，但卻忘了自己傷痛，只顧慷慨激昂地告訴劉文忠等難友，他是賀綠汀院長的「陪鬥」。陸洪恩一向尊重賀綠汀，雖是師兄弟關係，卻又拜賀為師，自認弟子。在批鬥大會上，他被責令揭發賀綠汀的「罪行」，不料他反為賀表功。他告訴同監難友，賀家幾次被抄，搶劫一空，賀本人也遭受了種種慘無人道的凌辱與暴虐。紅衛兵不僅常對他毒打，甚至把漿糊桶套在他頭上，還逼他在地上爬。陸洪恩憤慨萬分地說，賀綠汀是中國音樂界泰斗，一曲《游擊隊之歌》，鼓舞了全國民眾奮起抗日殺敵。他創作了那麼多名曲，做出了那麼大的貢獻，可是現今卻遭受如此的對待，這都是那位「文革旗手」作的孽！

陸洪恩在監獄中經常向大家講解「文藝復興」給歐洲給世界帶來的巨大影響與進步。他詳細介紹世界音樂流派的過去與現在，介紹古典音樂、

文藝復興音樂、維也納樂派、印象主義……他縱談貝多芬、蕭邦、柴可夫斯基、莫紮特、施特勞斯、巴赫……這些世界音樂大師的故事。劉文忠說，聽了他的講解，更可以理解他為什麼對文革中摧毀所謂「封資修」的暴行那樣氣憤那樣反抗，他為什麼那樣鄙視所謂的「革命樣板戲」。他絕不在百般暴虐凌辱下屈服、苟全，而又由於這樣，他被認為極其頑固反動，被狠鬥毒打。

由於他被揪鬥頻繁，卻又每次耿直抗爭，次次遭遇毒手，舊傷未好，新傷又添，每次回來，總是拖著沉重的腳步，遍體鱗傷，血痕斑斑。冷酷無情的看守還要時時把他舊傷未好、新傷淌血的雙手扭到背後反銬起來。批鬥、毒打、反銬，內外摧殘，這樣幾個月折磨下來，渾身沒有一處不是傷，身體一天比一天垮下去。本來纖弱的他，五十歲不到頭髮卻已全白並開始脫落，枯黃瘦窄的臉上沒有一絲血色，無數次的長時期彎腰九十度使他背駝得更厲害，兩個耳朵被打得流膿，眼睛混濁，看上去比一個七十歲老翁還要衰老。

不過，陸洪恩還是有股力量支撐自己氣息奄奄的殘軀。他有宗教信仰，而且，他太熱愛音樂了，他敬仰貝多芬，視音樂為生命。無力動彈的他，每天還常翕動嘴角，輕輕哼著《英雄交響曲》和《莊嚴彌撒》。他是在借用人類音樂精華的頑強力量。他說《英雄交響曲》最能代表大師不屈不撓向黑暗挑戰的鬥爭精神；他稱《莊嚴彌撒》是「聖詠」，並表示作為一個天主教徒，他一定會哼著這首曲子迎接死亡……

七

一個深夜，陸洪恩悄悄地告訴劉文忠他的家庭住址，說他有一個兒子，妻子是上海舞蹈學院的一位鋼琴老師。他泣不成聲地說：「小兄弟，蒙受你照顧我已幾個月，很感謝你。你有機會出去，我托你兩件事，第一，幫我找到被『掃地出門』而去了新疆的獨子，轉告他父親是怎樣死在監獄中的！第二，將來你如還有機會逃出中國，幫我走訪我一生嚮往的音樂之鄉，在維也納貝多芬的陵墓前幫我獻上一束花。告訴大師，他的崇拜

者是哼著《莊嚴彌撒》走上刑場的。」從話裡的內容和口氣，劉文忠知道他已下定決心以死抗爭到底。

不久，難友發覺，陸洪恩的腦子不是被打壞就是受刺激太深而瘋了。他開始發高燒，講胡話，日日夜夜在說「巫婆來了」、「巫婆來抓人了」，又不斷地自言自語「毛……毛……毛毛……」他發了瘋似的見到一切有毛的和紅色的織物都要咬，毛巾、毛衣、毛褲……。漸漸地，他精神意識開始失控了。大家也無法阻止他，心裡都為他捏把汗，驚恐異常地眼睜睜看著他一步步加速走向死亡。

這一天終於來臨了。

那天，訓導員把他們監房裡關的十四個犯人全叫到訓導室。辦公桌後坐著三個人，一個是審訊員，一個是訓導員，另一個據說是上面派下來的。訓導員首先開腔，訓斥陸洪恩在外面批鬥會上呼喊反動口號，在牢房裡犯擴散反動言論罪，是罪大惡極，死有餘辜！審訊員勃然兇狠地問：「1144，你究竟要死，還是想活？今天你表一個態！」

陸洪恩僅僅沉默了一下，便像瀕臨死亡前迴光返照般，驟然精神抖擻，熱血沸騰，大義凜然，無所畏懼地開口「表態」。有如沖天長嘯，他開口便決絕地明言：

> 我想活，但不願這樣行屍走肉般地活下去。「不自由，毋寧死。」文革是暴虐，是浩劫，是災難。我不願在暴虐、浩劫、災難下苟且貪生！

他演說一般地從世界文明發展及其分化談起：

> ……自從十四世紀義大利文藝復興，十八世紀英國產業革命以來，人類社會開始從農業文明邁向工業文明，而人文科學、自然科學百花齊放，爭妍鬥豔。西方的民富國強哪裡來？我國的民窮國弱又哪裡來？世界在兩極分化，西方社會在搞工業革命，科教興國，振興經濟建設；而我們在搞階級鬥爭，搞政治運動，搞內耗，造反、停

課、停工，鬧「革命」。人家主張民主、自由、法治、文明；我們搞專制、愚昧、個人迷信、殘酷鬥爭、無情打擊。人家保護文物，保護知識產權，尊重知識，拿知識分子當寶；我們砸爛文物，侵犯人權，打、砸、搶、抓、抄，批鬥毒打教師，視知識越多越反動，稱知識分子為「臭老九」，當「牛鬼蛇神」；人家求安定、講團結，重視倫理道德；我們惟恐天下不亂，爭權奪利，批判孔孟忠孝節義，搞階級成分論，煽動仇恨。

他激昂義憤地直言抨擊道：

　　文革消滅了真誠、友誼、愛情、幸福、寧靜、平安、希望。文革比秦始皇焚書坑儒有過之而無不及。它幾乎要想整遍所有的知識分子，幾乎要斬斷整個中華文化的生命鏈。知識分子命運多慘，苦不堪言。堂堂中華民族五千年燦爛文化，如今只剩下孤零零的八個「樣板戲」，而且沒有作者，都是文革旗手一手遮天，這只能證明我們民族已在走向文化淪喪。

　　……我不能理解毛澤東為什麼要侮辱大批跟著黨走革命道路的知識分子？為什麼要鬥倒批臭大批愛國的人民教師、學者、工程師、藝術家？他們在辛勤耕耘，傳播文化知識，他們已經把一切個人功勞與榮譽都上繳給組織、給黨，一切的一切都歸功於偉大的一個人。可是他還要屈辱我們，稱知識分子是「臭老九」！我們愛國，可是國愛我們嗎？我們聽毛主席話跟著黨走，可是他建國以來，從53年圍剿胡適、55年反胡風、57年設陽謀反右、66年又開展文革焚書坑儒，都是要對知識分子趕盡殺絕。我作為一個中國知識分子，抱著一顆報效祖國的心忠貞竭力、奮發工作，誰知落到這等半死不活的地步。我這樣生活下去還有什麼意義？現在廣大知識分子生不如死，一個民族發展到死比活還安定，這個民族無疑已經墜入了滅絕生命的深淵。文革是毛澤東引給中國人民的一場地獄之火，是為中國人民擺上一席「人肉大餐」。我不怕死，也不願

死！！但如果要我為了求得這種全民恐懼、天下大亂的生活，如果說社會主義就是這樣殘忍無比的模式，那麼我寧做「反革命」，寧做「反社會主義分子」，不做專制獨斷、一味希望個人迷信的毛的「順民」！

陸洪恩話音剛落，劉文忠不由自主地抬頭看看牆上掛鐘：足足演講了十五分鐘！

陸洪恩口若懸河，痛快淋漓，慷慨陳詞，直抒胸懷，發表了這樣一篇視死如歸、氣壯山河的戰鬥檄文。在場所有難友屏著呼吸，心靈上早被陸老師那種「士可殺不可辱」的凜然大義所震撼。劉文忠覺得，似乎坐在他們身邊的不是音樂家，卻像是「我自橫刀向天笑」的譚嗣同，是中國高級知識分子中又一個碧血丹心的「殉道者」！

真是一個特異的場面！起碼在這所監獄所有審訊中是聞所未聞，見所未見。

一直吃驚不語的三個審訊人員相互對視一眼，才回過神來。他們三人紛紛大拍桌子，破口大罵：「1144你死到臨頭了！我們都記錄在案。你要為剛才所惡毒散布的反革命言論付出代價。本想給你一次機會，既然你不怕死，政府成全你！」訓導員挑了三四個年老的犯人，要他們作為證人簽字。他們被迫用發抖的手簽下了這份要天主教徒陸洪恩命的、似「最後晚餐」的「賬單」。

各人被趕回牢房時，陸洪恩還坐在地上，似乎一吐為快的惡氣吐完了，像一尊雕像那般平靜地一動也不動。

難友們為陸老師深深嘆息：「完了，1144死定了！」大家既驚訝又敬佩他有這麼大勇氣面對死亡。其實每個人心裡明白，陸老師剛才發出的一篇戰鬥檄文正是大家想說而不敢說的。三十分鐘後，牢門再次打開，看守兇狠地推進了陸老師，雙手反銬著的他，又上了腳銬，幾乎是滾進來的。只見他臉面全是血，這頓毒打幾乎奪了他的命。大家的眼淚都奪眶而出。看守訓斥大家：「誰也不准幫他，否則嚴懲！」看守出去把牢門關上後，劉文忠顧不得警告，上前把他扶起來，用水擦洗他滿臉的血跡。他嘴裡鼻

孔裡都淌血，眼角也流血，雙眼血肉模糊。這天大家心情沉重，敢怒而不敢言。同監的盲人修士顫抖地在作禱告，喃喃不斷地低聲說「罪孽啊！罪孽！」晚上劉文忠躺在陸洪恩身邊一夜未合眼，又偷偷幫他從反銬轉正銬，不斷幫他按摩手、肩、腰背和小腿。

一個星期後，一天深夜十二點鐘，難友們被看守「嘭嘭」敲門聲驚醒，只聽叫喊：「1144出來！」看守指著劉文忠說：「你幫他把東西全部整理好，拿出來。」劉文忠一邊幫陸洪恩整理，一邊含淚向他告別，並悄悄告訴他托的口信一定帶出去。大家看到陸老師鎮靜自若，帶著手銬腳鐐嘴裡依舊哼著《莊嚴彌撒》，一陣悲壯之情湧上心頭。半夜三更這樣被匆忙帶走，憑老犯人的觀察經驗，十有八九將走上不歸路。

這一夜特別漫長。劉文忠翻來覆去怎麼也睡不著。望著旁邊的空鋪位，想起了一幕幕場景：他那沉醉音樂、低哼樂曲的百般留戀的神態；他每次批鬥回來的慘相；他在訓導室英勇無畏激昂陳詞的神態；現今他丹心碧血，血祭文革。劉文忠心裡悲憤地喊道：蒼天啊！為什麼如此狠心如此不公?!文革，文革，又革掉了一位想報效祖國而不能的音樂家的命！

四天後，長時間讀不到報紙的難友們，見門上小框洞裡丟進一張《解放日報》。看守隔門叫喊：「好好讀讀1144的下場！」劉文忠趕忙撿起一看，第一版上醒目地刊登「嚴厲鎮壓十名反革命分子公判大會」的消息。七名犯人被處決，其中就有「反動學術權威上海交響樂團指揮陸洪恩」。這是大家預料之中要發生的事。難友們一言不發，聽劉文忠一口氣讀完了這段新聞報導。七座的師範大學教授咬耳對劉說：在希特勒時代，法西斯規定，德國公民凡侮辱元首者拘捕兩星期。可文革中對領袖遠未達到「侮辱」的程度，就可以被槍斃，真是有過之而無不及！盲人金修士則在痛苦地不斷默誦聖經，為這位信奉天主教的音樂家兄弟超度亡靈。

有文記載曰：1968年4月27日，陸洪恩突然被押到了當時的「上海革命文化廣場」。電視鏡頭將一位五花大綁、頭髮花白、身體佝僂、步履蹣跚、儼如古稀老頭的人物推到了人們的面前，許多人不敢相信自己的眼睛：難道這就是那位風度翩翩、在譜架前動作瀟灑、樂思敏捷、還不滿五十歲的陸洪恩老師嗎？……

　　就是在這個一無檢察院、二無法官、三無辯護律師的「萬人公判大會」上，陸洪恩被判處死刑，「罪名」是「現行反革命」，「罪證」是「擴散反革命言論」。就這樣，一個才華橫溢的音樂家、指揮家，在獄中被折磨了兩年後又被當權者以莫須有的罪名處決了──陸洪恩成了文革期間中國高級知識分子被公開殺害的第一人。

八

　　那麼，劉文忠又是如何也被關到監獄，成為陸洪恩最後生命歲月的見證人？這又要從劉文忠的哥哥劉文輝說起。

　　1957年，劉文輝二十歲，因為向他所在的滬東造船廠領導提整風意見，被打成「右派」。1961年分配到艱苦的舟山島船廠工作，其間長期偷聽「敵臺」，1964年組織策劃偷渡出境去日本與臺灣，在「四清」運動中被人告發審查關押。1966年春天，舟山嵊泗法院宣判他為「現行反革命犯」，開除公職，押回上海老家監督管制三年。但這位未滿三十歲身處劣境的年輕人，一直長期苦讀自修（曾先後考讀復旦大學職工夜大和上海外語學院夜大），一直追求胡適先生提倡的獨立思考精神，一直懷抱著對民族命運的深深的關切。他居然在毛澤東親自點燃的「無產階級文化大革命」在神州大地肆意燃燒之際，寫下了洋洋萬言的《駁文化大革命〈十六條〉》──這成了他一生中最光輝也最致命的壯舉。

　　《十六條》的全稱為《中國共產黨中央委員會關於無產階級文化大革命的決定》。1966年8月，中共八屆十一中全會在北京舉行。8月5日，毛澤東會下大筆一揮，變出一張奇特的「大字報」：《炮打司令部》，矛頭對準國家主席也是他的既定接班人劉少奇。隨後全會於8月8日通過並發表了《決定》這個指導文革的綱領性文件。劉文輝閱讀了這個《決定》，便馬上告訴弟弟：這個文件出籠，表明中共中央委員會全體被迫接受毛澤東的左傾思想，一定會引發中國政治大地震，會給國家與人民帶來巨大災難。

　　該《決定》共有《十六條》，每條均有小標題，劉文輝經過仔細的研究分析，按其形式和口氣，順次加以批駁。劉文忠當年幫他哥哥抄寫，迄

今為止還能逐條回憶起那些驚心動魄的章節和話語：

第一條：社會帝國主義的新階段。劉文輝指出：當前開展的無產階級文化大革命是一場「文化大浩劫」。毛澤東以解放世界三分之二的人民之謬論為理由，大肆向亞（洲）、非（洲）、拉（拉丁美洲）輸出革命，完全不顧中國國內人民的死活。今天中國所謂的社會主義革命新階段實質上是社會帝國主義新階段，是毛推行的鎖國排他主義，是一場反民主自由、反經濟實業運動……。這是「窮兵黷武主義新階段」，是建立戰爭策源地……。

第二條：主流和曲折。劉文輝說：文化大革命是一次暴力革命，暴力革命必然走上恐怖專政，推行法西斯主義……。

第三條：「敢」字當頭，獨立思考。劉文輝號召青年學子學習胡適精神，「要解放思想、要獨立思考、反對教條、要學會識別真偽、要大膽懷疑、小心求證、自作結論」，特別是對毛澤東思想和所謂最高指示。他提醒黨內外不要盲從，擦亮眼睛。他指出，當今共產黨內不存在所謂走資本主義道路的當權派，只有權力集團的鬥爭，只有集權與民主、專制與改革、封閉與開放的鬥爭。如果盲目接受毛的路線將貽害無窮。他還指出：胡適先生五四時期對中國人的教誨，今天看來仍是顛覆不破的真理，在華人世界的臺灣、香港、新加坡都在發揚繼承，如果中國要走民主與自由之路必然要遵循胡適的教誨……。

第四條：讓群眾在切身痛苦中教育自己。劉文輝指出：無產階級文化大革命實質上是一場「全民政治大迫害運動」。紅衛兵和工農造反派只是毛澤東利用的對象和工具，毛達到目的之後，他們最終將落得「卸磨殺驢吃」的下場，這是歷史教訓……。

第五條：反對毛的階級鬥爭理論。劉文輝反對毛的無產階級專政下繼續革命的謬論。他指出，階級鬥爭是毛一貫惡性報復、奴役人民的手段，所謂「文化大革命重點是整頓黨內走資派」是個幌子騙局，毛實質目的是要清除黨內異己，進一步打擊中國知識分子獨立思考的精神……。

第六條：正確對待同胞手足。劉文輝說：要正確對待人民內部矛盾與同胞手足之情。所謂敵我矛盾是毛推行階級鬥爭的需要和手段，目的是轉

移人民的視線和對他暴政的不滿。關於區別對待黨內幹部問題,他指出:
共產黨內有務實的現實主義者,他們更關心經濟建設,不贊成毛搞階級鬥
爭與世界革命,這批幹部才是毛發動這場文革要清理的主要對象……。

第七條:警惕有人把革命群眾打成「反革命」。劉文輝說:文化大革
命是大規模革命,必然也要大規模地尋找「反革命」。而這場運動真實目
的是建立毛天下,是強姦民意,是瘋狂迫害民眾。中國人民一定要警惕匈
牙利抗暴鬥爭的教訓,中國的民主主義者應該在抗暴鬥爭的旗幟下聯合起
來,建立抗暴統一戰線。在關於自殺與拼殺一段,他號召人民不要怯懦,
要揭竿而起;軍隊與幹部要站在人民一邊,奪取武器,佔領黨政軍警部
門,佔領機關、監獄、機場、碼頭、電臺、報社……。

第八條:區別對待黨團幹部。劉文輝指出,共產黨幹部有三種:好
的,是共產黨內提倡務實的現實主義者,包括不同政見者,他們是毛這次
發動文革的主要清除對象,即所謂走資派;一般的,是共產黨中的工具,
盲目跟隨毛澤東的各級領導幹部;差的,是那些助紂為虐的野心家、陰謀
家與投機分子、跳樑小丑。所有這些幹部都被毛這獨裁者暴君控制著。人
民與軍隊要認清真偽,要站在黨內現實主義派一邊,支持他們掀起一場民
主抗暴鬥爭……。

第十條:教學改革。劉文輝指出:文化大革命這場文化大浩劫,是在
毀滅中華民族的優秀文化傳統,因為孔孟儒家思想一直是千百年來優秀文
化傳統,批判孔子就是對師道尊嚴的顛覆抵毀。所謂批判「封資修」只是
幌子,推行愚民政策才是實質。所謂「知識越多越反動」的口號,實質上
是對教育事業與教育工作者的又一次全面摧殘,這場現代焚書坑儒運動是
對中國知識分子的全面迫害。他呼籲青年學生要繼承發揚當年北大「五
四」精神,不要被暴君和他身邊一群奸人所愚弄。他還指出:所謂打倒舊
教育制度,所謂「學工」、「學農」、「學軍」、「參加批判資產階級的
文化革命鬥爭」是一場大倒退,是毛精心策劃的又一場洗腦陰謀,就如
1957年的反右派「陽謀」一樣……。

第十二條:關於科學家、技術人員和一般工作人員的政策。劉文輝指
出:毛對知識分子的高壓政策從1955年反胡風運動就開始,1957年反右是

高峰,而這場文化大革命是毛一貫推行的焚書坑儒政策的延續,是對中國知識分子史無前例的迫害,比秦世皇有過之而無不及。他號召知識分子不要屈服,不要妥協,不要輕易自殺,而是起來反抗,抵制洗腦,就是要死,也要學越南僧侶一樣,去上海人民廣場和北京天安門廣場上自焚,以此來喚醒愚昧無知的民眾……。

第十三條:與城鄉社會主義教育運動相結合的部署問題。劉文輝說:「四清運動」是毛精心策劃的想改造、控制農村幹部的計劃。1958年大躍進失敗而引發的三年大饑荒已造成中國農村餓殍遍野,農民怨聲載道,毛察覺和擔心廣大農村幹部對他的不忠,為了重樹自己威望,所以要發起社會主義教育運動,對廣大農村幹部實行「清政治、清思想、清組織、清經濟」……。

第十四條:抓革命、促生產。劉文輝主張:學習西方,打開國門,開展洋務運動,把外國先進科技知識引進來,搞現代化建設……。

第十五條:部隊。劉文輝說:黨指揮槍就是專制的特徵,中國應該走軍隊國家化道路。人民應該清楚,部隊是國家的,是人民的,不是獨裁者的家兵與黨兵。他對林彪鼓吹的毛澤東思想「放之四海皆真理」、「頂峰論」、「理解與不理解都要執行」之類的謬論,主張部隊要研究,要批判。他號召部隊站在人民一邊,反對「解放全人類,支持世界革命」之謬論,反對軍事獨裁;號召軍隊參與抗暴,武裝部署,裡應外合,推翻毛的暴政……。

第十六條:「毛澤東思想是無產階級文化大革命的行動指南」是謬論。劉文輝指出:新中國的誕生是因為毛澤東高舉了民主自由平等的新民主主義革命大旗,所以人民才擁護他,結果他卻欺騙了人民。毛搞的是獨裁專制,推行的是愚民政策。劉文輝一再提醒說:毛澤東這個暴君,正在孤注一擲,冒天下之大不韙,玩弄億萬性命,拼其「偉大理想」之實現。毛強姦民意,瘋狂迫害民眾。文革持續時間越長,給中華民族與人民帶來災難就越大。全體人民要看清與認識他,要起來抵制這場倒退歷史的政治運動……。

劉文輝在文章中一再呼籲中國人民掀起抗暴鬥爭,直言要推翻毛的暴

政。劉文忠清楚地記得，他抄寫時每次寫到「毛澤東」三字，自己的手都會發抖。他輝哥在整篇文章中，一直稱毛澤東為當代中國的秦始皇、暴君、獨裁者與瘋子。這絕不是一封意氣用事的匿名信，而是他輝哥用鮮血熱淚凝鑄成的驚世檄文，有如一道強烈的閃電撕破漆黑的混沌。

如果看過研究過《中國共產黨中央委員會關於無產階級文化大革命的決定》這個毛澤東指導文革的綱領性文件，就會知道劉文輝的駁斥是怎樣的針鋒相對，一針見血！就這樣，劉文輝拼死對抗文革狂瀾，毫不顧惜自己的命運會卷去何方。

九

其實，文革一開始之後，在那昏天黑地的日子裡，劉文輝就一直時刻關注著中國政局中國社會的變化。戴上「現行反革命」帽子的他，白天被監督勞動，所以只能夜晚偷偷讀書思考，或奮筆疾書。劉文忠回憶說，有十幾個深夜，他睡了一大覺醒來，見輝哥竟還呆呆地坐在書桌邊。他為了不妨礙父親和弟弟的休息，將台燈罩了張報紙，遮蔽了大部分光線。劉文忠知道，他哥哥在默默地思索：在這文革禍水滾滾、狂瀾滔天、國家民族生死危急關頭，他該如何抗爭。

劉文輝雖然處在被日夜監視的狀態下，但他不甘寂寞，常叫弟弟下班後到當時運動最激烈、大字報最多的地方，以及中央文革指使北京紅衛兵煽風點火最活躍的場所，去收集各種傳單、資料，帶回家給他閱讀、研究。後來，他乾脆自己偷偷出外去看大字報。深夜十點鐘後，他叫弟弟把自行車推到附近市民新村，自己輕手輕腳摸到約定的牆角邊，騎上自行車，轉眼消失在朦朧夜幕中。天濛濛亮時，他貓手貓腳溜回家中，往往情緒激動得無法抑制。

劉文忠記得，有一次，他哥哥在交通大學看大字報，知道北京林學院學生寫了一篇提出「踢開中央文革小組，自己起來鬧革命」，並因此引起院校中「懷疑一切」思想的辯論。他回家告訴弟弟，這個觀點值得引導開展討論。於是他寫了一張大字報叫弟弟連夜去交大校園張貼。第二天劉文

忠再去看這張大字報，聽說引起大學生們的轟動，兩派組織展開激烈爭辯，但幾天後他輝哥這張大字報很快就作為一種「反動觀點」被覆蓋掉了。

在復旦大學，有不少大字報受北京譚力夫鼓吹的「血統論」影響下，大肆宣揚「老子英雄兒好漢，老子反動兒混蛋，從來如此」。劉文輝忍不住，又寫了一張大字報叫弟弟半夜看到無人時去貼。他指出譚力夫這對聯不是真理，而是絕對錯誤──「血統論」是徹頭徹尾的唯心主義。

還有一次在同濟大學，劉文輝在一張大字報上用粗體鋼筆字寫上：「彭真是人不是『鬼』，毛澤東同樣是人不是『神』。是人就會犯錯誤，毛澤東犯的錯誤不比別人少……」。輝哥天亮時偷偷摸摸回家得意地告訴了弟弟，並叫弟弟下班後去看看這張大字報的情況。劉文忠既擔心又好奇，到那裡發覺不妙，三哥寫字的這張大字報被撕掉，公安局旁邊還貼了一張告示：「警惕階級敵人破壞文化大革命，最近發現有人塗寫反革命標語……希望革命師生擦亮眼睛檢舉揭發。」

當然，劉文輝「戳一槍」的這些做法，不能起到大的揭露文革真相的作用，但通過這幾件事，他一直在深思，並躍躍欲試。

有一天夜裡，劉文輝在華東師大看到一張題為《一個右派分子恐嚇信》的大字報在大學師生中引起了軒然大波，這件事直接觸發了他醞釀許久的計劃。之後這一段時間，他寫成了二本小冊子，一本名為《冒牌的階級鬥爭與實踐破產論》，另一本是《通觀五七年來的各項運動》。劉文忠幫哥哥收藏這二本書時，匆忙翻了一下，迄今還記得在第一本中有這樣一段話：「毛澤東一生追求暴力革命與造反，他一生貫穿的就是鬥爭哲學。他的治國方針就是『以階級鬥爭為綱』，他把六億人民捆綁在他的革命戰車上，一直車輪滾滾，一場又一場政治鬥爭從未間斷過，……鬥得國家天昏地暗，鬥得黨內草木皆兵，鬥得人民心驚肉跳，唯有他躲在紅牆大園中南海偷偷樂。」書中指出：毛澤東是「斯太林加秦始皇」，有狂熱的強國衝動和極端的民族自信，是中國歷史上最大的暴君。

顯然，劉文輝能寫出洋洋萬言的《駁文化大革命〈十六條〉》，是經過長期的理想思考，是有堅實的思想基礎的。他讀過馬克思、恩格斯、列寧的書，也通讀過《魯迅全集》，而且對胡適的思想也不陌生。他曾起草

一張大字報,讓他弟弟乘夜張貼到上海交大的校園裡,其中說:「我們提倡懷疑是反對武斷,反對一切教條主義,一個自由獨立的人和組織,對於一切思想,一切主義,必須要通過懷疑,而後可以相信。必須仔細考究過,然後可以相信,否則就是盲從。我們要提倡堅持獨立思考,反對思想專制,反對精神奴隸。」從中不難看到胡適思想對他的影響。

連鄧小平都深有感觸而且極其正確地指出,像文革這樣嚴重破壞法制的事件,在英、法、美這樣的西方國家不可能發生。的確,文革只能發生在嚴重缺乏法治傳統的國度,文革也只能發生在一個缺少獨立思考的民族。在當時一個舉國瘋狂的造神時代,劉文輝發出這樣清醒、理智的聲音,是多麼了不起啊!

十

劉文輝撰寫《駁文化大革命〈十六條〉》萬言書是在1966年9月28日的深夜。

他已經深思熟慮了。猶如一個勇士孤身撲上敵人的槍口,他斷然攤開了「〈十六條〉」公報,對著伏案奮筆疾書起來。弟弟則受命在門外放哨、望風,以防有人來窺探。劉文輝一口氣寫了四個小時,寫了近萬字。第二天夜裡,他怕自己的字體太特別容易被人認出,所以考慮再三要弟弟幫忙重新抄寫。劉文忠一連兩天抄寫到半夜,複寫成十四封長信,每封信有十張信紙厚。他一邊抄寫,一邊心裡陣陣顫抖。那不是信,而是一排排密集的巨型炮彈,是向毛澤東的文化大革命、向禍國殃民的階級鬥爭謬論猛烈開火的巨型炮彈!當他第一眼看到文章內容,心跳加速,腦海中馬上跳出「殺頭」二字。但輝哥早已不怕殺頭了。他對弟弟說:「今天毛澤東瘋了,共產黨也瘋了,這文化大革命正要逼瘋全民。國家不能這樣隨獨裁者為所欲為地擺佈。如果沒有人敢站出來,這民族就沒有希望了!」

劉文輝還一再對弟弟說,「兄弟,這件事敗露是要殺頭的,你敢不敢做?」

劉文忠從小崇拜輝哥,對他一貫言聽計從,但還是勸他輝哥說:「中

國是大家的，不是你一個人的，你一個人改變不了什麼，何必撞到當局者
的槍口上呢？」

劉文輝回頭瞥了一眼早已熟睡的老父親，輕聲但堅決地說：「如果人
人都像爸爸這樣逆來順受，全讓毛澤東一人專制獨裁，為所欲為，中國遲
早會退到封建舊社會去！」接著他果斷地激勵弟弟：「我們年輕人再不能
繼承爸爸的軟弱可欺了，而要發揚二位舅舅的傲骨抗爭，學習歷代志士仁
人『挽狂瀾於既倒』的大無畏精神。古今中外，反專制反獨裁，必然有人
以身許國，拋頭顱，灑熱血，喚起苦難而軟弱的民眾奮起反抗。那麼，今
天就從我劉文輝開始吧！」

他甘願做當代的譚嗣同，做中國的普羅米修斯。說畢，他猛然站立起
來，面對窗外漆黑色的夜空，雙目閃閃，凜凜無畏。誓言無聲。但弟弟好
似聽到他的心聲，聽到他呼喊：「我不入地獄，誰入地獄?!」在他鐵骨錚
錚、視死如歸的身影邊，弟弟也熱血沸騰，果斷地打消猶豫，答應去杭州
投寄。

1966年10月1日國慶節清晨，只有十九歲、腿有殘疾的劉文忠，懷揣
著哥哥已裝進信封的《駁文化大革命〈十六條〉》萬言書，悄悄地離開上
海的家，去到杭州，將十四封信沿著湖濱大道一路上的郵筒投入，收信地
址都是哥哥精心挑選的，是北大、清華、復旦等全國八大城市十四所最著
名的大學的組織。

事後，劉文忠離開單位冒充紅衛兵北上大串聯。近一個月後，在11月
27日，回到家中。當天深夜十一點左右，正在疲憊沉睡中的他，突然被衝
上樓來的便衣警察反銬了雙手。他被警察推搡出門時，看到幾個便衣用槍
頂著他輝哥的胸膛，也把他反銬起來。就這一瞬間，輝哥回頭頷首囑咐弟
弟：「不要怕！鎮定點。」

二輛灰白色警車行駛半小時左右，進入一所大院。劉文忠被推進了一
間提審室。燈光賊亮，雪白的牆上寫著：「坦白從寬，抗拒從嚴！」

「1548！看清楚了嗎？牆上標語，坦白從寬，抗拒從嚴！」劉文忠前
面長方形審訊席上，一位四十歲左右的矮胖審訊員首先開腔……

從此開始長達七天六夜、接連十幾場的密集審訊，那幾個審訊員像催

命鬼似的緊緊盯牢劉文忠不放，不給一點喘息的機會。在他們如此強大的攻勢和他們列舉的一系列人證物證面前，劉文忠輕易設置的「堤防」節節崩潰，只得老實承認了國慶節到杭州投寄了十四封「反革命匿名信」；承認了曾將自行車深夜借給輝哥，讓他去交大、復旦、同濟、師大、外語學院等大學裡看大字報；還承認了文革開始以來把外面發生的動亂、散發的傳單、某某人被抄家批鬥等情況收集告訴了輝哥……。

短短四個月後，即1967年3月9日，劉文輝就被判處死刑，繼後又被押在市監獄死牢裡折磨了十四天。3月23日，當天下午，在一場名為「堅決保衛無產階級文化大革命，嚴厲鎮壓反革命」的慶功大會之後，劉文輝就在上海最大的文化廣場示眾後槍決！成為文革中第一個被公開殺害的人。

《上海市中級人民法院刑事判決書》（1967年度滬中刑〈一〉字第3號）上列出的劉文輝「罪行」有：

1957年「瘋狂地攻擊共產黨的領導和社會主義制度，大肆污衊我歷次政治運動和各項方針政策」；

1964年「為首組織反革命集團，陰謀劫船投敵，判反革命罪管制三年」；

1966年「當無產階級文化大革命開展後，竟針對我黨中央關於無產階級文化大革命的決定（即〈十六條〉），編寫了反革命的『〈十六條〉』，分別散發到全國八大城市十四所大專院校，用極其惡毒的語言咒罵我偉大領袖；瘋狂攻擊我社會主義革命新階段是『窮兵黷武主義的新階段』，社會主義制度是『戰爭的策源地』，誣衊無產階級文化大革命運動是『全民大迫害』是一場「文化大浩劫」。同時大肆宣揚資產階級的『和平、民主、平等、博愛』，竭力吹捧美帝」……

十一

劉文輝被處決後，公安局通知家屬去領遺物：一床被頭、一雙高幫皮鞋、一些衣物等。心存期望的父母知道兒子一定會留下什麼遺言，細心拆除被單，發現被角裡藏著折迭得很小的紙團，打開一看，原來是一份用生

命代價換來的遺書！遺書用二張十六開練習簿紙寫成，正反兩面寫得密密
麻麻共四頁紙，最後的簽名和詩詞都是咬破手指用鮮血寫的，比較模糊。

　　父親提心吊膽地把遺書收好，後來交給五兒劉文龍保存。不久劉文龍
被關進學習班隔離審查，他知道自己私藏三哥血書，只要被人發覺勢必遭
殃，便偷著回家把遺書原件燒了。在燒之前，為了把遺書內容完整保存下
來，他除了死記硬背，還把遺書一字一字分別拆開，用紅筆作記號劃在毛
選「老三篇」內容中，再用電話號碼程序編寫全文內容。值得慶幸的是，
整篇遺書後來通過這個辦法還能復原。

　　劉文輝在他寫於1967年3月20日的遺書中說及他被害前一些細節：3月
9日四時許，劉文輝被關在一間私堂，與外人隔絕，一人遞給他檢察院起
訴書，五分鐘後這人代表中級人民法院宣判他死刑，立即執行。僅隔二小
時左右，高級人民法院就傳出駁回上訴，維持原判。事實上，劉文輝的上
訴書這時才剛寫好。為此，劉文輝在遺書中說：

> 高院高明未卜先知，如此猴急，只能證明我使他們十分害怕，惟恐
> 我多活一天來反抗他們的殘忍。此外說明披法袍的法者是多麼「遵
> 紀守法」啊！莊嚴而鄭重的法律程序手續總是到處被他們強姦。他
> 們逼我在不大於50平方尺的法庭中與外人隔絕，在法警的強力下馴
> 服的。此遺書一定要保存，讓我死得明白。我說它是私堂並不汙誣
> 他們。

　　遺書提到他寫的已被紅衛兵抄去的二本小冊子：《冒牌的階級鬥爭與
實踐破產論》、《通觀五七年以來的各項運動》；提到傳單《駁文化大革
命〈十六條〉》。劉文輝寫道，此傳單因投寄出了事故，也正是他被害的
導線。他在傳單和書稿上所表現出來的思想情操可以用詩概括之：

> 從誣「反右壞修資」，非盜非奸非乖暴。
> 反右幸嘗智慧果，敢做普魯米修斯。
> 鎖國應出土玄奘，焚坑猶揭條石落。

今赴屠場眺晨曦，共和繁榮真民主。

劉文輝繼續寫道：他是個實行者，敢說更敢做。如今就義正是最高的歸宿。他要求親人不要難過，也不要從私情上庸俗地讚揚他，或因當局的壓迫、愚弄而誤會他的生平。他的正義行為，毛時不易證明，就留待日後吧！他相信如同史達林死後俄國升起希望一樣，毛死後中國的民主主義者、共產黨中的現實主義者將會朝著世界潮流行駛。中國是會有希望的──那就是民主、自由、平等。劉文輝說，因他的死，在毛政權下家人只能受侮辱、損害，但他相信，毛政權倒臺後，他作為烈士，必能恢復家人的光榮。

劉文輝還在遺書中闢出段落再次狠狠批判毛澤東。他還說他寫了七首詩詞，分別收藏在衣服中。其中一首諷刺毛澤東和林彪是「龐然世界二瘋子」，「毛林發作，幾下抽搐，幾下嚎叫」……劉文輝說他臨刑前十分抱憾的一件事是，不能著手寫心中久已策劃的一份《人人報》或「層層駁」，其內容集中針對毛的反動方面。他希望有人接任。

劉文輝被害前這樣宣布：

我將死而後悔嗎？不！絕不！人生自古誰無死？留取丹心照汗青。從來暴政是要用志士的血軀來摧毀。我的死證明，毛政權下有義士。我在毛的紅色恐怖下不做順民，甘做義士！

這是劉文輝在短暫人生旅途向天地發表的戰鬥檄文。真是一身正氣衝雲霄，滿腔熱血灑征程！當人們讀到這篇臨終者以鮮血寫成的血書，不能不肅然起敬！都會為他捨身反抗邪惡狂潮所震撼，為他睿智敏銳的洞察力所折服，更為他英年早逝而婉惜！

到目前為止，劉文輝一案的檔案仍屬保密，親屬仍無法查閱此案資料，無法獲知他被折磨被殺害的細節真相，也看不到那些「反動罪證」。不過，由此也可以斷定，劉文輝的案情即使在今天也是極其敏感的，當局難以公布。

十二

劉文輝和陸洪恩等人以死對抗的十年文革這個浩劫究竟有多大多恐怖?不計無形的多少代也無法復補的民族摧殘,只以有數字可算的:全國遭受到殘酷迫害的人有一個億,冤枉死亡的人數超過兩千萬,損失了國民經濟八千億人民幣──這是中共元老葉劍英在1978年12月13日中央工作會議閉幕式上講話的「不完全統計」。關於冤枉死亡者的遭遇,恐怕永遠都無法全部厘清了。一些主要的被殺害的烈士的粗略資料,可以從例如王友琴的《文革受難者》等書報雜誌上找到;劉文忠也給我看了一份他整理的名單。根據我手頭的資料,除了本文所敘述的劉文輝和陸洪恩之外,比較著名的血祭文革者還可以列出很多,例如:

林昭,女,1960年10月被捕,1968年4月29日被處決,是年不到三十六歲。罪名是:1957年劃為右派,此後死不改悔。批判共產風,為彭德懷鳴冤,建議學習南斯拉夫經驗。1959年參與刊物《星火》反革命集團。1965年判刑二十年。在獄中用竹簽、髮卡、牙刷柄等書寫血書,在牆壁、襯衫和床單上寫詩文二十餘萬字,重點批判「階級鬥爭」學說和集權統治,呼籲人權、民主、和平、正義。1980年12月30日平反。

王佩英,女,1968年10月被捕,1970年1月27日被害,是年五十四歲。罪名是:自1964年至1968年10月,書寫並散發反革命標語一千九百餘張,反動詩詞三十餘首。1964年夏,公然提出:毛澤東應退出中央領導層。同時提出退黨。文革中進一步撰文說:以毛澤東為首的中國共產黨已走向歷史反面,應退出歷史舞臺。她在酷刑毒打與迫害之下,始終堅持信仰,多次公開表明自己理念。判處極刑後,因反抗被勒死於刑車。1980年5月8日平反。

吳曉飛,1968年5月7日被捕,1970年2月27日被處決,是年僅二十一歲多。罪名是:於1967年11月至1968年4月,寫了兩篇各長達二十餘萬字的政論,認為江青是「無政府主義氾濫的根源」、「發動武鬥的禍首」;說批判劉少奇乃是「不擇手段、不通情理的迫害」;認為文革「是一件反

常的政治事件」；指出林彪「有陰謀」，把毛澤東思想「弄到荒謬絕倫的地步」。1980年6月平反。

遇羅克，1968年1月5日被捕，1970年3月5日被處決，是年二十七歲。罪名是：在他於1966年2月寄給上海《文匯報》的《人民需不需要海瑞》（發表時被壓縮並改題為《和機械唯物論進行鬥爭的時候到了》）一文中，點名批評姚文元的《評新編歷史劇〈海瑞罷官〉》。針對文革中風行一時的血統論，他在1966年9月寫出著名的《出身論》予以嚴詞批判——人們把遇羅克的《出身論》稱作在中國最黑暗的年代裡發出的中國第一部《人權宣言》。1979年11月21日平反。

張坤豪，1970年2月被捕，1970年3月19日被殺害，是年二十八歲。罪名是：反對批判劉少奇和其他老革命家。1969年7月6日被勒令檢查交代時，卻簽名寫下「我熱愛劉少奇主席」，隨即隔離審查，批鬥毒打，群眾專政八個月。其間寫有九份「反動」材料。他認為，中國「被個人迷信充塞著」。1979年10月平反。

方運孚，1970年2月被捕，1970年3月6日被害。罪名是：撰聯諷刺文革派：「打擊一大片，堯舜禹湯皆右傾；保護一小撮，桀紂幽厲最革命」；攻擊說「林彪、江青野心很大，整掉大批老幹部就是為了他們自己上臺」；又為劉少奇、彭德懷鳴不平。1968年「一打三反」中，重慶公安局辦案人員起初擬將被收捕的方運孚判十五年，報到市公安局軍管會，加至二十年，送重慶市革委會審批，改成無期，四川省革委會終審時，進而改成死刑。本來犯人有十天上訴期，可是十天還沒到，方運孚就被拉去槍殺了。1980年平反。

毛應星，女，1969年1月23日被捕，1970年4月14日被害，是年四十五歲。罪名是：獄中書寫「反動」筆記，說：「這樣的政策最有利於什麼人呢？就是有利於一些個人野心家、資產階級政客，倒黴就是老百姓，而毛主席的江山最後也被這些人所葬送。」、「頂峰論是採取資產階級嘩眾取寵、奴顏卑膝地宣傳捧場，欺騙人民。」又說大搞「忠字化」、「分明是唯心論」。毛應星被五花大綁押往刑場時，身材瘦小十分衰弱的她，卻鎮定自若，目光明亮，從容不迫。1980年11月29日平反。

陳卓然，1970年2月被捕，1970年4月28日被害，是年只二十歲。罪名是：1970年，用剪刀剪下報紙上的字，組成「反動標語」六十多條，貼到南京市主要街道上。這就是轟動南京的「二・一二反革命案」。1980年平反。

丁祖曉，女，1969年7月5日深夜被捕，1970年5月8日被害。罪名是：1969年3、4月間，寄信和發傳單，反對「三忠於四無限」宗教式狂熱。她認為：「忠應該忠於人民、忠於祖國、忠於真理，不應該忠於哪一個人。現在提倡的『忠』，是搞個人崇拜，是搞奴隸主義。」、「這恰如封建社會裡的上朝，把毛主席當封建帝王，天天朝拜。」姐姐丁祖霞也支持、參與她的活動。她們呼籲民眾「不要甘於做奴隸，起來造忠字的反，革忠字的命！」此事被認為是「窮凶極惡攻擊無產階級司令部」而列為當地「特一號案件」。臨刑前丁祖曉還慷慨陳詞，批判個人崇拜、奴隸主義。

李啟順，女，1969年7月被捕，1970年5月8日被害，是年二十四歲。罪名是：刻印二十多份《告革命人民書》，為同學丁祖曉叫好，稱她為「當之無愧的革命先鋒」，猛烈抨擊林彪、江青大搞現代迷信。她十七歲的妹妹李啟才也自告奮勇，深夜到縣城各主要街道去散發。傳單還直接寄給「四人幫」控制的《紅旗》雜誌。為此，她們四人被打成反革命集團，全部被捕入獄。李啟順與丁祖曉同一天被槍斃，丁祖霞則被判刑二十年；李啟才判刑十年。1980年8月，她們獲得了平反。

欣元華，1967年1月25日被捕，1970年5月30日被害，是年三十七歲。罪名是：1967年1月，致信毛澤東，稱：文革是「黨的歷史上空前未有的慘禍」，「祖國的上空籠罩著個人崇拜的陰雲」，懇求「您老人家趕快醒悟」，「趕快採取最有效的自我批評的緊急行動」，「解決當前萬分嚴重的局勢」。隨即以「惡攻罪」被捕。1979年12月平反。

陸蘭秀，女，1967年5月開始失去人身自由，1970年3月18日被正式逮捕，同年7月4日被以「現行反革命罪」槍殺。她在監禁期間寫了十四萬字的文章、學習心得和意見書，反對毛澤東，反對打倒劉少奇，從理論上全面批判文化大革命。1980年8月平反。

吳述森、魯志立、吳述樟，分別於1970年3月、1970年8月、1969年1

月被殺害。罪名是：成立「共產主義自修大學」（共十三名青年），學習馬列著作，將心得編為《學刊》油印小報。批判中共「竭力推行愚民政策，實行奴化教育，提倡奴隸主義的盲目服從精神，宣揚個人迷信和領袖至上的神話，從意識形態上已墜入了完完全全的唯心主義」。還批判說，「現在的形勢類似辛亥革命的形勢，也有個竊國大盜袁世凱，企圖利用文革篡權，此人就是林彪。」1978年8月平反。

官明華，女，1967年1月被捕，1971年3月12日被判處死刑，慘遭殺害，是年三十七歲。罪名是：認為林彪是「埋藏在毛主席身邊的一顆定時炸彈」，是「野心家、陰謀家」和「披著羊皮的狼」，高呼：「林彪的末日快到了」，「打倒林彪，把林彪拉下馬」，被定為現行反革命。1978年秋平反。

王篤良，1968年6月被捕，1971年8月6日被害。罪名是：認為「劉、鄧是代表人民利益的馬列主義者，是國家的棟梁，把他們打倒，對黨、對國家、對人民有害無益」；有人「光抓權力，不抓生產，結果使國家政權和人民生活失調」。在獄中又寫道：「林彪為什麼要對毛主席忠、忠、忠，他心裡有鬼。」又針對劉少奇被誣陷一事說：「什麼叛徒、內奸、工賊，沒有確鑿的證據，不能以理服人。」被誣為「頑固不化的現行反革命」。1980年6月平反。

張志新，女，1969年9月24日被捕，1975年4月4日被處決，是年四十五歲。罪名是：一次次批鬥會上責問：什麼「一句頂一萬句」？什麼「不理解的也要執行」？她對林彪宣揚的「頂峰論」非常反感，認為把林彪的接班人地位寫入黨章不好。她又認為派性氾濫、武鬥成災是江青在搞名堂；江青不是「文藝旗手」，而是破壞祖國文化藝術的罪魁禍首。特別是，她指明毛澤東是文革災難的「總頭子」。行刑前，張志新被慘無人道地割斷喉管，以防喊「反動」口號。1979年3月平反。

史雲峰，1974年12月24日被捕，1976年12月17日判死刑，兩日後槍決，是年二十七歲。罪名是：1974年10月26日，史雲峰散發標語、傳單，反對「四人幫」，為劉少奇等人受迫害鳴不平，指出劉少奇一案是「千古奇冤」；提出：「全面審查文革中的錯誤」，「沿中共『八大』路線前

進」，給劉少奇等人「恢復名譽」。臨刑前，史雲峰嘴塞紗布用縫合線緊緊勒住，以防喊「反動」口號。1980年3月平反。

張錫琨，北京大學化學系學生，1976年底或1977初被槍斃。罪名是：在1957年鳴放整風時貼出《衛道者邏輯大綱》大字報，被打成右派送北京團河農場勞動教養；1969年被遣送到四川繼續勞教；最後被以「企圖組織逃跑」的罪名判處死刑，至今未平反。張錫琨為之送命的1957年大字報如下：

> 1.黨的錯誤是個別情況，對它批評就是反對全黨；
> 2.民主自由是黨的恩賜，再要索取就是煽動鬧事；
> 3.歌頌逢迎是一等品德，揭發錯誤就是否定一切；
> 4.萬事保密是警惕性高，揭露神話就是誹謗造謠；
> 5.盲目服從是思想單純，若加思考就是立場不穩；
> 6.政治必修是制度原則，若加考慮就是反對馬列；
> 7.國家制度是早已完善，再加指責就是陰謀造反；
> 8.政治等級是統治槓桿，取消等級就是製造混亂；
> 9.蘇聯一切是儘管搬用，誰說教條就是挑撥蘇中；
> 10.「三害思想」是也合人情，誰若過敏就是別有用心。

王申酉，1968年1月因捲入「炮打張春橋」及對文革不滿被隔離審查，抄家，1977年4月27日被處決，是年三十一歲。他的「現行反革命」罪證全都出自他的日記、讀書筆記、讀毛選眉批和給女友的書信裡。早在1964年，他就開始批判思想獨裁。他寫道：「完全以毛澤東的理論獨裁一切。置一人之思想於億萬人的腦袋。這恐怕是空前絕後的。在六萬萬人的、占地球六分之一土地的陸地上以一個同類生物的思想作為神聖的意志來主宰一切。這一成功實在是難以想像的。」此後，他不斷批判「三面紅旗」、「個人迷信」、「個人崇拜」、「極左思想」；為右派分子鳴冤叫屈；提出尊重價值規律，打破閉關鎖國，實行對外開放等系統的改革主張。1981年7月平反。

　　李九蓮，女，1969年5月15日被捕，1977年12月24日被處決，是年三十一歲。最初因懷疑文革、懷疑林彪、為劉少奇鳴冤被捕，判刑五年。林彪倒臺後，她雖獲得釋放，但還是定為「現行反革命性質」。1974年3月，李九蓮忍無可忍，在公園貼出了《反林彪無罪》等六份大字報，因此又於1974年4月19日深夜被祕密逮捕，並於1975年5月被判刑十五年。1976年12月，李九蓮在獄中寫下了《我的政治態度》，後還當眾念出，犯了「惡毒攻擊英明領袖華主席」的死罪。李九蓮被槍決後，屍體在荒野暴棄數日，並慘遭侮辱，乳房和陰部被割了下來。1980年，在胡耀邦支持下平反。

　　鍾海源，女，1974年4月被捕，1978年4月30日被處決，是年三十歲。最初罪名是因聲援李九蓮，在家裡起草了《最最緊急呼籲》等傳單，自己刻，自己印，自己散發。1976年「四・五天安門事件」後，她在監獄裡公開說「華國鋒不如鄧小平」，被判處十二年有期徒刑。李九蓮被殺四個月後，鍾海源也被判處死刑，立即執行。她聽完死刑判決後，毫不猶豫地簽了名，然後把筆一甩，昂首離去。行刑時槍擊未死之前活剖取腎。1980年在胡耀邦支持下平反。

　　…………

十三

　　這些慘遭處決的文革義士，越去追查便會發現越多，簡直多不勝舉，真是令人毛骨悚然，悲痛欲絕！這些華夏英烈，為了思想毅然決然面對紅色恐怖面對殘酷死亡，成了沉淪神州的血祭者。他們值得華夏子孫永久銘記。其中，劉文輝又是應該大書特書的：

　　他，在已知的文革被害英烈中，是最早公開批駁〈十六條〉這個毛澤東指導文革的綱領。在1966年，還沒有一個人這麼早地站在歷史的制高點、站在世界發展的大視角上，敢於把毛澤東放在批判聲討的對立面，一針見血地剖析文革的反動性，預見它將給中華民族帶來曠古未有的深重災難；

　　他，最早警告中國民眾「文化大革命是一場文化大浩劫和全民大迫害運動」，並號召全國全黨全軍起來抵制文革。無論對文革的性質分析，還

是反抗烈度，劉文輝都是走在最前面的第一人；

他，1966年11月底被捕，1967年3月23日遇難，是文革政治犯中最早的被處決者，甚至比林昭烈士還早一年多。

他，即使在張志新、遇羅克、林昭等人於上世紀80年代初均獲平反的時候，獨獨不獲平反。後經親屬反覆上訴，一直拖到1982年，才宣布無罪平反。最初法院駁回的「理據」是：「劉文輝是真正的反革命，不僅反文革，而且反對毛主席，反對偉大的中國共產黨，反對強大的無產階級專政。」其實，這個「理據」是不值一駁的。一個真正的反文革英烈，必定反毛也必須反毛。因為文革乃毛一手發動，反文革不反毛，看不清識不破這一點，認識層次就不可能太高。劉文輝最早遇害最晚平反，可證明其「反」之深之烈。死刑判決書、遺書俱在，可證可鑒。

的確，從目前見到的材料看，無論從時間、性質、內容，或反抗程度上，劉文輝是中國全國第一個公開反文革反毛澤東的義勇之士，也是血祭文革第一人。

一位文革研究者說，在人霧彌夜的文革初期，個學歷僅初二而只靠自學成才的青年，能夠眾醉獨醒，公開反毛，血薦軒轅，且自成體系，令他拍案驚奇，欽佩之至！我所熟識的上海著名傳記作家葉永烈，在得知劉文輝事蹟後，也產生了同樣的驚疑：其叛逆思想從何而生？提供深入思考的思想資源從何獲得？雖然毛澤東的「反右陽謀」使他睜開迷眼，「反右幸嘗智慧果」，開始反思各種時政，但從宏觀上檢視毛權威與史無前例的文革，對那一整代青年來說，實屬幾無可能的歷史局限！

劉文忠的這位輝哥，領先時代至少三十年！許多文革研究者都有此共識。

然而，讓人非常遺憾的是，劉文輝至今尚在絕大多數中國民眾視野之外。我雖然很早就知道「劉文輝」這個名字，但如果沒有看到劉文忠給我的資料，便不可能達到今天的認識。這又是一個我在《北望長天》一書中絕對不應該遺漏的人。對著他先知先覺、大義凜然的光輝形象，我慚愧萬分！

十四

在這篇稱之為報告文學的拙文最後定稿之際,我將再次到中國重慶考察。時間真是過得飛快,這次造訪,與我於2004年9月的上次,竟已經相隔七年了。

我上次到重慶,也去了一個特殊的墓園憑弔。這是一個紅衛兵墓園,在重慶市沙坪公園西南角,石牆圍著,曾長久與世隔絕。

四十多年前的文革期間,山城重慶「武鬥」慘烈,規模為整個中國同期之最。在1967年夏至1968年夏一年左右的時間,見於官方記載的就有三十一次,其中動用槍、炮、坦克、炮船等現代軍械兵器進行的,計二十四次。武鬥中死亡者的屍體當時就分散掩埋於重慶市區約二十四處地方,沙坪公園內的墓園是其中主要的一處,於1967年6月到1969年1月期間造墓立碑。根據沙坪公園管理處的資料,墓園裡有一百一十三座墓碑,共掩埋有五百三十一人,其中四百零四人死於文革中的武鬥,他們只是當時重慶武鬥死亡人員的一小部分,大都是在1967年5月至8月間被打死的中學紅衛兵和重慶廠礦企業事業單位的工人造反派。研究者根據碑文資料還考證出,墓園中的死者,工人約占到百分之五十八點九,學生約百分之四十;年齡最小的十四歲,最大的六十歲,其中二十六歲以上者占百分之四十六點五。

公墓座落於一片小樹林裡,西高東低,依山傍水,占地約三千平方米。正門右側石牆外,紅漆寫著四個大字:「文革墓群」。有一條中央小道勉強做中軸,通往深處,左右兩側的墓碑皆疏密無序,佈局雜亂。據知情人回憶,最初就是亂埋,各個單位就近找地方,先來先埋,先左後右,逐步往後移。大多是合葬墓,最大的墓埋了三十七人,分三層掩埋,層與層之間用預製板分隔。墳墓碑型各異,有的碑頂嵌有派別名號的火炬。有幾個墓碑,高出了石牆。墓碑上當然刻有死者姓名、簡短生平、什麼時候在哪裡「犧牲」等,但讓人最為感觸甚至觸目驚心的是,為了突現死者的「英雄氣概永不滅」,墓碑上都刻有當時流行的最紅最革命而現在簡直不

可思議的豪言壯語，如：「為有犧牲多壯志，敢教日月換新天」，「頭可斷，血可流，毛澤東思想不能丟」，「可挨打，可挨鬥，誓死不低革命頭」，「生的偉大，死的光榮」……等等。當時墳墓都用質量很好的建築材料築面，但如今大多風化，有的上面的文字都已剝落或模糊。雖然近來有死者親屬用人造大理石重新整修了一些墓地，但整個墓園，是一片凋零、幽深、淒涼景象，讓人不寒而慄……

那天，我坐在墓地路旁一塊石頭上，良久不動，墮入深深的沉思中。當年參與者見證者的各種舊聞，包括我自己親身經歷的各種景象，一一在腦海中反覆重現。現在寫到這裡，我且借引在網上看到的一段足可重現當年重慶武鬥的可怕景象的回憶：

　　……1967年8月1日清晨，全副武裝的「反到底」派向建設廠和建設工業學校修築的工事發起進攻，四聯裝高射機槍和艦用機槍數十台，一齊向「八‧一五」派的大樓開火，並用炸藥炸開樓房工事。紅色大樓頓時火光沖天，喊殺聲不絕於耳。附近同派的重慶機械製造學校的「機校兵團」也參與了防守。

　　雙方戰鬥極為慘烈，槍炮聲整夜不停，震耳欲聾。

　　8月3日清晨，「八‧一五」派全線潰退，帶走屍體十數人，在「反到底」派追擊中，有些來不及帶走的就丟下隨著就腐爛在水田裡……

　　8月5日，大都是重慶大學組織來的「八‧一五」派學生，為了爭奪建設廠奪取武器，不惜一切代價向建設廠清水池制高點發起攻擊。「反到底」派人抬肩扛，將兩台14.5毫米的4條槍管的重武器推到半山腰上，猛烈轟擊大批手持各種火槍武器衝鋒圍攻上來的「八‧一五」派，一時死傷者漫山遍野。

　　重慶8月的大熱天，屍體很快高度腐爛，白骨森森，慘不忍睹。此一役，「八‧一五」派喪生一百五十人之多，這些人大部分沒有被安葬在公墓裡，有的人至今無人知曉姓名……

　　什麼「八・一五」，什麼「反到底」，還有其他什麼什麼派，當年都各自視為多麼神聖多麼偉大的名號啊！但如今，卻連一點點的價值都沒有。也許，他們的死亡也有一點意義：他們也是文革的血祭者，是可悲可嘆的另類血祭者；他們的死亡指向一種令人震驚令人髮指的荒誕：勢不兩立的派別，竟然是為了他們同一個所謂的「偉大的導師、偉大的領袖、偉大的統帥、偉大的舵手」而互相殘忍地鬥殺！上述的不過是其中的一場，只是在重慶一個地方。當年，在整個神州大地，在許多城鎮，一旦武鬥起來，其氣氛極為恐怖：武鬥者拿著武器橫衝直撞，高低樓房碉堡工事林立，大街上戰車呼嘯而過，大橋、機關要地架著輕重機槍……紅了眼、喪失了人性的殺人者互相對準的是同學、同事、工友、鄰居，是同胞甚至是自己的親人。所有殺人者和被殺者都認定自己在捍衛無限神聖的所謂「毛主席的無產階級革命路線」，並因此上刀山下火海直至獻出寶貴的生命也在所不惜！

　　當時中國全國人口八億，幾乎全部八億之多的民眾居然就這樣被愚弄被犧牲！人世間最可悲也最不可理喻的事莫過如此！

十五

　　如今我要再次造訪的重慶，更讓世人驚奇的是，它又是已在神州大地廣泛開展的「唱紅」運動的發源地。

　　所謂「唱紅」運動，其主要內容就是唱「紅歌」。我問劉文忠先生，今天中國各地最流行的是哪些「紅歌」？他給我舉了一些，包括：《東方紅》、《沒有共產黨就沒有新中國》、《毛主席的話兒記心上》、《唱支山歌給黨聽》、《我愛北京天安門》、《黨啊，親愛的媽媽》、《太陽最紅毛主席最親》、《紅旗飄飄》、《延安頌》、《革命人永遠是年輕》、《我愛祖國的藍天》、《中國，中國，鮮紅的太陽永不落》。所謂「紅歌」，範圍也可以放得很寬，但核心部分主要是一些近年來創作的「主旋律」，而大多數是在毛澤東時代特別文革時代最為流行的革命歌曲。劉先生說，當年他在監獄與勞改農場，大多是在集體政治訓教和公判、加刑大

會這些場合上被迫收聽這些「紅歌」，當然非常反感，但服刑者不能有絲
毫不樂意言行，否則會嚴加懲罰……

> 東方紅，
> 太陽升，
> 中國出了個毛澤東，
> 他為人民謀幸福，呼兒咳喲，
> 他是人民大救星……

這是最紅的「紅歌」了，還曾經一度事實上取代了中華人民共和國原
來的國歌《義勇軍進行曲》的位置。當年，正是在「東方紅」的頌歌聲
中，大辦「人民公社」，盲目「大躍進」，經濟崩潰，民不聊生，哀鴻
遍野；正是在「東方紅」的頌歌聲中，反「右派」，掀起文化大革命，
一個個政治運動，以階級鬥爭為綱，使無數人無辜被害，冤假錯案遍布
神州；正是在「東方紅」的頌歌聲中，個人崇拜登峰造極，淫威之下，萬
馬齊黯，國家命運瀕臨絕境……「紅歌」反映的是一個時代，也是一個時
代的象徵。這個時代，從國內戰爭年代一直延續到文革後期，它所宣揚的
文化都是「極左」，從吹捧、神化領袖到宣揚仇恨、鬥爭，不一而足。正
如許多有識之士所說，這樣一些「紅歌」就是浸透著專制毒汁的「惡之
花」。

現在，不是幾十年已經過去了嗎?!文革結束後，不是已經批判過個人
崇拜了嗎？不是說從來就沒有什麼「救世主」什麼「大救星」嗎？文革後
在「撥亂反正」中這些問題不是都已解決了嗎？把毛從神壇上拉下來，當
時不是已有共識、不是已深入人心了嗎？看來，就像魯迅先生多次深刻地
指出過的那樣，中國的最大悲劇之一，是對黑暗和錯誤的清除不徹底而不
斷反覆——當時的「撥亂反正」實在太不徹底太有問題了。

三年前，中國大陸許多人最初聽到重慶居然由黨政軍組織出面，大肆
搞唱紅歌、講革命故事、發紅色短信的活動時，覺得只不過是文革時「早
請示晚彙報」、「跳忠字舞」之類的死灰，難以復燃，覺得像是一個笑

料，大可一笑置之。而現在，曾幾何時，大江南北竟然紅潮滾湧，唱紅歌、跳紅舞、播紅劇、貼大紅標語、做巨幅黨旗、萬名黨員宣誓……等等，爭表忠心，煞有介事。鬧劇要變成另一幕正劇嗎？文革的幽靈重新又在神州大地徘徊嗎？是時空錯亂嗎？

　　這些年，中國大陸在三十年來經濟高速發展、現代化取得巨大成就的後面，也出現一系列嚴重問題：官場貪腐貧富懸殊觸目驚心，社會風氣敗壞道德滑坡誠信缺失，環境污染生態失衡也到了難以忍受的程度。在社會矛盾不斷惡化，原來馬列意識形態又已不靈的情況下，有人寄望於「唱紅」辦法，企盼這股浪潮能給予他們新的力量，可以安撫大眾情緒，在黨內能結成聯盟，得以最大程度地延續其權力。但是，對整個國家來說，站在中華民族的整體利益來說，「唱紅」運動能化解社會矛盾嗎？它將會導致的惡果誰能承擔？又如何承擔？

　　……思緒馳騁間，我不禁聯想到兩年前在維也納中央公墓的憑弔。那裡，即使是墓地，也是那樣寧靜、祥和、高雅。

　　我還想到，七年前我在重慶紅衛兵墓園的憑弔。在那裡，我和冤魂相會。他們悔恨交集，拖著屈辱厭倦的腳步，紛紜雜遝，在我面前無聲滑過。今天，如果再度見面，他們臉上一定還帶著驚訝不解的表情——他們怎麼能料想得到，墓地外面，如今「紅歌會」的招牌到處懸掛，人們每天被組織聚合一起，高唱所謂紅色歌曲。歌聲飛越時空，甚至讓陰間也不得安寧。而這些「紅歌」的高歌者，是否會在某場夢魘之後，突然想起，有人是唱著「紅歌」去赴死的，就是四十四年前墓地裡的那些死者?!

　　當年，沉淪神州的無數血祭者，你們以生命作為代價，難道還不足以讓你們的同胞多少有點醒悟嗎?!

　　也真難說。流光逝水，幾十年過去，真是彈指一揮間！而竟然，就在這麼短暫的一個歷史期間裡，在今天中國，大多數青年人，不要說對劉文輝、陸洪恩等等文革血祭者，對這些大義凜然、先知先覺的民族英烈，已經渾然無知了，就是對這個長達十年、史無前例的中華民族大劫難，竟然也在總體認識上非常模糊甚至混亂。這是何等可悲可嘆而且可怕啊。

　　那麼，荒誕真的需要再一次重演嗎?!

真讓我非常困惑……

2011年8月18日完稿於澳洲雪梨，發表於北京《愛思想》、《共識網》、《博客中國》以及各地其他網站；也收在《二閑堂》的「典藏文庫」和香港中文大學中國研究服務中心主辦的《民間歷史》。

黃冠英

作者簡介：

　　黃冠英，草民，「玩世亦恭」。學識低淺，卻涉足工農兵學商，然智商平平，年年勞碌，終一事無成。幼失雙親，成年碰壁。移居雪梨後，隨遇而安、知足常樂、視死如歸，故自號「安樂歸寮叟」，每於寮中讀書、碼字、舞太極，以期延緩腦癡呆。

「主角」的體味

　　「文革是場大鬧劇！」許多人這樣說。作為始終的參與者，我卻想比之為「活報劇」，因為參與者的我、你、他，當時忠於「統帥」，聽從指揮，是十分虔誠的，都「真心實意」地想將「無產階級革命進行到底」。這是長期「階級鬥爭教育」的成績。

　　所謂「活報劇」，照我的理解就是那種漫畫化了的街頭演出。整整十間年，全國上演的是大的活報劇，占據劇場中心的主角，自然是「最高統帥」及其不斷變換的對手與幕僚。各省市鄉以至大小單位，也無不上演不同的中小活報劇。小活報劇的主角非常龐雜，很難一言而盡。本人當時是個無官無爵的小兵拉子，居然也榮幸地當過一段反面主角，其況味至今記憶猶新。

　　那是1966年中期，黨中央下達《「五·一六」通知》，大活報劇——「文化大革命」拉開了帷幕。當時，我在省委辦公廳秘書處當個「文教秘書」，是高級機關的低級幹部，沒想到稀裡糊塗地就當上「主角」——批鬥的對象。其實我到這個全省的最高級機關僅一年餘，主要職責是教學，提高二十幾位工農幹部的文化程度。何以便當上了被批鬥的「主角」？原來是「階級鬥爭」的緣續。早在1957年，當我還是個高中一下的學生時，就差點沒當上「階級敵人」。當時上頭發動「大鳴大放」，號召「向黨提意見，幫助整風」。我們這些莘莘學子，不懂也極少關心政治，哪能提什麼意見？班主任眼看「完不成任務」，便帶領全班往一所先進的兄弟中學去觀摩、取經。得到啟發，我回來後即連寫九張大字報，集中攻擊蘇聯老大哥，因之遂成被「幫助」（批鬥）的重點之一。然後做無窮的檢查，無限上綱痛罵自己，悔過書寫下一大疊。幸而尚未滿十八歲，沒有被定為右派。可是鳴放的九張大字報底稿以及悔過書都被塞入個人檔案裡，自此背上黑鍋近二十多年。曾當四年化學兵，別說入黨，連個「五好戰士」也沒沾邊。經過這兜頭的一棒，我自然收斂多了，再不敢像少年時的張狂與好

出風頭,對「文化大革命」態度,知道應該抽身自保且作壁上觀。

然而「樹欲靜而風不止」,秘書處文印科打字員姚氏老鄉,聯合他科裡的劉、何兩女,貼出全處的第一張大字報,而其矛頭居然獨獨對準我!他的攻擊材料,是取自我教學時,幫助修改、抄寫並張貼於教室裡的一位王氏工農幹部的「作業」。老王窮苦出身,做過沿街乞丐,我覺得他的回憶性短文頗為生動,便安上「曾是天涯淪落人」的題目,抄貼觀摩。姚劉何們的大字報便說我是「惡毒污蔑」窮苦的階級弟兄!這不是牛頭不對馬嘴嗎?我啞然一笑,回貼一張《「辛酸淚」及其他》。當時正流行一首《不忘階級苦》的革命歌曲,我抄錄歌中詞句:

> 「天上佈滿星,/月牙亮晶晶,/生產隊裡開大會,/訴苦把冤申,/萬惡的舊社會,/窮人的血淚仇,/千頭萬緒,千頭萬緒湧上了我的心,/止不住的辛酸淚掛在胸。//……不忘那一年,/北風刺骨涼,/地主闖進我的家,/狗腿子一大幫,/說我們欠他的債,/又說欠他的糧,/強盜狠心,強盜狠心搶走了我的娘,/可憐我這孤兒漂流四方……」

然後反問:按照姚何劉等的「高明邏輯」,這首「辛酸淚掛在胸」、「孤兒漂流四方」的革命歌曲,豈不成了大毒草?我也不忘嘲笑:「想批判別人,請先弄懂人家的真意,切莫狗屁不通就隨處亂放……」他們氣得半死,不管通不通,又湊了幾張大字報。我看實在沒啥內容,心想這種水平也敢來較量,太無聊,懶得用心回敬,只在他們的每張大字報上隨手批幾個字,當然,也是極盡諷刺挖苦之能事。

正值雙方相持,似乎無話可說時候,想不到突然又冒出一張大字報,題目是《黃冠英是個漏網右派!》落款處是「秘書處檔案科全體同志」。好傢伙,這明擺著是「全科組織」的集體批判了!其實檔案科只有四個人,科長姓王。他們利用保管檔案的工作之便,將我1957年鳴放錯誤的「信息」公布出來,要我「老實交代問題!」我一上大字報,不知秘書處是如何向廳領導彙報的,據說秘書長李某發話了:「要幫助他端正態

度！」就憑這把「尚方寶劍」，又有王科長的撐腰，姚們更加來勁了，上躥下跳四處挑動，招來辦公廳其他處室的人紛紛「助戰討伐」，一時掀起了軒然大波。我成了全廳攻擊的靶心。秘書處獨立小樓的走廊上，乒乓球室裡，都貼滿了寫我的大字報。硝煙彌漫，如同上甘嶺！

然而我畢竟是剛退伍的軍人，進機關才一年多，有什麼可以「揭露」的呢？人們卻從檔案科歪曲、泄出的1957年鳴放材料，以及我平常的閒談、玩笑中搜羅「罪行」，雞零狗碎，總共湊成二十三條「黑話錄」。當然全是牽強附會、七拼八湊、極盡歪曲的東西。比如1957年我的大字報是「攻擊蘇聯老大哥」，時過境遷，「老大哥」現在已變成「蘇修」，引用我的原文只怕有副作用，於是含糊其詞，寫成「攻擊黨的領導」，「不滿黨的外交政策」。現實的「黑話」更是強加的，如辦公廳曾組織到機場參觀國產飛機，回來後有人問感想如何？我說：「好飛機沒讓靠近，只看到場邊一架破舊的飛機……」化為「黑話」則成「他說國產的都是破飛機！」行政處修理自行車的陳氏小青年，本與我相處甚好。他想去當兵，徵求過我的意見。我說：「你不是有高血壓嗎？行不行，建議聽一下醫生的意見。」由「行政處全體同志」署名的大字報中，變成我「惡意破壞徵兵工作」了……一經成為重點，當然召開全處大會進行「幫助」，批鬥了一場又一場。不過，辦公廳的其他處室除寫幾張大字報外，少人來參加，聽說，他們陸續也各自「揪」出了本處室的「重點」，如機要處的張女士、行政處的方科長、車隊的黃隊長、一二處的南秘書，等等。可以想像，他們的處境與我差不多吧。秘書處將我「隔離審查」了，規定不許走出大門，只許在機關大院範圍之內走動，上班時只可學習毛主席著作，對照錯誤寫檢討。我到底錯在哪裡呢？實在不知道，更想不通！我堅決不承認錯誤，你們叫寫檢查？好吧，索性趁機練書法，盡抄毛主席詩詞與語錄！

1966年8月26日，機關大院裡突然鑼聲哐哐，雜以眾人的呼喊聲。原來，我們隔壁樓的農工部的「革命群眾」，將其牛氏秘書長「揪」出來了，現在正掛牌、戴高帽「遊街」！姚們興奮起來，我的厄運也跟著到來。大約在下午兩三點鐘，濃眉大眼的姚某兇神惡煞一般，領著他的哼哈二女將光臨了。他們用廢紙簍製成一頂三尺長的高帽，厚木板細鐵絲做塊

大牌，上書「牛鬼蛇神黃冠英」，名字倒寫，還打了紅叉叉，硬給我戴上、掛上，再遞來一面銅鑼，推推搡搡，押我到大禮堂外的操場上，強迫我邊走邊敲鑼⋯⋯後面跟隨的，除了秘書處「全體革命群眾」之外，還有許多家住大院裡的中小學生以及幼兒園的兒童。起初我很慌亂、惶惑、難受，幾乎想哭，但後來漸漸生出「演活報劇」的感覺。我在孩子們的蜂擁推搡中敲鑼行走，迎面看到黃隊長、張女士也一樣裝扮走過來。張是位中年女同胞，平常很注重儀表，此時卻披頭散髮，十分狼狽，情狀淒慘。車隊的黃隊長是老鄉，斜視過來，似乎沉靜得多，但也滿臉黑愁。我向他作個鬼臉，表示無奈。

這天下午，正值省委召集省直各機關第一把手開大會的時候。大院裡的「革命群眾」趁機把挨批的「重點」們推出遊街示眾，以擴大影響。別人遭遇如何不知道，輪到我，卻是出格的「優待」——居然將我一人推到禮堂的舞臺上。我頭戴高帽，頸掛大牌，手拿銅鑼登上舞臺，後面遊鬥我的「革命群眾」卻一個也沒敢跟上來。我獨自步到舞臺中心，站定，向臺下望去，滿滿當當，整整齊齊地坐著各廳局的領導。我忽然心血來潮，振臂高呼：「毛主席萬歲！」、「共產黨萬歲！」有人居然也跟著呼叫，呼應之聲雖然零落，卻也讓我忍俊不住，宛爾一笑。

這一笑大不妥當了，「革命左派」姚某等人氣急敗壞，大喊「打倒漏網右派黃冠英！」拉我下了舞臺，立即押回辦公室批鬥。這時的「革命群眾」似乎也「群情激憤」了，連晚飯都不回去吃，餓著肚子，批鬥通宵達旦！他們批我的「反動立場」，要我這個「漏網右派」交代「反黨反社會主義的罪行」。我說，1957年我沒有反黨反社會主義，相反，我是積極響應黨的號召鳴放的，我反的是「蘇聯老大哥，也就是現在的修正主義」。我說其實我沒見過半個蘇聯人，只是道聽途說，聽說當年的蘇聯紅軍在東北留下不少的混血兒，現在的蘇聯專家摟抱著中國女翻譯從跳臺上跳入游泳池，還做出令人作嘔的動作。我容不得咱中華民族的姐妹在光天化日之下被人侮辱，所以罵一下『老大哥』出出氣，就是這些，不信可以去翻查我的檔案，我在退伍大隊看到過，知道裡面還有大字報的底稿⋯⋯他們沒有理由批駁，但強詞奪理，批我「不老實」、「狡辯」，謾罵之聲不絕。

為了給我個下馬威，以打掉我的「囂張氣焰」，非要我「下跪向毛主席認罪」不可。一雙雙如狼似虎的眼睛，就像要吞噬人似的。我在震耳欲聾的口號聲中已經站著被逼視一整夜，這時「阿Q精神」復活了，心想向毛主席請罪就請罪吧，權當再演一次活報劇。雙膝一彎，屈服了。然而也因此，事後無限痛苦與悔恨。我恨自己的軟弱，居然向喊他「萬歲」的人與侮辱我的人群下跪，腸子都悔青了！第二天，我從高帽上剪下一塊紙片，製成一支書籤，寫上「1966年8月26日」，保存起來。我要永遠記住這個「受恥日」，但什麼目的呢？有何用？不清楚！這時我還想不到，從人權的角度審視，那是一個被戲弄、逼迫、摧殘的人，向無視人權的始作俑者及其教唆、麻醉、愚化了的群氓下跪。同演這場鬧劇的人，靈魂與精神其實全都匍匐在地了，何止是下跪。我之「受恥日」，也是他們的「蒙羞時」！

為了幫助我「端正態度」，秘書處抓住不放，天天開會批鬥。有的人出言惡毒，恨不得置我於死地，如姚某；有的人陰陽怪氣，意味深長，如土科長。當然也有以理相勸，溫和開導的，而多數人並不發言，只是跟隨高呼幾聲口號。世態炎涼，各種嘴臉紛紛展露。

就在我被批鬥得昏頭轉向，莫衷一是時候，《人民日報》登出一整版呂玉蘭學習毛主席著作的心得長文。呂是響噹噹的全國勞模，也被批鬥。她在長文中說，對待群眾運動的正確態度，應是把平時的批評、指責看作「洗手洗腳」，而將運動中旋風式的批鬥看作「洗澡」，這樣心情就能擺正。我讀罷感動了，頗受啟發，便引以為榜樣，在會上作檢查：「我沒有呂玉蘭同志那麼寬廣的胸懷和高度的思想水平，屢與大家對抗，確實錯了，以後一定糾正！」我的檢查是誠懇的，出自真心。也得到一些人的諒解與同情。我們科的陳某立即表態：「早有這樣的態度就好啦，黃冠英同志其實有啥大問題呢……」然而他的話音剛落，一個更大的聲音發出來了：「同志們別上當！」我轉頭一看，搶著發言的，是檔案科的王科長。待大家都安靜下來後，他繼續說，「黃冠英是將自己比作全國勞模呂玉蘭，而將大家看成興風作浪的反動勢力，大家可別上他的當啊！」他的挑動十分有效，姚某隨即舉臂高呼「打倒漏網右派黃冠英！」、「打倒牛

鬼蛇神黃冠英！」、「左派」一帶頭，群眾緊跟隨。剛剛說了良心話的陳某，是個困難戶，他老婆坐月子時，我曾送去羊腿（有人因而上綱上線說是「收買工農同志，居心叵測！」），這時竟也趕快附和，立即宣布收回。「好心變作驢肝肺，真是一點不假！」我想。就這樣，剛剛霧散欲晴，旋又黑雲壓頂，雷聲滾滾而來了……我咬住嘴唇不吭聲，心想：1957年的鳴放錯誤，是「檔案科」揭露的，這回會場動向，是王科長在左右。我終於明白了，是他，這個王科長，才是真正的操控者。對這位從幕後走到幕前的王科長，我雙眼直瞪，目不旁顧。王科長立即怯步了，再沒敢多發言。我耳邊聽到秘書科的李女士輕聲喟嘆：「看看，看看，他眼睛那麼凶……」她是省委王秘書長的夫人，一位慈目善眼的老大姐，在潮流面前也流露這樣的心情。但使我想不通的是，這個我向來尊敬，從無得罪過的科長、黨支宣委王某，為什麼要歪曲、搗鬼，把我死死按住呢？而老鄉姚某，我絲毫沒有跟他過不去的事，為什麼非置我於死地而後快？我百思不得其解！

後來，首都大學生南下「搧風點火」，乾坤更沸騰。我因「受反動路線迫害」得以糾正，平反了。也不知如何轉接，王科長與姚某人竟相繼成為「敵嫌」。據「揭露」：前者是因出身地主兼資本家家庭，解放前夕「混入革命隊伍」；後者被發現私藏一張「軍用地圖」，居心叵測。已進駐辦公廳的軍代表私下告訴我，姚某很可能將更重要的罪證轉移到其岳母處，讓我帶隊前往抄家。我遵命帶了一卡車的人去了，看到姚的岳母住在大雜院裡，家庭貧苦，同屋結鄰的幾家也大體相似。這哪像是反革命？便招呼大家別動，上車回去！軍代表很不滿，批評我「立場不堅定」，可又讓我主持批鬥姚某，且鄭重其事地交代：「一定要下狠心，非鬥出戰果不行，這是黨的考驗！」可我，正如後來一首歌所唱的：「我心太軟，心太軟……」因為知道比我早一年進辦公廳的老鄉姚某，在部隊裡是個測繪兵，退伍時撿張廢圖包東西，或留張自己繪製的地圖作紀念，都是有可能的。我心裡這樣想，卻不敢公開道破。批鬥會上，我讓姚某坐下，說：「你有什麼問題自己交代好了。你放心，我不會像你鬥我那樣，絕不會戴高帽遊街，也不喊一聲口號……」這個凶神惡煞居然流出了可憐的眼淚，

可見多少還留點人性，雖然微乎其微。批鬥的「戰果」自然可想而知⋯⋯
後來我終於得知，姚某害我，是出於嫉妒，因我比他遲到單位，卻似更占
風頭，如能將我批倒批臭，他即可望「火線入黨」；王科長是為了自保。
他吸收反右經驗，以為揪出個重點，即可轉移目標。他們都是出自私心，
而惡劣的政治氣候，又促使私心無限膨脹，變成可怕的獸性，與「革命」
根本無關！

　　以上所記，是我親歷半年的活報劇，時間為「十年文革」的二十分之
一，但已足見證其兒戲般的荒唐。可是無人道的折磨也充分表露出來。
辦公廳機要處的一位鮑氏中層領導，整人不惜手段，火燒到自己時，居然
「畏罪自殺」了。隨著運動的深入，各地的活報劇越演越離奇越荒唐，
「武鬥」之火燃遍大地，死人之事更難以計數。

　　我遭受半年多的欺侮、迫害，終得「平反」、「糾正」，據說因為
那時是貫徹「劉少奇的反動路線」。倘若我觸犯的是毛主席的「正確路
線」，「一揪到底」，我恐怕就沒命了。然而，何謂「反動路線」？何謂
「正確路線」？當時是誰掌權柄，誰說了算。我卻始終沒弄明白，至今猶
然，現在的感覺是一片糊塗賬，「春秋無義戰」！

　　「文化大革命」，其實是用一種邪惡的「階級鬥爭」學說，拿億萬人
民的生死做的試驗。這真像有個巨人，將大海當盆，把芸芸眾生芝麻、
綠豆似的傾倒進去。巨人左傾右斜、來回晃動，芸芸眾生便隨潮漲落、沉
浮，全被晃暈了頭，於是任憑戲弄！巨人遊戲（謂之為「革命實踐」），
「其樂無窮」，結果卻造出千萬人喪命的滔天罪行。還好「十年八年再來
一次」的宏願被終止了，但現在還用「宜粗不宜細」啊，錯誤只是「擴大
化」呀，「母親錯打兒女不計較」呀，輕描淡寫加以淡化、掩飾，無論如
何也抹不掉親身體驗的極左政治的虛偽與殘酷！

黃惟群

作者簡介：

　　黃惟群，作家，評論家。八六年始發表作品，於中、港、台一百多家雜誌報紙發表小說、散文、隨筆、評論二百餘萬字。著有小說散文集《不同的世界》，香港明窗出版社出版；中文教科書專著《澳洲風》，日本光生館出版社出版；《黃惟群作品自選集》，中國文聯出版社出版。另有合譯著作《虹城》。大量作品被國內雜誌報紙轉載，文學評論及散文屢被收入國內權威選集。對余華和王安憶的批評，在文壇引起極大反響。

因記憶而存在

去鳳陽

1970年5月11日。16歲半。

像去春遊，每人帶很多行李，箱子，旅行袋，裡面裝有奶油餅乾、麥乳精、炒麵粉，還有釣魚竿、蟋蟀盆。一路吃吃，說說，笑笑，有唱樣板戲的，有背毛主席詩詞的，還有拿出小提琴搖頭晃腦拉奏的。很亢奮，很開心，很熱鬧。

火車開開停停，一夜，到滁縣時，天亮了。

窗口望出去，很多煤，很多破衣爛衫的人，有小孩，也有大人，正提著籃子，煤堆上忙著什麼。

感覺哪裡出了錯。像一張很老很老、用來表現苦難、落後的照片；也像夢，陌生而熟悉的讓人壓抑恐慌的夢。

一夜亢奮，全啞了。

在一個叫「小溪河」的車站，我們三十多個下車。

火車上，一同班女生，趴在窗上，失神望著我們。她還要繼續往前，去到更遠。同學三年，彼此沒說一句話，可那刻，看著我們離去，她的眼中有了留戀、呼喚、淒涼。

身後是小鎮，一條泥街。房子也是泥的，茅草屋頂積成塊，屋簷壓得很低，掉了泥坯的牆，坑坑窪窪，翹出一根根枯草杆。街口拐彎處，黑乎乎的門洞口，兩個挽髮髻的婦女，頭紮黑布，身穿黑色大襟掛，一個靠門框，搖著扇子趕蒼蠅，一個在餵奶，裸露的奶，薄薄一片，蕩到腰圍。孩子五六歲，光屁股，一邊吮吸，一邊好奇地回頭看我們。

車站旁一個廢棄的露天倉庫，來接我們的公社幹事，站在草堆上，慷慨激昂道：「毛主席說，『農村是個廣闊天地，在那裡是大有所為的』。——你們看，我們這的天多大！」

「江山大隊上曹小隊的到這裡來。」

我們中走出三個，拖著自己的行李。

「草塘大隊陸陳小隊的到這裡來。」

……

火車上拉琴，彈唱，說笑，理當已成一個整體，這會兒，這個整體被拆開了，各走東西，誰也不知前方是何方。

天是藍的，雲是白的，其餘都是黃的，一片空空蕩蕩的泥的海洋。麥杆、稻根被曬得焉焉地趴下。路，猶如一條泥帶，彎彎扭扭，曲向遠去，兩旁是水溝，溝裡的水死了，皺紋都沒有。

兩個羅圈腿的農民，挑著我們的行李走在前面，扁擔兩頭一翹一翹，「嘰嘎——嘰嘎——嘰嘎」。

空氣毛茸茸，混有泥土、草屑和陽光的味道。

朝車站方向望去：沒有人，一個都沒有，只有一片黃土。

家，是生產隊的社房，在打穀場。我們到時，裡面還餵兩條牛。社場一共兩間屋，前面那間大些，實在沒地方，便把後面小屋的牛牽去前面大屋，空出小屋給我們。

床，四根樹杆架成，周邊拉上麻繩，中間一個個手掌大的「口」，上面鋪稻草，草上墊涼席。

入住當晚，床下四腳全都灑上了敵敵畏，第二天醒來，一個個床腳邊，密密麻麻堆滿一圈圈足有半釐米高的死了的小蟲。

很多老鼠。大白天，常見它們穿梭，晚上更猖狂，吱吱叫著屋樑上打鬧。

一次燒稀飯，放入根香腸，很香，待到煮好，打開鍋蓋，轉身拿碗的眨那間，一隻小老鼠燙死在稀飯裡。

上街買回一包老鼠藥，屋裡灑上，傍晚放工回來，五六個將死的老鼠，很大很肥，擠在鍋灶旁的牆拐處掙扎。

老鄉說，屋裡死過個孩子，溺水後救起在這斷的氣。夜半醒來，常見

一點二點磷光，繞著房梁走，一會兒亮了，一會兒暗了……

那時最怕出早工。天沒亮，哨響了。清晨，孩子睡得最香最酥軟的時候，渾身散架，腦區像被塗上一層漿糊，醒不過來。「小蠻子，下地幹活了。」、「天都快亮了，還不起床，這麼懶?!」哨聲過後，出工農民經過打穀場，必敲我們的門。

夜半下雨，要搶場，把社場上的稻草堆起，打下的穀子收進倉庫。半夜，哪起得來，可我們住打穀場，敲門、叫喊聲大如強盜……深更半夜，二小時、三小時，待到幹完，渾身沾滿穀刺，癢得難受，可就這，沒再洗一把的勁，倒頭就睡。卻睡得正香，早工哨子又響了。

挖幹渠溝。百十斤的土，一二十米深的地下一筐筐抬上。白天抬，月光下還抬，每天十幾小時，「抓革命，促生產」。

太累了，實在太累。一天半夜，小便失禁，尿濕褲子。知道得清楚，可實在太累太累，一動不動，繼續睡，任由滾燙的身子捂幹濕的褲。

怕挑水。整個莊上才二三家有桶。生產隊給我們買過 付，沒幾天就被偷走，還有八鬥、小板凳，全被偷走，都不知誰偷的，見了也不認識，認識也不敢認。城裡的孩子，走不好鄉下坑窪泥路，一擔水在肩，跌跌撞撞，潑潑灑灑，到家最多只剩一小半。下雨天，浸水的泥地，空手走路都摔跤。老鄉教我們，別穿鞋，五個腳趾使勁抓地，我們光腳了，抓地了，可是沒用，腳趾本就沒勁。一次次摔倒，一次次水潑一地，一次次渾身稀泥。

一個雨天，很大的雨，水缸見底了。牛屋已老，屋頂稻草成塊，幾處透亮，雨水房頂上掉下，滴進水缸，醬油色的。天黑了，沒水燒飯，吃幾口上海帶去的「炒麥粉」。乾渴難忍。見底的水缸裡舀起半瓷杯水，停放幾分鐘，待到積澱下沉，將上面部分倒入另一瓷杯，然後，一閉眼，喝下，然後，整整一夜，都感覺著水的滑膩和臭哄哄的腐爛稻草味。

水土不服，腿上長滿包，流血、淌濃，發紅，發燙，一個腫成一大塊。不能蓋被，一碰疼到幾近昏厥。於是，一整夜，腿伸被外，蕩地上。醒來，兩腿冰涼。整整半年。

發瘧疾，高燒四十度，溫度錶打到頭，頭疼得裂開，身體冷得打抖，

上牙打下牙。還併發腸胃炎，一天拉十幾次，吃什麼吐什麼。後來，隊裡出了人工，兩根扁擔紮床兩邊，把奄奄一息的人抬去公社醫院，在那躺了一星期。

鳳陽，一個出名的窮地方。莊上每年幾月，一大半人出去討飯。

吃過老鄉討來的飯。是討來沒吃完，帶回家重新曬乾後當「米」保存起來的，混著沙石，一股老鼠屎味。

那年5月，青黃不接，公社發了補助糧，沒錢買，不得不一次次上莊借，借得自己都已不好意思。那次躺了兩天，餓了幾頓，頭昏腦脹，挨不過了，厚厚臉皮，又上莊。問了幾家，都已沒糧，最後去到她家。她丈夫已帶兩個孩子外出要飯，留下她和剛出生的嬰兒。她正抱著嬰兒，因為沒奶，孩子餓得嗷嗷哭。她抱歉地看著我，說她家也已沒糧。我嗯嗯應著，趕緊退身。正離去，她又叫到：「要不，拿點三道麩子去？」三道麩子差不多就是麥子皮，用來餵豬的，可我哪管這些，連連點頭，返回她家。她從八鬥裡挖了一瓢三道麩，讓她稱一稱，她說不用，拿去吃了再說。我走了，端著裝滿三道麩的瓢，連聲說謝謝。走出家門幾步，聽她身後嘀咕：「作孽呀，父母要是知道，可不心疼死了……」回過頭去，見她站在門檻上，手扶門框，望著我，眼裡裝滿同情……那眼神、那語氣、那手扶門框的身影，從此刻在我腦中。

苦嗎？當然。可生活上的苦，真不算什麼，那時還年輕。

最受不了的是孤獨、是苦悶，是心中那份空空蕩蕩。

風聲、雨聲、前面社房「哞哞」的牛叫聲。

幾年時間，孑然一身。

開始是三人，一個高幹子弟，一年不到，走了；另一個是當地人，三年後，上了工農兵大學，走了。

剩下我一個。

社場遠離莊子，周圍沒人家，屋前一片曠野，一片遠到天邊的浩浩蕩蕩的曠野。就這樣，一個人，面對這片連著天的地，看風怎樣掠過，怎樣

拉扯田裡枯乾的茅草；看雨怎麼樣飄過，看地上如何積起水坑，看坑中如何倒映出奔騰的烏雲……那不是一片一點一點往外延伸的土地，它從天邊處厚厚重重地向我湧來，這片向我湧來的浩浩蕩蕩的土地，看見它的第一眼，就壓在了我的胸口。

暮色中，抗著農具回家，開鎖，推門，「嘰──嘎嘎嘎」，屋裡冷冰冰、空落落，看到的，只有被夕陽拉長的自己的身影。

傍晚，殘陽似血，炊煙升起，彎彎扭扭，空中散開又落下，一層淡淡的白，蓋住幽暗的地，漫在即將熄滅的暮色中。

家後溝裡洗腳、洗臉，淘米，回屋燒飯，往爐膛裡塞草。通紅通紅的爐膛，轟隆轟隆的爐火聲。幾千個夜晚，目光呆滯，提著火釵，望著爐膛，聽著聲響，心裡沉甸甸。

想前途，想未來；沒前途，沒未來。想回家，回不去，因為回不去，越發想。

數不清的夜晚，望著破了的茅草屋頂，望著洞口飄搖的小草、洞外清澈的寒空，寂寞得發慌。沒人說話，一個人都沒有。想說話，想得都快瘋了。一切都裝在心裡，裝得太多太多，裝不下了，快悶死了……

越來越多的人自殺，都是孩子，受不了了。

那時，二胡是我唯一的夥伴，我常拉，幾乎每天，對著那片土地。那是我唯一的享受，心中的苦與愁與悶與寂寞，隨著拉響的琴聲，一絲絲地流出。

1976年，有過一次上調機會，去淮北一個煤礦。以為要離開農村了，卻最後一關政審關，還是被刷了下來。

去縣城找縣委書記的秘書，我們莊上人，我們下放時，他高中畢業回鄉，常一起聊天，後來上了工農兵大學，畢業後分回縣裡，當了縣委書記秘書。我找他，希望他能幫我挽回「敗局」。

上縣城得徒步二十五裡，然後才有車。途經「小紅山」，傳說中朱元璋當年放牛的地方，那裡，河水高過腿彎。過河時，腳底跟被河泥裡的碎玻璃劃破了，很深，血流不止。上岸，咬咬牙，兩隻襪當綁帶，穿在破腳

上。許是「金石為開」，走一陣，血不流了，再一陣，不疼了。一口氣走了二十多裡，然後，在通往縣城的大路上，扒上一輛拖拉機。

陳秘書幫不了我，但他安排我在縣委招待所睡了一晚，還請我吃了頓飯。

飯後，招待所床上斜躺一會，萬沒想到，待到再起，腳一碰地，後跟沒了疼痛的傷口，突然像是插進一把匕首。再看，那腳早已腫成饅頭，滲血的襪子，幹了，硬了，粘在傷口上，已拉不下來。

第二天，就用這只腫得像饅頭、疼得如同插入把匕首的腳，步行幾十里，走回生產隊。開始顛著走，走著，想，疼痛這事真要過了頭，也就不疼痛了，於是愣是把腳往地上踩。疼得渾身是汗，就差昏過去，可漸漸，就如預計那樣，疼痛過了頭，開始減輕，一點點減，減到後來，感不到了。

返城前一年，冬天，去一同學那。遠遠地，見他穿件渾身補丁的衣服，正舉鋼叉家門口堆草垛，見我，他都沒抖一下渾身草屑，繼續揮著叉，頭也不回地連連說：「要過冬了，要過冬了，準備過冬，準備過冬……」。

那幾年，心已麻木，不再反抗，不知怎麼反抗，想得到的，只有和貧下中農打成一片，像他們一樣生活。

寒夜，北風吹得狠，似要把地都掀起。蘆杆編織的門，被風刮得嘰嘰嘎嘎、唽唽嗦嗦。我倆躺在被窩裡，各自身上壓著自己的棉衣。

很黑，什麼也看不見。

突然他說：「女人的身體，一定和胳脂窩的肉一樣，又嫩又滑……」

夜更黑了。黑色的夜裡，兩對閃亮的眼睛。

那年我們都已二十四，但對女人一無所知。

老天給生命安排了時間表，二十四、五歲的青年，最需異性。可是，我們沒有。後來，我寫過篇小說：《耿耿於懷》。一人一世，每個階段，過去了就是過去了，不會再現。我們最需要女人時沒有女人，是老天的虧欠。

最後兩年，在江山公社中學當老師。那段日子，是農村八年半中最快樂的。

　　老師在那地方倍受尊敬。當地老師關係多，我沒那麼多關係，但學校老師和我處得都好，任何人有酒喝，都叫上我。差不多天天喝酒。

　　是山芋幹酒，七毛八一斤。那喝酒真叫喝酒。沒菜，一碗大青豆，一碗鹽豇豆，一把韭菜，一把大蒜，好時，炒盤雞蛋加點鹽，或哪弄條魚，沒油，沾上麵粉，貼鍋沿，兌水燒幾把火。不知是否那裡的女人特別會燒，怎麼燒，都能燒得香噴噴。

　　最開心的是劃拳。

　　第一次見劃拳，是到鳳陽的第一天，大溪河街口的小飯館，只見一個個袖管卷起，青筋爆出，齜牙咧嘴，這頭向那頭衝去，那手向這手戳來，「一點不錯、五進子魁手，七個巧，八匹駿馬」聲嘶力竭，像土匪。卻這恐怖的一幕，日後成了我的喜愛。我愛劃拳，劃得很好。我們這群教師個個劃得都不賴，但我是公認最好的。我贏的本事在於很快看出對方的變化規律，自己則沒規律地變化。

　　開始不能喝，喝一點就暈，甚至吐。但人坐桌上，不能不喝。不得以，酒含嘴裡，趁人不備，吐到地上；有時假作擦汗，一抹嘴，將酒吐入手帕。然而久了，開始適應酒精，能喝一些了。能喝一些的「秘訣」更在於裝瘋賣傻，大喊大叫，叫著喊著，精神就分散，就不覺難受，叫著喊著，酒氣隨之出了去。一生做過的所有事中，酒後亂說亂叫無疑是最痛快的，肆無忌憚。

　　忘記了，忘記了什麼，忘記了太多太多。

　　1978年10月末的一個傍晚，天已昏暗，「板橋」車站前，一排黝黑的槐樹上方，露出塊深藍。火車來了。這次火車來的意義與以往不同，把我帶走後，我就再不用回來。我等這火車等了八年半，做夢都在等，可真見它開來那刻，並沒感到想像中的輕鬆愉快。得怪那天空，怪黝黑槐樹上方殘留的那塊深藍色的天空，那藍藍得人壓抑……上車了，我向送我的兩位老師揮手再見。火車啟動了，揮再見的手停在窗上，遠了，那手還停著……走了，終於走了，再不用回來，但是，我把生命中一段重要日子留下了，把友誼留下了，把初戀和夢留下了，把孩子所能承擔的極限苦難留下了，把寶貴的花樣年華永遠永遠地留下了。

三回鳳陽

86年年底，離開鳳陽八年多。

已決定移民澳洲，要走了，得回鳳陽看看，這片土地，在我們的生命中佔有如此重要的位子。

先到蚌埠找小何。

小何是同學中對文學最有興趣、最具天賦的，我倆一起田埂上朗誦過普希金、泰戈爾，也一起偷過老鄉的雞。

曾經一起逃票去蚌埠，怕被抓，蚌埠前的小站下車，徒步二十里，一路問詢找過去。是夜晚，漆黑一片，唯有淡淡月色，憂傷、柔和、溫暖。翻過一座山，見城市燈光了，久違的燈光，帶著強烈的親切感，融化了兩顆久居農村的心。

火車站長椅上坐一夜。天一亮，趕緊呼吸城市空氣，捕捉細枝末節的城市記憶：柏油馬路，兩旁的商店，穿過樹葉落到水泥地上的陽光氣味，擠車的人群，汽車喇叭的鳴響，空氣中彌漫的水果清香，身邊來去的乾淨整齊的衣服……

小何早一步上調蚌埠工廠。他的宿舍是我們一夥鄉下知青的「據點」，門上終年放把鎖匙，誰上蚌埠，都去他那，隨到隨進。

1986年，他讀完電大中文系，1988年去日本一橋大學讀語言學，碩士讀到博士，完了留校當博士後，專業上頗有成就，出過兩本過硬的專著。

他，就是常言所稱的「赤屁股朋友」。

蚌埠沒停留，當天小何陪我下鄉。

一路談的是寫作。

我第一篇小說《黃土》的開頭第一句：

> 火車鑽進了茫茫無際的黃土，消失了，剩下兩條亮晃晃的鐵軌，陽光下靜靜臥躺。

他說：「像一幅畫。」

是的，一幅刻在眼裡的畫。

火車把我們帶來，卸下，然後走了，將現代文明、城市生活、連同希望，從我們剛剛起步的生命中帶走。

蚌埠坐長途去鳳陽城。

鳳陽中學的徐兄，上外法語系69屆大學生，因文革，夢想破滅，中斷學業，下鄉勞動，後被分到板橋中學當老師，十多年後，調到鳳中。

那時每次上板橋，都去找他，每次他都開小灶，用煤油爐炒許多雞蛋，然後喝酒，聽他說當年上外法語系的風光、精英班的才子感覺、黑色連衣裙的年輕女教師。曾經，他騎車十八裡，到我的生產隊看我，在我的牛屋中住了一晚。

1986年，和他一起到鳳陽的大學生，有的考研走了，有的出了國，有的調去了大城市，只有他，取了蚌埠太太，留在了當地。

那晚談到很晚，卻什麼都不敢多說，怕他受傷。他也不談調動，不談考研，不談離去的同屆六九屆人學生，只談剛來他這住過　陣的老父親。

安徽的冬天太冷，怕父親受凍，他堅持和他睡一被窩，堅持把父親的腳按在自己胸口。他說小時父親也這樣幫他捂腳，他說父親的腳已完全沒熱量，他說父親想掙脫但他使勁按住，卻同時，眼淚失控地流下，他說他愛他的父親，他的父親給過他無限寵愛……他唯一沒說的是，他在用他的孝道懲罰自己，懲罰自己的失敗人生。

當晚，徐兄、小何陪我一起去縣農機站看望小高。

小高是我中學同校不同班的同學，非常漂亮，當年學校一二千人，她從操場上走過，目不斜視，卻有那麼多眼光不約而同隨她而去。

她和我是一個大隊的知青。一次知青會上遇上，說起了話，從此，就都想再說。

後來，她來我這，我去她那，很頻繁。每次她來，我都送她回去；我去，她又送我；她送了我，我當然再把她送回去。來來往往，月光下，那段鄉間的路，纏綿起來。

那次和她一起回上海。我說，到南京坐船吧。我想坐船時間長。她說好。她說好時，臉上漾出了喜悅。

火車上，兩人合吃一個盒飯。輪船上，趴著欄杆，望著海水，說少男少女的話。

到上海，她來我家，然後，我去她家，然後……我們一起去看電影，一次又一次。電影院裡，靠得很近，她的鬢髮，帶著體香，撫弄我的臉腮。輕輕地說話，輕輕地。

那次電影院出來，過馬路時，突然出現一輛車，她驚了驚，一下抓住我。過了馬路，她還抓著。希望她一直那樣抓下去……可到底，她鬆開了。

「不知道我的人生列車什麼時候開出了站，只知道當我發現時，我已在車上……一個有霧的傍晚，我停靠在一個寬闊的肩膀，我以為列車已經到達終點，卻不知，那不過是一個傷心的小站。」

——一首歌的歌詞，歌名：「傷心的小站」。

列車還沒到終點，她下站了，在一個叫「鳳陽」的小站。列車繼續向前。站台上，昏黃的燈光，飄著雨，她孤零零一個。

她和縣城一位拖拉機手結婚，留下了。

那晚停電，走道很黑，找到她時，她正和兩個當地女孩，趴在煤油燈前看著說著什麼。見我，她吃一驚，直起身，但馬上，又控制住自己，一付矜持。「回來看看呀。」她說。她甚至沒請我們坐下，只說了聲「自便」。我們沒坐多久，坐不久。

我說，我們走了；她說，不送了；我說不用送。

走了，可走很遠，我還感覺她的目光停在我的背脊，那目光定定的，卻閃亮，晃動許多記憶、許多苦澀。

第二天，告別徐兄，先去臨淮關。

最後幾年，常一人步行去臨淮關，回滬前買花生去那，分到棉花想彈成被去那，上縣城，臨淮關又是必經之地。那裡還曾有個知青朋友，在磚瓦廠，寂寞時，常去找他，在他那過夜，和他說說話。

汽車到站了，在街口。

路邊蹲幾個老人，黑衣黑褲，女的紮綁腿、挽髮髻，男的提著煙杆抽煙。

迎面是條煤渣路，坑坑窪窪，一灘灘大小積水，再前面是鐵軌亮晃晃的鐵軌。

剎那間，在這路上看見了自己，看見當年的我——寒冬臘月，戴頂海富絨方帽，兩邊帽簷一個豎起，一個耷下，身穿五十年代母親穿過的羊皮棉襖，洗得發白的雙排扣卡其脫卸面破了幾處⋯⋯我看見自己，口喘粗氣，俯首，身體前衝，肩上搭根繃緊的繩，雙手拽緊兩旁車把，正在努力拖一輛板車。板車上，裝的是我自己餵養的雞，我拖它們來這，是為把它們送去供銷社賣掉，然後，用賣掉的錢，換一張回上海的火車票⋯⋯

喉嚨口有大塊大塊東西要噴出，是「噴」！一時間，感覺要失控，馬上要失控，不管不顧地想撲倒在地，放開聲來大哭一場。

使勁忍！拼命忍！喉管斷了似的疼，眼淚早已成線，不住下淌。

街這頭到那頭，來回二十分鐘，眼淚，就那樣不停地流，不停地沿著臉腮掉到地上⋯⋯

當年插隊那麼苦那麼難，我沒哭過；可那次，我哭了，淚流滿面。

臨淮關坐車到石塘。以前鄉下沒車。

石塘到江山中學的八裡地，一路無語，我和小何都沒說話，一句都沒說。相同的經歷，相同的感受，相同的想說而沒說的話，不用說。

看天，看地，看村莊，天認識我們，地認識我們，村莊認識我們，腳下的泥土也認識我們：「回來啦？」、「回來了。」、「去了很久了。」、「很久了。」

⋯⋯

遠遠看見了江山中學幾排教室。

「家敗，這不是黃惟群嗎？」陽光下，毛校長手遮太陽遠遠招呼。

學校老師全都走了出來，熱情洋溢。

「結婚了嗎？」

「結了。」

「在哪高就？」

「廠裡。」

「聽說小陳混得不錯，當了醫生。」

「是的，他不錯。」

什麼都沒說，甚至沒說將要出國。這塊土地上，感覺不該說這些。

2003年，又一次回鳳陽。那時移民澳洲已十六年。

是和蕭良、阿五一起去的，借了輛旅遊車，請了個司機。

新街很寬，能開四輛車，兩旁一律磚房，有的二層樓。老街茅草泥屋，還二三米，還曲曲拐拐，一段泥路一段碎石路。

「看，這屋還在，原是供銷社，我們常來這打煤油。」

「記得嗎？這裡原是飯店，開店的叫老順子。」

「看這裡……原先是肉店……當時豬肉七毛七一斤……」

一路走，一路說。

原先的公社辦公所前停下。

是幢樓房，過去時代土匪的炮樓，曾是方圓幾十里唯一一幢磚泥結構的樓房。這樓第一次出現知青眼裡時，很破，很爛，但漸漸，越來越高。當年這幢樓裡走出的人，眼睛都是朝上的，當年這裡的知青，都是仰頭看這樓裡走出的人的。

三十年彈指一揮間。

都不說話，看著那樓，猛烈抽煙。

踩著稀爛泥地，進到蕭良的莊。

蕭良是給貧下中農影響最不好的。當年蕭良有個相好，是知青。卻她自己不覺，莊上多了個單相思。一晚蕭良去她那，被那單相思發現，半夜趕去公社，找到武裝部長。部長一聽，小蠻子搞流氓，還了得，當下找了兩個民兵，徒步七八裡，趕去抓人。「你逃不掉了」。一到門前，部長就大喊。蕭良也絕，知道完了，不逃，床都不下，像只鴕鳥，身體攏成一線，躺直，

蒙上被。他以為，自己個小，不動，不會被發現。被窩裡拖出後，他被五花大綁綁去公社，關在炮樓裡。那女的夠意思，去看他，還買了煙，窗口扔進去。他被生產隊領回前，部長指示，要開批判會。批判會上，蕭良一聲不吭，小板凳上坐著，手拿毛巾，一次次，裝著擦汗，擦掉大把大把的淚。

蕭良找到了他當年住的屋。屋還在，只是已倒，剩下幾面斷牆，牆內亂草齊腰，一條水牛在吃草。

「照張相吧。」我說。

他不說話，不看我，走到斷牆前，站好。

照片上的他，頭髮都禿了，頭頂只剩小鴨絨毛般一撮。他穿件西裝，裡面一件紅毛衣，雙手插口袋。他笑著，是傻笑。他的眼是紅的，看得到裡面閃動的淚。

阿五問，記得那次殺雞嗎？

那次，去老鄉那買了只雞，又去大隊部小店打了酒，準備美食一頓。沒人會殺雞。蕭良說，一刀砍下雞頭就是。我說人殘酷。阿五白告奮勇說他來殺。可他哪是殺雞，是鋸雞。刀很鈍。他用鈍了的刀在雞滑膩的頸皮上拉。拉半天，破一點皮，見一點血，再拉，見骨頭了，見血一股股流出。老鄉教我們，殺過後，將雞頸彎過來，塞到翅膀下，扔到屋外就行。我們沒扔，而是人道地將雞放到地上。然而，剛返身進屋，只聽身後一陣「撲騰」，那雞掙扎幾下，站了起來，被鋸一半的頭頸軟綿綿地蕩下，吊著個血淋淋的頭，跌跌撞撞朝我們直衝過來。那不是雞，是雞鬼。我們嚇得魂飛魄散，這個跳床上，那個跳桌上，「人飛蛋打」。

飯後，去浩浩蕩蕩的漫天湖，邊逛邊唱插隊的歌。

「告別了媽媽，再見了故鄉，金色的學生時代已載進了歷史史冊，一去不復返……」

那時都不會喝酒，但那天都喝了。一個個暈暈乎乎，臉彤紅。阿五紅得最厲害，從臉紅到頸脖再紅到手。最離譜的是，停下小解時，大家看到，他連雞巴都是紅的，彤紅彤紅……看得我們一個個叫著、笑著，跌倒在漫天湖裡……

去過蕭良的莊去我的莊。

根據方位知道，莊子已在附近，可這個魂牽夢縈、醒裡夢裡「見」了千百遍的地方，就在左右了，卻認不出。

我請司機停車，讓我下車看看。

路邊不遠處的牆根下，坐一排曬太陽的婦女。我朝她們走去，想向她們打聽一下。可走著，遊移的目光不再遊移，停住了，那些看我走過去的婦女，目光也停住了，有了反應……

「這不是……這不是……」

「是是是……黃惟群……我是黃惟群……」

趕緊幾步上去，和她們握手。一個，兩個……剛握兩個，我又覺得自己不行了……試圖忍，忍不住，不得不轉身，朝一邊挪開……

我已認不出這地方、認不出這莊子，但我認識這些人，她們讓我確定，我已到了我想到的地方。

她們，曾經天天出現在我的生活中，和我的生活、生命緊緊聯繫一起。她們，每個人每張臉，都是一段記憶。

老了，都老了，但透過覆蓋著的老相，彼此都能在對方臉上找到那張熟悉的曾經年輕過的臉。

一個婦女拉著我的手，說：「……這都多少年了……」

當年牛屋的原地已造出新屋。屋前幾個人，其中一婦女，一眼認出了我。她叫小邱，當年莊上少有的幾個小媳婦中的一個。

「看看誰來了，誰來了……」她朝屋裡叫丈夫。

她丈夫叫亮子，當年主管隊裡噴霧器，噴「520」農藥。那天就在我的牛屋，為查噴霧器裡還剩多少藥水，他點燃火柴去看……「哄」一下，火噴了他一臉。臉燒壞了，眉毛也燒沒了，誰都以為他這輩子完了，結果，他還先娶上了老婆。

「去不去家後看看，那裡還剩一堆土，是你當年屋子的牆。」

畢竟是女人。感激她，非常感激。這麼多年了，她還記得這麼清楚，記得那堆土，知道那堆土和我的關係……

我沒去看那堆土。不想太傷神。

莊上的最後日子，我住小登子家。一個狂風暴雨夜，我那牛屋東牆倒了，幸好我睡在西頭。

小登子每年一半時間，不是去外討飯就上哪打短工。在他屋裡，我教過書，從「掃盲」開始教，還自己動手，用泥和蘆杆為學生糊過幾排桌。

小登子睡覺一絲不掛。每天早晨起床第一句話：「雞巴頭挑被單嘍。」一次次，他撅個肚，用手打得那傢伙東晃西晃，一邊則一臉正經，咬牙切齒望著它罵：「狗東西，割了你就老實了……」

門敞著，家裡沒人。

附近左右就小登子家沒變，還是泥製的灶，燒焦的灶口，掉了泥坯的牆，高粱杆的房頂，里間當年我擱床的地方，依然有張床，床旁板凳上堆幾件小孩衣服。

小登子結婚了。真沒想到，他也有結婚的一天。

回到停車處。人越聚越多。

一個年輕人說，「我曾做過你的學生。」仔細看，認出來了，我教他時，他不夠十歲。另一青年也說做過我學生，但他的模樣讓我傷感：頭髮已近全白。

我把這兩個學生拉過來，和他們一起照了張相。

告別老鄉，車開不遠，下車，對著那片土地，我又默默望上一陣。

這塊土地給了我刻骨銘心的記憶，不管到哪，都跟著我。

最想做的一件事是，誰也別陪我，讓我獨自一人，在這土地上，走走坐坐，坐坐走走，一小時、二小時、半天、一天，我會那樣一直走下去，坐下去，想嘆氣就嘆氣，想流淚就流淚。太久了，憋得太久太久。太多記憶，太多太多，都是生命力最旺盛時的記憶，註定甩不掉的。甩不掉的記憶，只有迎上去。這滋味，也許很苦很澀，但不管是苦是甜，不管高興歡喜或傷感壓抑，都是濃烈的，濃得化不開。生活中太少濃得化不開的滋

味。我萬里迢迢來這，為的就是這份濃得化不開的滋味。即使是痛苦，也是享受，痛苦的享受。

蕭良醉了。返滬途中，午餐時，小半碗的白酒，一氣喝了三四碗。

蕭良以前也醉，醉了就哭，邊哭邊說他爸不喜歡他。他是獨子，父親的最愛。勸他，勸不住，他說他爸喜歡的其實是他妹妹……開始大家以為是真，後來發現，只要是醉，他都這樣哭這樣說……

這次不同了。車在開，他不坐，搖搖晃晃，一會脫件衣服，一會又脫一件。大冬天，脫到最後，只剩一件棉毛衫。邊脫還邊說，他說自己沒出息，既不是富商，又不是作家。開始，我們還幫他「開脫」，說你一個服裝店，一年收入一二十萬，你那高幹爸爸還在黃金地段給你留了套價值幾百萬的房。可說著發現，他醉了。他一會說，要點把火，把阿五的錢全燒了，一會又逼他投資，還不能投他處，只能投大溪河，並拍著胸脯豪邁地說：「不到大溪河非好漢。」說過阿五他又說我，他說你算什麼作家？你寫過大溪河嗎？不寫大溪河算什麼作家？狗屁！他還說要把我的澳洲護照燒了，由他出錢，幫我重新申請一張大溪河護照……

2009年，再次回鳳陽，是和太太一起去的。

事情起於我的長散文《鳳陽行》，當時在國內極熱鬧的《天涯社區網》貼過。文中寫到過縣宣傳部陳部長，即當年的縣委書記秘書。後來，部長的好友夏先生，網上看到此文，轉給了他。夏先生告訴，陳部長看後非常激動，說：「我們當年可是虧待了他們呀。」

這麼說，只因他是一方父母官，代表那塊土地。

因《鳳陽行》，我們聯繫上了，他多次邀我回鳳陽，並在信中說：「下次回國一定要找我，不許找藉口推託。」很感動，為這份親切、樸素的鄉情。

我和太太先到蚌埠，再從蚌埠坐出租到鳳陽。

三十年後的見面，都說沒變，還老樣子，卻實際，彼此都已不再當年。

我說：「我到鳳陽吃的第一頓晚飯，就在你家。」

1970年5月12日，我們到時，一時沒住所，被安頓在他家。那晚月光很亮，樹葉中灑落，他家屋前一棵槐陽樹下，一張小方桌，幾個小板凳，大家圍著吃飯。他媽擀的麵條。從沒吃過擀的麵條，不知麵條還能自己擀；從沒發現過月光那麼亮，亮到可以當燈；從沒見過小方桌，沒坐在小板凳上圍著小方桌吃過飯；從沒有過的是，我們吃飯時，一頭黑色的豬，圍著我們「忽羅羅」地出氣打轉……

第二天，陳部長陪我夫婦下鄉，去他老家，我當年插隊的「陸陳生產隊」。

一馬平川，四十多裡水泥地，二三十米寬，兩旁綠蔭成行。

到處是水泥磚房。村莊有了小鎮感覺。

太太說：「怎麼和你平時描繪的不一樣？」

我說：「我也已找不到一處認識的地方。」

過一橋時，陳部長叫司機停車，下車，指著流淌的河水，他說：「這就是你當年小紅山淌水過河劃破腳的地方。」我一愣，但馬上明白了，是《鳳陽行》中寫過的一個細節，就是去縣城找他的那次。

也許因為河邊常漲水，四處沒住家，一眼望出很遠，天邊天處，似曾相識的山巒。

當年趕集、上縣城，走的就這路。滿目曠野，風吹草動，不見一人。一切早在眼裡，走一陣，這個樣，再一陣，還這個樣。心沒了去處，只聽自己的腳步聲，聽風一陣緊一陣松地吹；視線機械往前，看住前面一個田埂，過了這田埂，再看下一個；望住前面一村莊，過了那村莊，再望下一個……

一點辛酸，一點感動，一點風中掠過的天與地的記憶，似乎還能聽到一點散向四去的舊日的腳步聲、河水的流淌聲……

村莊到了。

想看看當年住的牛房，看不到了；想望望當年天天望的那塊六畝地、地上二三幢低矮的小泥屋，望不到了；想再進一進當年住過的小登子的家，那屋也已沒了……

一個婦女聽到聲音，走出屋。是她，當年以俊俏明理出名。老了，一

頭灰髮，看得心酸。她說，她丈夫死了，沈雲虎死了，李登科死了，小登子也死了……死了，都是被生活虧待過的人。

第二天一早，《鳳陽文學》支主編帶來兩個記者，鳳陽電視臺要對我做個採訪。

背景選在明中都城的城牆上。

古城牆已有六百年歷史，雜草覆蓋了昔日輝煌。然而，登上城牆，卻身站六百年歷史，眼望百十里山川，心胸頓感開闊無比。

問到當年的苦，我說，我曾吃過農民討飯討來重新曬乾的飯，是我這輩子吃過的最難吃的飯，但是，這不算什麼；我說，挖幹渠溝，一二十米的臺階，身壓百十斤重量，一天上下幾百次，我累得半夜小便失禁，這，也不算什麼；最苦的是精神，看不到前途，不知未來，幾年時間，一人住在社場上，沒人說話。

問到對鳳陽的感情，我說，四年前，有個鳳陽女孩，網上讀到我的《鳳陽行》，給我寫信，網站主編將信轉我，看得我很感動，從此和她保持聯繫。女孩從小愛讀書，成績也好，卻因家貧，上不起大學，成年後，隻身去深圳打工，賺到錢後，自費去南開大學讀書。如今畢業了，工作很好。南開讀書時，我不斷給她鼓勵，對她說，一個人最重要的是：自信、自愛、自尊、自強。她是我離開鳳陽後碰到的第一個鳳陽人，一定程度，我把對鳳陽的感情，全都傾注到了她身上。

我常做一個夢，一個同樣的夢，夢中，又回去了，去看這塊忘不了的土地。去時難，回時更難。途經鳳陽每天只一班車，怕趕不上那班車，總心急慌忙、憂心忡忡地趕，卻每次都趕不上。

想去的地方，就是想離開的地方；想離開的地方，又是想去的地方。

想起我那句「名言」：「沒有記憶的過去等於沒有存在過。」

或者說，過去之所以存在，是因為記憶。

這段生活，帶給我和我的同伴最大的幸運是：因常在時間的隧道裡往返，我們的生命因此而被相對拉長……

胡仄佳

作者簡介：

胡仄佳，川人出國二十餘年，目前定居澳洲紐西蘭。

四川美院油畫專業畢業，曾做過描圖工、攝影記者美編等職。九七年開始寫作並發表作品，在澳洲、紐西蘭、臺灣、香港、美國、中國等國家地方的華文刊物報紙發表數百萬文字，攝影作品也頗有心得，攝影作品為《香港文學》封面共十一期。

已出版個人散文集三本，目前正在整理系列隨筆散文（中國、澳洲、紐西蘭及國際遊）四集。

散文《夢回黔山》獲美國世界日報第一屆新世紀華文文學獎首獎，同時獲首屆成都市金芙蓉文藝獎；散文集《「暈船人的海》獲成都市第六屆金芙蓉文學獎；散文集《風箏飛過倫敦城》獲臺灣華聯九一年華聞著述獎；散文《故鄉的記憶》獲第二屆國際新移民作家筆會2006年成都記憶徵文一等獎等多次獎項。

生命中的血紅碎片

武鬥

文革到來那年，對我這種瞎讀所有到手的亂七八糟書，還迷糊做白日夢的小孩來說，革命紅咚鏗鏘的熱鬧喜氣撩人，那背後越來越濃的煞氣是體會不知的。

繁華百年的商業街春熙路與我們的街並列緊鄰，滿街商店和不高柳樹非常迷人。

幾乎是一夜間，整個春熙路被篾竹釘成的高近三米的大字報棚牆變貌，街沿兩邊的柳樹們被大字報棚雙面夾裹只哆嗦伸出樹枝頭，商店門還開著，店名街名。棚上大字報日日刷新，糨糊味新鮮，各革命派別的人從自己的軍用挎包裡掏出傳單拋灑，如雪花驟降引起革命群眾哄搶，那節奏躁動，滿街都是要革命的紅衛兵。

我們街男女老少的居民生活節奏要慢好幾拍，每到晚上還照樣般出自家的小竹椅板凳到街邊乘涼，坐定了再七嘴八舌熱烈口頭傳說道聽途說的革命。其實早被革命過的成都人已經沒有了私人房地產，一個小院子幾十戶人家擠住，沒有私家廚房洗手間私家空地，每到悶熱夏季晚上，所有鄰居都湧到大街路邊上，苦等風褪人涼，不這麼折騰幾小時晚上是睡不著覺的。

我和我哥哥一幫小孩哪裡肯在小板凳上紮根，趁大人不注意就往總府街大禮堂門口人多地方去，擠進過去扯場子演壩壩戲般的圍成一圈一堆的人群中，看那一個兩個激昂人在中間演說，表白對毛主席的忠誠熱愛，抨擊走資派保守派的罪惡。小娃娃的我們，鑽進人群裡就圖個東看西看的熱鬧勁。羨慕那時男女身著時髦的洗得淺黃近白的舊軍裝，攔腰紮起軍用舊皮帶的精神模樣。

記得人激昂講演中突然有人插話問：

你是啥子成分？

講演者老實，居然氣短低聲說自己的地富反壞之類家庭背景，革命群眾嘮一聲起鬨，剛才還口若懸河的講演人眨眼消失在人縫裡。這才似懂非懂曉得那種場合是根紅苗正者地盤。

我大哥不曉得從哪裡弄回一鐵桶不知作用的絳紅粉提回我們小院來，加水稀釋了就指揮我們這幫小孩要把院牆刷成「紅海洋」。那時流行全國山河一片紅，具體做法就是把所有的牆面變赤，成紅海洋。父母成年人看看我們掄起掃把對牆塗抹，到下午臨街的這堵牆果然變赤。不過這紅粉顏色不正又無膠質粘著，刷過的牆面害人，路人更多的是我們自己，只要不小心靠了這堵牆，絳紅亂了衣褲，難看，還很不容易洗乾淨。

紅海洋後的此起彼伏的武鬥不知不覺替代了成都人善辯的嘴巴仗，真刀真槍起來你死我活得真切，詭異的是武鬥雙方都自命是毛主席的鐵杆紅衛兵，殺戒大開。一圈圈的辯論場子在街上消失，總府街春熙路被另一種熱鬧改變。

鄰居們依然衣冠不整的夜夜乘涼，但隨時準備提起椅子奔逃命，只要聽見啥地方爆竹似的槍聲一響，滿街沿懶散乘涼的人呼啦啦弄出的響動夾著大呼小叫，幾分鐘後，整條街乾淨得像洪水沖刷過，貓狗小孩都沒聲了。長則個把小時，短則十幾分鐘，槍聲不再，各院各家門後探出頭截腦袋半邊身子左右張望，膽大的人提著板凳椅子又坐回老地方去。

條件反射的跑多了疲憊，隨之生出滿不在乎感覺來。那幾年武鬥激烈死人多，今天這派開車載屍遊行：「未有犧牲多壯志，敢教日月換新天」高音喇叭男女聲鏗鏘，悲切音樂中「烈士」屍體血呼呼的嚇人。等幾天風向轉了反對派勝，前頭對立面的「烈士」就成了「該死」。猶記得父母友人弟弟在重慶參加武鬥被打死，聽父母感嘆不敢信，那大哥哥來過我家，方頭大臉滿腦殼捲髮，熊腰虎背蠻壯笑起來卻很陽光的二十出頭，人一下子就沒了？

到了哪一天晚上聽不到槍聲或街上人聲海嘯反而睡不好覺時，老成都安詳世俗舒緩的生活節奏不復存在。不是白天黑夜白天遊行敲鑼打鼓慶祝領袖最新指示發表，就是被大喇叭緩慢非要人哭的哀樂喚出屋來，武鬥嚴

重死傷者眾時，成都街頭很難形容是蕭煞還是熱鬧？

還記得某個夏日晚上一群身分不明的男人從我們的街上呼嘯而過，他們中間那個披頭散髮沉默不語的女人，和那半身裸露手持皮帶抽打她的年輕男人格外引人注目。沒有任何人敢上去問一聲為啥？記憶是黑白兩色的，二三十年代早期電影一般，有畫面聲音脫節變形的瘋狂。

鄰居中有位在街道工廠上班的大娘，文革給了她起來造反站直腰板的機會，她參加的是成都工人造反兵團。大娘對兵團司令宋立本佩服萬分，晚上乘涼聽她說宋司令神奇命大故事。繪聲繪色說宋司令某天躺坐在椅子上抽煙，就是把椅背斜靠牆子前腿翹起懸空，成角度的人躺坐法。煙抽完宋司令身子往前一彎頭一低，椅子回到四腳著地正常狀態。就在那瞬間，對面樓裡打來一槍，子彈洞出原來他頭靠牆的位置。你們說神不神？要不是他突然坐正，那一火（一槍）肯定打死球囉！

大娘神說宋立本沒過多久，就聽說宋立本被對立造反派活捉，殘酷折磨一番後，死得很慘，據說是被點天燈滅掉的。

四川武鬥之烈，到末了，除了飛機外，坦克大炮都搬出來對陣，四川有那麼多軍工廠不缺槍炮。武鬥打打殺殺，四川男女橫死於瘋狂殘酷武鬥數目不詳。

記憶最深的是發生在成都123廠的那場慘烈武鬥，因為我大哥居然成了參與者。

他這個小屁孩是怎麼跟著保皇派「老產」們進入那幢大樓被堵住衝殺不出來的？大哥至今也沒說出個子卯來。但模糊記得他從武鬥現場跑回家來的狼狽樣子和簡述。他說趴在大樓左邊窗的人被一槍打中死了，人從窗右邊探頭去看也中彈倒下。樓門被對手封死了，最後有人發現有根粗大工業鋼筋靠在樓拐角窗邊，那人抓住鋼筋溜下地奔脫，我大哥也如法炮製，滑溜下地躲逃過了莫名其妙的必死命。

我大哥從小就文縐縐的非野孩子，但荷爾蒙驅使下很幹過幾次膽大且命大的荒唐事來。

文革開始那年，他十四歲。

學校

工人農民不上班種地的年頭是鬧革命的年頭，紅色領袖號召造反有理，於是天下大亂。

亂中的小學中學卻沒散夥，成百上千的半截子么伯兒青勾子娃娃們倒大不小的，沒學校監管不行。不過，學生到校上課學什麼降到最次，誰在課堂上當教師才是要緊的。

成都三中的「工宣隊」師傅們來自那個工廠記不得了，奇怪的是學校年級變成了軍隊建制稱作班排連，連隊政治指導員是四五十歲的工宣隊員，黑臉，工裝褲吊檔，鬆垮垮的瘦高。教政治課還吼吼帶領學生出操，整隊集合，向左看齊！一二一喊得聲聲嚴厲。城市娃娃學生還沒來得及好好當，哪裡會當小兵？集體多轉幾次身，就要冒幾個分不清左右的糊塗蟲出來，馬臉工宣隊連政治指導員張嘴就一通臭罵。

教數學課的工宣隊師傅二十來歲，聰明模樣但有點流氣的人還真懂點數學，那堂數學課教「正比」，他滿臉得色解釋啥叫正比：

「正比嘛，啥子叫正比？吃得多屙得多就是正比！」惡俗比喻，聽得班上最會罵怪話的幾個街娃男學生都面面相覷。這課真是上不下去了。

可學校還有外語課，教的是俄語。工宣隊軍宣隊挑不出人來教此語種，就依然讓學校女教師上課，課本內容不外乎「祝毛主席萬壽無疆」，「我是工人，我是農民，我是學生」之類口號，照說學習童子功應該記得上述老毛子詞語一輩子，不料記得唯一單詞只是「哈拉索」。成都方言無捲舌音，那俄語的彈舌音難度高，幾堂課下來滿教室亂彈聲唾沫橫飛，會者寥寥。

女同學鬼頭鬼腦傳說俄語女教師正在跟她丈夫鬧離婚，偷聽她在學校辦公室跟同是教師的丈夫壓低聲音聲聲吵架的女同學說，吵到最後我們的俄語女教師冷冷一句：看誰笑到最後？女同學傻乎乎不懂，這話啥意思呢？

學生們去成都三磚廠去和泥去搬泥磚，美其名曰學工。把那那一大坨攪拌好的黃泥搬起來使勁砸進木框，刮板刮平多餘泥，小心去掉邊框，托

住底板將磚胚層層疊放等待風乾。同學再傻也明白，我們不過是免費勞動力罷。但誰都不敢說閒話，學啥工喔？連工人的面都沒見到過。

學工1月住在磚廠，週末才准回家。廢棄磚窯車間平臺上是女生通鋪，晚上一聲驚叫，半截牆上有白手在晃！哭聲四起，領隊的女教師氣鼓鼓打開電筒一照，哪裡是人手嘛，牆頭上一截被風撕爛的舊報紙被風吹得飄起又落下。

記不清去的是成都郊區那個公社「學農」，幫村子裡婆婆大娘鍘豬草，還被擺拍了張兩寸照片。鍘豬草學到了些什麼農業知識？至今無解。

倒是在學校裡跟「軍宣隊」混的日子比較好玩。那白白淨淨的小班長領著幾個比他還年輕的士兵給大家做軍訓準備動員，河南小兵愣頭愣腦上講臺，吧啦吧啦一通說，最後連說幾聲「中不中」？成都娃兒沒聽過河南話，全班傻相。小兵被滿教室傻臉急壞了，河南小兵滿臉通紅急得喊也沒用。

軍宣隊班長工宣隊連長加一幫政治可靠的教師，就領著全部學生去龍泉山軍訓了。每個人背上自己的大鋪蓋卷，步行走去那山。山上有成都第二師範學校建好但還空置的校舍可用，三四個學生一間房住下有遮風避雨地還不錯，另有炊事員一同上山，學生有集體伙食團解決了吃飯問題。沒料到的是春寒季節裡的山上僅有蒜苔這種蔬菜，雖然偶爾臘肉蒜苔葷炒香，但蒜苔在腸胃裡周遊一遍後其味臭不可聞，軍訓每天早集合的訓話，總被此起彼落臭屁打斷。

整隊集合就是軍訓，白天全校學生在樓舍間不大的平地上操練走正步已累得半死，苦的是樓裡還沒鋪設水管，每天要去遠處水房端回一臉盆水來做洗臉洗腳用。某晚突然緊急集合哨響，錯覺軍訓結束要回成都的幸福感衝上學生頭，人都把臉盆裡珍貴的水豪爽潑掉，臉盆鋪蓋捆做一包，興沖沖背起來在暗夜山野裡跌跌撞撞夜行軍。

結果是走了大半夜，最後走回的還是山上校舍。那姓蘇的小班長並不理會幾個早熟女同學投給他的曖昧愛慕眼神，看見男女學生集體敢怒不敢言的表情，讓這幫城市小孩狼狽夜奔，他才樂不可支。

學校越來越亂，按軍隊連排建制的學生中裡總有幾個壞孩子，統稱為

小流氓。記得有幾個男女小孩的做派是有點另類，他們平時不跟班級裡還傻乎乎的毛孩子玩耍。但他們是怎麼被學校工宣隊發現抓住的，無人知道。但這幾個男女被抓被審了好些天的消息風傳全校，說工宣隊師傅審得認真，特別是審小女流氓問得非常仔細。班上那個小女流氓交代，說都被男流氓摸遍了的壞法。奇怪的是工宣隊還是放過這幾個小流氓，過些日子，幾個人又悄悄回到班裡混時間上課來。

三千初中生的學校，還有過一次現場逮捕反革命的集體大會。

罪人是似乎是在毛寶像上畫了圈圈叉叉被人發現，高臺上講話人宣布了罪人罪狀，震天口號中被當場扣上手銬押走一男孩也不清楚是哪個班級的人。

在紅旗橫標和拳頭森林空隙中遠遠看去，臺上那罪人不過十二三歲，五官面目不清的小孩不哭不鬧，活像個一身黑裳蒼白臉的玩偶。

猛追灣游泳池

年幼時並不知猛追灣名的來歷，不知明末清初時張獻忠殺盡四川人後最終被清軍追趕，匪人逃至這一帶府河邊黑松林失去蹤影的往事，殺人狂張獻忠被清軍猛追過的河灣因此得此怪名。對我來說，猛追灣游泳池是打打殺殺文革中成都的不多安靜去處。

那時的猛追灣游泳池更像座大公園但大門開放，門裡一邊是建造得深直的人工河，兩岸法國梧桐垂柳夾道，是成都悶夏優美清涼的地方。

沿人工河過橋去到河那邊的花園樹林綠地，要再走一段才是游泳池區域，有跳水池、甲池、乙池、丙池（少年池）、兒童戲水池幾個不同泳池，游泳者要買門票才能去游泳。跳水池甲池費一角，乙池七分丙池五分，戲水池也要三分錢的一小時一場的價格，全民低收入的大眾未必付得起，大量買不起票的成都男孩就直接到旁邊不遠的猛追灣府河母豬沱下河洗澡。從二號橋橋墩上跳水的青勾子娃兒（成都方言，指屁股上胎記仍在的小孩）成群結隊，撲通栽下去濺起好大水花，再狗刨游回岸，爬上橋又得意再跳。去自然河裡游泳不花錢，但每年總要淹死幾個人的。

　　我們院子裡的男女小孩通常是各自跟父母要一角錢，結夥走或騎車去游泳池，走得汗流浹背，夏天一周總要去遊一次。

　　那次已走進猛追灣的綠地，或許是天太熱中暑，我們中年歲最大的貓咪突然咚一聲倒地口吐白沫抽搐起來，小孩我們沒見過全嚇呆，不知如何是好？幸好十幾秒鐘過後她自己醒來，坐在地上滿臉茫然不知發生過啥事？

　　誰提議去茶館坐一陣，再去游泳好麼？坐坐歇口氣也好。

　　諾大半露天的茶館冷清，唯有一桌男女圍桌在打牌，玩四川長牌。

　　茶館木架上有粗大紫藤遮蔭，我們找處蔭涼散座，看人玩牌。那桌牌客個個手指焦黃臉也黃，我看不懂長牌規則，不懂他們幾把牌是如何打完的，只聽見一黃面年輕男說輸慘了，朝身邊女人努努嘴說那就把她輸給你。對面半老男贏家拉過女人前先掃我們這群呆木雞小屁孩們一眼，那女人已癡笑一屁股坐到他大腿上。也不曉得他們是開玩笑還是來真的？

　　坐一陣熱褪了，就走去游泳，我們游乙池。

　　更衣室是游泳池看臺下成角度的空間，男女各據一邊，各有把門人收票才讓人進去游泳池。女更衣室裡空蕩蕩就我和貓咪兩人，脫下上衣第六感管靈背上微癢，回頭一看，三米高的小窗上居然有小平頭和兩隻賊眼在朝我們看，我們尖叫，空曠更衣室放大那聲音，窗邊人頭嗖的下沉，高牆外一聲悶響，慌亂腳步聲遠去。貓咪恨恨說，狗日的，絆（摔的四川方言）死了才好！

　　小學同學孔祥明的老爸孔繁章坐在游泳池邊竹椅上做看守員，每次在游泳池見到孔先生就點點頭問好，我去過他家多次，他曉得我和他女兒是小學同學，還大概聽說我媽她們如今在圖書館裡上班。成都棋苑和市群眾藝術館是近鄰，圍棋教練看游泳池，藝術館的男女去市圖書館上班在當時正常，啥緣故？我懵懂半知也沒覺得有何不妥。

　　有天孔先生小聲問我：能不能喊你媽媽幫我借幾本筆記小說？

　　回家把原話複製給我媽，再把我媽的答覆記在腦袋裡，隔幾天再見到孔老我留聲機般複述：

　　我媽說不曉得啥子叫筆記小說，她說哪裡有筆記小說喔？

　　孔先生連聲用否定句式說是是是，是莫得啥子筆記小說。旁邊沒有閒人，就我們對話。

　　複述完我跳進乙池嘩啦啦游幾圈，游累了趴到游泳池邊歇口氣。游泳池裡人少不過小貓兩三隻，遠遠望見孔先生坐在竹椅上讀報，池水漂白粉味道濃重，池牆和孔先生衣裳好像都被燻出一色灰白。

　　過些日子去市圖書館書館玩，悄悄從書庫裡偷出些「鏡花緣」一類書亂看，看過後也沒問我媽，她是真不知道筆記小說還是膽小害怕裝傻？

　　那時的猛追灣游泳池邊還保留好長好厚一段不知是明還是清的老城牆，厚重高泥牆上有窮人家的歪歪扭扭簡陋竹木住房，班上一男孩家就是其中之一。老牆那邊是軍區後勤部佔據的看不見的好大地盤，每天正午和下午某個固定時段就有軍號聲破空而來，伴著從早到晚不斷的夏蟬嘶鳴。

涼粉

　　川菜平民化美食中，涼粉最有名，白涼粉黃涼粉味極好價格又便宜，成都人個個都愛。

　　成都涼粉店通常小且簡陋，小小一間，專賣。髒兮兮的玻璃櫥窗裡，結晶倒扣在桌上的涼粉晶瑩還保持著大盆的原形，那有孔眼的圓形鐵皮被店員順勢在涼粉凍上旋出長長好看粉條，被快手抓拋進桌上排放的小空碗，手很準，每碗份量不多不少。店員從桌上十來盆調料大碗裡挑出內容遍布涼粉碗裡，那半透明的涼粉熱情到無人能抵擋。買得起五分錢一碗紅油涼粉的成都人，味蕾開放心滿意足，涼粉店生意好得很。不過口袋裡沒一分錢的人也很多，如我的饞嘴小孩，在涼粉小店外怎麼看也是白看，最終只好唾液滿嘴灰溜溜走開。

　　文革伊始，「老運動員」我爸被省歌舞造反派關進牛棚時間長達一年半，不准回家，工資一分錢不發，全家老小就靠我媽的工資過活，即使連原本最平民化的成都美食也離我們家遠去，能吃飽就不錯了。

　　但到底是孩子總是饞，我們幾個小孩記不得是誰是從自家廚房翻出半瓶綠豆粉來的，還是幾個人合夥湊錢去買回半斤綠豆粉，總之，綠豆粉是

可以做涼粉的。有粉就動手，拈開蜂窩煤爐阪阪（活像微型平菇的蜂窩煤眼蓋子，蓋上煤眼後煤爐火勢休眠）讓火蘇醒，將綠豆粉倒進大鋁鍋，胡亂倒進大半鍋涼水，掄起鍋鏟開始攪熬涼粉。

肯定是不知準確比例的炮製，可運氣不錯，清湯漸漸發白果真漸稠起來，到霧濛濛開始冒熱氣泡，七嘴八舌中趕緊端開鍋把粘稠湯倒進小盆，然後急不可耐靜等涼粉湯慢慢冷卻。想不起來那天吃得開心的場面，而且調料簡單，一點菜油一點醬油醋和一小勺白糖，撒點花椒面澆上紅油辣椒，蔥花生薑末的自製涼粉不比店裡賣的差。

那次瞞著大人偷偷做過涼粉後再沒機會試手藝，家裡綠豆粉被用完肯定會被發現，被一頓臭罵就是最溫柔的結果。小孩子我們沒有多少掙錢的辦法，最多就是盼著家裡的牙膏擠完把牙膏皮攢著，把吃過桔子橘皮曬乾存起來，再不就是收撿舊報紙，就這些小打小鬧的東東，廢品收購站也收買但最多幾分錢，綠豆粉也不是隨便買得起的。

好在孩子們餓歸餓，該瘋玩的時候照玩不誤，騎自行車，跳房，幾個孩子扳起一條腿，單腳跳跳用膝蓋頭互相衝撞「鬥雞」，玩得照樣開心，男女小孩不就這麼混大的麼。

文革深入，革命的範圍越來越寬，原來每天進城來賣四季新鮮蔬菜，鴨子，雞，蛋，泥鰍，活魚和各色鮮花，推雞公車、騎自行車、挑著背著在城裡做小買賣的郊區農民失蹤了，成都百姓不用走幾步路就能買到日常生活食材的舒緩日子被紅色文革無情斬斷，走到有千年傳統美食基因的成都人，活到吃啥都要憑票地步時，肉票，麵票，酒票，幾十上百種的號票每月都需要計劃用，甚至連鹽都要憑票買之際，成都人那敢公開發貶言，只敢在家裡悄悄嘆氣：還有啥好吃的喔？吃個鏟鏟！（成都話讀成吃個鏟傳！）

國營食品商店裡的涼粉不要票，還可以隨便買，反正買的人不會多。

再後，發現成都紅色紛亂的街頭上出現很多背大竹背兜的，衣衫襤褸，口音異樣的男女農民在城裡大街小巷買一背兜一背的涼粉，匆匆來又沉重去的場景時很詫異。成都市民食材中最便宜的東西涼粉名列前茅，熬過涼粉的我曉得此物成分中至少百分之八十不過是水，這些外地農民買那

麼多不經餓的東西幹什麼？

聽得懂鄉音的人問過那些背兜農民，嘆氣說農村沒得吃了，能跑出來的農民拖家帶口出來城市逃荒要飯，討幾個錢時就買一大背兜涼粉，全家老老少少那幾天就暫時不餓。

那些滿街背兜買涼粉的農民們來自廣安，是鄧小平老家的農人。

紅色歌舞

父母和他們的朋友多是文學藝術圈中人，從小跟這幫文人藝術家混，說話接觸的基本上都是這個圈裡人。因為這樣的環境，看舞臺表演對我來說是件再自然不過的日常事，雖然我天生表演欲淡，看他人表演的興趣卻極大。

記得台旁臺下看四川省歌舞團美女舞蹈「康巴的春天」，聽範裕倫唱川江號子，看錦江劇場裡「秋江」中陳書舫俊美優雅扮相，周啟何白鼻子的滑稽，還看過不少工人農民的業餘話劇芭蕾唱歌演出，各種不同類型的表演皆為我興趣所在，如同小時亂讀書。

文革紅色風暴一到，把所有上述「封資修」表演統統打翻禁演，只讓紅衛兵宣傳隊革命歌舞佔領所有舞臺包括街頭，身穿軍裝圍圈揮拳喊打喊殺的歌舞形式粗糙原始，卻對我毫無觀賞轉換障礙。束紮在褪色軍裝裡的青春殺氣歌舞，唱著「我叫劉少奇，真是個壞東西」陰陽怪氣化妝表演者被男女紅衛兵打倒縮成一團，成千上萬人在街上在廣場上跳「大海航行靠舵手」的集體舞，與我從小時見的各類表演截然相反，我照樣看得興致勃勃不說，就像四川老話所說：十處打鑼九處一定有我。

我家就在成都春熙路旁，看街頭或舞臺演出方便之極。

被文革搞得六神無主的我媽顯然不懂我這種興趣從何而來，她幽幽問過一次：

「你咋個（四川方言，什麼的意思）啥子爛歌舞都要看喔？」

紅衛兵宣傳隊的演出水平，我父母絕不恭維但哪敢明說，更何況我爸「歷史反革命」的身分帽子沉重，被揪出來再打倒是早遲事，我媽無更多

心思在我們兄妹三人身上。我又太小完全不懂父母的籠中困境心情,看紅色演出不過是一種玩法,蛻皮變化的不安份少年階段愛看紅色歌舞表演,遠比比我大哥亂跑莽撞混進武鬥現場要安全得多。

成都紅色歌舞旋流中心地帶,就在總府街、春熙路、勞動人民文化宮這一帶。

市歌舞團就在紅旗劇場後面,經常跨過馬路混進去看演出,當時市歌舞團裡父母的朋友都成了牛鬼蛇神低人一等,我要無票進去看演出就不能找他們,要找管舞臺燈光的熊眼鏡熊叔叔了。熊叔叔家就在劇場側院小屋裡,去時要是正碰到他們全家吃晚飯,也不曉得客氣的就跟著吃一碗。然後等觀眾落座燈滅,看準後排空位子坐上去,更多時候是爬上燈光樓坐在小梯上從頭看到尾。從那個角度看演出看到的演員濃妝並不好看,大紅大黑勾出的眉眼嚇人。

那段時間天天演紅色歌舞劇《井岡山的道路》,看過幾次後,那旋律歌詞現在張口即出。當年主角之一男高音吳國松很年輕,瘦削,前幾年偶然從網上發現他在北京發展很順的新聞,就記起當年「井岡山的道路」舞臺上他高歌時有點特別的站姿,褲管微微抖嗦的緊張模樣。

最搞笑的在錦江劇場看海京劇團來演出《智取威虎山》,我是怎麼混進去的記不清了,但記得遠遠看去,童自榮果真長著張宣傳海報上的團團臉。到幕間休息時,突然聽見人說錦江劇場走廊邊的廁所被擠得水泄不通了。原來舞臺上英雄楊子榮下臺依然是凡人一枚,要去洗手間放鬆通泰一下,誰料竟被大群追星老少男人擁追進那狼狽地方,盛況空前到廁所,我想在那情景下誰尿得出來應該算得上是奇跡罷。

回想當年見過的各類紅色歌舞表演陣仗,前兩年回國時見婆婆大娘老男們跳廣場舞就一點不覺驚奇了,當年的紅衛兵們堅持跳忠字舞跳到今天,理所當然就該是廣場舞的樣子。

蔡孃孃和我媽

我媽是因為聲帶長了小結後不能再繼續她的獨唱生涯,才從省歌舞團

輾轉調到成都藝術館改行做話劇輔導工作，從小不記得她在我面前唱過歌。但盆地成都的空氣污染從來嚴重，冬天煤氣濃厚不散空氣變糟時，我媽病嗓就忍不住劇烈咳嗽，聽得出她的咳有金屬脆般脆聲。無奈夜晚會把她的咳聲放大了好多倍，那時的我媽眼神內疚壓抑，使勁捂嘴想要咳得小聲一點。

同院鄰居中有好幾個人都有類似呼吸道毛病，在房間不隔音的環境，誰也不會聽出意外之音的。不巧的是，鄰居中有位女士神經不太正常，各種咳嗽聲在她耳朵裡變成了爭對她的「宣戰」或示威。不論何時何處咳聲起，只要她在家，總是跳將起來推開她在樓上的窗戶，大聲假咳，音聲色俱屬向「敵人」對咳回去。

這位身材高大結實的女鄰居，以其「咳」做刀槍還以顏色是小菜一碟。蔡孃孃曾有次不知什麼小事得罪了她，她竟然上門去，一拳把玻璃窗砸破弄得自己手上血，就說是蔡孃孃打了她。滿院子文縐縐的男女都怕她的不講理暴烈。一旦她以咳拉開戰幕，小院子裡無人敢應戰。文革中多一事不如少一事，我媽嗓子再癢，晚上要咳也只好以被子捂嘴拼命壓制，忍氣吞聲咳得很是可憐。

不過滑稽荒誕時刻也會出現。有天晚上我媽實再忍不住大咳起來，只聽得樓上窗戶氣勢洶洶被推開，啪的一聲巨響，我媽嗓子裡後半截的咳聲陡然被嚇了回去。誰料她大喝我媽名字道：「你可以大聲地咳！不怕，我曉得你的嗓子有病！」

全院子鴉雀無聲，我媽傻了不知所措，院子裡公用水管的漏水滴答聲清晰。文人堆鄰居中僅有兩位屬工人身分，她還又加入了工人造反兵團，只有她能這麼霸道說話。

這是群眾藝術館家屬宿舍，兩層磚樓木地板的建築臨街，樓下住三家樓上住四家，院內無廁所水龍頭公用，樓下人家還有小小的廚房可用，樓上人家燒菜做飯就只有在窄窄的過道上，七戶人家擁擠居住環境，人之間關係無可奈何的密切，真是不拆牆也是一家的院子裡，我媽不僅自動噤聲，其他人也都非常小心的不想得罪人，事實是，得罪不起任何人。

文革中還是有鄰居不具名寫大字報，說某天親眼見鄰居某某走過我家

小廚房時，把一紙包放到我家廚房半截牆上，還說半截牆廚房裡的我媽迅速收起了紙包，但兩人全無語言交接。大字報揭發者文字鏗鏘要我媽交待：交接的是什麼反動見不得人的東西？

同院老少都曉得我爸的歷史反革命份子背景，歷史反革命份子的老婆無聲交接紙包，必然是見不得人的甚至反動物品，邏輯推理就是如此。我媽最後是如何交待過關的我不知道。一個在紅色文革中咳嗽都不敢高聲，說話還愛臉紅，丈夫有歷史問題人的女人早就夾著尾巴做人膽小如鼠，監視視線現在來自何方，想想真嚇人。

好在蔡孃孃跟我媽很好，市藝術館話劇組就她們兩人，無論是到工廠農村去輔導業餘話劇表演，還是下鄉參加「雙搶」支農，這兩個女人總是結伴行。倆人閒時嘀嘀咕咕說些女人關心事，偶爾上班時間偷跑去逛逛商店也不會互相告發。她們倆性格皆溫和，屬那種花五分錢買只鍋盔夾涼粉，就能吃得心滿意足的開心單純人種。

蔡孃孃是單身母親非常的有童心，雖然她最小的女兒也比我們這幫小孩要大好幾歲。

極有童心的蔡孃孃不像別的成年人那麼嚴肅，在她的屋子裡，我們小孩子可以胡說八道瘋玩，她跟著亂笑絕不會板起面孔教訓人，還比我媽更膽大更有幽默感。好多次我們跑到她房間裡玩，她趕緊把門關嚴打開收音機，悄悄調到「同志加兄弟」的越南廣播頻道上，我們一起貼耳聽那聽不懂的咿咿呀呀「南音」外語，邊聽邊按四川話「音譯」出一連串瘋人般的胡言亂語。聽得哈哈大笑的蔡孃孃，是我們小院緊鄰記憶中最可親的面容。我們偷聽外語廣播的好玩好笑場景，在那特定時空背景中凝固下來，成為我記憶中一張褪色但神情最為生動的老照片。

千分尺槍和廁所

北新街地理位置絕佳，街頭對著的是滿街法國梧桐樹的總府街上的總府大禮堂，左面平行的是有大大小小商店和滿街垂柳的成都繁華商業中心春熙路，這兩條街附近的電影院劇院和各種商場商店。兩條美街把我們街

對此醜了，我們街上有民航局售票大樓和省銀行大樓，但整條街光溜溜的無樹，路兩邊還擠滿的是形形色色大院和單戶民居。

右隔壁那院子是供電局工人宿舍，亂糟糟擠住了十多家工人，家家都有好幾個孩子。其中一家人的成年兒子有腿疾，不知什麼運頭來了竟然得到街道生產組當工人的機遇，混亂年月裡健康人都找不到工作的好事到他腦殼上。這位我們喊跛跛哥（川音讀成：拜拜兒鍋）高興得走路更是偏偏倒倒了。高興到半夜，他上他們院子裡的公廁，居然興沖沖把廁所門撞垮了弄出一聲巨響來。第二天消息傳遍左鄰右舍，大家笑死，真是「運氣來了門板都擋不住」的嘛。

供電局大院旁是物資局大院，那院子以前當是大戶人家的私宅，房子雖老明顯氣派得多，物資局的局長副局長都住在裡面。局長有兩個十來歲兒子長張白胖大臉，帶領他們院子裡一幫小孩玩時就有呼風喚雨霸氣。這個院子的小孩們平時絕不跟隔壁供電局工人小孩打交道。

我們七戶人家住的是一幢簡單扁平兩層樓房，每一間或一間半房間就塞進一家人的小樓，幾乎就沒空地，稱做院子很冤枉。奇怪的是，與我們樓房面積同樣寬度，但比我們院子整體面積起碼深長三倍的後面院裡卻只住著一家人。我們樓的左側是他們的院門，黑色鋪板門總關著，人進去要走一段不短的高牆夾道，才是他們院子的正門。院子格調傳統，是過去有錢人家的天井堂屋廂房幾進幾出的獨戶院。跟著成年人進過這家院子一次，是因為他們的水電費奇怪的歸在我們院名下。這家人不跟任何鄰居來往，偶爾會有吉普車轎車停在他們門口，街坊傳說這家人有公安特別背景，很神祕的低調。

這個院子最難得的是竟有廁所，一家人自己的廁所呵，廁所位置就在我們院子的公共水龍頭牆後面，我們院子住這麼多人卻沒人類必需的出口地。

我們街上的幾個機關院子多少有間公用廁所，連這個有特殊背景的私家院子也有很是不講理。要知道我們雖然也住在院子裡，卻跟街上其他幾十戶散戶人家一樣，家家門後得藏只見不得人的臭馬桶，要等到每天傍晚收糞車一路喊過來，各家就忙不迭端出私家馬桶放到門前大路邊，等收糞

人罵罵咧咧傾倒。倒空的馬桶骯臭不堪,每家人都得自取水來當街洗涮才能拿回家繼續使用。每天旁晚我們街上的惡臭要好久才散。

傾倒臭馬桶就是我們各家的孩子職責,家裡孩子多的就輪流值班,誰也逃不脫這讓人厭惡難堪的事。

武鬥期間,我大哥他們幾個男孩不知從哪裡弄回一根用工廠千分尺改造成的「槍」帶回院子來,把子彈塞進這管奇特的槍膛裡去,再使勁拉千分尺屁股上帶彈簧的帽子般「槍栓」,手一鬆,彈弓勁道下擊發點強力,噗的一聲,子彈真就能射飛出去。

那天,我們一群小孩圍看我哥他們怎麼玩這杆「槍」,幾個男孩七手八腳弄好子彈,端槍說往哪裡打?院子太小,唯一空間就是公共水龍頭處。我哥他們就把千分尺槍朝著水泥平臺下的牆壁,槍管微微向下猛拉一把。

槍響聲那麼大,嚇壞大家,那濕漉漉的髒牆被打出個深洞來。

突然有誰驚呼,牆那邊是隔壁院子的廁所呵!

一看,彈孔位置似乎與人的蹲位高矮相當?剛才還天不怕地不怕的孩子頓時驚嚇鳥獸散,過一陣,沒聽隔壁有人呼救或咒罵,嚇得不輕的半截子么伯兒(川話指半大小孩)的我們才悄悄放下心來。

那杆千分尺槍的最後下落不清楚,很可能是被我哥他們幾個男孩悄悄扔掉了?

我爸和他形形色色的朋友們

從牛棚重新放出來的我爸成為家裡常住人口時,感覺很異樣。

我爸大半輩子都在四川省歌舞團做快手詞劇寫家,無政治運動時,他寫歌詞寫劇本或隨團去外地外省演出,還經常去省內少數民族聚居區采風收集民歌資料,數月半年不在家是常事。再加上隔半年一年的各種政治運動風浪起時,省歌舞團第一個拉出來批判寫交代材料的就是他。我爸年輕時是南京國立劇專窮學生,不知通過什麼關係弄了個國民黨少校譯電員位職掙學費錢,靠此他才能完成學業。1949年後能在省歌舞團工作是幸運,是需要他這樣的寫手,要不他所有的國軍文職軍銜足以把他送進共產黨大

牢甚至掉腦袋的。可憐的他檔案袋裡的「歷史反革命分子」身分註定了他後半生只能活得艱難。政治老運動員是省歌舞團現成的活靶子死老虎，不管什麼運動來，拉他出來批鬥最方便不過。

歷屆政治運動老運動在文革中被關押的時間最長，放他出牛棚恩准他回家來已是大恩典。但成為家裡常駐人口的我爸明顯不適應自在，他開始在我家小廚房裡亂燉做菜煮飯，時間還是太多，就用他當牛鬼蛇神時在牛棚裡學會的半吊子木工手藝，東拼西湊找來些木板邊角材料，鋸刨成幾張小板凳，兩隻小燈櫃和茶几。又買了把金剛鑽玻璃刀豁玻璃用，先為我們家將豁好粘出只長方形玻璃金魚缸，鄰居們看了心動，我爸就為家家做了金魚缸送上門去，一時間家家孩子都要去陽溝小河邊撈魚蟲養金魚，我們小孩子的時間過得很快，卻不懂我爸的時間慢得難熬。

我爸的朋友很多，文革前各路朋友有事沒事經過我家門，總要進來坐坐喝茶吃飯聊天，家在市中心的我們，從小習慣了家裡有走馬燈般的客情景。

從牛棚回家來的我爸扣發工資一年半有多，後來發點生活費，靠我媽的工資養活全家六口人，日子緊巴巴過得很難。更慘的是文革中所有物資都由號證統一分配，每月全家的酒票煙票加起來也不夠嗜煙酒的我爸一個人用，可他的朋友來了煙酒卻是要與客共享的習慣不變。記得我爸做了一個簡易木捲煙器，所有煙屁股都回收，撕開煙紙收集煙絲再捲再抽一次。茶葉一賣就是論斤。

我爸還饞酒，實在沒酒喝時買醪糟來過酒癮。印象最深也最滑稽的一次，是某天客人在飯桌上說話激動亂揮手，小半瓶白酒潑翻於桌酒溪流，我爸他們幾個男人居然都把嘴湊到桌上猛吸酒。看得我驚笑，斯文掃地的我爸他們，不顧臉面的那場面神情真是難以想像。

最很喜歡成都軍區後勤部軍官杜叔叔來家裡玩。個子不高的杜叔叔是南充人，他來總是會從軍用挎包裡掏出瓶酒或者一小包熟肉之類東西，圓鼻頭微紅的杜叔叔愛酒也聊天，喝得興起就說些軍中故事，說起文革前那個騙遍成都軍區上下高官的女軍人，說她拿得出那麼多跟大官一起合影得嘛，哪個看了敢不信她沒得特殊背景呢？杜叔叔他是怎麼成了我爸的好友常客，至今都是迷。

　　還有紅小鬼出身但還是被打成右派的孫靜軒也是常客之一，似乎酒量不大喝醉的時候不少。記得有次他酒後要自己走回東風路的家，小孩我陪他走到春熙路口，突然想起問他最喜歡他自己寫的哪首詩？孫叔叔不穩地站在路口想一陣，說最喜歡他些的那夢見很多各國美人在海船上向他歌唱的那首。還說不要問我為啥喜歡，我自己都說不清楚，就是喜歡。

　　那時的孫叔叔剪著極短的小平頭，黑髮裡幾根白髮刺目。

　　川劇團的白美瓊和她儒雅丈夫陳國禎住得離我們家最近，不是他們來我們這邊就是我們去他們家，一點酒菜可以吃喝聊很久的天。白孃孃個子瘦小性格分明，朝天椒般厲害還極善講故事。說起她年輕時生孩子坐滿月子起床來，發現旗袍竟短了一截？她哈哈大笑自說還是個孩子還在長身體嘛！相貌堂堂的北京人陳叔叔愛上她，隨之定居蜀地幾十年，能說一口地道成都話，想來他們的愛情故事一定很有意思，可我太小還有點怕白孃孃不敢亂問。

　　那時見到她就想起文革開始，川劇院滿牆大字報中，用幾張全幅白紙拼成的「美女毒蛇白美瓊」幾個被紅墨水打叉的巨幅大字報畫面，白孃孃性格分明，又那麼弱不經風，想不通她咋會是美女蛇？

　　勞動人民文化宮的喻維梁說話手舞足蹈，經常是在我家做客時說著說著，一步就跳到桌子上繼續肢體語言豐富說話，我爸媽不見怪地招呼他下來下來，坐到慢慢說。

　　跟喻張揚天性對應的人是川劇團美工譚昌榮，這大個子男人沉默到話極點，他也愛酒，來了就與我爸兩人對坐，慢慢抿那點白乾酒，幾粒豌豆胡豆下酒不說話也能坐半天。譚叔叔妻那時是農村戶口遷不來大成都，已婚人其實過的依然是單身漢寂寞日子。譚叔叔在白道林紙上畫國畫，畫鳥雞牡丹花，他卷過幾張來給我爸媽，要他們用來遮擋糊住光溜溜的玻璃窗。

　　文革中廣為流傳的對聯貼到我媽工作的市藝術館大門上，記得是：

　　廟小菩薩大，池淺王八多。

　　白紙黑字的歲月通紅，此時回望，襯映著我爸落魄文人身影，在劣質紙煙劣質酒菜和一幫形形色色朋友的伴隨下，我爸度過了他的壯年生命階段。

大串聯

那次少年出遊時，我才十一歲。

在毛澤東「我的一張大字報」鼓動下，全中國人的熱血沸騰起來的時代，人響應號召起來在各階層造反。全國性的「大串聯」像火一樣燒遍中國大地，紅衛兵便能煽風點火到處傳播「革命種子」。事後才看出有心人趁機理直氣壯免費遊遍全中國，還有很多熱血青年效仿紅軍當年的萬里長征，沿同樣路線通走一遍。但那是成年人和青年的「壯舉」，像我這麼大的孩子很難跑那麼遠。倒是比我大兩歲的大哥，不知從什麼地方弄了軍裝軍用皮帶穿上，又腰照了幾張典型的紅衛兵像後，自覺是成人了，野心勃勃想到北京去串聯。那陣子所有北上南下的火車，都免費滿載各地紅衛兵去串聯造反。不論任何組織和個人，只要著一身紅衛兵裝束，就可以理直氣壯的奔向自己想去的地方，有勁擠得上火車，忍得住饑渴和上不了廁所的難處就行。

混亂中，我大哥獨自跑到成都火車站，擠上了輛將往北開的火車，又被車上的成人揪著衣領硬趕了下車來，說他太小。氣急之下，大哥回家來自己拉大旗成立了「瑞金紅衛兵敢闖戰鬥隊」，同院的七個小孩就是全部人馬。成立紅衛兵組織無需任何人批准，打出名號扯起大旗就是山頭，更何況我們的紅衛兵沒有任何批鬥目標，目的倒很明確就是敢闖要去串聯，要自己步行到什麼地方走一趟，去哪裡好？成都附近的大邑縣成了目標。

並非沒去過大邑縣，市藝術館組織過好幾次集體參觀，我們這群孩子都跟著去玩過。可這次我們想自己走去，那種豪情換句話說是天不怕地不怕的頂著紅衛兵膽子非去不可。

豪不猶豫的，父母們同意我們去步行，還幫我們做了面大紅旗，再塞給各自的孩子一點錢，我們每人都背了個有一兩件衣服的小包準備工作完畢。糟糕的是這幫小孩中就我一個女孩，年齡最小但死強，死活要跟著這幫男孩子步行。再不會看哥哥們臉色的我，也知他們煩我，帶上我實在是無奈。

出發那天的清晨，滿城曉霧，革命反革命的人還都在睡懶覺，父母們把我們送到院門止步，似乎沒擔心我們這幫孩子會有安全問題。浮躁得像小公雞似的我們，恨不能一路喧嘩出城。大哥領頭高舉大旗，在父母面前我們著排隊雄赳赳出發了，但還沒走出成都老南門大旗已沉重不堪，只好卷起來由我哥他們扛著走。

大邑縣離成都市直線距離不過百里遠，中間隔著雙流新津兩縣，對我們這群小孩來說，路很遠。在當時既沒地圖也無沒成年人同行，一幫「青勾子娃娃」就這麼出走，在今天想來很不可思議，那是中國現代史上難得的一段奇異短促時光，全國性的武鬥，深入中國各階層的生死混亂爭鬥還未全面撕開血口。在那短暫時間裡，四川內陸的城鄉還安定，人心深處的惡還未被全部釋放出來。再說中央政府毛澤東號召支持的大串聯，令所有城鎮鄉下都成立了紅衛兵接待站，由當地政府提供免費吃住給來往的紅衛兵，有飯吃有地方睡覺的方式，恍若回到了人民公社吃大食堂的年代。

成都城外柏油公路上車輛不多，一隊隊的紅衛兵們來來往往，多數身著時髦的舊軍衣戴軍帽紮著軍用皮帶，我們戴著自做的紅袖章還是平民打扮。看單個或成群結隊的紅衛兵們在公路上走動忽聚忽散，紅袖章紅旗黃軍裝的顏色，點綴在麥苗兒青青菜花兒黃的川西平原上，果然有宣傳畫上所畫的那樣有種清新動人的青春質樸美。

川西平原上竹林蔥蘢那是農家林盤，經過時總有鼻涕長流渾身稀髒的孩子追趕出來，衝我們口齒不清地叫：

「紅衛兵叔叔浃浃（孃孃的地方方言音），給張傳單嘛！」有的孩子還跟我們跑一段路。我們這幫「紅衛兵」哪有傳單可散發，卻驕傲被鼻涕孩子當作大人看，那幾步路走出得意自豪感來。現在回想，那些小孩不過四五歲大，沒上過學肯定也不識字，他們要傳單幹啥？農民父母指使自家的小孩出來跟紅衛兵要五顏六色的傳單，恐怕是用來糊牆點火包東西甚至當成揩屁股紙？出產豐饒的四川農民生活其實清苦，買不起草紙用的農家常見，路上用過的農民廁所頂多有半截竹篾巴牆象徵性擋人視線，茅坑裡細竹片小石塊的作用一目了然。

走，走走走走走，從早到晚不停地走，頭一天還新鮮感十足，走得精

精神神的。第二天就開始有人掉隊了，掉隊的居然還不是我而是大雄。在我哥他們帶領下大家不管不顧繼續往前走，根本沒考慮丟下他怎麼辦？直到幾個說北方話的大紅衛兵快步超過我們時，順便捎來信息：

「你們是不是有小夥伴掉隊啦？他坐『專車』趕上來了！」回頭一看，大熊被拉糞的農民收揀，放在臭烘烘的大糞桶頭上，叉開腳像騎馬。看得我們笑都笑不出來的暗暗嫉妒。這天走得過了頭，總共約走了四十多里路，白天沒怎麼休息，天快黑盡了還沒走到目的地。又累又餓的我開始邊走邊哭，白天大雄掉隊我哥他們都沒管，此時更不會有誰來背我哄我。走不動是自己的事，誰讓我死皮賴臉要跟來？明白苦是自找的，只能硬著頭皮走下去。

夏天四川鄉下的暗夜純淨溫和，村落人家都少有電燈，農家的油燈如豆如螢火蟲光，天不黑盡還捨不得點亮。習慣上，川西農民晚上七八點不會回家吃晚飯的，借殘餘天光，農民們還要打草鞋鍘豬草著實再忙一陣。本來朦朧夜行比白天涼快，如果還有點食物下肚撐著人沒那麼累的話，行走在晚風飄然。半睡的昏黑中我失去了方向感，高一腳低一腳的，勉強跟著腳下深灰色寬帶子似的公路移動，路延伸向前幾米就模糊不清了。

走著，偶爾能聽見農民呼哧呼哧挑著沉重的擔子，由遠而近的與我們同行幾步，又消失在黑暗中。每次我都醒來哭兮兮問黑暗中的人：

「紅衛兵接待站還有多遠？」

川西農民沒有精確的距離概念，他們的回答總是馬馬虎虎的隨便：

「不遠不遠，里把路（一華里）就到了！」

結果我們為了這「里把路」，打起精神不知又走了多久？直走得東倒西歪，終於走到鎮接待站那刻，雙腿僵硬得連淺淺的門坎都邁不過了，登記了找到房間爬上床就睡得人事不醒。兩天後我們就這樣走到了大邑縣，進「地主莊園」隨便看看，又胡亂在街上逛了一圈，買點吃食就該說往回走的話了。

按原路回到雙流縣黃水鄉接待站那晚，這是我們步行的最後一夜，第二天就能回家的念頭興奮又擔心，睡不著覺生怕哥哥們早晨起床出發忘了叫醒我。同房間還有個和我差不多大的女孩也是成都人。我們的故事相

同,同是硬跟大男孩們出來步行串聯,被男孩們討厭卻又甩不掉的包袱。臨睡前我們說好第二天兩人死活要粘在一起走,萬一被哥哥們丟掉了的話我們好歹是個伴。就這樣可憐巴巴的,兩個小女孩自定了必被遺棄的結果。

迷糊到天亮,兩人急忙跳起來跑到接待站門口,問管登記的人我們的哥哥們是不是已經走了?接待站管理人是當地農民,根本沒聽清我們問題,順口說他們早走了。心裡早有被人丟棄預算的我們驚慌地狂追出去,沿公路不斷追啊走,好在大方向正確懵懂走回成都走回了家,回到院子裡才發現我是孤獨先行者!

原來我們大清早慌張離開接待站時,兩撥成都男孩們還在接待站的床上呼呼睡大覺呢!記憶基本上空白了當時到底是怎麼走回成都的,只記得我的口袋裡還有最後兩毛錢,經過一個小鄉場時,買了兩塊油炸窩子油糕五分錢一塊,每人吃了一塊,剩下一毛錢沒敢花。進了成都南門後,那女孩子怯生生問我要了五分錢,要打公用電話到水電局門房跟她父親。她從未打過電話,不知號碼盤往那個方向撥。

事後想來詫異,十一歲的小丫頭,雞嫌狗不要的跟哥哥們來回走了幾天,自找沒趣的累了餓了哭了也沒人理會。來回一百多裡路胡亂走下來,最後還把自己弄丟。悽惶中揀了個更不諳世事的難友,居然一路平安帶著她回了成都,勇氣十足但荒唐得不可思議?

我,我哥哥們和我們同時代的少男少女,荷爾蒙充沛,精力過剩,滿腦子到世界上亂闖念頭。幸運的是我們平安回了家,渺小的生命沒有莫名其妙消失在那荒誕年月中。

進生

作者簡介：

　　進生，本名朱文正。1948年生於中國江蘇常州。南京航天航空大學
77級，理工科學士；北京航天航空大學系統工程「師資培訓班」結業。現
居住澳大利亞，為澳大利亞中文作家協會會員。

　　出版有《域外的歌》（上下兩冊）、《山間流水篇》（進生雙語文
選，一）、《天問篇》（進生雙語文選，二）；正在撰寫《英譯大家詩》
（雙語系列）、《英譯墨寶》（雙語系列），以及雜文系列《家》等。

五十年來磨滅不了的記憶

1965年尾1966年春。

近十年的懷胎，終要分娩。鄧拓、吳晗、廖沫沙、海瑞、彭德懷⋯⋯從此一股颶風，從中南海，也從領袖們下榻療養視察的各處官邸的「務虛」作業中一縷縷地八方呼應匯聚出來，它要滌141蕩神州大地了。刀筆吏和書獸子在較勁。一字一句裡有弦外之音，天真善良的人們漸漸悟出了那逼近的鋒刃和殺機。

5月了，5月的太陽慈愛地在大街的背景上輝耀著，照著十字街口自發地從城市壁壁角角裡湧出來的雜亂的人群。人群嘈雜，躁動著，懷著新鮮的好奇。有人快活融融，唱起雄壯的進行曲。一個學生躍上高臺，呼喊道：「我們⋯⋯全世界⋯⋯這一代⋯⋯」又一個接過話筒，吼道：「父輩⋯⋯鮮血⋯⋯黨⋯⋯考驗⋯⋯老子⋯⋯兒子⋯⋯譚⋯⋯」有人閃過短促疑問的目光，一碰上旁人犀利的凝視，立即變得真誠而堅決。工作組、黨支部，書記們在煙灰缸裡演練著掐滅一根又一根煙蒂。許多人臉色立即慘白，本能地縮起脖子，隨時準備承受命定永遠擺脫不了的摧殘，那是贖罪。公安部門「內控」的居民家裡，突然來了學生，說是「破四舊、立四新」，公家發兩毛錢補貼。有人開始獰笑著走來，甄別著人群的色彩。有人祛祛地側著身子沿牆走著，眼睛只瞧著自己收斂的影子；有人開始遭受踐踏，本能地像布袋般倒下一動也不動；有人遭受到傷害，暗暗地拼命支撐著，以免過早地「正常」死去，只默默惦念著他自己的後代——那有著成年人凝固般表情的孩童，他或她駭懼地瞠視著這紛亂兇惡的陌生世界，知道自己也將永遠生活在寒冬和一樣嚴酷而漫長的春寒裡。再不問蒼天再不問大地，有人躍下高樓有人投入河流，有人割斷脈搏有人伸頸入圈套。更有人莊嚴地顧盼著，閃著鷹隼似的刺人目光。呵，這陽光永遠燦爛的日子！我們的民族，沉著地面對任何美好事物的湮滅而無動於衷，沉靜地目睹光天化日之下的指鹿為馬、摧殘良善、踐踏良知的惡行而袖手旁觀。

　　一座披著陽光的揮手塑像聳立在藍天的背景上，高大，雄偉而慈祥。有人開始路見不平，大喝一聲，奮力擠進亂的漩渦。有人被唐突地衝撞了，踉踉蹌蹌地跌到一棵粗壯的梧桐樹下。那燦爛的日光正斑斑駁駁地從密葉縫裡灑下，反常地像一些閃亮的不吉祥的素色花瓣在腳下蠕動鋪陳。人與人之間都能感覺到彼此灼熱的呼吸。「……沙漠……人群……左、中、右……」，一張張激動得變了形的臉，表情層迭莫測。炮打司令部了！「我的第一張大字報！」人民有權造反！對！人民有權造反！廣場上，學校裡，大街小巷、工廠農村裡，是人群，是觀禮臺上的人物視野中一向作為填充物的普羅大眾，那數目龐大卻一向甘願服從的簡單群體，竟敢激動起來，企圖說出自己的聲音。他們本能地感覺到，在這奇妙而令人驚愕的歷史時刻，習慣的選擇，是最充滿變數並顯示著可能帶來變化，也是最符合眼前利益的唯一現實的選擇。

　　有人群悲憤地在坐在大街絕食，深情地唱起「抬頭望見北斗星，心中想念毛澤東……」的祈盼一個司令部救援的歌。彩色的人群，五音混亂的叫喊。夫妻反目、子女造反。有人一把抓住對方頭上一向珍視的帽子氣憤地往天空一扔，落下時那帽子仿彿成了一顆重磅炸彈，驚得人們紛紛閃避不願沾身。呀呀——呀！三十年河東三十年河西，難道風水真得輪流轉？有人往自己頭上插花，週圍聳動起一圈又一圈鼻子。有人因前頭的造孽而得到或許過份的報應，有人接二連三地將「威風人物」的威風掃地還樂此不疲！老人們記起了「庚子年的義和團」，他們「捉住路人，可以任意指為教徒，據云這鐵證是他的神通眼已在那人的額上看出一個『十字』」（魯迅語）。真是國運昌、「炎黃子孫」無窮匱！

　　中國，遼闊廣大的世界，有著千座高山萬條大河的廣袤原野，這時成了一塊巨大無比的旋轉著的調色板，有億萬條手臂，億萬桿筆，同時在調著顏料，在激情地塗鴉作畫。要怎樣塑造人的世界觀？要怎樣學說話？要怎樣才能讓中華民族的靈魂在畫板上顯現？他們說這不該比探尋原子核內核外的奧秘更難！

　　這時代，這歲月！聽憑政治家們聰明地、果斷地互相絞殺：為瞭解決對那過去的慘局和失誤誰去負責，為了讓自己可數的有形歲月不置於權力

威脅的陰影下，還要那生前的威名死後的延續，血脈相承者的利益……他們絞殺著，刺激著來自各種渠道的準政治家們。一個憂愁還未收梢，另一個已經抱拳相迎。神州大地激盪著喧囂混濁的巨流，搖碎了層迭的倒影；誰、誰能從中認出自己的面目？棍棒、藤條、大刀長矛。土製硫酸瓶和燃燒彈。「文功武衛」、「不要懼怕打第一槍」。唾沫加鮮血、食人生番。月明星稀夜，戒備深嚴的軍火庫的圍牆，被一排排披著月光的黑影悄悄地拆開一個寬大的豁口，人們湧進禁區。警衛部隊有了反應，鳴槍示警後便被「繳去武裝」。蘇製步槍、漢陽造、歪把子機槍、小鋼砲手榴彈。一箱箱黃澄澄的子彈被裝上卡車、麵包車──解放軍？早打過「招呼」的。類似的場景在另一派、另一個軍火地點也在導演。起重機改裝成鐵甲車。鉗工靈巧的手仿製出衝鋒槍。武裝小分隊。聳立在街頭的工事和碉堡。居民們夜晚諦聽著屋瓦上落下的彈頭的滾動聲，白天瀏覽著大字報和小道消息，一個軍醫在仔細端詳著一具具這派那派的「烈士遺體」，那電刑、老虎凳、鐵釘釘入的痕跡。人們已經顯得有些厭倦，但他們的眼神在變換，企圖變得犀利而敏銳，他們的額頭已經在皺起，他們的腦袋開始回到自己的肩膀上。真理的聲音時而聚起又被驚嚇而化為萬千個旮旯裡的私語。「卑賤者最聰明」，點點滴滴的探索在頑強地匯成一股股溪流，各自尋找著自己的流徑，或魯莽地沖涮著遇到的障礙物。

觀禮臺上的恩恩怨怨告一斷落。領袖們凝神注意到了下面人群中有刀劈似的審視目光，那群體越軌思索的充滿變數和變化的景象。留存的領袖們明瞭了自己最大的疏忽、失策和當務之急。「必須制止人民越軌地思想！」是說出口的宣示，維護國體的聖明思想！

紫紅色的絲絨幃幕落下了。隔掉了這曾有過的一幕幕。十字街口，紛擾已經散去，人們沉思著走開。武鬥得到制止。學生復課，工廠開工。工宣隊、軍宣隊，領袖給的芒果，雖然是蠟製的但要能輕易地聞出芬芳。

清除「五‧一六」、壞頭頭。霓虹衣衫與囚衣換穿。誰才是真正的囚徒？誰又是真正的兇犯？冬天，專案組。四個相貌平和的工宣隊員，一人一根棍子，站在四角，有規律地依次擊打著一位六十多歲乾瘦的老人，他們喝問：你在舊社會裡完全能出頭爬上去，怎麼卻會如此清白?!老人挨著

打,不停地在這四方方的天地裡圍著一張桌子跑……他實在想不出自己新的回答,他只想知道他們要怎樣的回答才能放他回家,他覺得對這眼前的世道,是正常人就沒法回答。

有人把整桶的紅漆往牆上塗,他希望生活在紅彤彤的世界裡:紅色的房屋、紅色的街道紅色的城市鄉村紅色囚徒的心肝。

十字街頭,一個乾癟瘦削的老婆婆,補丁加補丁的衣裳,蹣跚地從牆角拐過來,在大字報棚上撕著粘成幾寸厚的紙片,往挽著的籃子裡塞。起先她還祛祛地、漸漸地坦然了。誰也不來問她拾掇去是生火煮飯還是賣給「廢品收購站」。天哪,這老人!這世界只有她最早裁決了這段歷史的價值。

上山下鄉。忠字舞。

外蒙的溫都爾漢沙漠,那裸露的屍體和專機殘骸。

聽有人說:此人不死,天理不公!其實,彼此都是一個「共產」音符,割不斷理還亂!聰明人說:打鬼的鍾馗也是鬼。

算盤珠子滴答響,算過賬後一切又回歸條理。「秋天」總是豐收的季節。

……

有時,對一個「有幸」的民族,加多一個或減少一個偉人,也「決定著歷史的發展方向、人民的命運、世界的前途」。「四」人幫被當局用最快的速度掃進了歷史塵封的垃圾箱,也抹掉了那歷史背景的映襯。人民被告誡,活著,應該儘快地忘掉那錯誤荒唐的年代,要向前看,要努力為未來。人民應該把自己重新納入正確的軌道。

一分耕耘一分收穫。

歷史,依舊沿著詭異的道路蜿蜒著,考驗著這個民族,耐心地展示著這塊土地,差強人意的五十年,又過去了。

劉放

作者簡介：

　　劉放，原名劉劍星，中國廣東省梅州興寧人。1982年畢業於廣州暨南大學中文系。同年起在廣州《花城》雜誌任文學編輯。1988年起移民澳大利亞。現居澳洲雪梨市。

　　大學期間開始在國內各報刊雜誌發表作品。在澳洲從事業餘寫作，曾在澳洲多家報紙副刊撰寫專欄文章。並曾任職中文期刊、報紙。多年來在澳洲及海外各種報刊、網絡媒體上發表大量文章。作品包括小說、評論、雜文隨筆、散文。

文革殺人現場目擊記

　　文革過去已近半個世紀，許多當事人都已逝去。最近社會上對文革的評價呈現多元複雜，因時間久遠，人們對這些歷史印象模糊，日漸淡忘。有些年輕人甚至將文革這場劫難想像為美好烏托邦。一些為文革翻案的言論也時常見諸於媒體。文革的真相到底如何？現在好像是越來越說不清了。

　　然而歷史事實應該是很清楚的。人們只要尊重歷史，尊重客觀事實，只要是個正常人，對這些是非、黑白就應不難作出判斷。

　　作為過來人，我曾親眼目睹文革的殺戮，其血腥場面終生難忘。

一

　　那是在1968年。這一年農曆閏8月，民間有傳言「閏七不閏八，閏八動刀殺」。春夏之交，一連數晚天現掃帚星。老人們都說這是大凶之年。

　　此時文革已進入第三年，全國陷入武鬥。中央號召各地革命造反派大聯合，但無人聽令，局面近乎失控。毛澤東拿出殺手鐧，一怒而治天下。中共中央接連發出「七三」、「七‧二四」布告，宣布在全國範圍內開展「清理階級隊伍運動」。毛澤東也向全國發出了「專政是群眾的專政」的最新指示。

　　「清理階級隊伍」在當時的語境中即是鎮壓和清洗，「群眾專政」則是殺戮的代名詞。這樣，一場殺戮運動在全國各地展開。這些都是一種「跟風」行動。文革最大特點是群眾運動，群眾運動就靠跟風。這股殺人風潮像瘟疫那樣四處蔓延，無人制止，無人敢於阻擋。這是當時的絕對政治正確，文革的原則是越左越革命。

　　秋季，這股風也傳到我們家鄉。先是聽到傳聞，某某縣開始殺人了。接著又傳聞某某公社也開始殺人了。於是，我們公社也開會落實執行清理

階級隊伍,並要求各生產大隊落實公社黨委、革委會的決議。各大隊黨支部、貧下中農領導小組也連夜開會部署行動。

8月裡一個月黑風高夜,12點整,全公社突擊行動,基幹民兵們對地、富、反、壞、右等所有階級敵人家庭實行抄家。雖然進入文革以來,抄家已是家常便飯,但這一次勢頭不同,所有民兵都荷槍實彈,氣氛緊張。那些「重點對象」都被連夜捆綁關進大隊部。

經過數天的審訊,一切就緒,列出了首批要殺的階級敵人名單。這些會議都是絕密的,規定誰也不許走漏風聲(當然還是沒有不透風的牆)。

這一天,公社召開萬人大會,通知規定誰都不得缺席。會場就在公社門前的籃球場,球場邊上有個土臺,有電影隊來了、劇團來了就在此放電影、演戲。公社開萬人大會,這裡就是會場,土臺就成了主席臺。說是萬人大會,其實來的人沒有那麼多,全社一萬多人口,除去老人小孩,參加者有那麼幾千人。就是這球場也是容不下上萬人的。但當時開會都說是萬人大會,這樣就顯得聲勢浩大。

土臺正前方拉著一條橫幅,斗大的字寫著:某某公社批判鬥爭大會。會場上黑壓壓站著、或席地坐著參加大會的社員們。主席臺上和會場周圍都站著荷槍實彈的民兵,氣氛相當緊張肅穆。以往開這樣萬人大會,不管臺上誰在講話,下面總是吵吵嚷嚷;而這一次,數千人居然鴉雀無聲。連孩子都不敢哭叫。人們都知道今天要發生什麼事。風聲早就傳出了。

全社的「五類分子」今天也集中在這裡,他們齊齊跪在最前面的土臺腳下,每個人胸前都掛著一塊硬紙皮做的牌子,寫著他們自己的名字和身分標識,如「狗地主某某某」,名字上畫著紅色叉叉。他們的腦袋則令人發笑,一個個都被剃成陰陽頭,或十字頭。幾個武裝民兵在他們後面走來走去監督著,民兵們手持一根皮帶,不時抽打他們一下,殺他們的威風。

高音喇叭嗡嗡尖響幾下,公社書記宣布批鬥大會開始。奏東方紅,敬祝領袖萬壽無疆、副統帥永遠健康!書記又帶頭,大家一齊念毛主席語錄,內容都是選好的,如:「凡是反動的東西,你不打,他就不倒。」等等。然後,書記做了一個簡短的動員講話,說今天批鬥大會就是要實行群眾專政,消滅敢於頑抗的階級敵人。

　　然後，公社武裝部長高聲宣布：把階級敵人帶上來！

　　幾個武裝民兵押解著十幾個五花大綁的「階級敵人」，從舞臺一側緩緩走出，逐次跪在土臺前面。他們除了胸前掛著牌子，每人頭上還戴一頂高高的紙帽，有男的也有女的。此時有人領頭高呼口號：「千萬不要忘記階級鬥爭！」、「敵人不投降，就叫他滅亡！」、「專政是群眾的專政！」等等。臺上臺下，口號聲響徹雲霄。

　　仔細看了下這些跪在臺上的人，他們的脖子被麻繩勒的緊緊的，一個個塌拉著頭，臉色死灰，有的渾身戰抖，大概都知道末日臨頭了。這些人中，有些是認得的，那是我們大隊的，平日都叫什麼嬸什麼伯；有一個是住在鎮上的，為我們族叔。趕集時，村人都喜歡在他家落腳，喝點茶水，寄放點東西雜物。都是鄉里鄉親，平時都感覺挺和善的人，今天突然間就變成了「專政」對象。我至今依然記得其中幾個人的名字（如有文革研究者需要，我可以提供這些資料）。

　　接著，各生產大隊的幹部代表紛紛上臺作批判發言，揭發這些階級敵人的罪行，宣布他們的罪狀。幹部們一個個義憤填膺，磨拳擦掌，說這些階級敵人不殺不足以平民憤！

　　這些罪行大同小異。如：惡毒攻擊領袖、攻擊文化大革命（多為平日牢騷怪話，被人告發）；對大躍進、人民公社不滿；多種自留地、破壞抓革命促生產；寫反動日記、記變天賬（這種指控多有牽強附會，比如說日記上寫「最近天氣嚴寒」就被指映射社會主義制度，等等）。最嚴重的是在某個階級敵人家磚牆內抄到一排步槍子彈（這房子住過數代人，天知道是誰留下的子彈）。實際上，這些人也許在生活中有點小毛病，也許處世不慎有時會得罪人。也有些人與生產隊幹部間有房屋、土地等小經濟利益糾紛。

　　發言結束，口號聲四起，大家同仇敵愾。此時氣氛已達到火熱的高潮。臺上有個公社幹部對著麥克風，高聲發問：「大家說這些階級敵人該不該打？」

　　臺上臺下一齊呼應：「該打！」

　　幹部又問：「該不該殺？

臺上臺下又是一片聲：「該殺！」

此時早已準備好的一夥人揮舞木棒、扁擔、鋤頭柄等湧上舞臺，對準跪著的階級敵人亂棍齊下。一時血肉橫飛，鬼哭狼嚎，像殺豬場那樣，尖叫聲、哭聲、哀嚎聲響成一片。跪著的階級敵人紛紛倒地，他們身上的紙牌、紙帽被打碎，紙片滿臺飛舞。臺上還有人吹著哨子指揮，有人一聲一聲喊起號子：「一，二，三，四，五，六……」打人的棒棍聲也漸漸齊整起來，合著號子一起一落。期間，臺下群眾中也不時有人躍上土臺，接過棒棍參與打殺。

這一刻恍如時空穿越，人類又回到茹毛飲血的蒙昧荒蠻時代。洪荒時代人類野蠻打殺同類，也許是為了生存。人類在漫長的演進過程中，出現過無數次血腥殺戮。但在和平環境裡如此屠殺同類，應是絕無僅有（希特勒屠殺的是異族）。今天出現的屠戮，是出於莫名其妙而又冠冕堂皇的政治理由。

這樣約莫打了十幾二十分鐘，嚎叫聲漸小，都不大聽得見了。打人者棒棍也慢慢停了下來。土臺上橫七豎八趴著那些階級敵人，他們渾身是血，有的頭臉都打得稀爛，花白的腦漿流了出來，塗在泥土上，也濺落在打人者的衣褲上。有一個人耳朵被打脫，仍連著皮掛在臉龐上。地上到處是血，在8月的陽光下，血很快凝固，變成黑色。整個會場飄散著血腥味。聞到血腥味的蒼蠅一成群結隊飛撲過來吮吸人血。人群中有人在嘔吐。

我注意到在打殺過程中，臺下許多人都低下頭不敢看，尤其婦女們。呼喊口號時，不少人也是隨著大家舉手，口一張一合，沒有發出多少聲音。「物傷其類」是人作為動物的一種本能。人們感情複雜，內心惶恐，但都不敢表露。更無人敢則聲。

文革結束後，有不少人質問：為什麼那麼多在場者不敢站出來說話？為什麼沒有人上前制止？可以告訴你們的是，在文革那種環境中，如果誰站出來，誰就將粉身碎骨！這道理三言兩語是無法說清楚的。

也有人就此問題問過著名作家蕭軍，為什麼文革時他在批判會上受盡凌辱，卻仍然忍受得住，沒有反抗——因為蕭軍身強體壯，精通武藝，且性格剛烈。蕭軍是這麼回答的（大意）：當時的確想過拼死一搏。以他的

武功，殺死幾個也不是不可能的。但考慮到，一是這樣死了毫無價值；二是現場陪鬥的一百多難友會因此被連累全部打死。再說那些紅衛兵本身也是受害者，他們也是無辜的。

有一則關於赫魯雪夫的傳聞，也同樣能說明問題。赫魯雪夫在某大學禮堂做批判史達林暴政的報告，有人傳上來一張紙條，質問：你當時在幹什麼？赫魯雪夫環視臺下，問：這是誰寫的？良久無人出聲。赫魯雪夫笑道，我當時就像你那樣！

我自己當時就站在臺下。而且站得很靠前，近距離目睹了一切。我也屬於不得不舉手，也不得不張開口的那類人。我不是黑五類子女，但家裡也籠罩著恐懼陰雲，我父親已被其單位揪出批鬥。作為一個弱小者，我政治上很早熟，不像我的同齡人那樣相信一切，對當時的文革和政治，已經有自己的看法。面對眼前的殺戮，我心如刀絞。但確實沒有飛蛾撲火的勇氣。而我選擇近距離觀察，見證了這一場歷史慘劇。

再說說那些殺人者。他們中大部分是基幹民兵，是奉命行事。有些是學校回鄉的紅衛兵。他們是為了證明自己的革命立場。也有些人是想乘此爭取表現，想撈點好處（自發從臺下衝上去的多屬此種人）。還有些人平日與死者有隙，公報私仇。有某個「階級敵人」的親侄子，也上去打他的親叔。也看到一個二流子，還有一個弱智傻子也上去參與打殺。參與打殺的人不下幾十個，「專政是群眾的專政」名副其實。

這些人在日常生活中就是一個普通的人。他們並非天生就是惡棍。他們在家裡也許是個好丈夫、好父親、乖兒子。他們也並非愚昧沒有文化。這些人都具初中、高中文化程度。他們殺人是以革命的名義。這種現象，就是德國哲學家漢娜－阿特倫所稱的「平庸之惡」。他們服從領導，崇拜領袖，無法作出自己的判斷，平庸到了喪失了獨立思想的能力，無法意識到自己行為的本質和意義。可以說，整個文革期間的殺戮、迫害，大都為這種「平庸之惡」。

就人性而言，人都有善、惡一面，人的「一半是天使，一半是魔鬼」。在「惡」的環境中，通過「惡」的誘因，人的邪惡一面就會表現出來。文革讓人性中最醜惡的一面淋漓盡致表露無遺。

二

回到殺人現場。人都殺死了，當然就宣布散會。人們各散西東。遠地來的社員們拿出自帶的乾糧，邊吃邊趕路回家。最邊遠的，有30多里的山路。按規定，開萬人大會生產隊給記工分，他們也就權當是出了一天勤，打了一天工。

自明、清以來，到民國、土改、三反五反，凡處死的犯人都埋在鎮子後面小山崗上。已勒令了幾十個比較強壯的五類分子負責抬屍，四人抬一個，每人抓住一隻手或腳，像螞蟻搬家那樣往山上爬。但人們發現有些「死人」並未完全死去，有的還能睜開眼睛，有的還在哼哼唧唧發出呻吟聲。看來木棒等冷兵器的確效果不好。公社領導商量後決定，給他們補一槍。這吸引了許多孩子們跟著上山看熱鬧。

十幾個已死或未死的階級敵人被放置平躺在山崗上，一路排開。山崗上草木茂盛，還開著幾枝鮮艷的秋杜鵑。開槍的是一個中年民兵，他是退伍軍人，參加過朝鮮戰爭，是一個汽車兵。雖未直接打仗，到底經歷過戰爭，膽子大。只見他嘴含一支香煙，邊吸邊給步槍上子彈。他若無其事地舉槍，好像沒怎麼瞄準，在一米左右距離射擊。「叭！」一聲槍響，子彈射入其中一個人的胸膛，彈洞裡徐徐冒出一縷青煙，洞口空空的，卻沒有冒出鮮血來。原來用的是開花子彈，背部的出彈孔有碗口大，血都流在下面了。

接連補了好幾槍，打死了好幾個人。但他的槍法也並不太準。有幾個補了槍的人仍不斷氣。有一個女人，是四十多歲的地主婆，連補了兩槍還張口說胡話，我聽她在小聲念著：「初一，初二，初三……」應該是數的農曆，但不知她是什麼意思。

還有一個人，被開花彈打去半邊臉，連同半個上顎和半個下巴都打飛了，剩下的半個嘴巴卻仍然一張一開的，喉嚨裡咕嚕咕嚕直往外冒血泡。只得又補了一槍。我懷疑這個民兵自己也害怕了，手打顫，所以打不準要害。有個當赤腳醫生的民兵接過他的槍，打死了最後一個。

然後，也是那些抬屍的五類分子們，就近在旁邊挖坑，把這些人草草

掩埋了。沒有人來收屍,他們的家屬連看也不准來看。

事後我回到家,躺倒在床。數天吃不下飯。這是我頭一次看殺人,而且是近距離仔細地看。母親採了菖蒲、葛藤、艾蒿煮了水給我洗澡,說是驅邪。

這樣殺人的事畢竟比較轟動,成為人們談論的中心話題,街頭巷尾,村村落落到處都在談論。人們傳說著不同版本的所見所聞,謹小慎微地隱喻表達看法。晚上孩子哭叫,大人也會以此嚇唬孩子,至孩子不敢夜啼。

據傳聞,那天參與殺人者回到家裡大都被父母、老婆責罵,當然是關起門暗中罵。那個當赤腳醫生的民兵,更被他母親打了幾巴掌,他母親又哭又鬧,說她不知是哪輩子作下的孽,迫兒子跪著當空為那些死人燒了紙錢。私下裡沒有多少人贊同這種屠戮。即使在文革中,應該說大多數人都良心未泯。普通百姓仍固守著傳統是非善惡道德觀念。

但不可否認,文革是道德淪喪、重新走向野蠻的開始。

湊巧的是,約兩個多月後,那個中年退伍軍人一天突然暴斃。他先是肚子劇痛,急忙送到醫院,搶救無效死亡。人都傳說是遭報應,死魂索命來了。此事到處傳得沸沸揚揚。類似的話題多少年後還不時被鄉人提及,以告誡年輕人。30年後,那個赤腳醫生的兒子也因車禍橫死,他家自此絕了後。人們又將此事與他當年殺人相聯繫,說是天報應,只是來遲與來早的問題。當然也有些人不以為然,認為這是迷信,說人家至今躺在天安門廣場都沒啥事,不是還好好的?

據說,當年公社黨委計劃還要殺第二批第三批。但10月裡中央突然發了緊急文件,嚴禁殺人。這才剎住了各地殺人歪風。否則不知還有多少人頭落地。

許多研究文革的專家學者都注意到,在文革中找不到一紙毛澤東或中央同意或命令殺人的文件、指示。也就是說,這全是基層幹部的錯誤領會和理解,殺人風潮是群眾自發行為。一句「群眾運動」就推得乾乾淨淨。而1968年的殺人風潮正是在《七・三》、《七・二四》布告和毛澤東最新指示發表之後發生的。正是這些文件、指示的含糊措辭,及意向性誤導,釀成了這場災難。殺了那麼多人卻不留痕跡,這是殺人的最高境界。也是

厚黑的極致。

文革殺人始於1966年。如北京大興縣，自8月27日至9月1日，該縣的十三個公社，四十八個大隊，先後殺害「四類分子」及其家屬共三百二十五人。最大的八十歲，最小的僅三十八天，有二十二戶被殺絕。

自此之後，文革不同程度的殺戮從未停止過。至1968年形成高潮。僅湖南道縣，1968年被殺死的「五類分子」及其家屬（包括老人、小孩、孕婦）就有4519人。還有326人被迫自殺。

以當時中央的權威，以毛澤東的威望，及早發一個「最新指示」，或發一個中央文件嚴禁殺人，是完全可以制止這種殺人風潮的。因此很可能有人在這方面拿捏火候，把握制止殺人的時機。

也不可否認，在這種風潮中，民眾的整體素質，個人的道德素養，有沒有良知、善念，都大有關係。事實上文革殺人的程度在全國很不平衡，有的地區是重災區，有的地方就殺得少。舉例說，我們鄰近有個公社，在這場風潮中一個人都沒有殺。原因是公社書記的母親很善良，長年吃齋念佛。她再三告誡兒子：不許殺人。書記是個孝子，果然遵母命，沒有殺害一個人。產生這樣的悲劇，許多人也都負有責任。全民都值得反思。

文革後，這個公社書記得到表彰。但也沒有被提拔重用。其他殺死了人的公社，書記都不同程度做了檢討，但很少有人被起訴或追究責任。因為這種屠戮都是集體行動，從來「法不治眾」。就是公社、大隊的殺人名單，也是集體議定。所以文革這類罪惡很難得到清算。

整個文革中究竟殺死了多少人？至今仍是個謎。1980年鄧小平對義大利女記者法拉奇說：「永遠也統計不了，因為死的原因各種各樣，中國又是那樣廣大，總之，人死了很多」。國內外研究文革的專家學者統計出來的數字各有不同。根據中共中央黨史研究室等合編的《建國以來歷次政治運動事實》載，1984年5月，中央經過兩年零七個月的全面調查、核實，重新統計的「文革」有關數字是：420萬餘人被關押審查；172萬8千餘人非正常死亡；13萬5千餘人被以現行反革命罪判處死刑；武鬥中死亡23萬7千餘人，703萬餘人傷殘；7萬多個家庭整個被毀。

這應該是個相當保守的數字。

荒唐歲月的荒唐事

　　讀到中國作家馮驥才的一篇文章，憶及文革荒唐歲月一段真實故事。

　　1973年，馮驥才是解放軍某部一個宣傳幹事，在魯西南地區「支左」。一天，有個人找到他，就給他下跪磕頭，請求馮為他伸冤。因為此人知道馮驥才是讀書人，有可能弄清這樁冤案。

　　此人姓李，原是一個小學老師。1965年時因「污蔑醜化領袖罪」判刑八年，剛刑滿釋放。但他認為這是冤案。因他入獄，導致妻子、兒子慘死，家破人亡。

　　事情的經過大致是這樣：李老師在上課時喜歡隨意發揮，也善於講故事。學生們都喜歡聽他的課。1965年是文革前夕，社會主義教育運動已搞得轟轟烈烈。有位教師向學校反映，一次他聽李老師講課，說毛主席當年在瀏陽被白軍追得趴在水溝裡藏身，這是赤裸裸誣衊毛主席。偉大領袖怎麼會被敵人追得趴在田間水溝裡藏身？這是故意歪曲毛主席的偉大形象！學校馬上展開調查，翻遍學生們的書本，查看聽課記錄。終於在一個學生的語文作業裡找到當時聽這故事時記下的一行字：「毛主席藏身水溝，擺脫敵人尾追的機警故事。」

　　這一下證據確鑿，是個「特大現行反革命案」。縣公安局來人把他抓捕，說他犯「污蔑偉大領袖」罪。他當然不服，認為這是為了說明毛主席聰明機警，而且這故事是他從書上看到的。公安局叫他說出是哪本書，他卻怎麼也想不起來了。沒有根據，就是他編的，這是抵賴和頑抗！很快，判他八年徒刑，打入監獄。

　　他的新婚妻子，已懷孕七個月。妻子是個文盲，但她相信丈夫是清白無辜的。就跑到縣裡喊冤叫屈。縣領導說：「你去找，只要你找到這證據，我們就放人！」

　　鄉下女人心實，把這話揣在肚子裡。為了救出丈夫，她於是開始了艱難的找尋證據歷程。她以收破爛撿廢紙為生，到處收尋字紙、舊書。這

時，「文革」已經開始，縣城的小書店裡除去毛主席著作，別的書全沒有；圖書館也封閉了。這女人就到處去找，找有印字的紙。她不識字，拾到紙便請親友或小學生給她念，聽聽有沒有那故事。她一個生活在窮鄉僻壤的婦女，沒文化，哪知世界上究竟有多少書，文字裡究竟都是些什麼。

有人勸她：「你靠揀紙，哪能揀到那故事，你又不認字，天底下那麼多帶字的紙，你哪能都拾來？」可誰也說不動這女人，她依然天天提個破籃子在街上拾。只要發現一塊帶字的紙，就如獲至寶。甚至連在茅房發現一張有字的紙也揀出來，涮乾淨叫人看。天天拾，天天求人念，天天找不著。天天早上的希望在晚間破滅，但她從不灰心。堅信早晚有一天能找到這個故事。時間長了，就變得精神失常，有點瘋瘋癲癲了。

一年到頭，春夏秋冬，雨雪風寒，她從沒有停過一天。孩子小時，她背著孩子拾；孩子大了，她領著孩子拾。但心誠未必能感動蒼天。她整整拾了七八年紙，可就在她丈夫刑滿前半年的一天夜裡，灶膛裡的火，引著了她堆滿屋角的廢紙，著了大火。這女人和孩子活活被燒死了。

但出獄後的李老師這回找到馮驥才算是找對人了。馮驥才看過這故事，而且記得是那本書。當時「支左」部隊還是很有權威的。馮驥才在縣革委會上將問題提出，又坐車趕回部隊駐地找到那本書。

這是一本革命回憶錄，文革前解放軍文藝社出版，書名叫作《秋收起義和我軍初創時期》。打開書，其中一篇就是這個故事《瀏陽遇險》，作者是謝覺哉。寫的是毛澤東在一次赴江西根據地途中，路經瀏陽，為了擺脫白軍追趕，機警地藏身水溝而安然脫險的一段往事。當時縣革委的頭頭們看著這書都怔住了，沒話。只有一個自言自語說：「怎麼謝老會寫這篇東西？」

李老師的冤案得到了平反。但家破了，妻子兒子死了。還有他自己慘痛的八年經歷，那生不如死的噩夢般的苦難。

看了這篇故事，使我想起我自己經歷過的一件事。也是在那個荒唐的年代。

1968年，文化大革命開始「清理階級隊伍」。毛澤東發出最新指示：專政是群眾的專政。各地都傳出有些「階級敵人」被「專政（打死）」的

消息。

　　這一天，我因事路過一個小鎮，見街頭宣傳布告欄上張貼著幾張海報，一群人在圍著觀看。我也擠上前去看看。原來，這是鄰近村莊大隊「革命委員會」貼出的殺人布告。這布告就是一張張大開的白紙用毛筆抄寫，布告上面的幾個名字被用紅筆打了很大的叉叉，表明這些人都已被「專政」（處決）。

　　從人們的議論中，知道這些「階級敵人」都是被群眾用木棒、扁擔、鋤頭柄活活打死的。觀看布告的人臉上表情都很緊張。人們既害怕，又好奇，能看出他們內心都充滿恐懼，但仍然忍不住誘惑。這跟魯迅筆下那些圍觀殺頭的民眾無異。

　　我的心情也很複雜。以我的年紀，我已知道這些事與我的家庭並非毫無關係。家庭出身不很好，父親在單位又因歷史問題被揪鬥，這樣的災難說不定隨時會降臨到我們家裡。事實上當時許許多多的家庭都生活在極度恐懼之中。所以我對這種布告看得很仔細，而且往往看得心驚肉跳。

　　這種布告的形式，大體是前面一條「最高指示」，例如「凡是反動的東西，你不打，他就不倒──」；或「專政是群眾的專政」等等。下面是階級敵人的名字，後面列舉了他們的罪狀。然後是經大隊「革命委員會」、「貧下中農小組」批准，判處死刑，立即執行。凡是名字打了紅叉叉，都已被處死。

　　突然，布告中一行字讓我心裡咯噔一下。那是一個名字叫周湘群的「地主狗崽子」，20多歲。他的主要罪狀，首列第一條的，是「鼓吹唯生產力論，污蔑無產階級革命」。證據是，周犯在他的日記本中寫道：「革命加生產即能解決吃飯問題。」

　　正是這一句話，讓我吃驚得差點叫出聲來。我隱約記得，我在《毛澤東選集》裡看到過這句話。這是毛主席說的啊，怎麼成了反革命言論？我當時的直覺是，這些村幹部們沒有讀過毛選中這篇文章，不知道這是毛主席說過的話。

　　但這個「地主狗崽子」為什麼不會給自己辯白呢？問題就出在這裡。他犯了跟前面故事中的李老師同樣「錯誤」，他自己不記得這話是在哪一

本書裡看到的。那個時代的小青年，都喜歡買個日記本，在裡面抄寫一些格言之類，就是現在的什麼「勵志」語言那類東西。我自己也有這樣一個筆記本，記得也抄錄有蘇聯作家奧斯特洛夫斯基《鋼鐵是怎樣煉成的》中的名句：「人的生命是最寶貴的。當他回首往事的時候，不應該為碌碌無為而悔恨……」這日記本在文革到來時就被我燒掉了。文革中許多人出事都是因為日記本。日記本成為禍根，它不知讓多少人鋃鐺入獄，多少人被打被鬥，甚至賠上生命。

事情經過都能推理出來。在抄家中，抄出來這本筆記本，幹部們從中找到了這句「反革命言論」。奇怪的是，文革已經進行兩年多了，這個叫周湘群的地主兒子為何沒有燒毀他的筆記本？只能這樣解釋：他認為他記的東西都是「正能量」，裡面肯定也記下許多當時政治正確的東西。而且，文革兩年來他們家應該不止一次被抄過，這個筆記本都沒有發現問題。但這一次，被有些「政治覺悟高」的人硬是從雞蛋裡找出骨頭來。這就要了他的命。除了這條重罪，其餘幾條「罪狀」都屬雞毛蒜皮，無關痛癢的，例如「出勤不出力」、「對現實不滿」等等。

我當時確實有種衝動，想找到他們大隊革委會負責人，告訴他們這句話是毛主席說的，不是反動言論！從而還周湘群一個清白。但等我冷靜下來，權衡再三，還是沒有去找他們。因為，一是人已經死了，已經不能救活；二是我自己也不能說出這些話在毛澤東選集裡面第幾卷、哪一篇文章裡，萬一找不到呢？

三是我們家出身不好，他們完全可以構陷我為反革命翻案，加個罪名弄死我（這在當時做起來很容易）。還有，將毛主席的話說成反革命言論，這在當時也可以是死罪，弄不好會有人再為此而死。

事後鄉間有人傳聞，殺死這個地主崽時，很是費事，因他年輕，又身強力壯，特經打，木棒都打斷好幾條，最後，頭、臉都打得稀巴爛，等等。

這種殺人風氣在全國蔓延。我們公社、大隊也殺了一批「階級敵人」。從文革結束後的有關資料看到，湖南道縣在這一年共殺死4519人，其中包括地主、富農及他們的子女、親屬。但文革中全國到底有多少人被殺害，至今無人知道。

　　為此，我心裡一直負疚，因為我的怯懦，沒有去為死者證一清白。幾十年來，這件事每常想起，心裡都覺有種重壓，難於紓解。文革結束後，按理他也已被平反。但人死如灰飛煙滅，對他來說，這些都沒有多少意義了。

　　此後，我的生活也發生許多變化，上大學，工作，出國，奔波忙碌。竟也沒有功夫再去翻閱《毛澤東選集》，去查找那句話的出處。今天為了寫這篇文章，我才在google上查了下（在網絡時代，這變得輕而易舉，不費吹灰之力），這句話出自《毛澤東選集》第四卷，第1511—1512頁，文章題目是〈唯心歷史觀的破產〉。

　　毛澤東的原話是：「革命加生產即能解決吃飯問題乃客觀真理。」

　　這些荒唐歲月裡的荒唐事，現在的人們多不會相信。近年來文革幽靈不散，又有些人在為文革翻案，一些鼓吹階級鬥爭的言論、文章也出現在主流報刊上。如果中國人連如此悲慘的災難也忘記，如此深刻的教訓也不能記取，那只能讓人無話可說了。杜牧在《阿房宮賦》中有段話：「秦人不暇自哀，而後人哀之，後人哀之而不鑒之，亦使後人而複哀後人也！」

　　中華民族的歷史，難道真的要這樣輪迴嗎？

文革五十周年
——必須再來一次反文革

一

今年是中國文革發動50周年；文革結束40周年。五十年後的今天，中國變化天翻地覆。然而，歷經五十年春秋，文革餘毒並未肅清。對文革的爭議一直沒有休止。文革並未蓋棺定論。如今的中國，文革的幽靈遊蕩，文革回潮的陰霾彌漫。在文革五十周年之際，中國政壇波詭雲譎，錯綜複雜，風雨如晦。中國正處於一個關鍵的歷史時刻。中國向何處去，再一次成為焦點。重新討論文革，正本清源，澄清歷史事實，還原歷史真相，徹底肅清文革影響，已是當務之急。

習近平在紀念第二次世界大戰70周年撰寫的文章〈銘記歷史，開創未來〉中引用俄羅斯歷史學家克柳切夫斯基的話說：「如果喪失對歷史的記憶，我們的心靈就會在黑暗中迷失。」

同樣，今天我們對文革歷史的記憶的喪失，億萬心靈就會在黑暗中迷失。重新記憶，再次喚起心靈的覺醒，已經刻不容緩。

雖然事過已經半個世紀，五十年前這場劫難對中國人精神心靈造成的深沉傷害至今未癒，對中華民族文化、道德、思想造成的衝擊、創傷仍在，文革帶來的紊亂和影響至今仍未消除。文革遺害或及千秋萬代。

十年文革期間到底迫害死了多少人，至今難於作出準確統計。

葉劍英在十二屆一中全會後的中央政治局擴大會議上，曾披露文革遭受迫害及死亡人數：（1）規模性武鬥事件，4300多件，死亡123700多人；（2）250萬幹部被批鬥，302700多名幹部被非法關押，115500多名幹部非正常死亡；（3）城市有4810000各界人士，被打成歷史反革命、現行反革命、階級異己分子、反革命修正主義分子、反動學術權威，非正常死亡683000多人；（4）農村有520多萬地主、富農（包括部分上中農）家屬

被迫害，有120萬地主、富農及家屬非正常死亡；（5）有1億1300多萬人受到不同程度的政治打擊，557000多人失蹤。

中共中央黨史研究室等合編的《建國以來歷次政治運動事實》載：1984年5月，中央經過兩年零七個月的全面調查、核實，重新統計的「文革」有關數字是：420萬餘人被關押審查；172萬8千餘人非正常死亡；13萬5千餘人被以現行反革命罪判處死刑；武鬥中死亡23萬7千餘人，703萬餘人傷殘；7萬多個家庭整個被毀。

這些都是官方統計。

在文革中慘遭迫害致死的除大量民眾，還包括中共許多主要領導人及高級將領。如國家主席劉少奇、國防部長彭德懷、開國元帥賀龍、陳毅等。

受迫害的領導人也包括鄧小平、趙紫陽、胡耀邦、彭真、陸定一、薄一波等。鄧小平的兒子被迫害致殘。總書記習近平的父親習仲勳遭受迫害，累及全家，習近平本人曾兩次被關少年勞教所。前領導人胡錦濤、溫家寶的父輩也在文革中受到迫害。前領導人江澤民本人也在文革中被批鬥至休克。

文革中有大量知識分子、文化精英、傑出優秀人物被打擊迫害致死。據統計，在這場迫害中自殺的知名人士就超過數百人。如《人民日報》前總編輯、社長鄧拓、北京市副市長史學家吳晗、著名作家老舍。還有如：儲安平、傅雷、翦伯贊、熊十力、榮國團、聞捷、范長江、楊朔、言慧珠、上官雲珠、嚴鳳英、潘天壽、豐子愷、田漢、阿英、趙樹理、柳青、周立波、何其芳、鄭伯奇、郭小川、蘆芒、蔣牧良、劉澍德、孟超、陳翔、納賽音朝克圖、馬健翎、魏金枝、司馬文森、海默、韓北屏、黃谷柳、遠千里、方之、蕭也牧、李六如、穆木天、彭慧、姚以壯、鄧均吾、張慧劍、袁勃、徐嘉瑞、李亞群、林鶯、沈尹默、胡明樹、王式廓、董希文、陳半丁、秦仲文、陳煙橋、馬達、倪貽德、蕭傳玖、吳耘、張正宇、吳鏡汀、葉恭綽、劉子久、烏叔養、符羅飛、賀天健、彭沛民、鄭野夫、李斛、沃渣、王頌咸、李又罘、張肇銘、李芝卿、馮雪峰、邵荃麟、王任叔、劉芝明、何家槐、侯金鏡、徐懋庸。董秋斯、滿濤、麗尼。蔡楚生、

鄭君裡、袁牧之、田方、崔嵬、應雲衛、孟君謀、徐韜、魏鶴齡、楊小仲、劉國權、羅靜予、孫師毅、夏雲瑚、馮喆、呂班、王瑩、趙慧深、瞿白音等人都在文革中自殺。

這都只是眾多死難者中的一小部分。大量的死難者是普通民眾，他們的名字無人知曉。僅在湖南道縣，文革被屠戮的民眾即達9000多人。這種屠殺手段殘忍，情狀慘烈，令人髮指。在道縣屠殺中，所有「階級敵人」連同家屬子女老弱婦孺全家抄殺，包括幾月大的嬰兒和孕婦。在廣西，有些被屠殺者心、肝臟器也遭烹食。近年來，也有些良知者在收集文革中普通死難者的名字，但相信能統計到的仍只會是滄海一粟。畢竟數十年過去，歲月蹉跎，千萬白骨已成灰。許多當事者、見證人也已逝去。

十年文革中大量的珍貴文物、文化瑰寶被毀壞，大量的傳世典籍、字畫被焚毀，大量的傳統建築、雕塑、碑刻被打碎。孔府、孔廟、孔墓被砸，連華夏祖先炎帝陵墓也被平毀。這些被焚被毀的文物屬天文數字，無法統計，是八國聯軍侵華時掠走文物的千百萬倍。關於這方面，已有人搜集整理出比較詳細的資料，在網絡可以搜索到。

十年文革造成的生產力停滯、經濟倒退，造成國民經濟瀕臨崩毀等等，在此暫不贅述。

而文革對中華民族傳統文化、傳統人倫道德的破壞，對人們精神心靈的摧殘扭曲，更是無法量化，難於估算的災難。學生打老師，兒女鬥父母，夫妻互相檢舉揭發，朋友、鄰里之間互相告密舉報。如此等等。這些都已經澈底打破了人性的底線，踐踏了人類文明的基點，破壞了人倫準則。

所謂的階級鬥爭、鬥私批修、靈魂深處鬧革命等，成為奴役人們思想的符咒。摧殘折磨人的心靈和肉體，澈底摧毀剝除人的尊嚴和自尊，是文革最殘忍恐怖的整人方式。多少人在文革中苦煎苦熬，生不如死。這些災難發生在五十年前，但精神心靈痛苦將會是長期的永遠的。一個民族幾千年建立起來的文化道德體系一旦被毀壞，一旦失去道德底線，必將延禍無窮；一個人的心靈一旦被扭曲，就可能影響終生。中國現在許多人的思維、行為方式，都帶有明顯的文革烙印；中國今天許多社會問題道德問題

的根源，都與文革有關。

五十年後，在21世紀的今天再看文革，只要稍有一點人道情懷，只要有起碼的文明觀念，只要有一般的是非判斷能力，都不會對文革反人性反人道的性質持異議。面對千百萬亡魂，任何為文革辯護的強詞奪理都不值一駁。殺死千百萬人，任何對文革冠冕堂皇的美化都是狗血。在中國和世界歷史上，乃至在人類歷史上，在和平時期發生如此巨大的災難，文革是絕無僅有。文革的罪惡罄竹難書，文革十年是人類史上最血腥歷史之一。

二

四十年前，當毛澤東死去，四人幫被抓，宣布文化大革命結束，中華大地一片歡呼，多少人喜極而泣。以批判文革為中心，中華大地掀起轟轟烈烈的思想解放運動，大量深刻揭露文革罪惡的文章出現在報刊；許多文藝作品都以反映和批判文革為主題。全國人心鼓舞，意氣風發，呈現萬馬奔騰景象。此時的中國存在普遍共識。中國改革開放就是在批判文革、解放思想的形勢下全面出發，造就了今日中國超凡的經濟成果。

人們痛定思痛，深切反思，大徹大悟。舉國上下無人對否定文革表示異議。許多人都信誓旦旦，認為中國人民經歷了文革的巨大苦難，再也不會重蹈文革那樣的覆轍。

1981年6月中共十一屆六中全會一致通過了《關於建國以來黨的若干歷史問題的決議》。《決議》指出，「文化大革命」是一場由領導者錯誤發動，被反革命集團利用，給黨、國家和各族人民帶來嚴重災難的內亂。在中國一黨執政的政治現實中，這就等於在法理上澈底否定了文革。

但是，《決議》沒有從根本上否定文革發動者毛澤東，沒有追究毛應負的責任，而是試圖將文革與毛切割，否定文革——肯定毛澤東。這是一種矛盾的悖論。否定文革而肯定毛澤東，在邏輯上、情理上都說不通，完全與歷史事實不符。此後更沒有將文革罪惡歷史寫進教科書，以警示子孫後代。這就為日後評價文革的混亂埋下伏筆，為文革死灰復燃留下禍患。這也成為中國社會進步、政治改革的最根本障礙。

　　當然，在當年的政治環境下，鄧小平承受了相當的壓力。事實上，文革並非是孤立的事件。反右、大躍進、三年大饑荒乃至歷次政治運動都與文革一脈相承。澈底清算毛將拔出蘿蔔帶出泥，危及中共統治的根基。《決議》既是權宜之計，也屬無奈之舉。

　　1991年夏，在北戴河一次會議上，鄧小平談到這個歷史決議時說：「這樣評是違心、唯心，在這個問題上，說我們是馬克思主義的政黨，我們還不夠格！」他要求「再過十年八年重新評價，時間不夠，再拖一點時間。」

　　兩年之後（1993年1月15日）在上海西郊賓館召開的政治局常委擴大會上，鄧小平又談到評毛問題，他說：「十一屆六中全會上對毛澤東在中國革命中的歷史地位及功過的評價，是受到當時黨內、社會上形勢的局限的，部分歷史是不實的。不少同志是違心地接受的。歷史是我們走過來的，不能顛倒，不能改變。對毛澤東一生功過評價，一直是有爭論的。我對彭（真）、（譚）震林、（陸）定一說了：你們的意見是對的，但要放一放，多考慮下局面，可以放到下世紀初，讓下一代作出全面評價嘛！毛澤東的功過是擺著的，搬不掉，改不了。有人擔心對毛澤東全面評價，會導致中國共產黨的歷史功績被否定，會損害共產黨的領導地位。我看，不必擔心。我建議，對毛澤東一生的評價，可以在我們這一代走後，作全面評價。到那時，政治環境會更有利，執著意見會少些。共產黨人是唯物主義者，對過去的錯誤、過失和違心、不完整的決議作出糾正，是共產黨自信、有力量的表現，要相信絕大多數黨員，相信人民會理解、會支持的。」鄧小平心裡還是明白的。

　　但是時光到了21世紀，事情並沒有如鄧小平設想的那樣。由於「八·九」風波的陰影，鄧的繼任者們為了維持統治的需要（他們害怕人們一旦知道了歷史真相，將動搖統治的合法性），對反映、研究文革和近代真實歷史進行封殺。研究文革、評價文革，客觀評價毛澤東成為禁區。搞真正的歷史虛無主義。與此同時，大量虛假的、似是而非的信息充斥電視電影和書報、網絡，以及教科書中。幾十年洗腦的結果，許多年輕人對文革已一無所知；許多過來人對文革也日漸淡忘。在江、胡時代，將毛澤東有智

力障礙的孫子提升為少將;財政撥款數十億打造毛的故鄉韶山「紅色聖地」。所有這些離正確評價文革、評價毛越走越遠,離正視真實的歷史越來越遠。薄熙來的「唱紅打黑」正是在這種氣候環境下的產物。

習近平上任後,提出「兩個30年不能互相否定」論,他的本意可能是想平衡左右,但客觀上助長了文革的回潮。

時至今日,文革的幽靈又在中華大地遊蕩,文革回潮的妖風陣陣,真實情況令人驚心動魄。一些公開的網站大張旗鼓為文革辯護,為江青、四人幫翻案,攻擊污蔑改革開放的方針路線(矛頭實際也對準執政當局)。他們公然在清明節給江青上墳祭拜,發表文章美化江青、四人幫。也有些毛左在各地公開集會,搞演講和紀念活動,為文革、四人幫招魂。他們並對那些持不同意見者施以暴力。一些刑滿釋放後的文革餘孽四處招搖放風,毫不收斂。他們所有這些活動都打出毛的旗號,毛成為他們的思想資源和政治靠山。

造成這種現象的另一主要原因,是因為改革的不徹底,沒有進行政治體制改革。這種改革的確帶來許多社會問題,如官員專權、貪污腐敗、貧富兩極分化等。醫療和教育改革的失敗也是源於政治體制改革的缺位。不少民眾在這種社會現實面前思想迷惘和困惑,完全忘記了文革的深沉苦難,容易被煽起不滿情緒,錯誤地懷念文革和赤貧年代的平均主義,重新追尋那曾經給他們帶來深沉災難的烏托邦。他們沒有意識到今天腐敗層出不窮恰恰是政治改革不到位、權力不受限制的結果。他們也不瞭解文革中大量存在權力腐敗的事實真相。這些人紛紛叫嚷要「再來一次文革」,成為文革翻案者的重要群眾基礎。

必須指出,因為缺乏透明資訊,沒有公平公正的理論平臺,就是一些自由知識分子,研究文革也出現許多誤區,有些觀點近乎荒謬。如,有人提出什麼「人民文革」論;有人論證文革中的「自由民主」,等等。所有這些謬誤都不符合客觀事實,對否定和清算文革造成混亂。

文革中的所謂「四大自由」,實際上是在極權操控下的一種騙局。文革時期大量事實表明,誰要是在大字報、大辯論中有觸犯毛澤東、林彪、江青的言行,必大禍臨頭,重則死刑,輕則坐牢,還將株連家庭親人、朋

友。文革中因此而獲罪的不下千人萬人。文革時期所有集會、結社都在專政控制之下,都只能在維護毛思想路線的範圍框架中進行。否則就視為反革命。這是典型的法西斯專政,與真正的自由民主毫無關係。

文革前期確也批鬥了一批「走資本主義道路的當權派」,客觀上為長期受壓迫的民眾泄了憤。但這些都是毛澤東權力鬥爭(為打倒劉少奇等政敵)的需要,是一種陰謀策略。這絕不是什麼「民主」(這種批鬥也多採用暴力)。事實上這些「走資派」大多數很快就恢復權力,整個體制結構、性質並沒有任何改變。而許多重新掌權後的當權派都對參與造反者秋後算帳,瘋狂報復。受害的仍是民眾。

當時的人民根本就沒有任何自由。人們提心吊膽,道路以目,動輒得咎。就是在親人面前也不敢隨意吐露真實思想。戶口、檔案、糧食配給製成為枷鎖,限制了人們起碼的自由。那時的中國根本沒有流動、遷徙自由。連出差、探親都要出具證明。有些地方農民趕集也要開路條。整個中國就是一個集中營。

還有些人認為毛澤東發動文革的動機是反修防修。應該說毛有浪漫的革命情懷,也不能完全排除他有江山變色之虞。而事實上文革前的中國政治局勢相當穩定。但毛有嚴重的帝王思想,兼有封建帝王特有的精神疾病——疑心臆想症。他所謂反蛻變的實質,是防篡位,防失去權力。防蛻變、反修防修只是權力鬥爭的藉口。毛澤東發動文革最主要動機是為了排除異己,涉嫌泄私憤、打擊報復(毛曾被迫在1962年「七千人大會」時為大躍進錯誤檢討,因此與劉少奇結怨)。如果毛真的是出於公心,為「反修防修」而搞掉劉少奇,那麼在劉已經下臺、完全失去權力後,目的就已達到。此後對劉少奇、彭德懷等駭人聽聞的肉體摧殘精神折磨就已沒有必要,也不近人情人理。這種迫害與什麼防「蛻變」、「反修防修」已經沒有任何關係。

也有人將文革罪惡發生歸咎我們民族的素質。這更是本末倒置。必須承認,人性有善的一面也有惡的一面。每個人都必須對自己在文革中的行為表現作反思並承擔應有責任。文革畢竟是通過不同個人才能實施。但文革的發動者正是利用人性的弱點,將人性中的邪惡集中誘發出來,鼓勵縱

容這種邪惡，並將這種邪惡發揮到極致。主要的責任當然是文革發動者組織者。任何民族在獨裁統治特殊環境下都有可能被人蒙蔽利用，走向邪惡。以德國民族為例，這個被公認為相當理性的優秀民族，在二次大戰中即被希特勒法西斯煽動縱容，整個民族捲入成為兇殘的戰爭機器。污染、糟蹋了這個民族，還要將責任推給這個民族，還有更荒唐無恥的嗎？

在文革結束後的1980年代，中國報刊許多文章普遍稱文革為「封建法西斯專政」。這個定義是比較準確的。文革歷史就是一部殺人史、整人史、喪心病狂的迫害史。面對千百萬亡魂，面對數以億計被迫害、精神心靈遭受痛苦折磨的民眾，無人能給文革翻案。文革回潮絕不可能得逞。中華民族如果不能從文革災難吸取教訓，如果重蹈文革覆轍，將萬劫不復。

文革唯一的正面意義，是在客觀上讓遭受深沉磨難的中國人覺醒，認清專政制度的本質。文革對共產意識形態的解構起到催化劑作用。但是要真正走出迷局，擺脫思想桎梏，還有很長的路要走。不澈底否定文革，不全面正確評價毛，中國就不能實現真正的自由民主，就無法建立起真正繁榮富強的國家，中華民族就不能以文明的正面形象屹立於世界。

陸揚烈

作者簡介：

　　陸揚烈，1931年生於浙江平湖。從杭州教會之江大學參軍，當過十五年文藝兵。中國作協會頁，上海戲劇家協會會員。上海市文化局高級編劇職稱。1994年移民澳洲，定居墨爾本。曾任第二屆大洋洲文聯主席、維多利亞州華文作家協會會長。2010年出版《陸揚烈文集》（九卷），四百多萬字。作品在國內海外數次獲獎。

誰也完不成的任務

「轟——隆隆！」從外蒙古溫多爾汗荒原送來這聲墜機巨響，對我這個被踢出文藝界，逐在一片「褲襠」的臭老九，竟然帶來做夢也夢不到的「光榮」。

「文革」前一年，我從軍隊轉業在上海作家協會《萌芽》月刊當編輯。板凳剛坐熱，不可一世旳紅衛兵和工總司造反好漢們，就自帶漿糊桶氣勢洶洶殺來，把主樓兩扇玻璃大門，左右嚴嚴實實貼上鬥大黑字「廟小妖風大」、「池淺王八多」。妖婆旗手詔囂：「從國際歌到樣板戲，中間一片空白」。陰世秀才張春橋對巴金為主席的上海作協，和袁雪芬為院長的上海越劇院發毒旨：「你們抓緊鬥批改，為儘早消滅自己而奮鬥！」在如此無產階級專政的鐵掌下，誰還會不知死活膽敢寫作！連偷偷看一本昔日的中外名著也屬罪行，一旦被揭發，必被批鬥狠觸靈魂不已。

在大院內，被專政挑動起的人鬥人活劇，演了兩年，除極少數「爪牙」、「打手」外，所有臭老九們通通趕下海邊「五七幹校」。大院被《海港》樣板劇組堂而皇之霸佔。「幹校」仍屬文藝圈，顯然不是「乾淨」、「澈底」、「消滅」之措施。第二年的炎夏，張秀才撐起一杆「戰高溫」紅幡，沿用土改「掃地出門」加上澈底分散之術，將「接受貧下中農再教育」肯定沒教育好的學員，驅至大大小小工廠，「接受工人階級再教育」。自然是戰完高溫戰低寒，年年續戰「高」和「低」。這具上海特色之再教育法，立杆見影的大勝利是，文藝界從此「純潔」了。

已寫入黨章的接班人，一夜之間由林副統帥驟變成死鬼林賊。一年後的某天，我做早班。上常日班的廠黨支書顧，到車間裡找我，態度空前和藹，說：「陸師傅，馬上到局寫作組去接受光榮任務。」這真使我吃驚不小，又驚又不安，一時難測禍福。福是不敢冀望，那禍，會是什麼呢？在去局裡路上，滿腦子全在捉摸這「光榮」任務，究竟是咋會事？我不斷安慰自己，盡往好處去想。既是「光榮」，至少不會叫我再寫狠觸靈魂之類

的自我反省自我批判的文字吧。但過去發表的「毒草」太多了，竟然還結集出書，罪孽自然更深重。已散布出去的毒素，是清除不幹淨的。毋須到「秋後」，需要時隨時隨地挖出來繼續批判之。我不能不時刻警惕，時刻作好充分思想準備的。更須明白，叫我去的是局寫作組——化工局專寫大批判文章的機構。實際是市革會寫作班「丁學雷」（坐在盛開丁香花聞名的丁香花園裡學雷鋒的筆棍小集團）、「石一歌」（由十一條年輕筆棍組成）黑旗下的分機構。我越想越不安。這時，顧黨領導的和藹臉龐浮上腦海。他顯然知道這任務的內容，是不便由他對我講，還是要由局裡直接佈置。還有，他以往叫我「老陸」，剛才是第一次稱「陸師傅」，看來也是個好兆頭。在那年段，工人最吃香，稱「師傅」比稱「同志」還過硬哩……從廠裡到局裡，先坐無軌電車，再換公共汽車，至少得一個半小時。我在這一個半多小時擁擠嘈雜的旅程中，不停的自我折磨，懷著劇烈震跳的心，終於第一次跨入化工局機關大門。

「你的任務，是寫個小說。」

我以為自己耳朵出了狀況，看著開門見山發號令的局寫作組組長發愣。他自顧自說下去，「最好是長篇，至少要七，八萬字以上，要能弄成個單行本才行。大力宣傳毛澤東思，在戰『三廢』領域裡教育大家。審查通過後，局裡負責出版。」

真是天上掉下餡餅囉?!我哪敢就此相信。雖然，1972年開春以來，文藝界已有死灰復甦氣象，已有幾位在工廠的工人作家（當年，持有作協會員證者，就算「作家」），在報紙副刊上發表小說散文。還聽說有進入「三結合」班子寫長篇小說的。我頗有自知知明，雖在工廠做工，但永遠不會被認承是工人階級一員。那怎麼為挑選我呢？

組長（至今我不知他姓甚名什）好像看明我心中疑慮，他說：「你們中華廠沒有寫過小說的。」

這麼說，是要寫中華化工廠的故事。我從來沒有寫過工廠，連工業題材也不曾碰過。這任務確實「光榮」，可我怕難……

組長見我一臉難色，他鼓勵式地笑笑，說：「別擔心，三結合班子已替你搭好。局裡已給你準備不少有關資料。放心好啦。」又說，「局裡和

你廠裡研究好，你不再翻三班。做常日班。就在辦公室裡寫。需要時，想在家裡寫，向顧書記請個假，就行。」

當年，有新發明的寫作妙法：領導出思想，群眾出材料，「作家」出筆桿──所謂的創作三結合班子，正在風頭浪尖越演越烈越紅火。但說這一新發明能保證又好又快寫出又紅又美的作品，就只有天曉得！

這隻餡餅怎會掉在中華化工廠？

試用戰無不勝的「一分為二」法，來說說看：

有著堂堂廠名的國營中華廠，從黨一把手到看門老頭，在編不滿百人。不只是化工廠最小，在全市國營廠中在編人數也排最末尾。這不是什麼糗事。嚴重的是廠的座落地。上海人把市區各處段，以房屋建築質量設施優差居民貧富，分為所謂「上隻角」和「下隻角」。中華化工廠所處的「藥水弄」，什麼「角」也挨不上。它是上海市區最大最雜最髒，而且常飄散有毒氣體的棚戶區。早早年，英帝國主義在此造硫酸廠，從蘇北招收一批貧窮農民，他們在廠的東西南三側（北瀕把市區一分為二的蘇州河）無人願待的荒地上，用竹子草簾破布搭起棲身棚，工作穩定後，把老婆孩子接來安家。廠子擴大，還有形形式式設備簡陋作坊式的造紙廠，肥皂廠，木板廠……相繼出現。由蘇北農民轉業的工人階級的不斷增多，隨著迅速擴大棚戶人家，加上必定相配的米店，煤球店，雜貨店（上海慣叫「夫妻老婆店」），熱水店（上海慣稱「老虎灶」），小飯鋪，大餅油條攤……等等生活設施。這個外界人氏無事絕不光臨的棚戶區，因是製造有毒硫酸起步，被老百姓取名「藥水弄」。之後擠入的中華化工廠，被該區居民形象地嘲笑為「褲檔廠」。因為，若是從半空鳥瞰，廠區確像一條貼地的長腳褲，兩隻褲腳之間，住著十三家居民。褲腰緊貼著黑如墨水發出奇臭的蘇州河。

中華化工廠單一產品，屬於烯胺類添加劑。對此，我一竅不通。我曾請教教我操作的嚴師父，這產品的用度。嚴師父會唱還會編蘇北地方小曲，頗具文藝細胞，他形象通俗易懂地告訴我：「好比做饅頭，用麵粉加水還要發酵粉，蒸出來的饅頭好壞，決定在發酵粉的質量和份量。塑料製品的軟硬韌脆，質量好壞，決定在我們生產的添加劑的質量和份量。」師

父這一講授，幫助我這門外漢，在實施「光榮」任務時，不懂充內行化開去做了不少文章。

中華廠不生產硫酸，但需要大量硫酸，還需要大量的二氧化硫。這兩種有毒東西，在生產過程中混在一起，不小心洩漏出去，等於放毒氣彈。而設備再好的化工廠，跑，冒，滴，漏是很難免的，何況車間裡的「木柱像肉鬆，石塊長花臉」設備老掉牙的中華廠呢！

化工廠除機器大修，機器沒有暇日，操作工輪休。人休機器不息。前些年，被周圍居民恨之入骨的「褲襠廠」，廠頂日夜黑煙滾滾煤屑粒隨風飄灑，兩股散發嗆人怪味的黑水日夜不息灌入蘇州河，狹小的廠區到處有有毒的廢渣，真是「三廢——廢氣廢水廢渣」高度集中地。民憤積聚到爆發點時，就有自發組成的群體衝進廠，曾有人把大哭大吵的孩子放在廠長辦公桌上索命……。

眼看這廠開不去了。俗話說，窮則思變。越窮越想變，急則也想變，越急越要變。為了生存，中華廠真到了急到不可不變的境地。全廠職工最恨也最怕的是主車間裡那六隻金屬反應釜。鋼鐵也難擋死跑冒滴漏。廠裡多次最嚴重明的禍事，都是它們六個相繼闖出來的。那次，其中一隻，乾脆膨出一條裂縫，傷了操作工，引發居民同敵愾般大討伐。到此絕境，再也不管局上級批不批准，全廠停工！對這些金屬釜已絕望，可不可能用別的材料代替？這時，塑科廠推出一種工業用的特厚防腐塑料板新產品。能不能拿來替代金屬釜呢。有似逼上梁山，決定試試。首先要解決塑料電焊技術。於是，選出八名剛滿師的女藝徒，到電焊廠去學電焊技術。學會回廠，還得將焊接鋼板轉變到焊接塑料板上。初生之犢膽包天，幹勁十足，幾經折騰，焊接技術成功。焊成一座塔形小反應釜塑成，注入液體原料，灌進兩種有毒氣體，冒著或會爆裂出更大災禍之險，提心吊膽守候著。

眾多職工，特別是來自蘇北農村的老師傅，多數是黨員，但心靈深處卻都有一尊救難救苦大慈大悲的觀世音菩薩，在這生死攸關關頭，人力難以掌控之時刻，唯有求助自己最虔敬的神靈。都默默無言心中叨唸佛號……啊！菩薩顯靈了！

試驗成功啦。而且，塑料塔生產的產品，經化驗所獲的各項指標，都

優於金屬釜的產品。

於是，打著紅旗捧著寶像敲鑼打鼓，直奔局裡報喜。當然是又一個戰無不勝的毛澤東思想偉大思想成果。工人師傅們的智慧和努力（包括其中起關鍵作用的兩位年輕技術員和還在邊監督邊勞動的留洋歸來的老工程師），在不斷為自己改善生產技能和環境中，發揮出更大的才華，兩座高七米永遠代替六隻金屬釜的銀色塑料反應塔，巨人般屹立在修繕一新的主車間。產量增加百分之三十。透過直徑三十公分的玻璃視鏡，在塔內特殊強光照射中，看到清洌淺藍色海水般的液態原料，被塔底不停衝上來晶瑩的泡泡微蕩著，彷彿有一群還沒遊上來的熱帶魚在嬉耍。

我剛進車間時，對這塔只是好奇而已。現在上馬要寫它，在為它展開採訪，瞭解它的歷史後，發覺自己對它有了意想不到的興趣。興趣中總含有感情成分。認真仔細深入想來，這種從未有過的感情，並不是產生於塔，而是造塔的人。我自離開學校參加工作，直至所謂的「工人宣傳毛澤東思想隊員「進駐專政，才面對面接觸到工人老大哥。心中只有高度警惕，提防，以及藏在心底暗暗的恨。可現在，我對他們有的是欽佩，敬意。身為一名翻三班的操作工生活在廠裡，我才明白，真正在生產戰線上勤懇工作的人，哪個廠領導都不肯放的。那些吊兒浪當能言善道鑽營取巧拒做三班的人，最適合也樂意做「工宣隊」的。但他們絕不讓步的原則是，人不在工廠，每月在崗位上的工人獎金，必須照領。

作為國家領導階級，也必須一分為二的了。因而，使我對採訪產生更多的興趣。我的這種藏不住的心情，也一定感染了他們。在進一步閒聊式採訪中，他們使我非常感動地說出有第三者在場時絕不會說的真鈷。如，主宰心靈真真的「神」的是什麼。還有兩件事，我永遠不會忘記：一是，教我操作的嚴師父，他是位忠厚老實的人，他要入黨了，必須寫份入黨申請書。找我代筆，談到入黨動機，他非常為難地說：」我是為我兒子想進重點中學，將來能進市區國營大廠。還有，就是，能分到套有煤（氣）衛（抽水馬桶）的新公房。「他家三代住在難擋狂風暴雨的自搭棚屋。這是人之常情。嚴酷的現實確實如此。我的師父說的是實實在在真話，但誰都明白絕不可以如實寫出。「你說怎麼寫才好？」我師父愁得很。我安慰他

說，「別人都怎麼寫，我替你學著樣寫好了。你放心！」要錯大家都錯，大概那錯就不算錯了吧。果然，嚴師父順利如願了。我為我師父做好這件事，心裡也很坦然，因為他還告訴我，對他很好的村支書，動員他寫申請書時，曾關懷地說有：「老嚴啊，你家的居住條件確實也應該改善一下，現在正有一個單元配給我廠，盯著它的眼睛不知有多少雙。你快寫份入黨申請書。」不正常的事早就成「正常」了。黨的二把手著有名篇《論共產黨員的修養》，有「入黨做官」之論。不入黨自然不能做官，而官，自然事事要走在前的，分配新住房是最最當務之急。黨員優先，順理成章，歷來如此，不必為此大驚小怪。

我開始動筆。基本上以中華廠為基點，已在我心中活躍起來的工人師傅們為模特兒，依靠局裡提供的大量資料，拼拼湊湊，故事構成。前後近十個月，總算有了個初稿。算算字數倒是夠了，可質量呢，我不敢多想。看看工人文化宮組織的工人寫作班剛出版的合集，拿來比較，可說是難兄難弟。而且，我這是個初稿，準備反覆修改就是。先交上去，完成這「光榮」任務的第一步。

五個多月後，我奉召再次去局裡。寫作組組長態度平靜而嚴肅，先說了些不痛不癢的鼓勵話，然後一言定音：「我們鄭重研究過，你這個文章，沒有寫出戰無不戰的偉大毛澤東思想在戰『三廢』中的無比威力，和輝煌成果。」

我嚇出半頭冷汗。忙拿出準備好的筆記本，裝出十分認真的樣子，低頭記下來。接著，他滔滔不絕指點我如何修改。大體上是說，偉大領袖毛主席，前後在八次重要會議上，發出指示：一定要戰勝「三廢」之害，為人民造福。「八次啊！這是我們戰勝『三廢』威力無比的精神原子彈！你一定要寫出這最重要的要點。」

他接下來大批判式的修改指導，竟是：「戰『三廢』，本質上是一場社會制度你死我活的鬥爭。資本主義制度下，資本家是不顧老百姓死活的。他們為賺更多的錢，生產產品多了，『三廢』也多。他們絕對不會把錢花在治理『三廢』上的。我們社會主義國家，毛主席最最關懷人民的健康，所以，我們國家必定戰勝『三廢』……」他邊大批萬惡的資本主義制

度,邊拿出兩張新聞照片示眾:

一張美國密西西比河全景。文字註明:因嚴重污染,魚都死絕,鳥都逃光,沒人再敢下河游泳。

另一張日本瀨戶內海,海水被污染得如一鍋泥漿。

確實可怕!

聆聽完教,我必得表態,回去努力寫出第二稿。

走出局大門,我腦袋有點迷糊,邊走邊想,自己也不知道在想什麼。走近蘇州河時,迎面次來一股風,風中深含河水散發出那種怪臭。我立時想起「大紅人」陳阿大,工總司僅次王洪文的大佬,官拜上海市革會工業口「沙皇」。這個在辦公室裡踢足球的流氓兼打手,也曾在大會慷慨激昂揚言:「我們要狠滅『三廢』,先用一年時間,治好蘇州河。一年後,河水還黑還臭,我陳阿大當眾下河從南岸遊到北岸!」如今,六年過去了,蘇州河水更黑更臭了!

我這「光榮」任務,若請來最最忠於毛主席的大文豪郭老前輩,怕也完成不了的!

幸運的是,修改稿還在不知如何下筆,鄧大人出山了,大批老幹部官復原職,大抓生產。此類大批判式的「小說」,局裡也暫不問津。之後,又轉向批鄧。直至局寫作組消失,我的「光榮任務」,也澈底「光榮」了!

不久,那兩張新聞照片的玄機也弄明白了。都是在三十年代拍攝,在我們對它們進行大批判時,那條河裡魚又有了,水鳥也都已歸來。那內海的水也在澄清中。

喬尚明

作者簡介：

　　喬尚明，筆名霜葉，遼寧鐵嶺人。機械專業教授級高級工程師。畢業於東北工學院機械系。畢生從事煤炭科學研究和科研管理工作。退休之後師承錢璱之老師學習古典詩詞，現為中華詩詞學會會員、常州《艤舟詩社》顧問、雪梨詩詞協會會長、《南瀛詩薈》主編。最近其個人詩集《霜葉詩稿》付梓。

　　晚年以詩為樂，以詩為業，以詩實現其人生價值。近年來一直在雪梨為漢學愛好者開辦義務詩詞、古典文學講座，以傳揚中華文化為己任。

無法無天
——一件刻骨銘心永生難忘的往事

　　時光回溯到1966年新秋，神州大地正處在史無前例的無產階級文化大革命風雷激盪的歲月之中。唐山雖然也成立一些紅衛兵組織，尚未進入「奪權」的階段，分院內開始出現一些大字報，但是一切工作仍然正常進行。當時我在煤炭科學研究總院唐山分院任職。因工作需要，單位派我到北京煤炭工業部技術司出差。

　　到達北京次日晨，我匆匆趕到位於王府井南口長安東大街的煤炭部辦公大樓。走進門感覺有些異樣。樓門大開，進樓的人群熙熙攘攘，門衛根本不辦理登記手續，人群中有很多佩戴紅袖標的年輕人。我懷著忐忑的心情登樓來到技術司。發現技術司的人們三五成群的在一起議論，沒有人坐在辦公桌前辦公。技術司是我單位的業務主管部門，我曾來過多次，也認識一些人。他們對我的到訪也頗感意外，一位熟人問到：老喬，你怎麼來了？我說：出差啊！他說：你們單位沒有停產鬧革命？還來北京出差？那你來巧了，等一會參加我們的批鬥大會吧。我問：是誰組織的？批鬥誰呀？他說：是北京礦業學院紅衛兵「東方紅」組織的，批鬥生產司牛司長。

　　幾句話震撼得我目瞪口呆。這是怎麼了？紅衛兵只不過是幾個在校讀書的大學生，竟然可以在煤炭部機關發號施令召開「批鬥會」，而批鬥的對象竟然是生產司司長。不言而喻，生產司是煤炭部機關中最重要的部門。煤炭產量不僅影響國家計劃經濟的指標，而且直接影響億萬百姓的日常生活，為什麼幾個年輕的紅衛兵就可以在這裡為所欲為呢？看起來北京和唐山的革命形勢差距太大了，我的觀念也實在跟不上形勢的發展了。出自好奇心，我問道：我可以參加嗎？他說：沒問題，等會一起走，你就坐在技術司的隊裡就行了。我懷著惴惴不安的好奇心，跟隨他們一起參加了這次不同尋常的批鬥會。

　　煤炭部大禮堂人滿為患，主席臺上和主席臺兩側站滿了佩戴紅袖標的紅衛兵。主持大會的是一位年僅二十歲左右的女紅衛兵，顯然是「北礦東方紅」的領袖。她首先宣布：把走資本主義道路的當權派牛某某（名字記不清了）押上臺來！兩個紅衛兵小將反剪著牛司長的雙臂將其押上主席臺。緊接著批鬥大會開始，有四、五位發言人陸續登臺，批判的調子越來越高，越來越上綱上線。大會主持人向全場發問：牛某人錯誤如此嚴重應該如何處分他？有人回答：開除黨籍！又有人高喊同意開除黨籍。大會主持人當場宣布：請部黨組成員馬上到主席臺上來，馬上召開部黨組臨時會議，討論研究開除牛某人黨紀問題。真是一呼百應，批鬥大會暫停，部黨組成員們紛紛走上主席臺，站立在主席臺上召開部黨組臨時會議。大約二十分鐘後，臨時黨組會結束，一致同意開除生產司司長牛某人黨紀。大會主持人要求部黨組成員逐個向大會表態。於是黨組成員們紛紛表態：牛某人錯誤很嚴重，同意開除黨籍。經過清點票數，發現缺少一票。因為當時煤炭部領導班子已經靠邊站了，只有李建平副部長主持工作，他沒參加這場批鬥會。大會主持人馬上喊話：李建平副部長馬上到大禮堂主席臺參加部黨組臨時會。不久，李建平副部長匆匆登上主席臺。說明原委後大會主持人要求李建平副部長立刻向大會公開表態。李副部長沉思片刻說：牛司長錯誤很嚴重，為了給他一次改正錯誤的機會，我同意給予留黨察看處分。這一與眾不同的表態惹怒了大會主持人，她厲聲說道：好你個李建平，不要以為自己沒有問題了，你的問題還沒有同你清算呢！一瞬間，批鬥大會的目標又轉向了李建平副部長。

　　也許是巧合，臺下傳上來一張揭發李建平的紙條。李建平副部長在主持工作時，為了防止外部紅衛兵小將衝擊煤炭部大樓，曾組織部機關的年輕人成立紅衛兵組織在煤炭部大樓門口輪流值班。當時誰都不願意承擔這項工作。李副部長動員他們時講了一句「共赴國難」。大會主持人見此紙條如獲至寶，根本不進行調查核實，當場宣讀了這一揭發材料，緊接著就帶領全場高呼口號：打倒現行反革命分子李建平！幾位紅衛兵小將衝上主席臺，將李建平按到在地，反剪雙臂，面向群眾跪在主席臺上。並將一塊墨跡未乾的「打倒現行反革命分子李建平」牌子掛在了李建平的胸前。批

鬥大會在「大海航行靠舵手」的歌聲中結束。我膽戰心驚、滿懷愁緒和大家一起默默地離開了會場。

如果從政治迫害的層面來分析，這次批鬥會還屬於初級階段的案件，比起煤炭工業部正部長張霖之在文革中被迫害致死案堪稱小巫見大巫。

張霖之（1908年－1967年），原名張福筠，又名張朝明，河北南宮人，中華人民共和國第三機械工業部、煤炭工業部部長。文化大革命期間首位被折磨致死的部長級官員。

張霖之部長被折磨致死的地點正是北京礦業學院的紅衛兵組織「北礦東方紅」私設的牢房中。當然，紅衛兵小將只是打手，背後的真兇是江青等四人幫。在審判江青的法庭上法官以事實為證據，三次追問張霖之部長之死是否與她有關，江青也不得不承認她有責任。

據《中南海風雲人物沉浮錄》記載，文革初期張霖之部長主持部黨組民主生活會時受到無端的惡意攻擊，說他曾經說過：「第一任皇帝都很厲害，秦始皇是第一任，毛主席也是。」這是惡毒攻擊偉大領袖毛主席。然而參加那次會議的全體同志除了他都可以證明，張霖之從未說過這些話！為了保護脾氣耿直的張霖之，讓他脫離是非的漩渦，他的夫人李蘊華寫信給周恩來總理，請求中央允許張霖之到外地休息一段時間。9月2日，經國務院主管工交口的負責人批准並報請周恩來總理同意，張霖之暫時離職休養。當天，他踏上赴大慶油田的列車。

樹欲靜而風不止。「中央文革小組」盯上了張霖之。1966年11月，「中央文革小組」的碰頭會上，康生手持一大堆材料，說有人揭發張霖之反對毛主席，並肯定地說張霖之是彭真圈子裡的核心人物，是彭真的死黨。江青、葉群等人也跟著附和，表示同意康生的說法。張霖之的問題就這樣簡單地被確定下來。

幾天後，江青親自接見北京礦業學院的「群眾代表」，煽動他們造反：「你們剛才問到張霖之，我可以明白地說，他不是我們的人，是彭真的死黨，也可以講是私黨，就是親得很吶！小將們，你們一上陣，真是摧枯拉朽，就可以把他和支援他的中國赫魯雪夫打倒呀！呵，呵，我們支持你們。不過，我要聲明，誰要與我武鬥，我一定自衛。我們要把張霖之這

些走資派批倒批臭批深批透，批得他就像當年的托洛斯基一樣臭！」

　　不久，在大慶的張霖之接到了讓他立即返京接受群眾教育的電報。回到北京後，張霖之服從黨組織的安排，去北京礦業學院接受「群眾的批評教育」。經過長時間的殘酷折磨，1967年1月21日晚六時，張霖之部長慘死在關押他的私設牢房裡。

　　據《網祭網》報導，周恩來總理是在張霖之慘死之後才得知消息的。極度悲憤之中，周恩來眼含淚水，拿著張霖之遍體鱗傷的照片，激憤地質問造反派：「你們把張霖之部長扣押40多天，不讓他回家，也不向我報告，批鬥幾十次，刑訊逼供，是誰給你們的權力？別說對一個部長，就是對一個普通老百姓也不能這樣啊！如果連一個部長的生命安全都沒有保障，國家還有什麼希望？真是無法無天了！」

沙予

作者簡介：

　　沙予，原名許德政，福州人，1933年生，1951-1956年任職於中國人民銀行柘榮支行。1960年廈門大學中文系畢業。1964年春復旦大學中文系研究班畢業，旋被調入北京中國科學院文學研究所，從事中國古典文學研究。1979年冬離開文學研究所赴澳大利亞雪梨定居。著有雜文隨筆集《醉醺醺的澳洲》和《海角夢華錄──釣翁澳洲手記》。

文革憶趣

佛洛伊德說：「痛苦的回憶易於導致潛意識的有意遺忘。」這道理，中國人最明白。中國的革命家所以一再要人們憶苦記恨，吃豬飼料般色香味俱糟的「憶苦飯」，其原因蓋亦在此。

達爾文認為，人類的記憶亦傾向存同汰異。與己見相左的事實和思想，較之與己意相符者，遠為容易被遺忘。

錢鍾書先生關於記憶的一段話，更使人感到被擊中要害般的痛切。他為夫人楊絳的《幹校六記》所作的「小引」，不欲人記仇念恨，卻勸人們，尤其是在政治運動中充當旗手、鼓手、打手的一類人，應當記愧。他寫道：「按道理說，這類人最應當『記愧』。不過，他們很可能既不記憶在心，也無愧怍於心。他們的忘記也許正由於他們感到慚愧，也許更由於他們不覺慚愧。慚愧常使人健忘，虧心和丟臉的事總是不願記起的事，因此也很容易在記憶的篩眼裡走漏得一乾二淨。」

錢鍾書所針砭的這種強勢群體所共有的失憶症候，是解放後重複出現冤枉好人，殘害無辜的一大原委。不幸的是，至今人們仍找不到有何神針妙藥，可以救治那些被鬥爭哲學極度硬化了的鐵石心腸。

文革已過去三十年了，傷心事也好，虧心事也好，似乎已一一化作輕煙，從我的腦海淡出。唯獨文革中所見所聞所傳聞的一些趣事奇談，雖不思量，偏自難忘。有些我已於過去寫的蕪文中敘及，今補記數則，希望過來人在回首前塵時，或可一展愁苦的雙眉。

封建士大夫

文革時強調，大批判應以工農兵為主力，而中國科學院偏乃臭老九紮堆之地。故文學研究所，每次開批判會，主持人總要從司機、木工、臨時工，或由部隊轉業的行政人員中，強拉幾個出來發言，而發言稿則多由臭

老九代筆。發言人因識字不多，唸稿子時不免讀錯字。如把「鳴鑼開道」唸成「鳴道開鑼」；「反戈一擊」唸成「反擊一戈」；「紅裝素裹」讀成「紅裝素裏」有人甚至把「狗屎堆」讀作「狗尿堆」。

在批判吳世昌教授的會上，有人把「封建士大夫」讀作「封建土大夫」。吳聽了大樂，會後，他對人說：「我未曾當過一天赤腳醫生，居然也成了『土大夫』了。」

又有一位從部隊轉業的老幹部，把「經不起嚴峻考驗」，唸成了「經不起嚴酸考驗」。一同事打趣他說：「你是否成心要把人嚇死？洗廁所才用鹽酸，你說誰能經得起它的考驗？」

有一次，甲同事指著乙同事開玩笑道：「你是個紅裝素裏，為復辟資本主義鳴道開鑼的封建土大夫！」乙同事立即反唇相譏道：「你則是假裝反擊一戈，卻經不起鹽酸考驗的狗尿堆。」

你還敢抵賴

中科院文學研究所詩人荒蕪所作《牛棚抒懷》，有句云：「莫道低頭非好漢，可憐掃地盡斯文。」乃當時實寫。文學研究所的六號樓和七號樓之間，原是一塊空地，長著幾棵兩層樓高的老槐樹。一日，紅學家俞平伯與幾位牛棚棚友，正在樹下掃落葉，一打雜的工人突上前屬聲問道：「俞平伯，你老實交待！《紅樓夢》是不是你寫的？」俞平伯先生平時說話有點結巴，此時更忙不迭地連連搖頭道：「不，不，不……」、「你不老實！毛主席都說是你寫的，你還敢抵賴！」俞平伯心知不應承認，也不該否認，只好似點非點地低了低頭。

頂峰之終極

平素下筆如有神的學者，到了要書面交待自己的「三反言行」時，無不苦於下筆如有鬼。搔首抓腮，半天也擠不出一個字。一位被揪出的資深編輯，生怕上綱上線，一旦入了檔案，後患無窮。只好臭罵自己的個人主

義，說是「已達到了極端個人主義頂峰之終極。」會後，一位喜歡開玩笑的同事對他說：「你要是在『頂峰之終極』後面，再加上『之末梢』三個字，就無比深刻了。」

入場券的過錯

1975年7月，鄧小平派胡耀邦去中國科學院撥亂反正。胡從解決全院員工的房子、車子、孩子、爐子、妻子五大生活問題入手，大得全院員工的擁戴。不料，幾個月後，全國突掀起反擊所謂右傾翻案風。中科院遵命假首都體育館召開批判大會，聲討胡耀邦的所謂「五子登科」罪行。

會前，人民日報社、中央人民廣播電台均派員參加，準備次日向全國報導。大會伊始，主持人先介紹坐在主席臺上的院部諸領導（多為著名科學家）。主持人唸一個名字，臺下鼓一陣掌。不意當唸到批判的對象胡耀邦（當日胡未到場）的名字時，全場竟響起暴風雨般經久不息的掌聲。與之相反，當介紹中央文革派駐中科院的柳某人時，場內則噓聲四起。

大會的簡報上送中央後，與會者被責令要深挖右傾思想，統一認識。一科研人員作自我檢討時說：「這次可怪不得大家，這完全是首都體育館入場券的過錯，入場券上明明寫著：『友誼第一，比賽第二。要為雙方運動員的精彩表演熱烈鼓掌』嘛！」

萬里，行！

鄧小平復出後，派萬里去抓當時正亂成一鍋粥的鐵路運輸。民謠云：「要吃糧找紫陽，要吃米找萬里。」萬里威望高，一抓就靈，很快鐵路管理又秩序井然。反擊右傾翻案風時，極左派狠批萬里以生產壓革命，刮回潮風。揚言「寧要社會主義的晚點，也不要資本主義的正點。」當時每節車廂內都貼有行車時刻表，表的下端印有一行字：安全正點萬里行。不知是哪一個乘客，用紅筆在「萬里」底下劃一道紅槓，又在「行」字後面，加了個驚嘆號。乘客們見了，或點頭稱是，或相視莞爾。

該剃誰的頭

同事某君乃歸國華僑，口不言人過，更不寫大字報，文革中共推他為天字第一號逍遙派。一日，幾個同事在辦公室議論紅衛兵如何在大街上剪路人的「阿飛頭」，有人半開玩笑地對他說：「你這頭亦近似大包頭，下班回家，路上躲著點。」不料，這位好好先生聽罷登時火冒三丈，大聲說：「我這頭若算大包頭，那毛主席更是大包頭！」眾人猛聽此言，先是大吃一驚，接著都忍不住大笑起來，齊聲說：「此言不妥，此言不妥！」那年頭，拿自己的頭髮與領袖頭髮度長比短，無異於在太歲頭上動土。後來才知道，犯此大忌的卻不只他一個。

去年，雪梨一家華文報紙刊載一篇回憶文革的文章，中云：「曾三次蟬聯世界冠軍的乒乓球運動員莊則棟說了一句：「紅衛兵剪人家頭髮，怎麼不去剪毛主席的？」算是攻擊偉大領袖，被掛上『現行反革命』的牌子鬥爭。」

大約人亡政息，虎死威滅，也算是一個規律吧。近日看大陸電視連續劇《與青春有關的日子》，頗覺劇中一段話，味在酸鹹之外。現引錄如下：「廢話！毛主席他老人家跟咱們熟吧，我要不截長補短的到天安門遛遛，他老人家是背頭還是分頭，我也容易搞混。」

半路死

我曾於舊作《牧歌野咒》中寫道：「『半路死』是福州鄉下婦女罵人的一句口頭禪。妻子罵丈夫，母親咒兒子都可用。正如罵寵愛的牲口『挨刀的』、『遭瘟的』一樣，並無特別的惡意。文革初期，一造反派急先鋒被對立派打死。出殯時，同一派的人手舉花圈標語，一路高呼『血債要用血來還』的口號，可謂備極生死哀榮。只有死者的母親恨恨的哭道：『半路死呀，你這個半路死！別人都不死，怎麼就你死？劉鄧還沒死，你搶墊倒先死呀，半路死！』街道兩旁看熱鬧的聽了，大覺可樂，爭相模仿著。」

這一段在收入集子時，酌情刪去，今仍覺有趣，特補上。

同仁掛號處

同事某公，長期被胃潰瘍所苦，常去同仁醫院。辦五・七幹校的最高指示下達之日，同事們照例或寫決心書，或賦詩以明志。此公亦填了一闋詞，其最末一句大意謂：「欲問明日何去，火熱鬥爭處。」一同事笑他病夫忽作壯士語，便提筆將最後五個字改為：「同仁掛號處」。此公見了，亦不禁啞然失笑。

到了河南幹校，此公大約忙於構思一部長篇歷史小說（已於回京後發表），開會時常常心不在焉。一日，軍宣隊黃參謀在地頭召開學習毛選講用會，他在講話中間，突提高調門對大家說：「同志們，告訴大家一個好消息。就在這裡，就在你們的腳底下，一百公尺深處，就有煤呀，同志們！」幾年前，文學研究所不少人赴安徽參加農村四清時，曾頭戴礦燈帽，身著礦工服，腳穿長統雨靴，下到淮南煤礦的深處參觀過，對豫、皖處處有煤藏早有所聞。今見黃參謀如此少見多怪，便給他起了個綽號，曰：「黃有煤」，背後就這樣叫開了。不料此公獨以為「有煤」乃黃參謀的大名。有一次，他與黃參謀在田間的小路上迎面相逢，躲閃不得，只好恭恭敬敬地打招呼道：「有煤同志，您好！」

不要叫了

有一次，與侯寶林先生相遇於吳曉鈴教授家，吳留飯。席間，三人聊起在河南幹校時（侯的幹校也在河南），五七戰士種的瓜菜，未成熟，就常被當地的婦女小孩摘走。侯說，他當時恰好被分派去看守菜園，有一天，他發現幾個婦女藉口揀豬草，又順手把幹校種的瓜菜摘了，藏在放豬草籃子的底部。侯假裝生氣，說這回要扣下你們的竹籃子，非回去叫生產隊長親自來取不可。沒想到她們聽了，你看我，我看你，都抿著嘴笑。侯大惑不解，一婦女見狀，才邊笑邊說：「不要叫了，俺就是隊長家的。」

　　侯模仿隊長妻子的神態和河南官話的腔調，真是唯妙唯肖。我們當時都覺得可惜，像這樣可笑的相聲段子，卻不能在臺上演出。

靠幹校的娘

　　中國的髒話，真是多不勝舉。文學研究所一同事，曾引杜工部「將軍魏武（曹操）之子孫」這一詩句，消遣一位姓曹的同事。這位曹夫子聽了，一臉苦笑，壓低聲音對他說：「你在拐著彎罵人。你這不分明說『操你祖宗』麼？」

　　可跟此處「操」字相通的「靠」字，我則是在河南息縣初次聽到的。有一天，我們正在收割幹校種的麥子，帶穗的麥秸尚未運走，附近生產隊的女社員和小孩便蜂擁而入拾麥穗，膽子大的就整綑抱走。幹校的耕地原本屬於他們的，拿去一些，實不為無理。但拿多了，則愈顯得臭老九連生產自給都不行，於是有人出面阻止。一位老太太跑得慢，被攔住不讓拿。老太太心有不甘，便坐在田頭開罵，一口一聲：「我靠幹校的娘！」開頭大家多不知「靠」當作何解，慢慢便悟出來了。同事中一位烈屬子弟，終於聽不下去了，便過去悄悄對她說：「老奶奶，您別罵了。幹校哪來甚麼娘？幹校是毛主席叫辦的，他老人家才是幹校他爹，您可千萬莫亂罵。」大家都奇怪，這位老兄是如何把老太太的嘴一下子堵住的？問他，他遲疑了一下，才道出其中的奧妙來。

狗蛋的胎毛不見了

　　緊挨幹校宿舍的小蔣莊，有個六七歲的男孩，叫狗蛋。狗蛋是獨子，父母怕他養不大，便在其腦後留下一小撮保命胎毛。

　　小狗蛋生性活潑，極逗人喜愛。有一次，我們到一深水溝洗澡，他見我頭朝下縱身入水，大為驚奇。幾天後，他也學會了。

　　有一天，他來幹校串門後回家，家人發現小寶貝的胎毛不見了。全家之驚駭大似《紅樓夢》賈府那位帶玉的哥兒，丟了那塊通靈寶玉。狗蛋的

父母當即哭喪著臉登門問罪，說若有三長兩短，唯幹校是問。事關幹群關係，不免追究了起來。涉嫌最大的是平常愛尋開心的攣公，急得攣公指天誓日說與他無關。後來，還是當時負責燒鍋爐的老教授蔡儀，坦承是他所為，是他給了狗蛋幾個空瓶子，才換取小狗蛋同意，把那撮礙眼的胎毛齊根剪去。人們都說，倘全所挨個追查，恐怕最後才會輪到這位平素不苟言笑的美學權威頭上。必是狗蛋腦後那撮胎毛，過份觸犯了他的審美觀點了。

吃「霸王別姬」

中科院哲學社會科學部，曾被定為全國性的「『五‧一六』反革命集團」的大本營。而首犯則是潘漢年的哥哥潘梓年。1971年春，上頭命令全體員工離開幹校，到河南明港一個部隊的大兵營集中，全力抓「五‧一六」分子。然而，「五‧一六」云云，本屬子虛烏有。在逼死十幾個無辜者之後，已無法再搞下去了。大家只好飽食終日，敷衍軍、工宣隊，坐等拔寨回京。

明港的雞、鴨、魚、鱉，一斤才幾毛錢。大夥的精力逐漸由抓反革命轉向抓伙食，或幫廚房殺雞宰鱉，或下田抓黃鱔，個個調養得心廣體胖。當時由文學所和經濟所合辦一個食堂，經濟學家們算盤原就打得精，加以掌勺的又是廚藝高超的張聞天的廚師（張聞天因被單獨隔離，未下幹校），飯菜之佳，遠勝在北京學部大院的大食堂。其中甲魚燒肥雞這道菜，尤其膾炙人口，大家稱其為「霸王別姬」。

文革中期，人們開始把造成大量冤案、假案的罪責，部分歸咎於搞專案人員，外調人員已處處遭人白眼。一日，我們食堂來了兩位外單位搞專案人員，當日午餐，吃的恰是「霸王別姬」。這兩位不速之客，邊慶幸自己口福好，邊狼吞虎嚥起來。其中一位，啃王八脖子時，被未取出的一枚釣鉤鉤住了嘴唇，掙脫不得，只好到學部醫務室求救。有人打趣道：「這叫做用小王八釣了個大王八。」

茶喝多尿多

　　文革期間，排外成風，國際交往幾陷於停頓。但為了製造「我們的朋友遍天下」的假像，遂在北京成立了亞、非、拉作家協會，領頭的是一位長駐北京的外國作家查禾多。凡外賓出席的場合，必有此公，而電台、電視台、報紙也必予以報導。久而久之，大家都聽得厭煩。一日，原學部黨委一位部長級領導，聽到電台廣播此公名字時，突冒出一句：「查禾多，查禾多，茶喝多尿多！」在場聞者無不開懷大笑。後來，有人貼大字報，說此言竟出自一個老革命之口，太離譜了。誰知大字報貼出後，此妙語反為更多人所激賞。每逢政治學習，若有人突起立說：「茶喝多啦！」主持人多會接著說：「那就休息十分鐘，大家方便方便。」

　　文革中如此被眾口傳誦的這一經典名句，很快也在家屬中傳遍。小孩子不耐久坐複習功課，也會藉口「茶喝多了」，這時大人常會說：「要去就趕快去，完了就回來──懶驢上磨屎尿多！」

2007年1月28日

染血的吉普

我之愛看畫，恰如初小學生之喜看小人書，於技法流派，則全然不懂，對不懂的東西，為藏拙計，原該三緘其口的。但於沈嘉蔚君的《再見革命》畫展上，見到那幅題為《1966北京吉普》的油畫時，卻很有情動於中而欲形之於言的感覺。大半原因，乃那輛吉普車上的七位風雲人物（毛澤東、劉少奇、周恩來、彭德懷、林彪、康生、江青），我或遠望，或近睹，都曾見識過。有的僅有一面之緣，有的則已屢見不鮮。文革快收場時，還參加過周恩來、朱德的骨灰告別儀式，毛澤東的遺體告別儀式。一介平民，有此奇遇，雖不思量，也自難忘了。

畫歷史人物，雖不必「畫公仔畫出腸」，但對入畫者的是非功過，善惡美醜，也該看得分明。要看得分明，得待以時日。領袖人物，上電視或接觸公眾之先，多半要經過化妝師的美化。其一顰一笑，一舉手一投足，總是三分像真，七分像做戲。要到他們下了台，卸了妝，淨了脂粉，始能見其真面目。一些炙手可熱的權貴，多愛以高大全形象示人，須待他們下了野，或入了獄，甚至被推進了太平間，才會原形畢露。白居易《放言》詩云：「贈君一法決狐疑，不用鑽龜與祝蓍。試玉要燒三日滿（作者自注：真玉燒三日不熱），辨材須待七年期（作者自注：豫章木，生七年而後知。後人加注云：豫即枕木，章即樟木，此二木形似，長至七年乃可分別）。周公恐懼流言日，王莽謙恭下士時。向使當初身便死，一生真偽復誰知。」

1966年迄今，已三十餘載，吉普車上七人的真面目，經時間的洗刷，檔案的解密，後來人的去偽存真，今天則比較看得清楚了。

畫歷史事件，倘不拉開空間的距離，則無以窺全豹，「草色遠看近卻無」，「不識廬山真面目，只緣身在此山中」，講的就是這個道理。外國人，海外華人看中國事情，往往比國人看得全面真切，正因為站得遠。倘能身在最高層，不被浮雲遮望眼，當然更好。

　　除了要拉開時間和空間的距離，對畫家而言，最最要緊的，乃是有一個不至因畫罹禍，且罪及妻孥的地方，有一個沒有精神枷鎖，可以隨意揮筆的地方。嘉蔚君有幸，這些條件他都具備了。「吃紂王的俸祿，不講紂王的壞話」。乃人之常情。紂王無道，愛吹不愛批，只聽諛辭，厭惡真話。比干愚忠，講了真話，心肝便被挖了出來，箕子識時務，披髮佯狂以待變，直等到紂王太白旗懸一命休，他才撫今追昔，作《麥秀》之歌。

　　有些歷史人物，被一批媚俗畫匠，用重彩濃墨，一再美化神化，久而久之，或色透紙背，或入木三分。要改變這種習非成是，久假成真的畫風，殊非易事。它要求真正畫家，需具有過人的膽識和撥亂反正的毅力。嘉蔚君的《北京吉普》，即是一次正人視聽的可貴嘗試。畫家巧妙地將這場持續十年，波及全中國的大動亂，濃縮成一幅畫，集其主角和部分配角，「反角」於一車，顯示這場史無前例的大動亂，不過是中共最高層內鬥的產物。

　　這幅驚世駭俗，發聾振聵之作，雖對歷史人物和歷史事件，作了若干藝術剪裁和嫁接，但質之史實，卻無不持之有故，信而有徵。

　　身著泳後浴衣，臂纏紅布箍，容光煥發，揮手向畫外狂呼「萬歲」的紅衛兵致答的毛澤東，佔據了車的中心，坐在右前座，身著軍服，臂纏紅箍，手舉紅語錄的林副統帥，和緊挨著毛澤東，同樣身穿軍裝，臂纏紅箍，手持小紅書的毛夫人江青，也都神氣十足，面露笑容。這跟車後部一左一右，彎腰曲背，滿臉愁苦，一個頸上掛著「打倒劉少狗」恥辱牌，一個掛著「打倒彭德懷」恥辱牌的所謂反毛份子，形成了強烈對比。車最後僅露半個腦袋的康生，面目模糊可憎，這跟此人一生鬼鬼祟祟，詭秘莫測的惡形惡相也頗吻合。最出觀眾意料之外的，乃是駕駛吉普者，竟是老謀成算，左右逢源，為苟全一己生命，保住第三把交椅，時而向落井者伸援手，時而向落井者下重石的周恩來。這輛吉普，四輪沾滿了蒼生的鮮血，車過之處，留下怎樣一條血路，觀眾可以根據各自的經歷，去想像，去反思，也可以去發問。這輛沾滿了無辜者鮮血的北京吉普，其掌握方向盤者，能辭其咎乎？

　　有個作家看了嘉蔚君這幅從高處放眼，遠處回首，具有腥風血雨的時

代特色之作後說，「巴金老人提議要建立的文革博物館，一旦成真，此畫當高懸館壁」。

我說了這許多，都不及這句話中聽。

沈嘉蔚

作者簡介：

　　沈嘉蔚，1948年生於上海，在浙江嘉興長大，1966屆高中生。在嘉興參與文革。1970年自願到黑龍江建設兵團42團當農工。後任團宣傳股美工。1974年創作油畫《為我們偉大祖國站崗》成為文革標誌性作品。1976年參軍。1981年轉業，到中央美院進修後成為遼寧畫院專業畫家。1989年移居澳洲。

是夜人性缺席

1968年1月15日，嘉興縣城上空陰雲瀰漫。一場新的武鬥已勢不可免。市中心勤儉路最繁華的一公里街道上，要求解放軍駐嘉部隊支左聯絡站重新給予支持的「革聯司」靜坐群眾安營紮寨已近一個月。與他們的廣播喧囂對抗，是「聯總指」廣播站在宣讀的支左站要求群眾回家的公告。

嘉興位於上海與杭州的正中位置，以開了中共一大的南湖聞名於全國。由於中央關於文化大革命部署造成的時差，與全國縣級城市類似，這裡的文革形勢發展比省市慢一個節拍。這樣，在省城杭州早已擊敗由原省委操控的「保守派」，然後原「造反派」本身又分裂為「省聯總」與「紅暴派」，從1967年上半年開始便勢不兩立。解放軍駐浙部隊「支左」介入之後，宣布支持「省聯總」。於是「紅暴派」長期處於劣勢。

而在嘉興，1967年2月是由原縣委操控的「保守派」在上海奪權「1月風暴」之後「奪」了權。此時解放軍介入，支持奪權一派。原「造反派」頭頭被捕。這種局面一直延續到5月份。

當時我是嘉興一中高三（3）班學生。作為六六屆畢業生，本應在一年半前考大學離校。但文革一起，全部留校參加運動。1966年夏文革開始之時，我是全縣中學六名三好學生之一，同時任學生會宣傳部長。嘉興一中從1964年社教運動中開始，實行嚴格的「階級路線」。每班約三分之一的工農子弟組成核心領導小組，非工農革幹出身的同學便成了二等公民。團委會、團支部、學生會的幹部中，非工農出身的學生只剩下我一個，可能因為我職員成分的父母都是中共黨員的緣故。而「重在表現」也至少還要裝裝門面。此外我有畫畫的天分與熱心，對人際之間的糾紛躲得很遠，對公益活動充滿熱情，對共產主義堅信不移。所有這些都使我在本班同學及不少其他班的同學中有比較好的聲望。如那個「全縣三好學生」便是被同學們選出來的。其實我的學習成績只是中等而已。當年暑假按常例要下鄉與農民同吃住參加「雙搶勞動」。我是本班帶隊的。但8月初全體同學

被緊急召回學校，傳達八屆十一中全會公報。校黨委成立文革委員會，我是委員之一。接著開始批判黨委拋出的第一個替罪羊。但8月18日毛主席檢閱紅衛兵消息傳來，一切便都亂了套。對我們縣城中學生而言，「紅衛兵」到底是怎麼回事並不瞭解。只按了《人民日報》的報導，馬上自己成立了紅衛兵組織，半夜敲開城中布店大門，製紅旗紅袖章。第二天便上街改街名。

初中生們的紅衛兵開始胡作非為，又是提議要去砸廟堂文物，又是到處抄家。我一看這麼不講政策，很是生氣，帶了自己學校的紅衛兵去制止這種行為。不過這日子並不長。8月30日，從北京來了兩位正牌的「血統論」的紅衛兵，在一中禮堂召開全校工農革幹子弟大會，會場外派人持木棍站崗。會後宣布原一中紅衛兵「非法」。成立了純「紅五類」的紅衛兵組織。

我提議成立非紅五類同學的「赤衛軍」為紅衛兵外圍組織。立即遭到嚴厲批判。我檢討及時，沒有吃太多苦頭。但是這一個折騰，倒把本應成為「保守派」的我，變成了一個澈底的「造反派」。

1966年12月，我與班上五名非紅五類同學密謀逃出嘉興步行去北京。衝破「血統論」紅衛兵封鎖後，方才發現外面世界早已在批判「資產階級反動路線」，而「血統論」也不再時髦。北京已成立了「紅三司」。在北京讀到了遇羅克的批血統論檄文，非常激動。等次年2月回到故鄉學校，我們也組織了對原「紅五類」紅衛兵的批判，揚眉吐氣了一個月。

但解放軍支左介入後，駐校軍宣隊按正統做法，支持工農子弟出來當領導。我們再度受壓。我們班的非「紅五類」同學中王介仁（他家後來改劃成下中農成分）、陳家驥成為眾望所歸的領袖。1967年5月5日馬克思生日這天，我們密謀「起義」，占了廣播站，宣布成立「井崗山」組織。一呼百應，一周後便由幾個學校的造反同學組成了「紅三司」，同時派我與兩個同學去杭州與省聯總聯絡。紅三司也與造反派工人聯絡，合組為「聯總指」。5月18日宣布絕食，抗議解放軍支持「保守派」。

王介仁等決定在省裡站在「省聯總」一方被證明是一個正確的選擇。省軍管會下令嘉興支左站調轉屁股，坐到我們一方來。這樣，八十一個

小時的絕食行動取得大勝。被軍隊拋棄的「保守派」組織「工司」,「砲司」(學生組織)聯合「貧司」煽動大批農民進城,占了整個市區。聯總指方退據屬上海工總司勢力範圍的鐵路幹校,由空軍支左軍人策劃,於8月15日發起反攻收復市區。9月份軍方幫助敵對兩大派簽了和約。此後有了兩個多月的和平時期,直至12月中下旬由省紅暴派人來策動,「革聯司」再度發起挑戰,上街靜坐,局勢便又動盪起來。

紅三司成立之後,我一直負責政宣工作,但沒有頭銜。我以「老造反」自豪,不在乎職務。組織了一支宣傳隊到處演出。還在勤儉路建國路十字路口的大宣傳牌上定期發行文圖並茂的壁報。為了給「紅三司」主要成員提供保護,駐嘉高砲部隊的領導發給我一顆手榴彈。我一直放在隨身軍用挎包裡。有一次在街頭出壁報要敲一枚釘子,我掏出手榴彈當榔頭用,後面圍觀群眾呼的一聲退後一大截。

大約在1967年10月的一日,我從「紅三司」總部所在的二中(現秀州中學)出來,沿河邊小街向勤儉路方向走去。街上空無一人。老遠忽見有一夥人迎面走來,我一眼認出是被保鏢簇擁的「砲司」文攻武衛總指揮顧關祥,我的同班同學。

說來也怪,全縣規模的對立兩大學生組織,三個頭頭都出在我們班上。不過顧關祥與外號「傢伙」的王介仁及陳家驥不同。不同在於他身上毫無領袖的氣質。他為人極為忠厚老實,一直是個好好先生。用「先生」這詞也不合適。他出身勞動階層家庭。母親是燒老虎灶的(為居民供應開水)。可能因為身強體壯,才被真正的「炮司」頭領任命為文攻武衛指揮。在學校裡時,我倆之間互相尊重,從無糾葛。在我被老「紅衛兵」欺壓時也如此。動亂開始後,有大半年沒有見過了。如今狹路相逢。8月份我被「砲司」同學指認,當街被「工司」抓走毒打了一頓,這次我不知道會發生什麼事情,下意識地把手伸進挎包裡握住了手榴彈木柄,想,如果對方要動手,我就把手榴彈拿出來拉了弦,再扔到河裡去。也許可以唬住對方。

我不知顧關祥在想什麼。雙方越走越近,默不作聲。直至快平行時,他忽然咧嘴一笑,問候:「吃過飯了嗎?」頓時時空似一下子回復到文革

之前的校園。我馬上熱情地回應：「吃過了。」再互道一聲再會，都不停腳地走開了。

我把手從挎包裡伸出來，好似做了一個夢。

現在，1968年1月15日的勤儉路上，靜坐棚裡，據說砲司的頭頭只剩下了一個，成為最高層領導，他便是顧關祥。我想，別人都是聰明人，一看苗頭不對都逃之夭夭。只有這個老朋友認了死理，寧死不改初衷，真不愧為一條好漢。

按照軍隊支左站的部署，清除靜坐群眾、結束動亂的行動於當日天黑後開始。頓時街上大亂，殺聲四起。幸好雙方手裡都沒有熱兵器，所以沒有血流成河。

我在當時是一個真誠的以革命者自許的熱血青年。行動開始，紅三司方面沒有任何部署，都是群眾自願參加。我便離開街頭廣播站，徒手加入攻擊方，跟著一夥工人在十字路口爬上屋頂，對方的人馬也在屋頂上邊戰邊向北麗橋方向退去。一時建國路上瓦片亂飛。我的運氣特別不好。剛上屋頂沒有一兩分鐘，一片屋瓦打中我的頭部，彎彎的瓦片，一邊打在額頭上，一邊打在一顆門牙上，門牙落下了一截。頓時血流披面，天旋地轉。冷靜後自己下房撤退，跑到不遠的第13軍醫院求助，但那裡要我去第111軍醫院，於是又到火車站那邊的111醫院。不料醫院說軍醫全部上前線了，拒收我治療。求醫無門，我又回到了廣播站。卻見廣播站兩位女同學也都上了街。我想，我還不如女將嗎？於是忍了痛，擦了血，一口氣跑了三裡路回到一中宿舍，取了自己從未用過的籐帽與長矛再回到戰場。

此時勤儉路上已全部為「聯總指」一方的群眾擠滿。「革聯司」方的靜坐人員已不見蹤影。其中「工司」，「貧司」的武鬥人員也早已逃之夭夭。只有人民劇院高高的屋頂上傳來《國際歌》聲。有人告訴我，只剩最後幾十個「炮司」的學生由顧關祥率領，爬到了劇院屋頂上不投降。而且已有兩個人從屋頂上滾下來摔死了。

我衝進劇院大門，裡面也都是人。穿過觀眾廳到了舞臺上，那裡有不少「紅三司」的同學。我在兩三個月前剛帶了宣傳隊在戲院裡演出了好幾場《紅三司之歌》歌舞劇，還身兼舞美裝置職員，對後臺十分熟悉。因此

立即沿後臺旋轉鐵梯往上衝。梯上也都是「紅三司」的人，都認識我，讓開身讓我到了頂端。梯頂距屋頂有一人多高，屋頂被扒開了一個大洞。我到時，雙方都寂靜無聲。彼此都僵持著。

我當時身輕，手勁好，愛做引體向上體操。於是將長矛交給身邊的一個好戰友周建中，躍身攀住屋頂，翻身上房。第一眼黑壓壓的不見人影，更無人來攻擊我。定定神，才發現遠遠的屋頂另一端從屋脊往下有兩三排人坐在那裡不發一聲。我意識到這就是停止作戰的「炮司」同學。我完全忘卻有滾落下屋頂的危險，急速地跑到他們前面，一眼看見了同樣默不作聲的顧關祥。我大聲地說：「都下去，都下去！」他們便順從地站起身來往洞口走去。

我與隨後跟來的宣傳隊同學周建中等在屋脊上撿起一個電喇叭，便興奮地探身向街上群眾大喊：「我們勝利啦！」喊了好一陣，見屋頂上已無人，便也回到洞口跟了最後的「戰俘」下鐵梯。

但我一下到鐵梯上便驚呆了：剛才縮在鐵梯上不敢上房的「紅三司」同學（也有工人），正在夾道痛打投降了的「砲司」同學。我的血湧上頭頂，大聲嚷道：「不要打！不要打！」一邊擠下鐵梯，從後門出了後臺到劇院後院裡。這時一幕更慘的景象讓我震動：剛才還是好好的顧關祥，已被插了兩刀，倒在地上。我也不顧他是已死還是活著，立即叫身邊的人幫我把他架起來隨了俘虜隊伍往門口走去。我當時真是被氣昏了頭。這些人怎麼可以這麼無恥！作戰縮在後面，對沒有自衛能力的人卻一擁而上。當時顧關祥已清醒，也急於離開險境，配合著我與架他的另兩人一同往前走到了勤儉路上。不料我還未鬆一口氣，路上兩邊的工人們棍棒一齊打來。我大叫「不要打」，聲音被淹沒在一片「打」聲之中。這批工人更可惡，連衝進劇院的勇氣都沒有，此刻來表達他們的「勇氣」。瞬間我的護在顧關祥肩上的手已挨了好幾棍，痛得我一下子縮回了手，只得大叫「快走！快走！」總算衝出了棍陣，被引導到中山路上的工人文化宮劇場內。一路上，重傷員如顧關祥等被解放軍醫生接走。在文化宮裡，幾十個輕傷（全部在被俘後打傷）的同學坐、躺在那裡，由家長或老師來接走。天亮時，全部人員處置完畢。我仍在憤怒的心情控制下。當初在屋頂上大喊"我們

勝利了”時的心情早已一去不復返。不僅如此，我還深感自己的淺薄。直到這一夜之前，我還是一個單純的學生，篤信「三大紀律八項注意」，以為我們代表正義的方面，是毛主席的好學生。這一夜我看到了「自己人」並不比敵方好到哪裡去。尤其是領悟到人性醜惡的一面——雖然「人性論」在當時是被否定的。

武鬥後城裡的牙醫診所關門一周。等我見到牙醫時，受傷的門牙已死去，後來義務又為我服務了二十多年。聽說顧關祥的刀傷傷及肺部，好在他身體強壯，逃過了一死。我在兩年後支邊到北大荒，從此再也沒有見過他。浙江省的政治形勢此後開始穩定，但在林彪事件後，由於駐浙部隊高層均捲入，浙江文革歷史又折騰了一次。1977年「四人幫」倒臺後的清查中，王介仁想不通，自殺了。我在宣傳隊裡的好幫手周建中發瘋死去。嘉興人在文革中最幸運的是兩次武鬥時恰好都沒有熱兵器，否則必如鄰城蘇州一樣屍積如山了。我也必難逃一死。而在兩次武鬥之間有兩個月，解放軍給總指發了槍。其間發生過幾次小衝突，死亡的人員中有一個砲司的學生，是文革前夕與我同獲三好學生稱號的六個人之一。

我也很慶幸自己雖然充好漢加入武鬥隊伍，卻都沒有被捲入到用刀槍對刺的境地，從而沒有直接的血債。但是總對顧關祥有深深的歉意。可能我再盡力也保護不了他過關，但總後悔沒有陪他一同下鐵梯。其實我的罪責難道盡止於此嗎？我沒有打過同學，我也沒有鬥過老師，但是只要我戴著紅袖章，舉手高呼口號，只要我跟了「偉大領袖」毛澤東「鬧革命」，我就是一個從犯。我的罪責，與希特勒的衝鋒隊員相比，不相上下。1968年1月15日血腥之夜，是我人生中最早的轉折點。此後我不再關心打打殺殺的政治，開始了專業畫家的生涯。而且從此我有一個決定，不加入任何群眾組織，無論它打著什麼旗號。這個決定維持至今。

那一年我20歲。

一幅畫的命運

我於1974年創作的油畫《為我們偉大祖國站崗》，歷經奇特的命運，成為一件敘述文化大革命故事的文物。

1966年5月毛澤東發動文革，既粉碎了我進美術學院深造的夢想，也讓我成了一個畫家，而且還早早地出了名。我在那一年高中畢業。文革開始後，留在原校參加運動。我屬於「紅旗下長大」的一代，狂熱地相信共產主義。在毛澤東與蘇聯決裂之前，已經讀了許多蘇俄文學書籍，受蘇聯與俄國藝術的影響很深。文革開始後，受到一些迫害。隨後成為被稱為「造反派」的紅衛兵第三司令部成員。我們的組織加入了浙江省聯總。省聯總的總部就在省會杭州市的浙江美術學院裡。當時浙江省是中國唯一的一個省，其文革領導核心幾乎全由美術學院的學生與青年教師所構成。因此在1968年文革由武力衝突轉變為文化宣傳時，浙江美院成為一個文革藝術中心。有一幅油畫〈毛主席視察大江南北〉當時很有影響，便是由浙美的青年畫家鄭勝天畫的。《工農兵畫報》由美院師生編印，成為全國注目的刊物。我的處女作就發表在那上面。1968年「紅海洋」，全民畫毛主席像。我創作了一幅《毛主席在南湖出席中共「一大」》在家鄉嘉興展出。省革委會主任張永生看見了，點名讓我去浙美幫助一位農民創作同題材油畫。張永生是浙美畢業生，藝術家從政。這樣在1969年，我有三個多月在浙江美院裡畫畫。此時我享有特權可以進入被封閉的圖書館，翻閱任何外國畫冊，並可以借回來臨摹學習。我仍迷於蘇聯的歷史畫與書籍插圖。在創作時，張永生派一位老師來指導，他叫汪誠儀，是1957年蘇聯專家馬克西莫夫油訓班的畢業生，很受愛戴的畫家。回到嘉興後，又有一位浙美畢業的畫家胡曰龍被派來工作，也給了我不少指點。由於文革，到處需要會畫畫的人才。我被空軍的一個基地請去畫英雄事蹟，工作了大半年，積累了不少創作經驗。

我在一個小城市長大，沒有機會受到美術基礎訓練。只受到學過美術

的一個舅舅影響。在我成為畫家之前，從未寫生過石膏模型與靜物。很多與我年齡相仿的同行，都是因為文革才成為了油畫家。在1966年以前，絕大部分中國家庭是買不起油畫顏料供子女學畫的。因為多數人的月工資只夠買幾十支顏料。但文革中所有單位都需要人畫毛主席象。我們畫過之後，剩下的顏料足以供我們畫自己的習作。因此油畫（西畫）在中國的大普及，是文革的一個副產品，而且具有正面意義。

張永生曾被推薦為林彪女婿的候選人，由於與「四人幫」的關係，後來曾長期入獄。我工作過的空五軍基地，師黨委會全部成員捲入林彪事件被捕，該師的改裝俄製伊爾10攻擊機被控計劃攻擊毛澤東的專車。這都發生在我離開家鄉之後。我畫過的英雄人物，正是試飛改裝攻擊機而犧牲的。但大部分浙美的師生，後來繼續他們的藝術生涯。如著名的國畫家吳山明教授，在1967年是省聯總派駐我紅三司的聯絡員。

由於紅衛兵「懷疑一切」（當時流行的一句馬克思箴言），成為毛澤東鞏固其統治的新障礙。因此從1968年開始，全部中學畢業生都被送到農村當農民，「接受貧下中農再教育」。作為一種不同選擇，可以到遠離家鄉的邊疆農場工作，由國家發給工資。1970年6月，我自願報名去黑龍江生產建設兵團的四師42團。那兒離我家鄉4千公里，離蘇聯邊境幾十公里。

黑龍江兵團位於「北大荒」。北大荒指地處烏蘇里江、松花江與黑龍江（即阿穆爾河）三江流域的大片黑土帶。偽滿時日本人便移民開墾。1957年大批鐵道兵、1958年大批從朝鮮回來的志願軍轉業來到這裡組成農墾兵團，開荒建農場。有的農場成為勞改農場，大批犯人與「右派分子」，還有山東的失地農民送來此地。1963年後蘇聯成為新的敵人，勞改農場中的犯人轉移了。1968年6月，毛澤東下令由解放軍瀋陽軍區接管農墾局，改組為黑龍江生產建設兵團。至1970年6月我抵達時，已有大約40萬中學畢業生（即「知識青年」）加入到原有的十幾萬轉業軍人和幾十萬農場職工行列之中。全兵團由60多個團組成。每個團即原來的一個農場，約有兩三萬人。團部各部門正職均為現役軍人。營、連各職是轉業軍人。每團有武裝連隊準備與蘇聯交戰。但大部分成員都沒有武器，實際上就是農場工人。北大荒被視為國家的糧倉。種植的大豆與水稻多用以出口換外

匯。所以農業生產的任務是主要的。

文化宣傳是解放軍的長期傳統。團一級政治處設宣傳股。股裡設美工一名。我在連隊勞動一年後便擔任這一美工職務。任務主要是繪製勞模英雄故事的幻燈片供電影隊放映；繪製牆報；指導連隊的黑板報等。還有是隨時應召到師部與兵團總部參加美術創作學習班。

兵團總部在佳木斯市。它的政治部設文化處，有專職美術幹部叫老郝，郝伯義。他當時30出頭，是1958年的海軍轉業幹部，也是1960年代形成的「北大荒版畫」群體的最年輕成員。該群體的主要成員，都已調到省會哈爾濱，成為省美協領導與專職畫家。由於這一傳統，老郝在兵團俱樂部組織了一個設備專業的版畫工作室。從1970年開始，每年通過草圖觀摩會從各師、各團發現並借調青年創作人才到兵團參加「美術創作學習班」。冬季三、四個月，這被借調的二、三十人吃、住、工作都在一起。當時的作品不署名（1972年後開始署名），沒有額外報酬。大家都是一個月32元工資。作品可以互相修改。所以非常像一個免費的美術學校。雖然創作的題材是有框框的，但畢竟是畫自己熟悉的生活，而且當時大家都與官方意識形態認同。此外晚上也關起門來偷偷臨摹被視為「封、資、修」的印刷品。所以我們都把到兵團美術學習班畫畫視為最幸福的享受。我在那兒交上了許多朋友，友誼持續終生。

老郝不是共產黨員，他的父親被革命政府槍殺了。他因此要小心翼翼，避免任何政治麻煩。但他成功地一直把美術班辦了許多年，培養了不少畫家，現在有的是大學教授，有的是美協官員，更多的是專業畫家。

我在兵團每日畫速寫。到1973年時已畫了二十幾本速寫本與許多油畫習作，主要畫人物。所以到創作《站崗》一畫時，已經有很強的寫生與繪畫能力。老郝讓大部分人專畫版畫，只允許我與少數幾位能力強的畫油畫。

1972年5月是毛澤東在延安文藝座談會上講話的30周年紀念。借此機會，江青組織了文革6年來第一次全國規模的美術展覽。我的作品進入了省與軍區兩級美展。接著，上級宣布在1974年10月要舉辦同樣規模的全國美展。由於文革意識形態強調「工農兵登上上層建築舞臺」，全國各省都組織所謂的工農兵業餘美術創作。我們的兵團美術創作學習班，是在這個

大背景下的相應產物。我們學生到了農村或兵團，也就成為「工農兵」的一部分了。而且被號召從自己的生活中挖掘題材。不過另有規定是不許在畫中畫上自己。因為作為個人，是「要改造的小資產階級。」作品只能歌頌「工農兵英雄人物」。比如我在1972年畫的《初嘗完達雪》，畫的是自己伐木時吃雪解渴的生活，但人物一定要換成不是自己。有一位畫友用自己女友作模特來創作兵團委託的宣傳畫，畫得並不像女友，但經人揭發後，十萬張印好的宣傳畫全部作廢，作者罰停畫兩年。

我與五師的同齡畫家劉宇廉在1973年冬草圖會上提出合作油畫《烏蘇里漁歌》被批准。會後我倆到虎林縣烏蘇里江畔寫生。江邊沿國界，中蘇雙方都建了約20米高的瞭望塔互相監視。我們被駐軍允許登塔參觀。當時流行一首愛國歌曲，是歌頌邊防軍人的自豪心境。我登塔時想到這首歌所唱的：「為我們偉大祖國站崗」，便想到可以用這個題目來畫一幅畫。這個想法在1974年2月的兵團學習班上被批准。創作就此開始。兵團俱樂部的一間小房間借給我與劉。他畫《烏蘇里漁歌》，我畫《站崗》。老郝非常支持我們。

按照當時的模式，我與劉再度被派去邊境寫生。這次去與虎林縣相鄰的饒河縣。那裡的珍寶島是中蘇衝突的熱點，五年前的戰場。我再度登塔。駐軍是解放軍一個連隊。連指導員年長我兩歲，工人出身，瘦削幹練，待戰士如兄長。我為他畫了頭像。他成為我畫中指導員的原形。後來幾年我們還一直通信。一位戰士小王為我當模特。他成為畫中戰士的原形。我在寫生中非常注意觀察與記錄一切細節：從槍支型號到鐵塔結構。在零下30度嚴寒中我站在鐵塔梯上畫了一小時速寫，記錄細節。劉同時用望遠鏡來觀察蘇方，告訴我蘇聯哨兵對於我的舉動密切關注，顯然弄不懂我在那兒幹什麼。

我們還寫生了饒河城江邊景色，後來成為畫中背景的主要部分。但受到當地官員的阻撓，懷疑我們是蘇聯間諜（那些年裡我有多次因為寫生風景而被當作間諜帶去審查）。我們連夜逃回佳木斯。

我用了一個月嘗試各種構圖。最後的構圖中，瞭望塔的角度是不可能寫生或拍攝的。我運用透視學原理推算出來。我於1969年用一周時間讀完

一本透視學後便掌握了這一門知識。這本《透視學》是我舅舅送給我的，由商務印書館出版於1917年。

　　我當時一直試圖在官方意識形態要求（在藝術上的框架是所謂的「樣板戲三突出」及「革命現實主義與革命浪漫主義相結合」原則）與個人藝術追求（暗自把俄蘇藝術作為追隨對象）之間尋找一個平衡點，一個交叉點。

　　文革美學要點在以所謂「革命浪漫主義」來顛覆蘇聯模式「社會主義現實主義」。後者在技術層面上繼承了庫爾貝到列賓的寫實主義體系。而前者的具體特徵便是所謂的「紅、光、亮」。當時在浙江美院的老師已接受這種影響，教我用朱紅、中鉻黃去畫臉部。我一直不能接受。在1972年全國美展上看見陳逸飛、魏景山等人的畫保留了傳統寫實主義的灰色系統，非常喜歡。所以當時的創作主要受到上海畫家群的影響。同時遵循蘇聯畫派的原則，直接觀察大自然，外光寫生。我無數次在清晨爬到屋頂上寫生，捕捉陽光在人臉與雪地上的色彩變化。

　　從構圖上講，由於鐵架把主人公托舉在天空背景，已自然符合「三突出」原則。清晨陽光又讓他們罩在暖色調裡。所以我以為不會與官方原則衝突。但根據當時「潛規則」，蘇方必須罩在烏雲之下。而且按地圖方位須在畫面右面。這些做不到的話，隨時會犯政治不正確的大錯。我於1974年7月初結束工作。按當時風尚，沒在畫面上簽名，只在背後畫布上寫上姓名與所屬單位。

　　9月我被告知作品入選全國美展。10月利用探親假自費去北京看展。火車上我在剪貼素材的本子上寫或抄上創作時筆記。這些文字半真半假。因為當時任何形成文字的東西都必須準備公諸於眾，包括日記。任何政治不正確的文字都會帶來災難。我必須讓我的創作筆記符合當時的官方標準。

　　走進中國美術館看見我的畫掛在圓廳中間偏左的重要位置。但走近細看時大吃一驚：發現兩位軍人的臉部均已被改動。很顯然我貼近生活真實的追求不被當局認可。兩張臉均被加寬加胖，表情誇張作憤怒狀，色彩變成粉紅色。後來聽說，江青任命親信王曼恬為全國美術總監。她組織了一個改畫組，命令小組成員改動所有不達「標」的展品。

　　我回上海後，韓尚義先生看了我的創作筆記，寫了一篇畫評發表在《文匯報》上。此文與後來江青評語無關。我在上海認識了陳逸飛等同行，在上海油畫雕塑工作室學到不少東西。

　　1974年11月我回兵團後聽到傳達說，江青同志觀看了全國美展，在大約十幾件作品前駐足評說。美術幹部占布拉做了筆記。在我的畫前，江青聽了兵團如何組織知青搞創作的彙報後說：「他們有志氣，不怕條件差，不怕艱苦，能畫得這樣，很不容易了。」同時聽到的另一個消息使我更高興。那是軍博老畫家何孔德先生向人稱讚我的畫畫得認真，畫得好。何先生從「反右」以後長期受壓，近期剛剛可以發表作品，但不許署名。他深受同行尊敬。

　　此後，《站崗》一畫在全國所有報紙、刊物上發表。它被印成半開、四開與六開大小的單張宣傳畫，總印數約20萬以上。1976年我經過黑龍江畔嘉蔭縣城，發現面向蘇聯的十米高塔上臨摹了這幅畫。《站崗》原作立即由中國美術館收藏。無論出版還是收藏，我作為作者沒有得到一分錢報酬。當時認為一切都是為革命工作，不計任何個人得失。團部為我記三等功以資鼓勵。此外我本人未沾任何光。第二年大學來招生，也未被推薦去深造。到1976年兵團與瀋陽軍區脫鉤時，前進歌劇團需要增補一名舞美設計，我便參軍到了瀋陽軍區。此後一直在瀋陽工作。

　　從1974年開始全中國老百姓已非常討厭江青，私下傳遞各種關於她的壞消息。我也對她沒有好感。所以對她的稱讚並不領情。兩年後「四人幫」被捕，我興奮得畫出一批漫畫慶祝。其中一幅關於江青的漫畫還得了一個獎。

　　1977年我的父親被捕，關在工作單位的牢中。他的罪狀之一是在辦公桌旁貼了兒子的畫，告訴同事關於江青表揚的事。一年後他被釋放，沒有任何道歉與賠償。

　　1981年哈爾濱黑龍江省美協的朋友告訴我，《站崗》已被中國美術館退回，現在美協倉庫，讓我去取回。第二年我去取時發現畫的外框、內框均已不知去向。畫布以錯誤方式（畫面朝裡）捲成一卷扔在地下室垃圾堆裡。稍微打開便見剝落的色片。取回瀋陽後不敢打開，在床底下一放十幾年。

　　我於1989年移居澳大利亞。1997年古根海姆美術館邀請我送此畫參加《中華文明五千年》大展。我托人從中國帶此畫卷到雪梨，在州立美術館修復部第一次澈底打開。所有現場的人都震驚了。此畫曾積滿煤灰又遭水浸，2/3面積剝落。在專家指導下我將它逐漸修復。有兩處剝落使我慶幸，即王曼怡下令改動的兩個臉部均澈底剝落。根據原稿照片與素材我恢復了本來面目。

　　油畫被退回黑龍江的原因，我猜測又是沾了江青的光。其時當局「撥亂反正」。江青稱讚過的一定是壞東西。

　　王曼怡與江青先後都自殺了。《站崗》成為我最有價值的收藏。

　　　　　　　　　　　　　　　2007年3月9日於澳大利亞邦定納畫室

1966年北京吉普

有一個多年來廣為流傳的關於毛澤東的小故事。

毛澤東問周恩來和劉少奇，如何可以讓一隻貓吃下一只辣椒。周答：用糖裹住辣椒餵貓吃。劉答：揪住貓脖子硬把辣椒塞進它嘴巴裡。毛搖搖頭，笑笑說：把辣椒剁碎碾成漿，塗在貓的屁眼上，它不得不將屁眼舔乾淨，因為太痛了。

我比較相信這是真的發生過的對話，毛澤東有過許多關於辣椒的話題被中外人士記錄下來。如果這是有人編出來的話，我欽佩其作者乃文學奇才。因為如把天下所有寫毛澤東的著作碼在一起，充其量只是畫出了一條沒有眼睛的龍。而這個小故事是畫龍點睛，它完成了這個歷史人物的肖像。它一針見血地點明暸這位政治奇才的農民式智慧以及為人之惡。

1966年8月18日毛澤東登上天安門，檢閱了北京中學生的到那時為止尚處於非法狀態的極端血統論政治組織：紅衛兵。從那一天開始，幾個月內，他一共十次檢閱全國的紅衛兵運動的狂熱參與者。那一年我剛滿十八歲，是江南小城的高三學生。在8月18日晚聽到廣播時，立即與同學們組織了自己的「紅衛兵」，並上街阻止所有我們認為是違背中央正式公布的政策的其他紅衛兵們（通常是比我們年幼的初中生）的惡劣行徑，譬如抄家打人、砸寺廟等等。兩周之後，正牌北京紅衛兵中的兩位坐火車到了我家鄉，組織起血統論紅衛兵（即只有出身於紅色家庭背景的學生才可以加入的紅衛兵）。我受到了批判並剝奪了我的紅袖章，還被派到農村監督勞動，直至這一年年底政治形勢的變化，所有學生都可以組織自己的紅衛兵為止。因此我錯過了這十次檢閱，終於沒有見到這位偉大領袖的雄偉身影，只是從報紙和新聞電影裡見到他老人家乘坐北京吉普的模樣。

我從小喜歡吉普車。當然，對一個中國孩子而言，這僅指喜歡看吉普車，甚至很少能看到真的吉普車，能看到的只是圖片。如果遇見真的，我會畫寫生。因此，我會區分美國吉普車與蘇聯版本的「吉斯」車。

　　直到毛澤東乘坐北京吉普檢閱紅衛兵，我才知道中國也有了自己的吉普車而且是北京的工廠生產的。我有一個舅舅是留學蘇聯回來的，成為長春第一汽車製造廠的幾位主要工程師之一，在1958年造出了「紅旗」牌轎車，供中共中央領導人使用。毛澤東本來是坐紅旗轎車檢閱紅衛兵的，直到幾十年後我讀到的一篇當事人回憶以及現場照片證實，在第二次檢閱時，狂熱的紅衛兵逼停了轎車，警衛們跳上車頭保衛領袖，踩壞了車頭蓋，才臨時換成剛剛才裝備軍隊的北京吉普。對於全中國老百姓而言，從此見到並記住了這種比美國吉普略大的軍用車輛。它與「毛主席」、「紅衛兵」這些政治符號融為一體。我在1968年時就畫了一幅毛、林、周在一輛北京吉普裡的油畫。

　　事實上在那半年，以及此後的兩、三年裡，我用自己的眼睛看見的在街上巡遊的車輛，主要是解放牌大卡車。它們也是我舅舅所在工廠的著名產品。在那幾年裡，它常常載滿了被指為「地主、富農、反革命分子、壞分子和右派分子」這些所謂「黑五類」的不幸者，以及新增加的「壞蛋」品種：「走資本主義道路的當權派」即曾經是各級地方官員的共產黨幹部。他們通常會被人在脖子上掛上一個大牌子，上書他們的罪名，以及打上紅叉的姓名，頭上戴著紙糊的高帽子，其造型來自古代書籍插圖裡的一種叫作「無常」的鬼所戴的帽子。其靈感則來自一本當時人人必讀的毛澤東的小冊子。在那本小冊子裡，毛澤東高度讚揚了1927年發生在湖南省的農民鬥地主的造反運動。在當時，我們部分紅衛兵已經知道了馬克思的名言，即歷史上的事件通常會重複發生，第一次是正劇，第二次就是鬧劇了。我當然知道自己絕不可以將這個想法講出來，哪怕是說給最要好的同學聽。否則，我也馬上會頭戴高帽，被塞進其中的一輛解放牌大卡車。

　　過了二、三十年我才弄清楚，事實上像「文化大革命」這樣的鬧劇，在歷史上早已經發生過一次了。，那就是從1941年到1944年的所謂「延安整風運動」。那也是毛澤東持有版權的「把辣椒糊塗在貓屁眼上」的著名政治運動之一。只不過那時毛澤東治下的國土面積有限，所以沒有「文革」那樣氣勢宏偉。

　　毛澤東在幾十年政治生涯裡，交替使用兩種手段來確立自己在黨內與

民間以及政敵心目中的權威。一種是殺人，一種是玩人。就為人之殘忍而言，他與史達林不相伯仲。但史達林只懂殺人，只有毛澤東還喜歡玩「貓捉老鼠」的遊戲。貓捉老鼠是先玩之後吃之，或者放生。

比較著名的「殺人」政治運動主要有兩次。一次是1930年底的「富田事變」。毛澤東首次在本黨黨內大開殺戒，殺害了數千名江西省本地的共產黨員與紅軍軍官後「鳩占鵲巢」，成為江西省紅色區域的主人。雖然在整個紅軍「蘇維埃運動」十年裡一直有「肅反擴大化」的內部整肅行為發生。以至有數以十萬計的紅軍將士死於自己同志的刀下，但是大部分的情況出自被國民黨軍隊圍困的紅軍領袖們對叛變與滲透的擔驚受怕，以及由蘇俄訓練的政治保衛局的特立獨行。「富田事變」發生在所有的內部殺戮之前，是毛澤東剪除自己不信任的非嫡系黨內系統的蓄意行為。其靈感必定來自《水滸傳》裡的「火併王倫」。

另一次巨型規模的殺人發生在1950年，以「鎮反運動」載入史冊。對於我個人體驗而言，認識那一年的血腥是在我十幾歲懂事之後。有一次偶然在家長曬冬衣時，看見了墊在箱底的一張上海《新聞報》。那張因墊箱底而保存下來的1950年的報紙上，滿滿三版都是被槍斃的「反革命分子」的名單。包括姓名與罪名，後者主要是曾在國民黨軍隊或黨政系統裡擔任過的職務，大部分是低階職務，譬如國軍班長之類。用報紙不厭其煩地登出這幾百萬人中一部分人的名字，其目的十分清楚，即「殺一儆百」。當時新政權十分穩固，這種大規模殺人的用意不是為了「治亂」，而純粹為了「立威」。

但這兩輪「殺人」都非毛澤東首創，而是中國專制歷史上的一貫傳統。只有「玩人」是由毛澤東在「延安整風」時首創的。

歷史學家高華的傳世作品《紅太陽是怎樣升起的》利用一切公開發表的資料，細微復原了那場距今七十年的中共黨史裡最重要的歷史事件。其中使我感觸頗深的是，作者提及，在運動高潮中被「挖」出來的有示範性質的「國民黨特務」，不僅沒有被槍斃（如在史達林的肅反中那樣，或如在「富田事變」中的那樣），反而被披紅戴花如勞動模範一樣到處講演示範，以激勵更多的人「自首」。而且後來他們都沒有丟失性命，繼續為黨

工作。事實上運動結束三年後被殺害的王實味，他的被殺並非毛澤東的原意，而是部下的一個失誤，以至有了毛的名言：「還我一個王實味」！當然這句最高指示裡的「王實味」只是指關在籠裡喪魂落魄的名叫王實味的活死人。

延安「整風運動」不是沒有死人，也祕密地處決了許多真真假假的「特務」和「反革命」，尤其是「托派」。但是總體而言，這次運動不是為了殺人，而是為了收服人心。因為毛澤東打天下需要這一大批幹部，其中大多數還是在城市受過良好教育的青年學生。如何收服之？概言之便是「玩人」。其玩法是由一位蘇聯受訓回來的「肅反」專家康生站在前臺，大抓特務。用的是和「富田事變」一樣的方法，拷打一人，逼他亂咬一批。如此幾輪下來，幾乎一半人都成了特嫌。人人自危，熬不過去的人就紛紛自殺。當所有的人都絕望時，毛澤東如演員般從幕後現身，宣布運動「擴大化」了，大家都是好同志。我毛澤東向大家脫帽鞠躬，希望大家就不要計較了。繼續為黨工作。這一驚人之舉極有效果，從此倖存者們開始高呼「毛主席萬歲」了。

中共黨內的毛澤東個人崇拜之風，便始於延安整風運動後的1945年。

在登峰造極的「延安整風」升級版本「文化大革命」之前，毛澤東反覆使用、反覆錘鍊了這一套「玩人」的手法。比較大規模的還有1957年「整風」，即所謂的「反右派運動」。「反右」運動時，毛澤東的手法已經爐火純青。先是一派誠心誠意地請黨外人士幫助共產黨整風，反覆邀請人們提建議、批評共產黨。然後突然臉色一變，宣布此前只是「陽謀」，是為了「引蛇出洞」，現在開始反擊「右派」猖狂進攻。後來中央統計公布的右派人數高達五十五萬，實際數字為其數倍，幾乎一網打盡具有獨立思考能力的知識分子。從此人人自危，不敢再講真話。此目的達到之後，又宣布「敵我矛盾以人民內部矛盾處理」，送「右派」到農村勞動改造。幾年後公布部分「右派」、「摘去右派分子帽子」，歡迎「回到人民的行列中來」。

「文革」中所有的這類「玩」法被毛運用得收放自如。雖然全中國十億人中至少有一億人輪流被整治過一次以上，死亡（大比例的被逼自殺）

數百萬。但在毛澤東逝世的那天，中國的大多數國民還是悲傷的。他們被成功地收服為毛主席的忠實臣民。壞事都是「走資派幹的」，毛主席是真心為咱工農大眾服務的。

與此同時，經過三十年政治運動的體驗，中國人民已經習慣在說謊中生活了。毛澤東通過不斷的「玩人」運動，成功的改造了國民性。不是如宣傳機器所言創造出「共產主義新人」，而是相反，是價值觀的系統性崩潰。社會失去互信，個人失去誠信。

毛澤東「玩人」能玩得起來，便是他看準了人性之「惡」人人皆有，從而刻意張揚利用之。

事實上，劉少奇本人便淪為毛澤東用辣椒糊塗抹屁眼的一隻貓。周恩來等人何尚不是如此？1966年夏，毛澤東設局讓劉少奇去對付已經群情激昂要按照毛澤東的號召批判本校「走資本主義道路的當權派」的大學生們。當劉少奇用他在整風運動與反右運動裡練就的手法，派工作組去抓「反動學生」時，毛澤東突然現身，貼了一張他親筆寫成的大字報，劉少奇才明白自己才是毛主席要打倒的頭號「走資派」。

接替失寵的劉少奇成為毛澤東「親密戰友」、接班人和文革「副統帥」的林彪元帥並不是一個糊塗蟲。但是他的命運從一開始就已經決定。他企圖乘飛機逃避，但為時已晚。

最後一個輪到悲慘結局的是周恩來。只是死神出面結束了所有的鬧劇。1976年9月9日，毛澤東自己也死了。

但是，三分之一個世紀過去了，毛澤東的遺體依然佔據在天安門廣場的中心，而且他的故鄉將在一個月後隆重慶祝他的一百二十周年冥壽。我深感絕望與悲哀！

《1966年北京吉普》是我在十二年前創作的作品。在那之前的十年裡，中國的新一代畫家們創造了一種被稱為「政治波普」的當代藝術樣式。當我畫出這件作品時，不少人認為我也開始玩「政治波普」。我承認我吸收了政治波普的一些成就，譬如反話正說、譬如笑口常開。但我堅持，自己畫的就是歷史畫。我只是運用了藝術家虛構的權利，將兩台同時但不同地方上演的戲，拼到了同一部吉普車上。一台戲當然是毛、林、

周、江的檢閱紅衛兵；另一台戲則是中南海裡批鬥劉少奇、北航紅衛兵批鬥彭德懷。當兩台戲合成一台時，發生了強烈的戲劇效果。觀眾不免會為前一台戲的林彪和周恩來感慨，因為人人知道下面將要遞補的階下囚是誰。

我本人有過一次自己悟出的閱讀經驗，那還是在1980年代早期。報紙上雖早已經為彭德懷平反並尊其為英雄，同時也仍然吹捧毛主席。有一篇回憶寫到，1965年11月毛澤東召見彭德懷，說了不少慰撫的話，宣布重新啟用這位失寵多年的元帥，派他去「三線」主持國防工程。彭德懷也因此感激毛主席，兩位老戰友握手言和。此文同時歌頌了兩位老革命家。

但是，我在另一篇回憶裡讀到，1965年11月前後，毛澤東到上海祕密授意姚文元撰寫一篇批判歷史劇《海瑞罷官》的文章，作為他發動文革的第一發炮彈。他提示，要害是「罷官」，對象就是彭德懷。

將兩篇文章的內容合到一起，如一道閃電掠過腦際，那一瞬間的強光裡，我看清了毛主席的真面目。

我的畫中除了不得不充當司機的角色的周恩來、裝模作樣的林彪、興高采烈的江青以及身穿著名睡袍的毛澤東外，從縫隙裡可以看見，是康生押著劉少奇和彭德懷這兩位著名囚犯。

違反三度空間，在假設的平面上四個方向都寫上了最具文革色彩的口號。左面是「解放全人類」（可憐解放者自己卻先後淪為囚犯），右面是指路牌「莫斯科」（俄文），頭頂上是毛澤東名言「無法無天」，當年斯諾由於翻譯的誤導，將它解釋為「我是一個打著雨傘的孤僧」，憑空給毛澤東塗上了一層憂鬱的色調。豈知偉大領袖豪氣萬丈，「和尚打傘」只為了點明「無法（法與發同音）無天」，即完全不受憲法的制約，不受老天爺管束而已。

下面是慈禧太后照片上常見，卻被「最最革命」的紅衛兵小將抄來進獻給他們「心中最紅最紅的紅太陽」：

「敬祝您老人家萬壽無疆萬壽無疆」！

不過，細心一點的觀眾會發現，事實上因為我少寫了最後一個「疆」字而成了在當時可以判死罪的惡毒反標。

　　我在最後得了一個靈感,將北宋十八歲天才畫家王希孟的傳世之作《千里江山圖》畫到了吉普車的車身上。

　　我於2001年畫成了這幅畫,但是預想中的背景紅色畫得太灰暗,不滿意。因此在2002年畫了它的一幅變體《1966年北京吉普二號》。除了背景用了純正深紅外,我在吉普車車頭上畫上了一個從滿清朝服下擺圖案臨摹下來的山海紅日裝飾板。這種圖畫在文革中與「萬壽無疆」一同流行。通常上面有林彪手書的複製品:「大海航行靠舵手,幹革命靠的是毛澤東思想」!

　　這幅畫第二號變體成為此作最後的完成品,於2002年9月在雪梨的4A畫廊展出。展出的三周裡來觀看的是,大量的國內出差幹部和中國留學生。他們的激動讓我回憶起文革結束後頭幾年的民眾情緒。

　　過了很多年以後,我在網上看到有廣東的網民將這幅畫的圖片與另一幅畫著毛、劉、周、朱等老一代革命家「排排坐吃果果」的畫作圖片放到一起對比。於是我想,藝術不可能改變我們身處的現實,但是,它畢竟也可以改變一點什麼。

　　這一幅《1966年北京吉普第二號》現在由一對紐西蘭的老夫婦精心收藏著。他們已經成為我最好的朋友和事業贊助人。關於他們,有另外一個故事和另外一幅畫,當然也是另外一篇《畫裡畫外》的內容了。

　　(本文作者的油畫作品《1966年北京吉普》,2001-2002,油畫畫布之一:213×213cm;之二:198×198cm,分別為澳大利亞澳斯考普公司和紐西蘭私人藏。)

孫嘉瑞

作者簡介：

孫嘉瑞，旅居南太平洋諸島三十一載，歷任《斐濟日報》發行人、主編，《斐濟華聲報》主編，《斐濟華人月刊》主編，《紐西蘭中文先驅報》專欄作家。現任紐西蘭文藝沙龍召集人、紐西蘭《華頁報》社評專欄作家、《以文會友》編輯、中文BBC電臺節自主持。

在海外做無根的浮萍，飄泊有年，瞬經三十載矣。

無論晨昏晴雨，我都孤零零地站在海邊，默默望海，起先仍苦苦盼著在水天一色的遠方，能出現一葉歸帆載我回鄉。直至漸漸不再盼望著歸去，固為我愛上了海洋與島嶼，愛上了樂天知命的快活隨意。我很快樂，但我仍感孤獨。因為總覺得自己原本不屬於這裡，我精神與心靈的種子，仍然未觸碰到足以紮根的沙土，她仍在冥冥中幽浮。

我因此而開始寫作，並且知道了有一種文學叫「世界華文文學」。

夏雨中的鮮血
——追憶廣州打勞改犯慘案

　　春玲的房間很小，除了那張典雅但極老舊的鐵床，只有一張書桌，桌面上放著她的一張黑白照片，立在西湖垂柳下，精緻得像民初畫像上的小美人，柔軟的柳枝垂在她肩頭，眷戀地貼在光滑的肌膚上不願移開。房間是這幢西關老屋裡最小的，但也最隱秘的一處角落，在陰暗走廊的盡頭。推開「咿啞」作響的木門，便見小陽台，春玲和我就倚在那銹跡斑斑的鐵欄上，看落日在千家萬戶的屋頂後面消失。平時夏日納涼的人們，就在樓下的窄巷裡鋪開床板涼蓆東歪西倒躺臥，手裡不住地搖著葵扇，說話的聲浪揚上來，還夾雜著些罵人的穢語。春玲告訴我，以前還有人拉琴、唱南音，文革一來，琴被紅衛兵砸碎了，唱小調的女街坊也捱了批鬥，自此蓬鬆了頭髮低首出入，不敢正視他人。可現在街巷裡空無一人。不知是誰敲起了示警的銅鑼，接著是各家敲打臉盆水桶遙相呼應，一眾舞弄著扁擔和削尖了的水喉通（鉛水管）的男女，在暮色裡亂奔，還伴著此起彼伏的喊聲「捉勞改犯啊！捉勞改犯啊！」

　　春玲的二哥約我上街看看環境，路人都在耳語，傳說有逾千逃犯進城作亂。有人神色倉皇地抄起利器，喝令婦孺待在家中緊閉門窗，巷口街頭出現臨時關卡，還設立了盤查的哨崗。九點多了，我倆在鎮安路文化公園側門，見到人們把一個穿紅上衣的壯漢綁在售票窗鐵欄上，昏黃路燈下人頭攢動，圍著猛打那壯漢，只聽到他大聲求饒：「好辛苦啊！不要打我，我不是勞改……」這「犯」字未出口，人群散開了，一個老太太揮舞著柴刀，衝過去就是一劈，正劈在那漢子的胳膊上，皮肉綻開，鮮血噴出，指粗的白色筋腱，也「啪」的應聲而斷。漢子慘叫一聲兩腿亂蹬，還有兩個人上去踢他的褲襠，那地方早就滲出屎尿來了。春玲的二哥臉馬上白了，拉著我掉頭就走，身後的人群倒是沒有大呼小叫，但一陣陣彷彿打在米袋上的悶響，並沒停頓。是擔心沒把他打死留下後患，還是心頭的恨意未渲

洩一盡要繼續努力，就不得而知了。

回春玲家路上，經過我做工的單位，門口也圍了一撮人，工友告訴我小高也被人扣在某處街頭，打電話來催單位去領人。人事科的孫某恰好從辦公樓下來，我趨前去請求盡快把小高領回來。他翻起那雙死魚般的眼睛，冷冷應道：「我還有事要辦！等等吧！」

為了壯膽，春玲二哥拉我回他家守夜。

這一夜，春玲的母親與兄弟，還有我和春玲都沒闔眼，全屋一片黑暗伴著死寂……我和春玲的二哥都沒有提街上看到的那一幕。

春玲穿著無袖短上衣，兩條光滑修長的胳膊，在暮色中彷彿天鵝的翅膀，時而搭在我肩上，時而交叉在身後。直到一輪明月升起，她勻稱的身子，像一隻線條優雅的古瓷瓶，在走廊裡留下長長的陰影，我常說春玲是希臘雕像變來的。月色下和小美人一起，剛才血腥的場景仍歷歷在目，看著羊城充滿騷亂的夜景，聽著她輕輕絮語，只覺得並非是活在亂世人間，而是在童話仙境。每當陰森的鑼聲響起，她就緊偎著我，用柔若無骨的小手，摟住我脖頸，感覺得出她豐腴的軀體在顫抖。我倆笨拙地偷偷相吻，牙齒彼此嗑碰著，她滾燙的嘴唇卻是乾的。

黎明前來了場豪雨，驅散了酷熱，我倆將手一齊伸出窗外，任雨水澆淋，享受那難得的清涼。那「捉勞改犯」的嚎叫，仍不絕響至天明。

才過七點，路人已經很多，默然而臉色蒼白，我和她從鎮安路出沙基，昨晚紅衣男子仍綁在鐵欄上，渾身血污，腦袋低垂著，彷彿折斷了脖子的禽鳥，怕是已斷了氣，還有三兩小童戰兢兢地遠遠擲石過去。對面一列磚屋的住客，老少均立在門外，呆望著石子落在那死了的壯漢身上。

到了愛群大廈，眼前的情景教春玲失聲尖叫起來，十里長堤成行的榕樹下擠滿昂首觀望的人群，幾乎每株樹上都吊著或綁著死屍，「愛群」對面這株細葉榕特別茂密，一個少年男子，被人用生繡鐵線勒住細瘦的脖子吊在枝椏上，舌頭伸了出來，兩眼圓睜，濕了的白襯衫上倒不見血跡，藍布長褲被撕破了，雙腳赤足，從褲腳管裡流出的血，凝結在腳背上。最恐怖的是男人的雙手，十指分開而彎曲，像是動物的爪子，企圖捕捉什麼。春玲渾身發抖，拉著我擠出人群，她腳上的小白跑鞋，已經濺滿了地面上

分不清是血還是雨水的淺紅。聽旁邊的人說，這少年昨晚被人用鋸條活生生捅死，流出來很多血，但都被大雨沖走了。

近中午時烈日暴曬，一陣臭氣撲鼻而來，樹上的死屍開始發脹，我們看到一對綁在樹身上作跪狀的死屍，其中一人是女性，長髮披散在臉上，頸部有傷痕，衣褲幾乎被撕爛。而在太平路戲院門前見到的一具梳辮子的女屍，身穿裙子還背著綠色的書包，腳穿一雙布鞋，完全一副學生打扮。

緊緊握住春玲的手，不知走了多遠的路，看到了多少死狀恐怖的屍體，她俏麗嫣紅的面容一片慘白，嘴唇哆嗦著。

經過廠門口，工友趨前告訴我：「小高昨晚死在吉祥路了。」他們去現場看過，小高被人綁在巷口的電線杆上，苦苦哀求通知廠方領他回去，街道民眾等不及正想動手，突然有一路過的老頭掏出匕首直刺小高腹部，抽出後在鞋底拭去血跡，施施然離去。

出身孤兒的小高，時年十九歲。

扶著春玲回到她家的西關老屋，關上兩扇古舊而沉重的門扉，彷彿把那個血腥殘暴的世界隔絕在外面了。在幽暗陡峭的樓梯上，春玲突然緊緊擁抱住我，渾身發抖，在我耳邊急切地說：「我們走吧，離開這個可怕的地方！」她說她害怕，怕白雲珠水千年羊城的廣州人，那些孩子的爸爸，丈夫的妻子，甚至是孫兒的祖父母，一夜之間竟然嗜血如命，殺了那麼多的人！我陪她坐在梯階上，一邊撫慰她，一邊忍著錐心之痛。當我倆從那些吊起的屍體下面走過時，在蒙住雙眼的指縫裡窺望死者的慘狀，無疑亦是一種對暴行的苟同，即使是無奈，也是默然認可。人性深處隱藏的殘忍，我們身上都有。在這一點上，我們和那些動手殺人的人，並沒有什麼不同。一日一夜之間，吾心老去了數十年。

晚上她和我都沒吃飯，在小房間她那張整潔的書桌上，我用鋼筆畫著白朗寧夫人的肖像。她屈膝坐在床上，雙眸凝視著我的筆尖在紙上遊走，在肖像完成後，我添上去幾個胖嘟嘟可愛的小天使。她把臉靠在我背上，兩只天鵝翅膀般柔軟的手臂溫存地摟過來。「這幾個天使是畫給那些不幸的人們的嗎？」她淒然問道，淚珠滴在我頸上，我肯定地點點頭，沒有出聲應她。

又亮又圓的月亮高懸在無一絲雲彩的夜空，如銀的光輝映進窗來，照亮了我倆青春煥發的臉龐。月色還是昨夜那般地清亮，春玲和我又一次交換熱吻，可大家都知道，我倆已非從前的我倆了。

我們生命中最美好的至潔至純，隨著那夏雨中的鮮血，永遠逝去了……

（事後在民政系統曾突然廉價內部發售軍用雨衣，知情者告知筆者，這批雨衣是用來打包「打勞改犯」中死者的，我始終未敢買來使用。

一百多個鮮活的生命，一夜間化為冤魂野鬼，除了筆者的工友高潤才有名有姓，迄今未見家屬親人提交遇害人身分與姓名資料，勞教收容系統也沒有公布過是否有人潛逃。在當年廣州軍事管制委員會工作日記上，關於「打勞改犯」這一重大事件，居然是一紙空白，並無隻字記錄，軍管會有關人等亦諱莫如深絕口不提此事。四十多年前的這件慘案真相何在，至今仍是一個謎。是否有幕後的策劃運作，就有待史家去發掘與考證了。

文中所述，概為筆者四十二年前的親身經歷。我相信，現今五、六十歲的廣州人，都會記得這段往事。該事件中暴露出一般百姓竟如此熱衷於私刑虐殺路人的殘忍，迄今仍令人不寒而慄！）

他在黎明時死去

我被徵召到八一戰鬥兵團總部的「珠江縱隊」時，才二十一歲，大概是看中我在軍體院體工隊待過，其實我只是打球的小軍官，碰過幾次槍，偷著跟軍體院的偵察兵學員，練過一招半式徒手格鬥。接到「調令」，心裡還真高興了好幾天。

文革風暴中我們這個由復員軍人組建的戰鬥兵團，有二十五萬之眾，按軍隊建制，從司令部到軍師旅團營連排班，組織還很嚴密。由於十分激進而且戰鬥力強，曾被中央文革定性為「反動組織」予以取締，大小頭目被廣州警司抓去關了起來，我也躲了一段時間。未幾又獲平反，在越秀山運動場開了平反大會，還記得軍區出動直升機撒平反公告的傳單，數萬兵團戰士揮旗振臂，場面十分壯觀感人。

兵團總部設在豐寧路廣州衛生局大樓內，與二十四中一牆之隔，從大馬路進入樓內要經過一段三米寬、六十米長的窄巷。老兵們在三樓一扇窗後面架了一挺輕機槍，把大樓變成了一個易守難攻的據點。

我和「七中紅旗」的小任成了上下鋪的「戰友」，他小我四歲，父母都是教師，周末還送湯水來總部，就像探望就讀寄宿學校的孩子一樣，讓瘦高個子的小任坐在床沿上喝南北杏豬肺湯，兩位就默默站在一旁，充滿慈愛與擔憂的四目，始終沒有離開過小任。

枕邊一本屠格涅夫的《獵人筆記》，常被小任從上鋪伸手來苦苦乞借了去，他清秀的臉龐，埋在這部俄羅斯文學巨著裡，對窗外呼嘯飛馳而過一車車紅衛兵置若罔聞。

三樓的密室裡，住著兵團司令莫競偉，剛被人在大街上偷襲，潑了一頭硫酸，頭部嚴重燒傷，包紮著紗布只露出眼耳口鼻。我很少進入密室，裡面牆上有張大地圖，用小紅旗標出我們這一派佔據的地盤，可以看見就在不到半公里之遙的惠福路，有兩三個插著白旗的對立面據點，由於經常騷擾附近我方的餅乾廠營部，所以成了我們一直想拔掉的眼中釘。

「珠江縱隊」類似當今的快速反應部隊，是從各個群眾組織裡挑選出來的「精英」，配備的武器也不錯，各式槍械都有，我天生不愛碰武器，所以極少去動那些長短槍。領頭的老陳挎一支五六式衝鋒槍，當過軍分區司令員鄺強的警衛員，是廣州部隊的神槍手，他右手的食指和中指都被手榴彈炸斷了。

「珠江縱隊」的任務是保衛八一戰鬥兵團總部，另外還要時刻準備馳援遭到攻擊的各下屬據點，所以院子裡日夜停著一輛解放牌卡車。天臺頂的人防指揮部警報器常常響起，我們就要上車出發去參加「戰鬥」，真是一日三驚。有次小任父母也在，警報一響，他們可嚇壞了，小任放下湯碗，就硬要衝下樓去，父母又拉不住，幾個人扯成一堆。所幸老陳從院子裡喊話，宣布解除警報，小任才得以把湯喝完，但他父母已臉色鐵青，苦勸兒子一起回家，小任自然是死不從命，兩老只得捶胸長嘆，低著頭離去。

那年夏天酷熱，很晚才入睡，市區裡零星的槍聲，早已習以為常。突然警報大響，小任睡眠惺忪地跟著我下樓，爬上「解放牌」時，老陳塞給我兩手榴彈。一眼望去車上已站了七、八個武裝的大漢，人人神色凝重，心裡便意識到這次行動可能不比尋常，上車後便低聲囑咐小任：「跟著我，有情況千萬別臥倒，找個騎樓柱子靠著。」他疑惑地反問為什麼，老陳喝止我倆：「不許講話！」

卡車從豐寧路拐進惠福路，前方傳來陣陣槍聲，路燈慘澹的銀光，透過密密榕蔭，掠過車上一眾人等，老陳簡短地介紹了餅乾廠據點今夜被對方偷襲並占領的戰況，把隊員分成三組，他率我、小任沿據點對過那一側街道推進，另外兩組，在街道另一側迂迴過去。

餅乾廠的樓房裡漆黑一片，被趕出來的「八一戰鬥兵團」人馬在對過樓裡，忿忿而混亂地打槍過去，廠門口內的沙包工事裡，有一挺輕機槍穩穩當當地以點射還擊，每次四發，隔幾秒射擊一次。

老陳跟我耳語道，「這是個老手，千萬要小心，睇住小任，不要讓他亂來！」這時我覺察到我們這一組暴露在橫巷的出口，路燈恰好照著我們三個，正想往後縮回騎樓底下的陰影中，那老練的機槍手已經發現了我們，這次不再點射，而是扣住扳機，「突突突」掃射過來。

尾隨老陳往前一躍，到了騎樓柱子後面，聽見子彈打在水泥批盪上的「洸洸」聲。我緊靠著柱子不敢移動半寸，回頭只見小任臥倒在巷口，對方又一輪掃射，清晰聽到「噗！」、「噗！」、「噗！」三聲，他已連中三槍。

「小任中槍了！」

老陳聽我大喊，端起衝鋒槍一舉，兩發子彈打滅兩盞路燈，接著放平槍口，在對方射擊的同時又開了兩槍，只聽到餅乾廠門口機槍啞了，有人大喊起來：「走！快走！」

在對面兩組人衝入餅乾廠時，老陳也跑去會合他們，我回身去抱起小任，狂奔向解放牌卡車，急急趕往市二醫院。直到送入急診室，他一直像斷了脖子的小鳥，沒有把頭抬起來過，鮮血流在他和我身上，穿海軍服的醫生告訴我，小任已經死了！身中三槍，腋窩、腰部與腳踝，腰部那一槍是致命傷，擊碎了肝臟。

這時已是黎明了。

把屍體運回總部停放在飯堂的桌面上，和幾個隊員開車到冰廠去要人造冰塊，砸了半天門，出動手榴彈威脅要炸廠，才弄來七八塊冰圍在桌邊。我渾身是血跡，又睏又累，也顧不得洗換，倒頭就睡。

上鋪已經空了，他借去的《獵人筆記》仍在床上擱著，還是那個讓我罵了多少次都改不了的壞習慣，讀到哪裡停下時，就把扉頁折角作為標記，睡前我張望了他折住的那一頁，恰好是「白淨草原」的結尾。

小任父母來領回兒子的遺體，我和隊員們聚集在飯堂裡，向犧牲的戰友告別，莫司令告訴小任父母，一個省市各界造反派參加的大型追悼會將在文化公園舉行，這將是死者小任的殊榮，希望他們能參加。

小任的父親含淚並不作答，只是搖頭，做母親的一再伸手去摸兒子清秀而冰冷的臉，全然沒有覺察，腳踏那雙老舊的解放鞋，踩在融化了的冰水與血水裡，那可是她兒子的血啊。

我收拾好行李，離開了總部，把《獵人筆記》留在小任的床位上，希望他的亡靈能常回來讀讀屠格涅夫的書，他走的時候確實太年輕了，才十七歲。

他的追悼會我去了，數萬名憤怒得面容扭曲的紅衛兵們，朝天鳴槍，高呼復仇，頭紮白巾，抬棺示威。小任的遺容由美院造反派畫成巨幅肖像，很有安格爾古典風格，表情祥和的他，在高牆上俯視著狂燥喧囂的熱血青年。

有輛「別有天」的靈車，在槍聲震天的公園外太平南路靜靜駛過，聽說那殺死小任又被老陳擊斃的機槍手，也在今日出殯。

（後記：這是我一段絕對真實的經歷，穿著那套染血的軍裝回到家裡，把母親嚇了一跳，她洗了很久才把軍裝上小任的血跡洗掉。自此我從「造反派」轉變為「逍遙派」。）

「長征」姑娘

　　年前回廣州去，與妻去越秀山「懷舊」一番，和她走過當年兩人談情說愛的地方，那石塊與夾竹桃樹仍在，只是旁邊多蓋一亭榭，裡面有數人在彈唱文革老歌。遠聞弦音悠揚撩人，近看歌者容顏已衰，其中一位年紀半百的女歌手正唱著「草原之夜」，她身後的琴師低著髮已斑白的頭，雙目閤著操琴伴奏，一隻淒惋得如泣似訴的二胡，拉出了草原的高曠、離別思念之苦。

　　在巨廈華屋簇擁中，朱紅色的五層樓顯得寒傖，不見千年古跡的莊嚴凝重，三天一小展五天一大展，所謂「景點」已成賺錢的熱點。山不青水不綠的公園已失卻往昔的古意深幽，本地人有了許多新的去處消遣，除卻南來的遊客，還有舞劍要扇的老者，再就是這自己娛樂自己的一小群，彈唱著四十年前的老調舊韻。

　　女歌手腰身細細，膚色黝黑，短髮及耳，雖已半老，眉宇間仍現一股巾幗鬚眉的英氣，使她那張平常的臉，吸引人的目光。依稀覺得曾經見過，不由看多了她兩眼。一曲唱罷，幾位樂手敲打出雄糾糾的「造反有理」，她把衣袖一挽，跳起挺胸揮拳的紅衛兵舞來，一邊還吆喝：「革命無罪！造反有理！」。

　　記憶的大潮驟然將我捲回紅色風暴的年代，同我一起喊過這兩句口號的人不計其數，她是其中的一位嗎?!

　　我敢肯定是她。

　　1967年1月全國大奪權，我和「造反派」工人、紅衛兵策劃了一次「聲東擊西」的奪權。廣州民政局「保皇派」在中山紀念堂召開批鬥走資派張受榮大會，我們兵分兩路，先衝擊會場，讓組織者向近在咫尺的局本部告急，待駐守的人馬出來支援之後，再乘虛佔領民政局大樓。領頭的小紅衛兵「長征」姑娘，自告奮勇率幾十中學生紅衛兵負責衝擊會場，我與其他大專院校造反派和工人赤衛隊，負責攻佔局本部。

　　「長征」第一個衝上臺，在講臺正中貼上斗大的「保」字，還喊著「革命無罪！造反有理！」的口號，幾十個男女學生攪亂了千人大會，局本部出來百餘人急奔會場增援，我們五十多人便進去制伏留守的幾個婦孺，佔住人事科、保衛科、財務科和局長辦公室，搶了大印，宣布奪權接管。

　　「長征」帶著她那隊紅衛兵回師與我們會合，下屬單位的造反派也陸續到來進駐，大樓裡一片歡騰，粗中有細的「長征」姑娘不知從哪裡弄來菜包子和白粥，眾人圍搶。她從人群中擠到我身邊，從寬大的軍上衣口袋裡掏出一個菜包子塞到我手裡，低聲吩咐我：「趕快吃，別餓著了。」

　　自她來廠串聯後，一直跟著我，認定我是她的「哥哥兼領導」，因為家境貧困，從小學會做飯洗衣家頭細務，還負責起照顧我一日三餐。其實我只比她大四、五歲，就是搞不清她為何這麼「崇拜」我。

　　入夜之後，民政大樓外牆逐漸被包圍，來者大多三、四十歲出頭，秩序井然，十點左右，兩個穿呢子軍大衣的人，佩著巨大的「北京清華井崗山」紅袖章，敲開了緊閉的大鐵門，要宣讀中央文革的指示。半小時後，外面的人開始往裡進了，我們的人逐漸被壓縮出原來佔據的地盤。這時「長征」告訴我，包圍者是市公安局的群眾組織，她要我想辦法先出去，因為我們的人數明顯不夠對方眾多，怕會吃虧。

　　凌晨時分，大門關閉，對方人馬在呢子軍大衣的指揮下，開始抓人並把他們集中到飯堂，「長征」和我自難倖免。被抓來的都站在條凳上（就是成龍在古裝功夫片用作武器的長條木凳），兩人一張。我身邊的是當過兵的工友，瘦長的身子一直在哆嗦，長征和另一個姓譚的造反派頭頭，被指認是行動的總指揮，正被十多個沒戴徽章的公安推搡著。譚頭頭當過海軍大尉，粗壯的身影不一會就淹沒在黃軍裝的人群裡，只聽到硬物敲打在人體上的「澎澎」悶響，他沒有喊也沒有叫，數年後他才告訴我，那些人上來第一下就打在背部正中部位，他立刻覺得呼吸困難，叫不出聲來，打手用的是鑄鐵秤砣，用棉手套裹住，外軟內硬，打下來不損皮膚卻傷筋骨。譚大尉自此一直咯血，鐵塔般的漢子變得乾瘦萎黃。

　　「長征」的短髮被幾隻大手揪住，用力捺下要她低頭，她奮力反抗，

一邊高呼「革命無罪！造反有理！」一個黃衣人拽下腰間軍用皮帶抽她，熟練地踹她的膝窩，長征被迫跪下了。

我從條凳上下來，把身上的軍棉衣扣子解開，大搖大擺往門口走去，守門的小公安狐疑地問：「你上哪兒？」我用北京話答他：「去逮他丫個王八蛋！」芝麻開門了，我就這麼走出去了。到了院子裡我看到地上還跪著黑壓壓一片，高音喇叭裡宣讀保皇派和北京清華井崗山的嚴正聲明，唸著一個個緝拿的罪魁禍首，我聽到自已的名字，由一個清脆的女聲用「京片子」唸出，我知道奪權失敗了！而長征姑娘的口號聲還在夜色中迴響……

女歌手跳完紅衛兵舞，在圍觀眾人掌聲中，收拾樂器什物，準備離開。我上前相認，喊出她的名字，她拉著我的手，一言不發地使勁搖著。妻子知情識趣地去買飲料，琴師與觀眾亦四散，坐在亭榭中，不想和「長征」說那些久別重逢必說的話，四目相接一時無語，10月金風送來的不是涼爽仍是悶悶的燠熱，長征仍握著我的手，上面的老繭粗厚如銼刀，四十年歲月風霜，在她的緊握中，我自是清清晰晰地感知到了。

奪權失敗後，她一直在我身邊，直到被迫下鄉，去的是粵東的山村。她曾逃回城，照顧病母，但街道革委會和派出所卻日查夜搜，窄巷之中的家狹小而無處藏身，一家三口吃飯時，母親半邊屁股和小凳要擺在門檻外，遇有人推自行車走過，要企身相讓。「長征」被迫偷偷寄住同學家，在那裡又遇到查戶口，睡夢中驚醒，匿藏於床頭樟木籠中，擾攘一番眾革命幹警離去，再放出來，她個子高蹺縮於內過久，半天直不起腰來。

走投無路被逼回山村，自此沒了她的音訊。很久很久了，她回穗找過我，拖著一個抱一個孩子，黑瘦的臉龐上，有種早熟的滄桑，只有那雙眼睛依然清澈明亮。為了得到許可經常回城探視病中母親，她和大隊支書結了婚，三年生了兩個女兒，山村農家清貧，產後喝碗紅糖水吃薑炒飯便算補了身子。

那次見過，「長征」姑娘沒再來過，我也掙紥過著塊肉餘生的日子。隱約傳來點滴關於她的消息，城鄉生活習慣與觀念差異太大，又不堪沉重家務與丈夫暴烈脾氣，「長征」幾次逃回廣州，村裡還派人來綁她回去，

用繩子牽著脖子，赤足押上長途車。據說她每次捱丈夫毒打，都喊口號，還是那句「革命無罪！造反有理！」越喊那莽漢越打得厲害，一邊還罵：「你革誰的命？你造誰的反？」

知青回城大潮時，她才回到廣州，母已病逝，孩子被強留在山村，只剩下長征孑身一人苦熬著。

剩下的故事了無新意，她掙了點小錢，衣食無憂，沒心思再跟別的男人過，自己一個人，約幾個同時代人──當年一起面向黃土背朝天的老知青，借這一塊地方，歌舞傳情，抒發胸臆，以渡晚年。

「在農村時，常想起你，高大、正氣，多才多藝！」身邊的「長征」幽幽地回味「我偷跑回城時找過你，廠裡的人說你去偷渡了。回村後我還上山頂望過香港那邊的天空，夜裡像日出一樣亮亮的，我想像著，也祝願著，你一定在那燈火下生活了。」

我默然不作答，沒告訴她，當年偷渡經過她落戶的惠東山區，晝伏夜行，每見那山邊幾點農家燈火，也曾掛記著命苦的她，是否正忍受那不解溫柔的莽漢的蹂躪，如此明亮的雙眸，可含著屈辱的淚水?!我甚至天真地對同伴說，要真碰上「長征」，一定把她也帶走。可是「長征」啊「長征」，你究竟被命運的樊籠錮禁在哪裡呢？

無邊的黑夜，讓那明滅不定的燈火顯得如此昏黃微弱，讓足下的地面，辨別不出是坎還是溝，跌跌撞撞地前行，只向著那東南方的亮光。沒想到在那漆黑的夜晚，還有這麼一位姑娘，遙望光亮的天際，為我懷有如此美好的祝願。

突然問她：「還記得奪權那天嗎，你給我菜包子，當時我真餓了，立刻吃了。」仍然握著的手驟然一緊，暮色中兩行淚水在她臉龐上流下來。

昔日經歷過生死磨難種種，於心靈上留下傷痕累累。即便時過境遷，否極泰來，但人總是不會忘記，也不能忘記。我想不僅僅是自己，「長征」姑娘亦用柔弱的肩膀，時刻扛承著這思想沉重的閘門，如此之重，亦不放下，因為我們都知道，一旦放下，情感的激流便遭截斷，光明也被阻拒在外，留給我們的惟剩下死寂的黑暗矣。

〔後記：在發表本文之前，曾電郵給一位比我年長的文友提前分享，他立刻回信，告之他自己忍不住落淚，那一顆本已倔強的心傾刻軟化……他文革時是個苦學成材的大學生，因回答一位想偷渡的朋友關於地形的問題，被以「教唆投亂叛國」罪名判七年，送去北大荒，受盡非人之苦，幾乎死在那裡。

我之所以寫此文，實際上是為紀念文革，為了忘卻的記憶，為了那一代的熱血青春。

有人說歐巴馬的成功，證明一個人要成大事，必須有社會責任感、歷史責任感與悲天憫人的情懷。我同意此說，不過我更傾向每一個人都應具備以上的責任感與情懷。因為這是使我們的世界與人生變得美好的必由之路。

往事已矣，但創痛仍在，我們的民族對外侮確是刻骨銘心，但對發生在自己中間的人禍，往往因為刻意的模糊與淡化，又感染了商海錢潮的功利，在虛誇浮躁中，失卻了自省的勇氣，踏著那歷史的枯骨漫舞，聽不見千萬冤魂的哭號，這使得我們缺乏理念堅持與信仰，更缺少了一根脊樑！〕

田地

作者簡介：

　　田地，在澳大利亞用中文寫作的作家和編劇；澳大利亞新州華文作家協會會長；新南威爾士州議會秘書。創作各類文學作品300餘萬字。

文革是每一個中國人都繞不過去的坎

文革是每一個中國人都繞不過去的坎，我亦如此。我心中的坎，到現在也沒能繞過去。

文革對於我來說，分為前期（1966年－1969年）和後期（1970年－1976年）。我的前期與後期基本上對應史學家們對文革的劃分：前期——紅衛兵造反，破舊立新；武鬥；全國大串連；摧毀以劉少奇為首的資產階級司令部，一大批老幹部被打倒，關進牛棚；各級政府紛紛成立革委會，全國山河一片紅。後期——工宣隊進駐學校，復課鬧革命；知識青年上山下鄉，接受貧下中農的再教育；抓革命，促生產，備戰備荒為人民；揪出林彪反黨集團；然後是老幹部恢復工作。說穿了，前期是砸碎一個舊世界，後期是收拾爛攤子。

前期剛好對應我的少年時期——12歲到15歲，是為黑崽子時期，在這段時間裡，我一直生活在孤獨與恐懼當中；後期，剛好對應我的青春期——16歲到22歲，是我夾起尾巴悄悄讀書時期，由於我看到的和讀到的背道而馳，所以生活在迷惘當中。

孤獨、恐懼與迷惘，是我一生的基調。如果說我尚有人格缺陷，毫無疑問，源於文革。

這篇講的是我在文革前期的遭遇，後期我另外寫了一篇〈文革中的那些齷齪事〉。

一、文革前史：小鎮的美好時光

在我七歲那年，我家搬到長白山腳下的一個小鎮——樣子哨。那是個有山有水的好地方，山叫馬鞍山，水叫三統河，而小鎮，就坐落在山腳下，河兩岸。小鎮被三統河分成河南、河北兩部分，於是就有了兩所小學——河南校和河北校。我進了河北校讀書。

河北校的全稱是——樣子哨鎮河北小學校。學校很美，主建築是一幢帶有雕花露天長廊的三層洋樓——這也是小鎮的最高建築，每到下課的時候，就會看到花裙子在走廊上飄來飄去；還有長長的、整整齊齊排成四排的教室，每個教室前都有一塊種滿了鮮花的花圃；此外，還有全鎮最大也是最好的運動場，足球、籃球、排球、單槓、跳遠的沙坑，應有盡有；而這一切，都被高高的院牆圍起來。記得在運動場邊上有一個壓水井——我們都叫它洋井；也記得在學校的東南角，還保留著一個殘缺的炮樓。於是我們可以猜測，這所學校可能曾經是日本的軍營。

印象最深的是小洋樓前有兩株三個人才抱得過來的參天巨柳。據說，是我舅爺栽的。

我舅爺是幹什麼的？他為什麼會栽下這兩棵樹？這一直是個謎。

從小學一年級到五年級，我一直是老師的寵兒，因為我是班上乃至全年級最優秀的學生，還因為我媽媽是這個學校的老師，而且是每個家長都願意把孩子往我媽媽班裡送的優秀老師。五年級的時候，我的作文曾被拿去六年級朗讀——瞧瞧人家，才五年級就寫出這麼好的作文，你們要努力啊！

在我接受讚美的時候，常常會聽到這樣一句話：這孩子學習不好才怪呢，媽媽是遠近聞名的優秀老師，爸爸是建國大學的……我那時還不懂這些話的含義，比如建國大學，在我有限的知識範疇內，中國並沒有這所大學；更沒有料到，沒多久，這些話就給我帶來了厄運。

二、夜黑風高的夜晚與八仙桌

在我六年級的時候，文革開始了，學生不用念書了，老師們都被集中起來，辦學習班。我不知道發生了什麼，只是記得，媽媽每天都要很晚才能回到家裡，而且臉色一次比一次難看；也常聽媽媽念叨，也不知你爸爸那邊怎麼樣了。爸爸在三十里外的一個叫做樓街的小鎮工作，他在那裡建了一所中學，並出任第一任校長，他一直都很忙，只有學校放假時才會回來。

很快，在我還沒有搞清楚眼前這一切的時候，我的父母雙雙就都被揪了出來——爸爸是「走資派」，外加「特務」；媽媽是「白專典型」，外加「地主婆」。

記得在一個夜黑風高的夜晚，媽媽突然被幾個男老師押送回來取被子、換洗衣服和牙具。媽媽看一眼已經被嚇傻了的我，什麼都沒敢說，只是默默地收拾好行裝，就跟他們走了。還記得一個男老師走前惡狠狠地把我們家的八仙桌一腳踢翻，說，就衝這張八仙桌，你們一家也不會是我們革命隊伍中的人！

你們一家，是包括了我的。我的心立刻僵住了。

媽媽走後，家裡只剩下剛剛十二歲的我和裹著小腳的姥姥。我悄悄扶起八仙桌，問，這八仙桌怎麼回事？姥姥撫摸著八仙桌，自言自語道，要不是你姥爺早早死了，連這張八仙桌也得給他賣了。

我沒有聽懂姥姥的話，但我隱隱中意識到，這張八仙桌是有些來頭的。

一直以為是張普通的八仙桌，現在想起來似乎不再普通了。突然意識到，同學家都沒有八仙桌的，甚至連桌子都沒有，即使有也不一樣，他們的桌子，四條腿是方的，直統統的，而我們家的八仙桌，是圓的，而且是從上到下雕滿花紋的，對了，就像我們學校那幢小洋樓雕花露天長廊的扶手。

但我當時沒有想更多，也沒有追問姥姥，因為我已經意識到，我成了黑崽子，而且再也見不到媽媽了。我就像是一個被丟棄在黑夜中的孩子，無邊的恐懼已經籠罩了我。

三、姥姥的「早年」

黑崽子的日子真不好過，沒人理我，連過去的好朋友都躲得遠遠的，好像我是麻風病人。

很多年後，我才搞清我的家世及那張八仙桌的來歷。媽媽出身名門望族，她的爺爺我的太姥爺是當地赫赫有名的大地主，方圓幾百里的地都是他的。房子是連成片的，姥姥告訴我說，太姥爺的宅子裡住著幾十口人！

我有十三個姥爺，這就是十三個家庭，妻子兒女——兒女都不止一個，妻子也都不止一個，我的姥爺就娶了二房，我媽管她叫小媽，再加上傭人，統統在一個大宅子裡，吃在一起，住在一起，你說說那宅子得有多大！

姥姥時常回憶過去的日子，而且每一次都是這樣開頭的——早年，在夥上的時候⋯⋯，她的意思是幾十口人住在一起的時候。姥姥不說我也想像得出，幾十口人一起吃飯，那得是多大的排場啊！

太姥爺家還開了燒鍋，就是釀酒廠。不知道是不是因了這個，姥姥和媽媽都好酒。事實上，長大之後的我，喝酒也是海量。我小時候最喜歡做的事就是給她們打酒，可以落幾個零花錢。

姥姥喝酒的時候總是盤著腿，坐在炕上，手裡端著一杆一尺多長的煙袋，抽一口，放下來，喝一口酒，然後就——早年，在夥上的時候⋯⋯蒸雞蛋糕，要放海米的⋯⋯燉小雞，要用元蘑⋯⋯小時候並不知道海米是什麼東西，元蘑也沒見過，只知道都是很貴重的東西。小時候覺得姥姥講「早年」的樣子特別好看。可是媽媽總是不讓姥姥講。

媽媽被帶走之後，姥姥就不再講「早年」了，她明白，是她的「早年」給媽媽惹了禍。

有時候，我也會下意識地按我所接受的教育想像姥姥「早年」的樣子——身穿綾羅綢緞，一副刁蠻的嘴臉，手裡永遠端著一杆長煙袋，看到哪個貧下中農不順眼，抬手就給一煙袋鍋子。

有時候，我還會怨恨她。

可是，在媽媽不在的日子裡，我必須和姥姥相依為命。而且，媽媽和爸爸都被停發了工資，每月只給十七塊的生活費，想想就知道生活有多艱難。姥姥是我唯一的依靠。

後來，到了文革後期，我父母先後恢復工作，我才慢慢瞭解到，我的太姥爺雖然是當地赫赫有名的大地主，可我的姥爺並不是。太姥爺在臨死前把家分了，十三個兒子，每人一份。雖然每人一份也還是很多的地和很多的房屋，也還得是地主，但是，我姥爺單過後就開始抽大煙，就開始賣房子賣地，到了土改那年，已經是房屋一間地無一壟了，而且，土改開始沒幾天就去世了⋯⋯對了，就留下了那張八仙桌。

　　我於是又糊塗了，這樣的話，我媽媽怎麼會和「地主婆」扯上干係呢？難道是我爸爸？

四、建國大學和「紅報要員」

　　其實我爸爸是和他的爸爸我的爺爺闖關東過來的。闖關東過來的都是山東的窮人，但也都是能幹的人。孔老夫子的鄉人自然知道讀書的重要性，於是，爺爺不惜抬錢——就是借高利貸，供養他的大兒子讀書；等到大兒子讀完了書，就開始教書，賺錢，再供養老二，然後是老三，老四……我爸爸是老四，最小的一個，到了他念書的時候，家境已經很好了，於是就有了進建國大學的機會。

　　建國大學是日本人在滿洲首府長春建的大學，是滿洲的最高學府，按現在的說法，那就是清華和北大。其實我爸爸進建國大學也沒念幾天，日本就投降了。於是我爸爸就出來工作，在縣裡的教育科做事，而且很快就做了科長。那時候東北很亂，但不管怎麼亂，也還得有人幹事。於是，我爸爸是國民黨來了給國民黨幹，共產黨來了再給共產黨幹。這樣來來往往地拉了幾次鋸後，共產黨贏了，於是我爸爸就成了共產黨的「老幹部」——這是個專用詞，指的是解放前參加革命的老幹部，享受離休待遇。

　　可奇怪的是，我家戶口本的家庭出身一欄一直都是空白。

　　這樣，文革一來我爸爸就麻煩了。家庭出身：空白；教育程度：建國大學肄業；工作經歷：國民黨教育科科長（這時就不提共產黨教育科科長的事了）……還建國大學！日本人能培養出什麼好東西？查！於是，文革一開始就立案調查我爸爸，很快，就有結果了，說我爸爸在解放前參加過「紅報要員」。什麼是「紅報要員」？專案組的人說，這是一個特務外圍組織。我爸爸沒幹過，不肯承認。可這已由不得他了，因為揭發他是「紅報要員」的是和他一起去建國大學讀書的表弟！

　　於是，我爸爸在被確認為特務之後，立刻就被定性為「走資派」。

　　接著，我媽媽不僅成了「白專典型」，還捎帶腳得了個「地主婆」的稱號。

五、媽媽冒險當特務，派我送情報

我媽媽成了「地主婆」一段時間之後，專案組又發現了一個「裡通外國」的大案，就把她放了回來，只是在開批鬥大會的時候才被拉去陪鬥。

媽媽回來後依然不敢放肆，每天耷拉著頭，一句話也沒有，好像屋外有人監督一樣。

我們便也不敢多言。

後來我才知道，媽媽回到家裡後一直心有不甘，想來想去總算是想明白了，她之所以成為了「白專典型」和「地主婆」，是因為我爸爸被定性為「走資派」；而我爸爸被定性為「走資派」，又是因為當過特務，就是那個從來沒聽說過的「紅報要員」。所以說，「紅報要員」是關鍵。

媽媽不相信我爸爸會是什麼「紅報要員」，於是想搞搞清楚。有一天，媽媽的姑姑我的姑姥來家裡看望媽媽，媽媽便悄悄拜託她去揭發我爸爸是「紅報要員」的表弟家問個清楚。

很快便有了回音，他說我爸爸不是「紅報要員」，他想拉我爸爸進來，可我爸爸不肯。

這麼重要的情報必須讓我爸爸知道！

於是，媽媽連夜起草了一封信，讓我第二天一早就偷偷給爸爸送過去。信的大意是——我問過表弟，他沒向組織揭發你當過「紅報要員」，他只是想拉你進來，可你不肯。不管專案組怎麼審你，都不要承認。

六、媽媽的叮囑及跳樓的女老師

第二天早上，媽媽把熟睡的我叫醒，並幫我穿好衣服。這時我才注意到，昨晚媽媽已經在我的衣服裡面縫了一個暗口袋，她小心翼翼地把信藏好，用別針別好，並一再囑咐我說，千萬別把信弄丟了。我緊張地點點頭。媽媽又說，一定要找沒有人的時候把信交給你爸。我又緊張地點點頭。媽媽繼續叮囑道，千萬別讓人發現了，讓人發現我們全家就都完啦！

媽媽越叮囑我越緊張，好像已經被人發現了似的，甚至四處瞭望。

就在幾天前，我們學校專案組成功截獲了那個被懷疑「裡通外國」的朝鮮族女老師的表哥從南韓寄來的一封信——整篇都是對資本主義生活方式的無恥讚美和令人作嘔的資本主義的卿卿我我，還蠱惑她去南韓，和她一起生活；於是把她五花大綁在三樓走廊的柱子上，並把在她家翻出來的一雙高跟鞋掛在她的胸前——是為資本主義破鞋之意。整整一天，沒吃沒喝，而且無情的風又時不時掀翻她的裙子，露出裡面的內褲。傍晚鬆綁後，她忍受不了如此奇恥大辱，縱身跳到樓下，活活摔死了。我看到殷紅的血在她身下像蟲子一樣緩緩爬出來，染紅了她周圍的泥土。我嚇壞了，而且馬上就渾身酥軟了，好像那些像蟲子一樣的血是從我身上爬出去的。

如果我被發現了呢？也會被五花大綁在三樓走廊的柱子上嗎？我幾乎要哭出來了。

媽媽看到我眼裡的淚花，知道我在想什麼，便安慰我說，沒事，你是個小孩，就算是被發現了也不會把你怎麼樣。媽媽說完，就把我推到門外，並絕情地關上門，好像這個家不再要我了似的。看了看身後關得緊緊的門，我只好拖著沉重的步子，一步一回頭地走了。我知道，我必須去送這封信，這是我的責任。

七、公車驚魂

我前面說過，爸爸工作的地方叫樓街，離我家三十里。我在那裡住過一個假期。那一次去，家裡這邊有人送站，爸爸那邊有人接站；可這一次只有我自己。就是說，這是我人生的第一次遠行，而且肩負重任。

我一個人買好票，上了公共汽車。

車裡並沒有幾個人，我悄悄坐到角落裡，並按了按衣服裡面的口袋，信還在。我鬆了口氣。

一路上，我總是偷偷摸衣服裡面縫了口袋的部位，看看那封涉及到我們全家人安危的信是不是還在。摸著摸著，突然覺得信沒了，我一驚，於是乾脆把手從扣子間伸進去，打開別針，再伸進口袋裡，直到我的手碰到

那封折成一個小燕子形狀的信，才鬆了口氣。我也會無師自通地假裝活動筋骨，悄悄觀察我的周圍，看看是不是有可疑之人在盯我的梢。看著看著，突然覺得每一個人都有可能是組織上派來跟蹤我的，我於是又慌了。

我甚至已經開始考慮，要不要把信悄悄摸出來吃掉？革命烈士都是這麼做的。

我沒這麼做，我知道，我必須把這封信交到我爸爸手裡。

可是很快又有新的情況發生了。行至半路，我們的車突然被一隊打著紅旗的紅衛兵攔住了。我認定他們就是組織上派來攔截我、攔截我口袋裡的信的。我渾身的血呼地湧上頭，一陣炫目之後，我發現我的手已經熟練地插進裡面的口袋，碰到那封信了——我要吃掉它！就在這時，一個威風凜凜的紅衛兵已經站到我的面前，來，這位紅小兵，請你給大家背一段毛主席語錄！

鬼才知道，我竟然磕磕巴巴地背了遍「下定決心，不怕犧牲，排除萬難，去爭取勝利！」

八、見到爸爸

我就這樣一路跌跌撞撞地來到爸爸工作的學校。我很聰明，我並沒有冒冒失失地直奔爸爸的辦公室，我知道，爸爸正在接受審查，不可能再坐校長辦公室了；我也不能此地無銀三百兩地問那些警惕性極高的紅衛兵們，能告訴我田校長在哪裡嗎？我這不是找死嗎！我要用自己的雙眼去找，而且還不能讓階級鬥爭的弦繃得很緊的紅衛兵們發現我，懷疑我。

我於是折了幾根柳條，編成一個草環，像帽子一樣戴在頭上，還揀了根手指粗的棍子，拿在手上，扮成一個在外面玩耍的野孩子，在校園裡跑來跑去。

很快，我就發現了正在運動場上掃地的爸爸。不過我不能過去，因為有個紅衛兵正在他身邊呼五喝六地看著他。

我便爬到一棵樹上，靜靜地等機會。

突然，那個紅衛兵朝我爸爸吼了一句：別幹了！反省去！然後，就把

爸爸帶進一間門上壞了一塊玻璃的教室，並關上門。我還是待在樹上，等機會。

這時，那間教室裡隱約傳來一陣奇怪的聲響，像是有孩子在玩耍，打鬧。

我沒多想，繼續等。

終於，那個紅衛兵從教室裡走出來，去上廁所。機會來啦！我急忙從樹上滑下來，飛一般闖進關押那間教室。我看到爸爸正縮在教室的角落裡，面對牆壁，渾身發抖。當時的我可能是太緊張了，根本沒去想剛才在這裡都發生了些什麼，只是衝過去，拉了一下我爸的手，並把那封信往他手裡塞。我爸爸沒敢接那封信，而且很明顯嚇了一跳，並挺直腰身應了一句：我有罪！我有罪！我叫了一聲，爸！信！我爸扭過頭來，看到我，似乎是越發害怕了，還推了我一下，你來幹什麼？趕緊走！

我扭頭就跑，一直跑，一直跑，頭也不回地跑。

九、信在哪裡？

當我跑到學校高高的圍牆外停下來之後，我聽到我的心跳像鼓聲一樣緊，一樣響。

我扭過頭來，遠遠地，又看到那間壞了一塊玻璃的教室。這時我才開始細想，媽媽交給我的任務完成了吧？信已經交給爸爸了吧？我努力回憶著，可是我的腦袋裡一片空白。我又慌了。我的手再一次摸向身上的暗口袋，裡面是空的。但這並不能說明任何問題，信不在口袋裡，雖然可能在爸爸手上——但願他已藏起來了；但也可能掉在地上了——但願不會被紅衛兵發現；還有一種可能是，剛才急匆匆往外跑的時候掉到路上了。怎麼辦？要不要回去找？找得到嗎？

就在這時，那個紅衛兵從廁所裡走了出來，又朝那間教室走過去。

也是在這個時候，我才注意到，那間教室的門是開著的。我越發慌了，那扇門，是那個紅衛兵上廁所的時候根本就沒關，還是我急匆匆跑出來忘了關？不對，我闖進去的時候門好像是關著的，記得當時我的頭撞到

門上了，現在還疼呢……這時，我已經慌得不成樣子了，如果那個紅衛兵發現門打被開了會不會懷疑爸爸想逃跑？又或者……

果然，那個紅衛兵似乎發現了開著的門，突然加快腳步，衝進那間教室。

很快，那間教室裡又傳來剛才曾經聽到的奇怪的聲響，像是有孩子在玩耍，打鬧……

過了一會兒，爸爸被驅趕出來，那個紅衛兵手裡拿根牛鞭，像趕牛般地鞭打著我爸爸，並不停地吆喝。我這時才恍然大悟，原來剛才像孩子玩耍和打鬧的聲響是紅衛兵在鞭打我爸爸。我的眼淚立刻湧了出來。我恨我自己是這麼的渺小，沒本事，不能衝上去解救我爸爸。

那一年，我只有十二歲。

很多年後，爸爸來雪梨看我，我在他洗澡時給他遞浴巾，第一次看到他背上的鞭痕。

我一直都沒有搞清楚，爸爸那天到底拿沒拿到我的信，又或者，紅衛兵發現那封信了嗎？我爸爸那天被打，和這封信——和我，有關係嗎？我從沒問過他，那是他心底最痛的地方，也是我心底最痛的地方。而且，已經長好了的傷疤，是不能再揭開的。

十、步行三十里，是自我懲罰嗎？

還是讓故事回到五十年前的那一天吧。

看到爸爸被帶走之後，我別無選擇，只有踏上回家的路。那時的心情是非常複雜的，首先，和來的路上比，多少有些輕鬆了，信畢竟送出去了——我固執地確信，已經送出去了；但是，看到爸爸被打，心裡還是沉重的；而且，我還是時不時地會想到，爸爸之所以被打，和我有直接關係——至少是因為我匆匆跑開的時候忘記了關上房門。

我就帶著如此複雜的心情，一邊前思後想，一邊往家走。我前面說過，我家離這裡有三十里的路，通汽車。可是我竟然忘了乘車的事，就那麼想啊想，走啊走，朝著家的方向。其實，我到底是忘了乘車還是成心不

坐車，我自己也沒搞明白；在有一段時間裡我一直堅信，我那天沒坐車，一個人步行三十里走回來，是一種自我懲罰。

我走了差不多三個多小時，才回到家，那個有山有水的小鎮——樣子哨。當我遠遠看到河北校主樓那個高高的尖頂時，我已經說服了我自己，我出色地完成了媽媽交給的任務，我是個英雄。

後來我才知道，那天的故事並沒有因為我回到家而結束，甚至，一切才剛剛開始。

十一、長達五個小時的審訊

記得我到家的時候大概是下午三點多鐘。一看到家門口那顆榆樹我就餓了，我這才想起，還沒吃午飯呢。心想，進屋之後第一件事是打開碗櫃，找點東西吃，姥姥應該給我留飯的。

家門是緊緊關著的。這很奇怪，姥姥一般這個時候都是開著門，坐在門口做針線。

我忐忑著推開房門，果然，兩個專政組的老師正襟危坐在我家八仙桌的兩側，而我的姥姥，則老老實實地站在旁邊，大氣也不敢出。我還沒反過神來，他們就對我說，跟我們去學校一趟！

隱約之中，我知道壞事了，我給爸爸送信的事被發現了！

他們把我帶到專案組，上來就問，你今天幹什麼去了？我支吾著答道，沒……沒幹什麼，就是在外面玩了……專案組老師冷笑一聲，哼……給你爸爸送信去了吧？我一聽，心一下子涼透了，他們是怎麼知道的呢？一路上沒有看到有人跟蹤啊？不行，不能承認！反正他們也沒把柄。不過，看上去他們已經知道我去樓街了，於是我就說，我想我爸了，就去樓街看了他一趟。專案組老師立刻跟進，只是看看？不是還給你爸帶了封信嗎？趕緊交代！信上寫的是什麼?!

我在心裡暗暗地想，他們這麼問我，至少說明他們並沒有得到那封信，這就好辦，既然你們沒把柄，我就還是不承認。於是我就說，就是去看我爸，別的啥也沒幹。

　　兩位老師於是就開始軟硬兼施，一個唱紅臉，一個唱白臉。一個拿出老師的威嚴說，黨的政策是，坦白從寬，抗拒從嚴，這個你應該知道嗎?!不老實交代就不准回家！另一個則擺出和藹的樣子說，你必須清楚，給你的特務老子通風報信是反革命行為，不過呢，只要你老老實實地把一切都交代出來，我們就會原諒你，偉大領袖毛主席諄諄教導我們說，人不怕犯錯誤，就怕不改，改了就是好同志嗎。再說了，你還是個孩子，不懂大是大非，家裡讓你幹什麼，你不能不去，這個我們都理解，所以，有什麼錯，那也都是大人的事，孩子嗎，那什麼，那信上都說了什麼？

　　我還是不說。

　　一個小時後，兩位專政組老師沒了耐心，叫我一個人在這好好反省，一起走了。

　　時間一分一秒地過去，天色漸漸暗了下來，我的心，和暗下來的天色一樣沉重。我暗暗下定決心，不管你們怎麼說，怎麼做，我就是不承認！

　　牆上的鐘每小時敲一次，而且敲的次數越來越多，四下，五下，六下，七下……我已經進來四個小時了嗎？肚子咕咕地一直在叫，午飯沒吃，徒步走了三十里，晚飯時間又過了……

　　這個時候，我的心反而平靜下來，開始琢磨，他們是怎麼麼知道我去樓街見我爸爸的呢？是媽媽不小心說漏了？不可能啊。是我交給爸爸的信被紅衛兵發現了？可是，發現了還審問我幹什麼啊？我百思不得其解。

　　就在我胡思亂想的時候，辦公室的門開了，進來一個女老師，我一看，是我的班主任老師。她從一年級就是我的班主任，一直到五年級，這樣的老師我們叫親老師。親老師對我很好，因為我聽話，學習好，還因為她是我媽的同事和好友，經常來我家串門。親老師一進來，我的心立刻就放鬆了。親老師先是摸了摸我的頭，給我倒了杯熱水，然後又從口袋裡拿出幾塊餅乾，放在我面前，說，餓了吧？我猶豫著。親老師在我對面坐下來，和藹地望著我，說，吃吧，這裡沒別人，就我們倆。

　　多好的親老師啊！我幾乎要流淚了。

　　親老師見我不動手，就拿起一塊餅乾，塞到我手裡。我於是就開始吃。我真的很餓。

親老師親切而又耐心地看著我吃，直到我吃完，才說，你的事，我都知道了……這事不能怪你，你媽讓你給你爸送信，你是個聽話的好孩子，能不去嗎？我開始驚呆了，怎麼，難道他們真的什麼都知道了？我遲疑地看著親老師。親老師似乎看穿我的心，又語重心長地說道，我們什麼都知道的，你媽寫了封信，讓你給你爸送過去，我沒說錯吧？我是你的親老師，能騙你嗎？

我還要做最後一次掙扎，既然你們都知道了，幹嘛還要問我？親老師答道，傻孩子，組織上就是要考驗考驗你，交代了，說明你認罪態度好，就不會處理你；不交代，說明你還是頑固地站在你的反動家庭一邊……隔了一會兒，親老師又說，你不必回答我，點點頭就算是承認了……

我再也繃不住了，立刻埋下頭去——我也許應該說，我點頭了。

就在我點了頭——也就是承認了我替我媽給我爸送了封信之後，就嚎啕大哭起來。我到現在也不知道我當時到底哭什麼，是恐懼？是委屈？還是為自己出賣了父母而羞愧？是的，這是一種出賣。可是，我只有十二歲啊！兩個身強力壯的男老師，再加上一個和藹可親的女老師——而且是我的親老師，我真的招架不住了！

十二、後來的故事

後來的故事我故意把它變簡單了，我是說，我不想讓故事繼續下去，就像什麼都不曾發生過一樣；不，不僅僅是我，還有我的父母，他們也和我一樣，不想讓故事繼續下去。

我回到家裡之後，媽媽已經回家了，她什麼都沒問，沒問我是不是已經把信交給爸爸了，也沒問專政組的兩個老師把我帶走之後都幹了些什麼，就像什麼都不曾發生過一樣。

我也不敢問媽媽，學校是怎麼知道我去樓街給爸爸送信的？

甚至，很多年後，媽媽被「解放」了，開始重新為我黨工作，我不曾問過她，她也不曾問過我。

那天晚上媽媽認認真真地給我做了一頓好吃的，其實只是白菜，而且

連肉都沒有，但我不知道是為什麼，就是生生地吃出肉味來了！我甚至產生出一個奇怪的念頭，每個月只有十七塊錢的生活費，怎麼會做出這麼好吃的菜呢？確實有肉味的！難道，是媽媽割了自己身上的肉？

這樣的念頭糾纏了我很多年。我知道，這不可能。可這真的是我當時的想法。

十三、再後來的故事

由於文革的原因，我在小學多待了一年——本來是六年級畢業考中學的，可我們那一屆一直待到七年級。那一年，全國各地紅衛兵為了爭誰最革命，開始武鬥。紅衛兵們忙自己的事，黑五類和我這樣的黑崽子的日子就多少好過了一些。我每天無所事事地待在家裡，開始偷看屬於「四舊」的古典小說，四大名著都是那個時候讀的。

我在古典文學名著中找到一絲快樂，而且逐漸忘卻了曾被專政組摧殘的過去。

突然有一天，我看到孩子們又開始背著書包上學去了。我很奇怪，為什麼沒有人通知我呢？後來我才知道，毛主席號召復課鬧革命，我們班的同學除了我們幾個黑崽子外，都上中學了。

就這樣，我被剝奪了念書的權利。

看著我過去的同學每天背著書包去上學——而且是中學，我特別羨慕。我的心，澈底死了，我知道，我這一輩子完了，我會是一個沒有文化的人，一個廢人。這樣活著還有什麼意思？

這是輕生嗎？我只是覺得沒意思，還不曾想過去死，爸爸被鞭打了，關了牛棚，媽媽經常被拉上臺陪鬥，也都還活著。我不知道是什麼力量支撐著他們活下來。對於我，可能只是因為對死亡的恐懼，就活了下來。

還好，一個月後，我接到通知，去農業中學讀書。我們那裡有兩個中學，一個是正規中學，一個是農業中學——過去是考不上正規中學的才去農業中學讀書。可我還是高高興興地去了。學校只開兩門課——大批判和大頌揚，但畢竟也是寫文章，可以發揮我的特長。

這樣的日子只維持了一個月，兩個中學合併了，我終於走進渴望已久的正規中學。

很快，開始學文化課了，數學，物理，化學，語文，政治，體育……我再一次成為班上最好的學生。不過，我的性格完全改變了，我不再因為學習好而自以為得意，每天話不多，而且學會忍受欺凌，或者說，我變成一個膽小鬼。直至今天。

十四、補遺：舅爺和河北校

這一段故事發生在1970年以後，屬於我的第二階段，應該劃入我的另一篇文章，但另一篇的主題是——性，所以放在這裡，一筆帶過，權且作為結尾。

1970年，在我中學畢業的時候，我以學習成績優異外加老老實實做人的態度，被推薦去通化師範讀書。我們那屆的畢業分配叫做四個面向——工廠，農村，軍營和學校，我去了學校。這是我最嚮往的。

在師範讀書的第二年，依然是因為讀書好而被我的好朋友團支部組織委員動員加入青年團。我當時也是鬼使神差，就寫了申請。結果上級組織沒批。為什麼？家庭出身不好。那時入團也要外調，調查你及你的家庭是否清白。那次外調倒沒說我父母什麼問題，我父親那時已獲「解放」，並恢復工作，做了副校長，我媽媽也重新回到教師崗位。那麼，問題出在哪裡呢？是我舅爺——就是前面說的那個在河北校主樓前種下兩棵參天巨柳的人，外調顯示，我舅爺是國民黨的上校！

那一次我又流淚了，因為我知道了，我這輩子算是澈底沒希望了，不管書讀的有多麼好，也不管怎樣積極表現，靠近組織，可是，組織永遠都不會相信我，重用我了。

幾年後，文革結束了，我順利考上大學。臨行前，我們一家去河北校道別，那幢有著雕花露天長廊而且曾有一位漂亮的女老師不堪欺辱從上面縱身跳下來摔死的小洋樓已經扒了，重建了一幢水泥結構的二層小樓；但是，我舅爺栽的那兩棵要三個人才能抱過來的參天巨柳還在，還在那裡見

證歷史。我於是想起來問我爸，我舅爺是幹什麼的？聽說做過國民黨的上校？我爸告訴我說，我舅爺其實只是個軍醫，由於醫術高明，所以晉升為上校，其實他並未打過仗。至於這兩棵樹，是在他捐錢建設河北校的時候栽下的，以為紀念。

很多年後，我從雪梨回鄉探親，又特別去了趟樣子哨，父母已經不再住那裡了，我是要看看我待了七年的河北校，那裡有我的過去，雖然充滿了恐懼，痛苦和絕望，但畢竟是我的過去。

校舍似乎沒什麼變化，只是覺得好小好小，好舊好舊，好亂好亂。我舅爺栽下的那兩棵柳樹還在，不知還能活多少年？

2015年7月2日於雪梨寓所

文革中的那些齷齪事

　　文革的時候我還小……其實也不是很小，文革後期我就到了青春期。青春期，我不說你們也知道，一個從沒接受過性教育，而且在以階級鬥爭為綱、時刻準備為共產主義奮鬥終生的教育下，早已形成以性為恥的奇怪念頭的毛頭小子心裡想些什麼，嘴上說些什麼，行動上又做了些什麼，是可以寫厚厚一大本書的。今天只說幾個小故事，是為文革中的那些齷齪事。

一、性騷動及生孩子問題

　　小時候是不懂性、不懂女人的，那時看女生是否漂亮主要看臉蛋兒，如果是白白的臉蛋兒，再加上一張櫻桃小口和一對兒毛嘟嘟的大眼睛，那肯定就是絕世美人了。到了上中學的時候，文革開始了，女人雖然都不愛紅裝愛武裝了，可依然會有性特徵顯露出來，於是，不知道從哪一天開始，我偷窺女生的視點就莫名其妙地離開臉蛋兒，開始往下移，先是移到胸部，然後，就更低了。

　　更低了之後，心裡突然就有了騷動。什麼叫騷動？就是坐臥不安，想幹點什麼卻又不知道該幹點什麼。毫無疑問，「不知道該幹點什麼」是因為對女人、對性的一無所知，這包括，一對兒男女結了婚住到一起之後，除了在父母那裡看到的幹活、吃飯和睡覺之外，還幹些什麼。肯定得幹點什麼啊，要不然，怎麼就有了我呢？

　　記得小時候看《青春之歌》，說林道靜和地下黨員江華這一對兒並不是夫妻的男女，由於工作原因不得不住在一個房間裡，於是，林道靜睡在床上，江華睡在地板上。那時覺得自己還是看懂了的——江華是不能和林道靜睡在同一張床上的，那樣的話，就會生孩子了；而不是夫妻的男女，是不可以生孩子的。我當時還想，人真是好神奇啊，一男一女，只要睡在

一張床上，就會生小孩；甚至還更認真地想過，男生和女生雖然坐得也很近，但都穿著衣服，所以是不會生小孩的。雖然這麼想，但心裡還是懷有芥蒂，手和臉還是露在外面的，要小心點，千萬不要碰到，弄不好會生小孩的！

瞧，真的是什麼都不懂。

我小時候求知欲特別強烈，越是不懂就越是想知道到底是怎麼回事。更絕的是，明明可以問父母，問老師，可就是不問。冥冥之中覺得，一個小屁孩向大人問這類問題，不等於是在向大人坦白我是流氓嗎。於是就憋著，就偷偷地琢磨，就騷動。

二、第一次碰到女生的身子

我很幸運，1970年中學畢業後沒下鄉，被選出來去通化師範學校讀書。那年我十六歲，對男女之事依然還處於懵懂的狀態，表面上看，小大人似的，張口閉口偉大領袖毛主席諄諄教導我們說，階級鬥爭，一抓就靈⋯⋯忠誠黨的教育事業；其實心裡面一直都在騷動，一直都在琢磨，這男女之間的苟且之事，到底是怎麼達成的呢？騷動之餘，還多少有點不安，如果搞不懂這個，結了婚了，生不出孩子怎麼辦？

在這樣的日子裡，我已無師自通地開始在女生面前顯擺自己。還好，我可以顯擺的很多，我的專業是數學，可是我的文學功底不錯，動不動還會拽幾首詩什麼的；還有，我乒乓球打的也不錯，是我們學校乒乓球隊的主力隊員。

有一天在課堂上，我突然覺得有點累了，就張開雙臂，伸了個懶腰。說來也巧，我們班最漂亮同時也是最聰明的女生剛好在我身後走過來。我的手，就這樣毫無思想準備地碰到她身上我最想碰但又是最不該碰的地方。她羞得低下頭就跑了。我就傻愣在那裡。

事後，我曾無數次回憶起那一瞬間——我張開雙臂伸懶腰，她急匆匆在後邊走過來，一個躲閃不及，被我碰到了她最想讓人碰但又是最不好意思讓人碰的地方。感覺依然留在手上，很有彈性，但是，又很滑，很軟，

像絲綢一般滑軟。是的，我至今仍記得那種奇妙的感覺，而且此生再也不曾有過第二次。

有較真的要問了，到底碰到哪裡了？說實在的，我也說不清，也許是胸部，也許是比胸部還低的部位。我也曾無數次思想過——我坐著，張開雙臂，如果是45度角的話，大概有多高？而那個高度，又會是她身體的哪個部位？可我一直沒有找到準確的答案。

三、一本性書引發的慘案

終於，更進一步的事件發生了。

有幾天晚上，我發現和我挨在一起睡覺的男生（我們那時睡大通鋪）一直在偷看一本書。我說偷看是因為：第一，書被包上書皮（那時特時興包書皮），而且寫上「數學」兩個字，可我知道那根本不是數學書，不僅書的厚度不對，而且他的表情也不對；第二，他還躲躲閃閃的，幾乎是用被子蒙住頭躲在被窩兒裡看的。我於是就好奇地問他：什麼書？這麼津津有味！他像是怕我搶似地急忙把書藏到枕頭下，扔給我一句——數學，就閉上眼睛裝睡了。

憑直覺，我覺得不會是什麼好書。那時，我們都知道有一本叫做《少女之心》的手抄本黃色小說。難道就是這本書嗎？那我得想辦法看看。

那個晚上我根本就沒睡踏實，一會兒回味下前幾天我的手碰到我們班最漂亮的女生時又滑又軟的感覺，一會兒又猜想下這《少女之心》會寫些什麼——除了少女的心，也該寫到少女的身體吧？最重要的是，會不會在小說裡找到一個男人和一個女人住到一起後會幹些什麼怎麼就生出孩子而且孩子是從哪裡生出來的蛛絲馬跡呢？

我一定要看到這本書！

我沒和他借，我知道，這種書，他是不會輕易借給他人的。第二天早晨，我裝病沒去上課。事實上，由於昨天晚上沒睡好，還真的有些頭疼。

我確信所有同學都走了而且第一節課已經開始了之後才爬起來，在那個男生的被子裡找到那本偽裝成數學的書。

　　不是手抄本黃色小說《少女之心》，是一本文革前正規出版的書，叫做《婚姻手冊》。

　　這本書似乎更如我意。事實上，我看了下目錄，就愛不釋手了——從男女生殖器的構造（含剖面圖）到避孕方式什麼的應有盡有，甚至還有一節就叫做「新婚之夜」。這些年讓我吃不好睡不好的所有問題的答案都應該在這裡了吧！

　　整整一個上午，我把這本小冊子從頭到尾一字不漏地讀了兩遍。讀完之後多少有點遺憾，因為書中對糾纏我多年的那些細節描述的不是很清楚，特別是「新婚之夜」那一節，夫婦上了床之後，就順晃一槍，不具體講了。就是說，我還是不十分清楚，這一男一女兩個人結了婚了，住到一起了，到底該做些什麼。

　　最後，是一張使用藥膏避孕的圖片間接給了我一個答案。那是張剖面圖，男人的命根子，非常逼真地插進女人身體裡，一目了然。

　　第二天，我的鄰床偷看淫穢讀物的事不知被誰揭發了，學校介入調查，還要求他交代出都借給誰看過的犯罪事實，於是，我們寢室十個男生有三個中招，被予以記過處分，並寫進檔案，伴隨他們終生。我知道，他們的政治生命就此完結。

　　在那段時間裡，傳看淫穢讀物事件一直是我們學校的大事，天天抓，還有誰看過？幾乎到了談虎色變的地步。我每天都提心吊膽的，生怕偷看的事被發現。直到林彪摔死在溫都爾汗，全國震驚，學校才不再抓那件事了。也就是說，我直到那時才算鬆了口氣。

　　後來，一年以後，我才敢把我冒著被處分的風險搞明白的事炫耀般地告訴了我的所有好友。

　　我想說的是，每一次，當我把這些原本不應該是祕密的事告訴曾和我一樣懵懵懂懂的小男生的時候，我都會再騷動一次。後來我才想明白，這些騷動來自於兩個方面：一，青春期對性的渴望和好奇；二，我在突破禁忌，向無知者傳遞性的知識，在那個年代，把我定罪為「流氓教唆犯」也不是沒有可能的。

四、我的女神——莫妮卡公主

在通化師範學校念了兩年之後，我過了十七歲，在生理和心理上都開始轉向成熟。我已經不再津津樂道地把我所知道的性知識告訴給我遇到的每一個男性朋友。我相信，他們也會像我一樣自己弄明白這些事情的。

那一年，我來到與北朝鮮隔江相望的集安縣城的一所中學實習。那是座美麗的小城，有很多高句麗時期的文物，不僅有記載著中華帝國對這片土地進行統治的「太王碑」，還有號稱東方金字塔的「將軍墳」。重要的是，一方水土養一方人，喝鴨綠江水長大的女人特別漂亮，我見證了這一切。

很快，我便遇到一個到那時為止我所做見過的最漂亮的女生，她不僅漂亮，而且高貴。不知道她叫什麼名字，也不知道她多大，只知道她是我實習的那個中學的高年級學生，算下來，應該比我小兩歲的樣子吧。不知為什麼，就是覺得她長的特像當時紅遍中國的西哈努克親王的法國妻子——莫妮卡公主。於是，莫妮卡公主這個名字就永遠在我心底駐紮下來。

我每天都要找各種機會在遠處偷偷地著著她，每一次，都會引起我的騷動。我相信，這就是愛。

我那時正在看《紅與黑》，正在悄悄揣摩于連對德瑞納夫人的迷戀——肩頭，膝頭，都會引起男人的迷戀。我開始迷戀她小巧、圓潤的肩頭和膝頭。我開始相信，這就是愛。我八姥爺把文革初期偷偷埋在地下的禁書都挖了出來，全部都是西方名著，我一本接借一本地看，如饑似渴地看，在書中，我慢慢知道了，在這個世界上，在男人和女人之間，有一種純真的、美好的東西，叫做愛。

我是如此迷戀愛的感覺，甚至忘記了我是來幹什麼的，有一次差點忘了我的課。

按現在的說法，她應該算是我的初戀，我的女神。

可是，我和她什麼事都沒有，我們甚至沒說過一句話。她不是我的學生，我實習的班級是低年級，而她是高年級學生。不過，她經常在放學之

後和一個高大的男生一起來學校玩，男生喜歡打乒乓球，她不打，就坐在邊上看，很甜美的樣子。我前面說過，我喜歡打乒乓球，是我們學校校隊的。於是就有了機會。我相信我打乒乓球時瀟灑的樣子會吸引到她。她應該知道我是從通化來的實習老師。僅此而已。其實我很想和她說句話，可是找不到任何藉口，就只能拼命地顯擺我的球技。

這樣的日子如飛梭般逝去。

五、女流氓審訊記錄

我們的實習期只有兩個月。兩個月很快就過去了。就在實習即將結束的時候，學校裡發生了一件大事，學校裡出了個女流氓，和外校的男流氓鬼混，被抓了正著。那幾天，無論男老師還是女老師，大家都在談論這件事。在他們的嘴裡時不時冒出那個女流氓的名字，可我還是不知道是哪一個。其實我特想瞧一眼這個女流氓，長這麼大還沒見過女流氓呢。我就猜，應該長得很好看，應該穿著奇裝異服，應該打扮得花枝招展，應該舉止輕浮，甚至，嘴裡叼著煙，滿口粗話……就像電影裡常常見到的女特務那樣，屁股一扭一扭的。

為了求證這一切，我還特地問了一個老師，他說，和女特務沒一毛錢的關係，不過長得確實好看，真是可惜了。

很快，老師們開始傳閱幾頁紙，不管是男老師還是女老師，不管是年歲大的老師還是年輕的老師，每個人都看，而且在看的時候，每個人都流露出同樣的怪怪的表情。這麼說吧，看的都很認真，比看中央文件還認真，甚至可以用津津有味來形容。看之前，都是摩拳擦掌、翹首以待的樣子；看的時候，就都不出聲了，就那麼默默地看；看完之後，還要悄悄交流幾句——我說悄悄，是因為無論我怎麼用心，都聽不到他們在說什麼。

於是我就急了，就在那幾頁紙輾轉到我的指導老師（一個剛剛結婚不久而且是有幾分姿色的女老師）手中，而且她也同樣津津有味地看完，打算傳給下一位老師的時候，我急忙攔住：你們看什麼呢？能不能給我看看？她猶豫了一下，悄悄塞給我，說，快點。

那是一份審訊記錄，被審訊的，正是我們學校剛剛被抓到的那個女流氓。

很快，我也被吸引住了，因為審訊得實在是太詳細了，幾乎就是一本黃色小說！

問：抱在一起之後都幹了什麼？

答：親嘴。

問：親完了呢？

答：親完了之後，他就摸我的小便。

問：那你呢？

答：我也摸他來著。

問：他有什麼反應嗎？

答：他……硬了。

問：你呢？

答：我……想撒尿。

問：撒了嗎？

答：沒。

問：然後呢？

答：然後我們就把衣服脫下來，鋪在地上。

問：然後呢？

答：然後我就躺在上面。

問：然後呢？

答：然後他就把雞巴放進我的小便裡。

問：有多長時間？

答：大概……大概……十幾分鐘吧。

問：十幾分鐘之後又怎麼了？

答：他尿到我小便裡了。

問：是尿嗎？

答：是吧……反正，濕的……

問：你當時什麼感覺？

答：嗯，挺舒服的……像喝醉了酒一樣……

問：然後呢？

答：然後……然後……然後你們就來了……

這時，我的指導老師突然捅了我一下，把我從黃色故事中拉出來，指著窗外說，快看！

我扭頭看過去，只見兩個政工組的老師押著她走過來……越走越近……身材很好……越走越近……似乎在哪裡見過……越走越……竟然……是她！我的初！戀！我的女！神！我的莫！妮！卡！公！主！

我澈底崩潰了。

兩天之後，我的指導老師像是自言自語那樣對我說，太可惜了，其實，她是個好孩子。我知道她說的是誰，故意反問道，她……不是女流氓嗎？還幹了那種事。指導老師確定四處無人之後，嘆了口氣，說，什麼流氓，她不過是在談戀愛……當然，學校裡不准學生談戀愛的，那也不能給戴上流氓的帽子啊……她這一輩子，算完了。

我開始憎恨告密者和抓她的人，更憎恨審訊她的人——問的那麼詳細，臭流氓！我彷彿看到審訊她的那個男人色眯眯的眼神和醜陋的內心。突然，我也開始憎恨我自己，為什麼要去看那幾頁紙?!為什麼要和別人一起再羞辱她一次?!

我敢說，在那一刻，我從一個懵懵懂懂的傻小子成為了一個男人。

六、我的第一次

後來，我去長白山腳下的一所中學做了老師。整整四年。文革雖然還沒結束，但生活已經多少輕鬆了些。學生當然還是不准談戀愛，不過，男生女生一起看電影啦什麼的已經不再有人當回事了。我卻一直沒有談戀愛。我們學校熱心的老師們想幫我介紹一個的好意也都被我一一謝絕了。我知道，我的腦子裡已經被莫妮卡塞滿了，還有那幾頁紙。

我一直在想，我是不是已經被扭曲了？美好的東西，在我心底自動轉化成邪惡的。我還不知道。

我還在想，其他人呢？他們都正常嗎？

期間，有個學生向我舉報，我們班一個男生和一個女生談戀愛，在大街上手拉手地走，在沒有人的地方還親嘴，在女生家床上還滾來滾去的玩耍……我沒有管。

後來，文革結束了，我考上哈爾濱的一所大學，學計算機。

再後來，我開始談戀愛了。那一天，當我打算擁抱她時，我是那麼的缺乏勇氣，我甚至預先寫了一首詩給她——我多想，把你攬進懷裡……感受你的溫暖……可我，就是下不去手！我知道，是文革在我心底的烙印太深了。我經歷了那麼多，我雖然能僥倖脫險，可是，我的心早已成了文革和專政的俘虜，他們羈絆了我邁向前方的腳步，和打開幸福之門的雙手。

我要告訴大家的是，我的第一次的完成——我是說擁抱，足足耗費了我兩個小時！

當然，當我邁出這一步，當心的閘門終於打開之後，被擠壓了十幾年的欲望，便噴薄而出了。

感謝上蒼，文革只延續了十年。

感謝上蒼，我的後半生將生活在一個永遠都不會有文革的國度。

2015年6月12日於雪梨寓所

田沈生

作者簡介：

　　田沈生，1966年在北京101中學讀高中，1969年赴陝北當農民，1972年回京後，做過代課教師，工人，上過大學。1986年赴澳洲深造。1988年起，開始發表散文、雜文、遊記、特寫及小說等作品。曾創辦《澳洲鴻運海華出版社》。曾任澳洲新州華文作家協會副會長。

文革離我們有多遠？

　　有關文革，維基百科的條目是這樣記錄的：產階級文化大革命，通稱文化大革命，簡稱文革是中華人民共和國始於1966年的一場重大政治運動，被廣泛認為是自1949年建國至今最動盪不安的災難性階段，常被冠以「十年動亂」或「十年浩劫」。

　　溫家寶總理曾經放話：必須面對1966至1976年的文化大革命，否則將可能重蹈那場災難，並在多次講話中提出要「肅清文革遺毒」。看來，對於文革，官方一直是持否定態度的，這點自打鄧小平上臺就沒有改變過。

　　令人不解的是，幾十年來，官方又在動用各種明的暗的手段來極力消抹民間對文革的記憶。對那段歷史災難不反思、不宣傳，甚至連正常的學術研究也受到諸多限制，文革儼然成了不可輕易觸碰的雷池。在這種狀況下，如何「必須面對」，如何「肅清文革遺毒」，又如何避免「重蹈那場災難」？看來這些話不是對平民百姓講的，更多的是官場鬥爭的需要。

　　如果要問問經歷過那段歷史的普通百姓，什麼是文革？最簡單的答案是：一場天大的災難。其中一些思考者會這樣回答：文革是毛澤東挑動利用群眾來鞏固權力，來實踐他所謂的「無產階級專政下繼續革命」的理論。那場無法無天的群眾運動，最終它的受害者還是人民群眾。具不完全統計，文革中僅非正常死亡就達千萬之人多。

　　對於所謂的「群眾運動」，生性叛逆、不講科學、隨性而為的毛澤東從來都是讚賞有加。早在年輕時流竄到鄉下，為痞子運動叫好而寫出的那份《湖南農民運動考察報告》開始，到掌權以後的不間斷地發動各種運動，其中尤以大躍進、人民公社最為突出。最荒唐可笑的是還上演了一場震驚世界的群眾「大煉鋼鐵」和「打麻雀」的鬧劇。至於文革，則是毛澤東痞子運動的最高「傑作」。毛澤東不死，文革不會結束，國家和人民的苦難還在繼續。這是官方與民間的共識。但至今還是在遵循一個奇怪的邏輯：狗能往死裡打，主人不可觸碰一下。而且，還要繼續肯定他對中國革

命與世界革命的「偉大功績」。

　　說到毛澤東對「世界革命」的「貢獻」，其中不能不提的是，他多次面授機宜，把自己未竟的治國理念傳授給剛剛奪取政權、多次前來「取經」的柬埔寨小兄弟。美好的烏托邦理想使波爾布特同志頭腦澎脹，為柬埔寨制定了一步跨入「共產主義」的治國藍圖：進城後，將五七年中國的反右運動進一步擴大化，凡是戴眼鏡帶鋼筆的人統統槍斃；凡是資產階級全部趕出城市；取締市場，取消貨幣；全國軍事化管理，實行戰時共產主義。其結果是，經濟崩潰，民心盡失。僅僅三年，柬共政權澈底垮臺。令人髮指的是，在這期間竟有200多萬民眾被屠殺，約占全國人口的三分之一。

　　如果比較法西斯主義和共產主義，可以發現二者最大的區別在於：法西斯主義主要是針對外族的侵略和屠殺，而共產主義則是專門對付本民族的人民，其壓榨與殘害的程度，有過之而無不及。例如：前蘇聯、捷克、匈牙利、羅馬尼亞等東歐國家，垮臺的柬埔寨與現存的古巴、北朝鮮政府，無一不是以本國人民為敵。輕則限制自由，壓制言論；重則深牢大獄，肉體消滅。政黨凌駕於憲法之上，為所欲為是上述兩種主義的共同特徵。

　　說到文革，就離不開毛澤東和所謂的毛澤東思想。從上世紀二十年代為痞子運動的宣傳吶喊，到後來發動的一連串恐怖的運動，至今沒有被官方澈底批判與否定。這註定了中國邁不開政治改革的步伐，只能從尷尬中為自己尋找出路。於是，在「不爭論」的藉口中「打左燈，向右轉」。雖然，經濟有了長足的發展，卻與上層建築矛盾重重，各種社會問題一觸即發。「初級階段論」、「特色主義」等，當政者種種難以自圓其說的理論，舉國上下，心知肚明。它的直接惡果是，極左思潮隨時可以捲土重來。建國六十周年慶典上竟出現了「毛澤東思想萬歲」的方陣，不禁令人倒吸一口涼氣：三十多年來，官方忌諱的文革，其實它的陰魂一直沒有消散。

　　高度集權，領袖專政，踐踏民主，無法無天，這是文革悲劇的根源。可以說，真正意義上的文革既不是開始於1966年，在1976年也遠遠沒有結束。鄧小平曾說，文革這樣的舉國動亂，在有權力制衡的西方民主國家是不可能發生的。然而，當他掌握了最高權力以後，又說了這樣的話：中央

不能有兩個婆婆。毛在，毛說了算。我在，我說了算。就這樣，黨紀國法被他拋在一邊，一介「平民」可以垂簾聽政，任軍委主席，還掌握著黨總書記的生殺大權。獨裁政治保證了一個人（或一小撮人）可以決定十幾億人命運的神話在中國一再上演，這就是中國社會的悲劇。

文革離我們有多遠？其實一直就在我們的身邊，就在最高權力的中心，尤其是那些可以操縱權力，運動群眾來實現個人野心的傢伙，他們隨時可以點燃文革的烈火。如今，在權力高度集中的中國，作為普通的百姓，根本沒有能力阻止文革的發生，也沒有力量去清除它的遺毒。在「還權於民」這句話真正落實之前，黑箱內部的所有權力鬥爭，不到揭曉的那一天，老百姓可憐到連瞎子摸象的機會也沒有。然而，有一點卻是可以肯定的：最終結局，無論誰勝誰負，買單的一定是平民百姓。

可以預見，在天安門城樓上的毛像依舊端正地掛在那裡的時候，討論文革，無論誰說「面對」，「肅清」和「避免」，都會感到有些底氣不足，而且也不現實。其實，有心之人只要是抬頭看看天安門城樓，平視廣場上的紀念堂，任何人都知道文革究竟離我們有多遠。

2012年5月

血色「八・一八」

　　昨天是8月18日，星期六。年逾花甲，由於日子過得閒在，平時很少看日曆。為了核對賬單上的日期，戴上老花鏡，開始在掛曆上搜索。突然，18那個鮮紅的數字徑直闖入眼簾，一下子觸動了我的神經：紅8月、「八・一八」，那是1966年文革開始時期最恐怖，最血腥的日子。別的地方不說，僅僅在北京，一國之都，僅僅一個月的時間，被各種暴行非法殘害致死的民眾至少有一千七百多人，無辜的鮮血染紅了文革的祭壇。

　　雖說四十六年過去了，只要提起，點點滴滴，歷歷在目，記憶猶新。

　　那年，我十八歲，在北京一零一中學讀高中二年級。由於學校靠近北大和清華，近水樓臺，我曾在第一時間「拜讀」了被毛澤東高度讚譽的那張「馬列主義大字報」，目睹文革新秀聶元梓等人聲嘶力竭的演講，以及後來旁觀兩校死傷多人的武鬥。清華到底是名不虛傳的工科學校，除了長矛大刀，長槍短炮，還製造了土坦克，「研製」出火箭（注：不幸的是，操控失靈，擊中了3公里以外的北京體育學院），用鮮血與生命「誓死保衛毛主席革命路線」。論武器裝備、激烈程度，死傷人數，都明顯勝出理科北大一籌。

　　按說像清華北大這樣的名校，學生絕非低智商一族，在校園裡你死我活，浴血廝殺，雙方都信誓旦旦地聲稱，是在「保衛毛主席和捍衛他的革命路線」。頭腦稍微清醒一點的人都會知道，毛澤東在戒備森嚴的中南海，有強大的衛戍部隊，會靠你一群學生打打殺殺來保衛？至於他的路線，哪怕是砸鍋煉鋼這樣的胡鬧，除了舉雙手擁護，根本輪不到你們這些平民百姓來捍衛。可是，這樣可笑的事情，沒人思索，沒人質疑，還真刀真槍，瘋狂地投入，彷彿生命不是自己的，丟掉毫不吝惜。那年代，人們經多年的洗腦，已經失去自主的靈魂，自覺自願地成為政治鬥爭的工具，還美其名曰：做一顆革命的螺絲釘。

　　現在看來，文革的爆發確實有它特殊的「土壤」，毛澤東發動文革也

的確有他一定的自信。從延安「七大」開始，由劉少奇等人合力將毛抬上了神壇。奪取政權以後，官方媒體的神話宣傳進一步將毛吹捧為中國人民至高無上的大救星。尤其是六十年代，林彪橫空出世，挾令全軍表忠心，竟公然信口雌黃：大饑荒，全國餓死幾千萬人的主要原因是背離了毛主席的正確路線，毛是中國千年一遇的天才。善於敲邊鼓的上海市委書記柯慶施更是肉麻地宣稱：對毛主席及其一切指示，要迷信到盲從的程度。這馬屁拍得水平一個比一個高，好大喜功的毛澤東很是受用。於是，一班獻媚小人統統進入了決策高層。面對這一切，彭德懷「面刺寡人」的下場令「無產階級革命家」們集體失聲，更不要提那些早在五七年被打斷脊樑的「知識精英」了。當時的中國政壇，除了助紂為虐者，就是低眉順目的擁護與服從者。

在官方宣傳機器無休止的鼓噪中，洗腦的進程不斷提升，舉國上下對專制領袖的崇拜已經達到了無以復加的地步。那年月，無論什麼人，膽敢非議毛，必將遭到「全黨共誅之，全國共討之」，絕無活路。林昭、張志新不提，就連毛的吹鼓手，國家主席、國防部長也都死於非命。跟隨毛多年，最終也被迫自殺的秘書田家英曾直言不諱地說，什麼中央委員會，政治局，在主公（指毛）眼裡，什麼也不是。偌大的中國，凌駕於黨紀國法之上，為所欲為的，只有這一位沒有加冕的皇帝，他公然鼓動全國人民向他山呼萬歲，並欣然受之。曾任黨總書記的張聞天在晚年悲涼地說：我們親手塑造了一座神，結果統統被他踩在腳下。其實，俄國革命家普列漢若夫早在一百年前就對集權統治做出了精闢的闡述：一黨專政最終導致黨的領袖專政。

幾十年的政治迷魂湯，加上8月18日大救星在天安門城樓上一揮手，宣告：革命無罪，造反有理。被領袖忽悠得暈頭轉向的人們，就像打了雞血，血脈噴張，狂熱狂妄，鬥性十足。不幸的是，這些人不僅失去了自我，更進一步失去了人性。

8月初，在北京一零一中學的校園裡，我親眼看見一群只有十四、五歲的男女「紅衛兵」，揮起帶銅頭兒的軍用皮帶，兇狠地，沒頭沒腦地抽打一位昔日的老師，直到氣絕身亡。

　　8月中，在北京西城，大姨家居住的胡同裡，一位我從小玩伴的母親，被街道積極分子招來的紅衛兵剃陰陽頭、跪碎玻璃、毒打，最後用滾開的水活活燙死。

　　8月中，在北京西城的一所中學，紅衛兵殘害了年老的校工，竟用他的鮮血在牆壁上書寫：紅8月，紅色恐怖萬歲！

　　8月下旬，北京郊區出現了集體屠殺所謂的「地富反壞右」黑五類分子的暴行，手段殘忍，令人髮指。有一家男女老少總共三十幾口人，一夜之間被「斬草除根」，門戶滅絕。可憐八十多歲的老人，兩三歲幼兒，無一倖免。唯一的罪名：解放前的地主。

　　…………

　　短短的8月，北京在高昂的革命口號聲中大開殺戒，街頭巷尾，雨血腥風。沒有官方的配合，至今也無法統計出，到底有多少冤魂喪生在這場「無罪、有理」的運動中。可以肯定的是，所謂的「地富反壞右」，這個從中共建政以來，對共產黨的政權既沒有企圖心，也不可能造成任何威脅的弱勢群體，卻禍從天降，無辜地成為這場「革命」的祭旗者。據說，那段時間，北京幾座火葬場晝夜開工也無法消化掉源源不斷送來的屍體。至今，文革中的那些殺人兇手，沒有一個人被起訴，被追究刑罰，為沾滿鮮血的雙手付出代價。「屠殺無辜，無罪有理。」這在人類文明史上也堪稱罕見的一幕，就發生在二十世紀六十年代的中國，起源於首都北京。

　　記得80年代中期，我的一位師長，同時也是我的無線電音響的同好者，北京師大二附中的校長，高雲先生來我家，欣賞我新近製作的音頻放大器時，我母親見他身寬體胖，紅光滿面，打趣地說高校長又發福了。「大難不死，定會發福啊！」高校長爽朗地回答。還是那個紅8月，身為中學校長，他數次被自己的學生暴打，最後一次斷了氣，被扔上平板三輪車，拉向火葬場。幸運的是，車輪的顛簸使他喘上了一口氣，半路又被拉了回來。「再晚一點，就直接進爐子了，哪裡還有今天？」問到他的那些學生兇手，他搖搖頭：說起來，他們是施暴者也算是受害者。文革真正的元兇至今逍遙法外，這才是中國的悲劇啊！

血腥的清隊運動

　　文革烈火自打1966年夏天燒起就一直沒有停歇，而且越燒越旺。全國民眾在偉大領袖毛澤東的親自指引、鼓動下，發燒發狂，一發不可收拾。一夜之間，從「炮打司令部」開始，到有預謀的打砸搶，再到兩派群眾組織橫屍街頭、真刀真槍的武鬥，已經歷時了一年多。工廠停工、學校停課，政府失控，天下大亂。

　　然而，這一切正如一人所願。毛澤東運籌帷幄，利用混亂擊敗了對手，取得了文革階段性的勝利。於是欣喜地揚言：亂是亂了敵人，鍛鍊了同志。他預計收網的時間到了。自從掌權，他運作嫻熟的治世手段是：階級鬥爭一抓就靈。在他看來這是一副包治百病的靈丹妙藥，至於是否過於血腥，則另當別論。他還十分熱衷實踐他所獨創的理論：無產階級專政下繼續革命。於是，1968年一場大規模的名為清理階級隊伍的運動開始了。

　　清隊，顧名思義就是要抓出壞人。可誰是壞人，如何界定「壞」的程度，怎樣處置壞人，通常是沒有任何條文和法律作為依據，全憑當權者一句話，即可決定一個人的生死命運。紅軍時代的AB團、延安整風，解放初期的三反（反貪污、反浪費、反官僚主義）等一系列運動，說到底都屬於毛澤東繼續革命論的範疇。這些運動的共同特點是窩裡鬥，私設公堂、刑訊逼供，以極其恐怖的手段搞人人過關，即所謂的不放過一條漏網之魚。其結果，除了少數當權者，人人自危，不知道什麼時候厄運會突然從天而降。「其實，死並不可怕，兩眼一閉萬事皆休。可怕的是莫名的恐懼整日纏繞著你，令你生不如死。」一位在運動中服毒又被搶救復生的教師如是說。

　　如果統計文革中的死亡，可以說1966年文革初期的遇難者絕大多數是被毒打迫害致死；1967年是兩派群眾組織互鬥廝殺而亡；最殘酷、最詭譎的要數1968年的清隊運動，大批死難者源於恐懼和絕望而自我了斷，其中知識分子首當其衝。短短半年的時間裡，僅我家所在的大學就有幾十人以

各種方式走上了絕路。那期間,跳樓、服毒、上吊、臥軌、沉湖,各類令人毛骨悚然的消息接二連三。對於自殺,不問青紅皂白,所有死難者一律被扣上反黨反社會主義的帽子。不但本人被宣布為死有餘辜,直接的後果是親屬倍受株連。

我的發小李弟的母親,一位北京市級的三八紅旗手、模範女教師因恐懼批鬥從大學主樓一躍而下。其父在另一所大學任教,其母死後兩所大學的造反派聯合起來對其監禁施壓,逼迫他坦白交代,他們的混帳邏輯是自殺必有隱情。亡妻之痛加上不堪忍受的精神和肉體折磨,最終選擇了一了百了。前後不到一個月的時間,李弟的父母都走了,一個溫馨的家庭就這樣在頃刻間破碎了。李弟的父母臨走時絕不會想到,無辜的兒女和年逾八旬的老父親因此被趕出北京,在專人押送下遣返山東老家。至於長期在城市生活的這老老少少,今後在農村何以為生,則無人關心,無人過問。

那時,許多人得知李弟一家人淒慘的遭遇,憤憤不平,卻又不敢公開表達,只有暗自唏噓。令人震驚的是由此引發了一樁慘絕人寰的悲劇:大學裡的一位校醫與丈夫在決定自殺前,親手給一對年僅八九歲的兒子注射了毒針,與年邁的母親一同喝下了絕命湯,一家五口共赴黃泉。我清楚地記得,在從樓裡往外一具一具搬運遺體的時候,天色昏暗,下著濛濛細雨,我和一群人在遠處默默地觀看,不時聽到有人發出低聲的嘆息。打倒四人幫以後,平反文革冤案,然而對這一家人來說已經毫無意義。

清隊運動還在不斷地深入,自殺的人數也在不斷地攀升。那時宣揚工人階級領導一切,是大學裡的主人。一位「主人」看中了我家的住房,勒令父母限期從樓裡搬出。無奈,我們一家人只好遷入一間不足十三米的破舊平房。從那時起,我開始住校,和中學同學住在一起。

我的同窗好友家在北京農業大學,那段時間那裡自殺人數也多得驚人。通常我倆週末回家週一返校,見面時的第一句話準是這星期我們大學又跳了幾個,或是又吊了幾個,似乎成了習慣。如果有哪個禮拜無聲無息,反而感到意外。無形中,這種信息的交流彷彿成了兩所大學之間你追我趕的死亡競賽。現在想起來,當閒話說說很簡單,可那背後卻是一條條血淋淋的人命啊!可見人在某種環境裡,聽多了,見多了,就會漸漸麻

木，人性也會發生微妙的變化，在不知不覺中扭曲。與此同時，在北京首都體育館裡，群情激昂，在周恩來總理的指揮下，萬眾正在齊聲高唱：無產階級文化大革命，就是好！就是好！就是好！

激昂終究無法掩蓋虛弱。1971年的「九‧一三」事件，摔死的是林彪，破碎的是毛澤東的文革夢。晚年的毛澤東最終發出了淒涼的哀嘆：文革支持人的不多，反對的人不少。此時已經是眾叛親離，獨自吟誦「枯樹賦」，他成為一位名副其實的孤家寡人。然而面對這一切，把持政權至死不放的他，既不反思，也沒有自責，更不會懺悔。相反，還不時地發出喃喃囈語：文革很有必要，過七八年還要再搞一次。謝天謝地，上天沒有再次給他這個機會。

就個人而言，毛澤東一生叛逆，痞性十足，凡事不按常理出牌。這點在戰爭年代往往讓他抓住了機遇。「以小人之心度君子之腹」，常常使君子防不勝防，令他出奇制勝。可是，面對經濟建設依舊使用這一套，不講科學，由著性子去瞎搞，必然遭到自然規律的懲罰，一敗塗地。他不信邪，鼓吹土法煉鋼，結果除了造成國家人力、資源的極大浪費，一無所獲。總路線、大躍進、人民公社，他所高舉的三面紅旗給國民經濟帶來了滅頂之災，給人民帶來了史無前例的饑荒，幾千萬餓殍至今無處伸冤。他所建立的制度確保他一個人站立，而別人統統匍匐在他的腳下。

鄧小平曾深有感觸地說，在民主國家權力有監督有制衡，像文革這樣的舉國動亂是不可能發生的。不幸的是，「十年媳婦熬成婆」，一旦登上權力的頂峰，他也不自覺地踏上毛澤東的老路，在家裡召開黨中央的常委會，一言九鼎、獨斷專行。不可否認，鄧小平精明絕頂，三起三落的經歷使他內心十分清楚，這種制度不改，最終導致亡黨亡國。然而，對權力的眷戀，自身的修養，又使他缺乏徹底變革的魄力，掩人耳目的垂簾聽政明明白白地證實了這一點。

其實，大千世界只有兩條路可走：民主與專制。不走憲政之路，自然會搬出封建王朝的那一套。年邁的鄧小平就是以太上皇的身分欽定接班人，可笑的還是隔代指定。可以想像，對精通實用主義哲學的鄧小平來說，這一做法至少可以期望，在兩代之內他的方針路線不致被推翻，六

四老賬免於清算。至於再往後，骨灰已揚，洪水滔天，與我何干？問題是這種排除民意，憑藉權威個人喜好樹立儲君的方式，於國於民究竟是福是禍，與毛澤東時代一樣，滿朝文武，無人敢質疑也無人敢反對。

　　看來，中國的前途，人民的福祉最終在於，這鍋裡不僅要換湯，根本的是換藥。

文革箚記
——死亡的恐怖

　　前不久報上刊登一則消息，一架小型飛機在紐省中部墜機失事，機上的一對香港夫婦與機師竟奇跡般的逃出生天。慶幸之餘，我想死裡逃生的倖存者恐怕一生都會在內心留下恐懼的陰影。因為死亡的恐怖不僅在於死亡本身，很大程度是來自意識到死亡即將來臨的那一時刻，大腦裡清晰的思維。儘管這一時刻往往十分短暫，但絕對令人終身難忘。我本人就曾有過一次這樣的經歷。

　　那是在文革中的1967年夏天，我與一幫同窗好友從北京出發，沿著李太白的足跡，登岱頂，攀廬山，繼而追尋「八一」起義遺跡來到了南昌。那時江西兩派武鬥已經升級到動用了真刀真槍，我們這些十幾歲不知死活的年輕人竟鬼使神差，扛起槍，加入了武鬥的行列。多少年以後回想起來，始終弄不清當時是年少好勝貪玩喜刺激，還是真心捍衛「毛主席革命路線」。

　　那時我在南昌鐵路局主辦的「鐵道風雷報」當臨時記者，主要負責報導「戰況」和拍些有關死傷者的照片，據說是向中央彙報，通過什麼管道不得而知，我也不去打聽，整天興致蠻高的跑進跑出。報社管吃管住，沒有工資，給我配備了一輛美式軍用小吉普（那時汽車很多，會開的人少，我雖沒有執照也成了司機），一把德國造的駁殼槍，還有個裝槍的大木盒，可惜只有兩發子彈，再就是一架閃光燈。那年頭的燈光燈是笨重的一套，手握的是燈頭，身上背的是充電大膠木盒，足有二、三斤重，照相機則是我家裡的上海牌。每次外出，胸前掛著照相機，左肩背著閃光燈，右肩挎著盒子炮，開著敞蓬小吉普，十分神氣。

　　自從有了汽車，低我一年級的「黃毛丫頭」高佳就成了我的「吉普女郎」。那年她十七歲，長得很漂亮，高高的個子，白嫩的皮膚，紅衛兵式的短髮微微有些泛黃，雖說高鼻子上架的那副圓圓的近視眼鏡多少給她那

雙忽閃的大眼睛打了不少折扣，可她愛說愛笑，發育中的少女渾身充滿了青春的活力。有她坐在身邊，我還是暗自感到十分得意。高佳膽子很大，經常夜晚陪我外出，四處奔波，甚至登上漆黑的冷藏車箱，借助手電筒微弱的光線，竟敢用手在一具具屍體上翻查他們身上的姓名標牌供我拍照，她在一旁記錄。那時真怪了，黑暗的車箱裡冷颼颼，靜悄悄的只有我們兩個人和一群血肉模糊的屍體，卻絲毫不覺得可怕，彷彿死亡與我們毫不相干。直到有一天晚上我才深深地感到了它的恐怖⋯⋯

我一生永遠忘不了那個夜晚，那個時刻⋯⋯

那是個炎熱的夏夜，南昌鐵二中的兩個朋友小張和小季，向我透露，城外靠近向塘有一個彈藥庫因「守軍」撤退，扔下大量彈藥無人看管，問我敢不敢去「採訪」。我知道他們的用意，當時槍支好找，彈藥難尋，尤其是那些雜七雜八的槍，有的根本就沒有子彈。我給高佳搞到一隻極漂亮的禮品小手槍，精緻的雕花象牙槍柄，銀光閃閃的電鍍槍身，配上壓花紋的嶄新皮套，簡直就是一件精美的藝術品，因為沒有子彈，她只能作為擺設別在腰間。而我的盒子炮也只有兩發子彈，挎了十幾天也捨不得放一槍玩玩。聽他們一說，頓時來了精神，一擺手「走」，他倆立馬跳上了汽車。我甚至沒來得及叫上我的「吉普女郎」就出發了，當時也想把子彈弄回來後給她來個驚喜。出城時，最後一道哨卡告訴我，今晚對方可能有大的行動，城外的許多人都撤回來了，囑咐我們千萬小心，早去早回。當時我還滿不在乎地說沒事，車子開的飛快。

在接近向塘的時候，路面越來越窄，越來越顛簸，只得放慢了速度。四野靜悄悄的，沒有行人也沒有車輛，土路兩邊都是稻田，天地一片黑暗，只有車燈打出兩條光柱，照亮前方不遠的地方，前面有一座小木橋。我再次降低了車速準備上橋。突然，橋兩邊的草叢中猛地站起兩條壯漢，赤裸的上身斜挎著長長的子彈帶，各自手中端著一挺機槍，對準我們大聲喝道：停車！我被這突如其來的景象驚呆了，本能地一腳踩住了剎車，整個心「格登」一下子沉了下來，就像掉進了無底的冰窟，澈底涼了。「壞了」心裡飛快地閃過這個念頭⋯⋯

就在幾天以前，我拍到一位「烈士」，被對立派抓住當場綁在樹上槍

殺的。隨著武鬥不斷地升級，死傷越來越多，殺紅了眼的人們幾乎喪失了理智和人性，對立派最忌恨外省人來參加武鬥，據說凡是抓到不會講本地方言又帶武器的人，格殺無論。我還記得高佳發現他的證件時驚呼：他是北工大的。「完了」腦子裡一片空白，然後就是曾經拍照過的一具具屍體，「死亡」兩個字帶著鋪天蓋地的恐怖不知從那裡竄了出來，那麼清晰，那麼深刻。我整個心被極度的恐懼緊緊地糾纏在一起，渾身癱軟，手腳不住地發抖，陣陣寒氣從脊背冒出，驟然一身冷汗……

車剛停下，兩旁稻田裡又跳出幾個人，排成扇形把車頭圍住，用我聽不懂的江西土話低聲吆喝。沉默了片刻，小季哆哆嗦嗦地說：「他……他們叫熄火，把車燈關掉，繳槍。你看……」不知怎麼回事，心裡難過極了，突然想到了遠在北京的媽媽，可這念頭只一閃就過去了。「拼！打死一個夠本。」說來也怪，當意識到死亡已是不可避免的時候，也不甘心就這樣白白死去，拼命的念頭反倒使人有些平靜了。我關閉了引擎和大燈，周圍一下子暗了下來，四野靜的出奇，世間的一切彷彿都凝滯了。我開始用兩眼的餘光暗暗打量，路兩旁是漆黑的稻田。顫抖的手輕輕的向左肋下的槍摸去，我本想悄聲告訴他倆槍聲一響，就快速往稻田裡跳。誰知，隨著對方又一聲低喊，他倆已經把槍扔了出去。兩條黑影也同時竄到了車前，一左一右，兩條槍對準開車的我，死亡的恐懼再次強烈地襲上了心頭，我澈底絕望了，輕輕地閉上了眼睛……

「老田！開車，快開車！」不知過了多久，小張狂喜的喊叫把我的靈魂一下子從地獄裡喚醒，我木呆呆地望著眼前的一切，不敢相信自己的眼睛，他倆與這些壯漢在往車上搬彈藥箱。我的天！原來他們是自己人，是撤回城裡的最後一批人馬，彈藥庫已被對方重新佔領，並且設下了埋伏和地雷。我長長地噓了一口氣，一場面臨生死的虛驚，太可怕了！如果剛才動起手來……如果沒有遇到他們直接開到彈藥庫……看來有時死亡是再簡單不過的事情，可是死裡逃生的那種萬分慶幸和心有餘悸的強烈震撼，卻實在令人終身難忘。

那次事件過後不久，高佳和其他同學共二十餘人乘解放牌卡車前往向塘，途中遭遇埋伏，死傷十多人，其中有兩位是我的同窗好友，當場被槍

彈奪去了性命,那年整十八歲。高佳等人在稻田裡拼命爬了一整夜,見到她時,滿身泥漿,衣衫襤褸,小手槍也丟了,剩下空套,還掛在腰間。她撲到我懷裡放聲大哭,那是我第一次和女孩子擁抱,內心卻充滿了悲涼。不久我倆先後回到了北京,在那動盪的年月漸漸失去了聯繫。後未聽說她的父母,北京鋼鐵學院的著名教授,面對殘酷的批鬥,不堪凌辱,雙雙臥軌,含冤自盡了。

說起來死亡是恐怖的,可是在十年文革裡,從昔日的達官顯貴到販夫走卒,多少無辜的人們在極度絕望中,被迫以各種不同的形式自我了斷,他們以死亡向那個時代發出了最強烈的抗議:苛政猛於虎。

(謹以此文紀念在1967年8月24日江西南昌城外犧牲的賀英、潘仲誠兩位同學。)

一首詩的由來

　　前不久，清理書籍時，在一本舊書中偶然發現一張發黃的紙片，上面有一首無題詩，是五言絕句，用自來水筆草書而成，詩曰：秋深風夜寒，霜菊半凋殘。歧路一壺酒，無語道平安。落款是公元1967年11月，北京。望著那年代久遠的墨蹟，我的思緒回到了那動盪的歲月……

　　1967年，那場由毛澤東親手點燃的無產階級文化大革命烈火，已經在神州大地兇猛地燃燒了一年多了。當時的口號是：不破不立，破字當頭，立在其中。一年多來，書燒了，廟毀了，碑砸了，墓掘了，該破的，不該破的，全都破了，除了漫天高呼的政治口號，卻不見有什麼新東西樹立起來。文人墨客走資派，該打倒的，不該打倒的，全都打倒了，其中不乏社會棟梁與開國元勳，不少人已經含冤離世，除了政治舞臺上那幾位春風得意的小丑，再無新的治國精英出現。從打1月起，各省的革命委員會相繼成立。那年頭兒，除了「革命」，誰還顧及到什麼國計民生。

　　工廠停工，學校關閉，機構癱瘓，人們熱衷「與人奮鬥」，陶醉在「其樂無窮」之中。一句保衛毛主席，保衛黨中央的空洞口號，竟會使兩派人馬展開你死我活的爭鬥，由拳頭棍棒發展到真槍實彈，最後竟連坦克大炮也出動了，全國處在一片「革命形勢大好，不是小好」的混亂之中。

　　那時，我正值青春年少，貪玩好動又血氣方剛。那年夏天，趁全國大串聯之機，先遊廬山，隨後來到了王勃筆下的南昌故郡。在一夥同學的慫恿下，也是貪圖刺激和好玩，「滿懷激情」而且義無反顧地加入了武鬥的行列，在《鐵道風雷報》任戰地記者，挎著照相機，別著盒子槍，駕著吉普車，也風光一時。隨著戰事的發展，經常需要出入兩派的前沿陣地。短短的幾周，我拍下了近百具戰死的烈士，他們中大多是同我一樣的年輕人。8月24日（那是令我終身難忘的日子），在一次激烈的戰鬥中，兩名同窗好友慘死在槍彈之下。事隔不久，我本人也遭遇了兩次死裡逃生的恐怖經歷。面對這一切，我開始動搖了：一個朝氣蓬勃的生命，真的就這樣

完結了？昨天還在談笑風聲的好友，今天已經成為一具冰冷的屍體，這究竟是為了什麼？帶著困惑和不解，也帶著幾分對死亡的恐懼，我丟下槍，倉皇逃回了北京。

當時，京城的鬥爭也在升級，各路人馬也在拼命搏殺。清華戒嚴，北大壁壘，武鬥時有發生，也不斷有人死去的消息傳來。那年月，別說下層，就連中央內部也是七上八下。「2月逆流」使包括幾位副總理在內的一大批　層被打倒，打那以後還是沒完沒了，今天揪出一隻「黑手」，明天挖出一個「陰謀家」，報刊電臺大肆鼓吹，繼續為這場「革命」推波助瀾。雖說整個局勢撲朔迷離，可政治鬥爭的反覆無常和它的殘酷性已經開始令人談虎色變，尤其是臺上的那些人，恐怕誰也難料明日的下場如何。

9月初，回到闊別一年多的學校，圓明園的風景依舊，我卻感慨萬分。以往這是開學的日子，昔日處處朝氣蓬勃，朗朗讀書聲的校園，如今已是空蕩蕩，冷清清。偶爾遇到一兩位相識的老師或同學，雙方也只是小心翼翼地打個召乎，最多道一句「天涼好個秋」。殘酷的現實在時時提醒著人們，假話大話空話任你說，調越　越好。至於心裡話，對文革的看法，誰都知道還是藏在心裡為妙，或是話到嘴邊留半句。因為隨便一句真話就有可能招致殺身之禍。北京的一位年輕工人遇羅克就是因為一篇《出身論》的文章，被抓起來殺了頭。

我至今清楚地記得，那天我木呆呆地站在校園裡，第一次感受到失學帶來的精神上的失落。我知道很多人，像我一樣開始厭倦了這場無休止的「革命」，又不敢公然表達對它的不滿，只能憋在心裡。正值青春年華，精力沖沛卻無書可讀，又無所事事，不到二十歲的我第一次品嘗到人生的滋味。

秋風起的時候，傳來了去內蒙古軍墾兵團　隊的消息。看來復課是沒指望了，中央開始處理這一大批失學的散兵游勇了。一天，從小一起長大的朋友楊君來向我告別，他要走了。理由是家裡經濟困難，老大不小的他要自食其力，出去討口飯吃。誰都知道，在他家眾多兄弟姐妹中，他最愛讀書，成績也最好，工資微薄的父親曾經當眾發誓，就是砸鍋賣鐵也要供他念完大學，可如今他沒有理由在家裡吃閒飯了。儘管他一再向我描述那

遼闊的草原，騎著駿馬自由自在地馳騁，儘管他說要把所有的書帶走，繼續鑽研他喜愛的微積分，我還是低頭不語。見我這樣，他也沒有話了。

走！我給你餞行。沉默了好一陣，我才開口。隨後，我倆蹬上自行車，直奔城裡而去。一路上，秋風瑟瑟，滿目蕭然，大有易水相別的味道。

新街口外，小飯館裡，一瓶紅酒，二人對酌，老友將別，相顧無言。來，為明天乾杯！楊君打破了僵局。明天？說心裡話，我們都不清楚明天是個什麼樣兒？然而，我們人生的道路卻要從明天開始。我倆望著窗外驟起的寒風，聽著淒厲的呼嘯，再次舉杯……我突然想岑參的詩句：明日隔山岳，世事兩茫茫。

回到家裡，弄不清是酒精在作祟，還是感極而至，總之拿起鋼筆，草書起來……

汪應果

作者簡介：

　　汪應果，1938年出生，學者、作家、教授。曾畢業於北京師範大學中文系及南京大學現代文學研究生專業。中國作家協會會員，南京大學退休教授及澳門科技大學兼職教授。出版學術專著、論文及長篇小說、文化散文等作品多部。

　　學術創造：以論文、論著頂著極「左」壓力為巴金、無名氏及賽珍珠等中國著名現代文學作家在學術上率先平反並給與公正評價；對量子弦振動構成靈魂載體進行哲學思考為生死同源建立哲理性框架；小說《海殤》在中國文學中最早提出海權觀念及發出對南中國海島嶼危機的警示。

強抹不去的「文革」記憶
──南京市第四中學「文革」紀實

　　「文革」那一年，我28歲，是南京第四中學高中部的一名語文老師。南京四中的前身是由熊沖發起，由胡漢民、于右任、蔣介石、陳果夫、陳立夫、邵力子等人任校董事會於1929年創辦的「南京三民中學」，位置在南京最著名的文化風景名勝地清涼山旁，盋山（俗稱菠蘿山，四中校園內）下，著名的清代大學者魏源故居「小卷阿」、洪秀全的「元妃」避難地「元妃庵」、以及顏真卿的祠堂等等諸多名勝古跡都在它的校園內，是一座文化積澱非常深厚的老學校。在「文革」發動之前，由於學校受空軍之托代為培養飛行員的預備班──「滑翔班」，由部隊招了六十名所謂的「貧下中農後代」，俗稱「紅60」，他們在部隊連級指導員嚴濟寬的支持慫惥下率先造反，打砸搶橫行，成為南京市最「左」的中學，其危害之慘烈、造孽之多端，馨竹難書。其時由「滑翔班」為主體的造反派將學校改名為「反修戰校」，與當時的「五中八八」成為南京市中學武鬥最殘酷的兩所中學。

一、武鬥是毛澤東有意發動的法西斯罪行

　　「文革」中大規模的武鬥造成數以千萬計的人民群眾的傷亡，這在中國歷史上是前所未有的罪行，但至今仍然沒有做過認真的調查統計，更談不上清算了。它的元兇是誰？就是毛澤東。這是他蓄意為之的罪惡。證據有三：

　　1.1966年6月1日《人民日報》發表經毛澤東親自授意的社論「橫掃一切牛鬼蛇神」，文中的言辭異常激烈，極具挑動性，如「橫掃……大量牛鬼蛇神」，「勢如暴風驟雨，迅猛異常」，號召「打碎……精神枷鎖」、「打得落花流水，使他們威風掃地」等等。文章發表後，兩個「打」字，

拉開了全國武鬥的大幕。

2.1966年8月8日，毛澤東在天安門城樓接見紅衛兵代表宋彬彬。宋彬彬被接見的原因是向北京市委第二書記吳德彙報她們打死師大女附中黨總支書記兼副校長卞仲耘以及副校長胡志濤身受重傷的情況，卞仲耘成為「文革」中第一個武鬥致死教育工作者（在這之前，「地富反壞右」等「牛鬼蛇神」已被整死了不少）。對如此嚴重的殺人事件，毛澤東的回答就是著名的三字訣：「要武嘛。」

這是他公開號召武鬥的最公開最直接的證據。

在此期間，又傳出毛澤東一句重要的話，針對運動中全國各處都出現了「拷打人」、「打死人」的情況，毛澤東說，無非是「好人打壞人，壞人打好人，壞人打壞人，好人打好人」，他又說，「好人打壞人，活該；壞人打好人，考驗」。這段話當時被廣泛地引用在鋪天蓋地的紅色「造反」的宣傳刊物和傳單中。幾十年後，當我閱讀了許多有關「肅反AB團」以及「延安整風」的回憶材料後，方才知道這是毛澤東一貫的思想，在他當年對大批紅軍幹部、將領們施加酷刑並任意殺害的時候，他也是這麼說的。在他的心目中，目的就是一切，可以不擇手段。

正是在他的直接授意下，「文革」的武鬥才得以在全中國的範圍內任意肆虐，造成滅絕人寰的慘劇。

就在「文革」之始，南京大學的操場上紅衛兵們高舉森林般的紅旗、戴著紅袖章高呼著「萬壽無疆」的口號遊行之際，坐在看臺上的一位來自東德的學生失聲說出一句話：「這不是納粹希特勒復活嗎？」

這位東德的學生可能是發現「文革」的納粹性質的第一人。

他很快被招回國了。

二，「水晶之夜」

1966年，毛澤東的「五・一六」通知發佈後，由北京幾所高幹子女為主體的中學首先出現了納粹式的「紅衛兵」、「聯動」組織，在北京各中學迅速掀起了希特勒「水晶之夜」的「紅色恐怖」打砸搶運動，四中的

「滑翔班」立刻聞風而動,各個班級的「造反」學生也一哄而起,幾天後,大字報就上牆了,最先衝擊到的除了學校黨支部書記、校長所謂的「走資本主義道路的當權派」外,就是毛澤東所要橫掃的「一切牛鬼蛇神」的「地富反壞右」。

在所謂的「當權派」中,受到拷打最嚴重的是當時的四中教導主任兼人事秘書錢汝霖。由於他年紀最輕,擔負實際工作最多,因此就成為運動的焦點。部隊連指導員嚴濟寬我至今不知道他的背景,只知道從一開始他就是「滑翔班」造反的幕後策劃者。選擇錢汝霖作為突破口是因為當時學校的領導黨支部書記孔亮、校長趙寅明都是1949年以前的老黨員,前者是抗日戰爭中的二級殘廢、二級戰鬥英雄,後者曾在河南參加地下黨,是個老教育工作者,兩人都沒有什麼問題。唯有錢汝霖是人事幹部,造反派就逼著他提供教師中哪些人有歷史問題的檔案材料,錢汝霖理所當然地拒絕了,於是他就被囚禁在學校,遭到了拷打,直至用皮帶的銅扣硬是打落了他的幾顆牙齒,打得他滿嘴是血。他被非法囚禁了一個半月之久才被押出來批鬥。

對所謂「牛鬼蛇神」的拷打密集發生在八、9月期間,人數最多時被囚禁在學校的估計有二十多人,當他們被「押送」到會場批鬥時,我看到政治老師鄭秋俠的雙手痙攣且不停地發抖,明顯地他是受到了拷打。被折磨最厲害的是年近六十的黃麗明老師,她是虔誠的基督教徒,一個終身獻身教育的女教育家,宋美齡結拜的十姊妹之一,年輕時留學美國,學成後回國即創立了南京最負盛名的女子私立中學「明德女中」。運動一開始她就被抄家,房子被紅衛兵佔用,財產洗劫一空。她被多次拷打,最後被打斷了腿。上世紀90年代,她以九十高齡之身,回到美國,臨行前曾與四中老領導話別,放聲大哭,最後終老在美國。

對嚴刑拷打負有直接領導責任的學生是當時滑翔班的班長造反派的學生「司令」田吉奎和李志芳(田吉奎沒有參與任何拷打,李志芳態度粗暴,但是否參與拷打不清楚)以及高、初中一些平時表現極為惡劣的學生,最著名的打手是滑翔班的劉章荃,和高三(四)班的楊錦育,他們幾乎是每一場武鬥的參與者,傷害了多少人至今成謎,只是有一次在對長江

大橋的工人組織大規模武鬥時據說俘虜了五十幾位工人師傅，其中許多是勞模，劉章荃一人手執刀刃對他們亂捅亂戳，聽說當場刺傷了三十多人。

這裡要說到我的家庭所受到的傷害。

我的三哥汪應樂也跟我同在四中工作，他是高中部物理老師。1957年，當時的四中書記兼校長名叫石基，是個十四級幹部，此人荒淫無恥，常找女學生睡覺。有一次他在家中跟女生在一個澡盆裡洗澡時，被我哥哥撞見，1957年毛澤東號召整風時，我哥哥提出了這個意見，於是立即被打成右派。儘管他一年後即摘掉了帽子，但運動開始他也被囚禁，並受到嚴刑拷打。這場拷打的組織者是高三學生叫姚長功（現改名姚長征），拷打者叫石雲龍，該人也是出名的打手。拷打進行了四個小時之久，是用帶鉛塊頭子的鞭子打的。當我們得知哥哥正在受拷打時，全家都急壞了，我母親當即不顧危險趕到學校，與造反派交涉要求放人。由於我父母親都是烈屬，造反派只得放人。我和嫂子把我哥哥用板車把他運回家（那時候醫院也不敢接受牛鬼蛇神）。我看見三哥從腰部到大腿至小腿處全部一片瘀黑血污，連生殖器都是黑色，沒有一絲好肉。三哥在家裡趴在床上度過了兩個月。後來他也就在這個部位得了癌症而逝世。

我本人也由於哥哥是摘帽右派，造反派勒令我檢舉揭發，我沒有行動，加上我還有個「內定右派」（當時我並不知道）的身分，因而一開始我大字報也上了牆，被抄了家，所有的幾千冊書籍全被搜走。由於當時「紅色恐怖」盛行，我面臨的是造反派的嚴刑拷打，因而內心極其恐懼，剛好我新婚不久，對我的傷害可謂極大。我很快就被造反派囚禁在學校裡，他們先帶我進了他們的刑訊室，讓我參觀各種刑具，並用棍棒敲我的腦門，第二天，他們就叫我跪在毛主席像前，用帶鐵頭的鋼絲鞭打我的頭頂，有幾次鞭子頭帶到了我的面頰上，那裡的肌肉就不聽話地跳起來痙攣。我跪在冰冷的水泥地上受拷打長達兩個多小時，打我的人是個初中的學生名叫韓鵬展，我不認識他，更不知道他是受誰指使。

我被囚禁在學校有一個月之久，由於天寒地凍，整日神經高度緊張，我得了胃病並患了胃潰瘍，由於重病造反派這才決定把我放走。

我的父親當年已近九十高齡，常年居家不出門。「公安六條」公布

後，地方上的造反派勒令我父親必須向公安局及造反派報到，每天必須接受「革命群眾」的監督和批鬥，否則將採取「革命行動」。我父親是江南水師學堂的第三期學員，畢業後曾是晚清及民國初年的海軍高級將領，曾帶巡洋艦保衛過南中國海諸島，驅逐過佔領我島嶼的日本海盜，辛亥革命中參加海軍起義。他還把他的大兒子汪曼生（汪應榮）親手送往江西蘇區（汪曼生赴江西蘇區後即任贛東北蘇區的文化部長，後在毛澤東「肅反AB團」運動中汪曼生被嚴刑拷打並殘酷殺害。1956年他被追認為「革命烈士」）。

當我父親拿到造反派的勒令書時，他決心以死抗爭，告訴我們從此開始絕食，但他又說，「我知道毛澤東的政策是『自殺就是自決於人民』，我不自殺，以免影響你們。我每天只吃一個雞蛋，只喝水，其餘一律不吃。就這樣，他躺在床上，最後連雞蛋也不吃了，只是喝水，一直支撐了近一個多月，才活活餓死。在他最後昏迷的階段，我們曾經想給他補液，我們找了自己的好朋友，他是個醫生，讓他趴在地上偷偷接近我的爸爸，但就在插針的那一瞬，爸爸突然驚醒，大喊「走！走！」直到醫生走開他才又陷入昏睡。他死的時候，身體只剩下一副骨架了。

這就是毛澤東的「文革」給我們全家降臨的龍恩！

三、對「文化」的慘烈破壞

我在被囚禁學校的日子裡，親身經歷了兩件事，都足以載入毀滅中華文化的大事件中。一件是「反修戰校」滑翔班為主的造反派組織摧毀魏源故居「小卷阿」建築及其內藏的大量文物事件。「小卷阿」是魏源晚年修建的住宅，就在四中校門隔著龍蟠裡一條小街的正對面，是我校的教工家屬宿舍。魏源僅留下兩個孫女，姐姐叫魏濤，妹妹的姓名我記不起來了，她倆是居家的尼姑。1949年後她倆的祖居「小卷阿」被「社會主義改造」，成了我校老師的宿舍，我校每月給她們付一些租金，她倆就靠這點收入維生。「文革」發生後，學校組織癱瘓，無人給她倆付租金，她倆只有靠拉煤車來生活，我曾多次看見她倆一前一後地推拉著煤車在寒冬凌冽

寒風中艱難挪步。我被關在學校時,關我的房間一度曾是造反派堆放「四舊」的地方,有一天夜裡他們抄了「小卷阿」,把「戰利品」就堆放在那裡。我因每天要寫檢查交代但實在又無東西可寫,百無聊賴之中,我就翻閱那些「四舊」文物,我一看方知,這都是極其珍貴的魏源的手稿,許多是他的詩稿,他的「三分半」書法字體我十分熟悉,一看就認出來了。有一天造反派們進來把這些都裝在大板車上拉走了,後來我問他們,他們說先是拉到了夫子廟,後來又拉到了哪一處造紙廠做了紙漿了。這件事在我出版的文化散文集《靈魂之門》中有詳細記載。第二件事也同在那天查抄「小卷阿」的夜裡,這幫紅衛兵把著名景點清涼山上清涼寺裡的菩薩都毀了。那幾尊佛像我早就聽說是出自唐代吳道子的大手筆,那生動傳神的造型,那飄逸的泥塑衣帶,我至今都還留在腦海裡,印象極其深刻,但那一夜,統統被摧毀殆盡。同時被毀的還有「小卷阿」旁邊的「元妃庵」裡的那幅「元妃像」。這也是魏源的家產。傳說洪秀全打下南京後,到處選妃子,他在六合看中了某民女,接進宮來封她「元妃」,就是主管他大印的妃子。曾國藩打下南京後,天朝面臨屠城厄運,元妃逃到了「小卷阿」,被魏源妻子收留。魏源信佛,心生慈悲,就把自己家居的一半拿出來為她建了尼姑庵,所以後人就稱作「元妃庵」,這堂屋當中原就掛有一副元妃像。我初去四中到老師家串門時還見過,那一夜也被「消失」了。

我在囚禁期間,還經歷了一場造反派審訊魏源孫女的事件。我當時是睡在教室裡的課桌上,為了怕我逃跑,由造反派兩名學生把我夾在當中睡。那一天我睡到半夜,就聽到我頭頂前面他們正在審判「犯人」。我知道這是他們的慣例,到了晚上閑得無聊,就到街上隨便拖個行人來以打人為樂。這一回我聽出來是兩個女人的聲音,我有點熟。我聽到他們不停地用手掌抽那倆人的頭頂,「啪啪」直響,邊打還邊嘲笑她倆,「瞧你們不男不女的,一看就不是好人!」那兩人只是不停地念叨著「阿彌陀佛」。我一想「不男不女的」不就是魏濤姐妹倆嗎?我剛想仰過頭去看,就被旁邊的學生一聲怒喝「不許亂動!」給制止了。我沒有看到她倆的臉,但我相信就是她倆,聲音我聽出來,再說那一帶就只有她倆是「不男不女」的。魏濤這對老姊妹都沒有結婚,不久都去世了,從此魏源絕了後嗣。我

不知道這一夜如果魏源在天有靈，當他得知自己的一部《海國圖志》能夠把日本帶入現代化，卻無能為力保護自己的親孫女，讓她倆繼續生活在秦始皇希特勒時代，真不知道他在天上將如何捶胸頓足呢？

四、新鬼煩冤舊鬼哭，萬家墨面沒蒿萊

二戰結束後不久，西方世界對於二戰期間傷亡人數，受酷刑折磨的人數、精神疾病人數、財產損失等等立刻就拿出了精確到個位的統計數字。只有偉大的中國，一場「轟轟烈烈的文化大革命」至今連一個精確數字也沒有。別說中國了，就連一所教職員工僅一百多人的南京第四中學，至今也沒有人做這方面的調查統計工作。這當然跟某些人的故意遺忘有關，魯迅所說「中國人的不敢正視各方面，用瞞和騙，造出奇妙的逃路來……」，現在可謂做到了極致。

「文革」的罪行遠不止上面所說的這些，比如還有自殺。就我所知，在「文革」中，四中自殺的人第一位是潘漢法老師，他是共產黨員，當過教導主任，後來跟我是一個教研組。他人很聰明，也不壞，曾經犯過一個小小的生活作風的錯誤，跟他的小姨子好上了，後來他跟自己的妻子承認了錯誤，黨內可能給了一個警告，這事就過去了。「文革」中，大概是過於擔心舊事重提，總是小心翼翼地窺測方向，打聽各造反派的動態，於是軍宣隊進駐後，他就撞上了厄運。軍代表是個團參謀，俗話說「參謀不帶長，放屁也不響」，水平、級別都是很低的，他叫金德欽。他來學校後，以他的階級鬥爭的「嗅覺」，就認定潘漢法是兩邊造反派的「黑手」，把他先隔離審查，在「審問」他的時候，我親眼看見金德欽舉起拳頭嘴裡吼著，「無產階級專政的鐵拳不是吃素的！」一拳就打在潘漢法的臉上，第二天一早，我們就聽說他自殺了。

第二個自殺的是我的學生，她叫王茂雅。她是一個特別美麗、很陽光的孩子。她的爸爸也是四中的老師，有點所謂的「歷史問題」，運動中也飽受衝擊。王茂雅很喜歡文藝，有演劇的才能，是學校文藝宣傳隊的。她的理想是做一名話劇演員。然而那時候她這個家庭成分，這個願望是根本

不可能實現的。畢業後她只有一條路就是下農村。在農村裡她認識了第五中學的一個男青年陳卓然，兩人相愛了。陳卓然是一個很有思想的青年，他們在一起組織了地下的讀書活動。1970年，毛開展「一打三反」運動，把那些當初造反現在搞地下讀書開始反抗毛澤東的青年人統統打成反革命，其中有一名南京的青年金查華被處死。陳卓然等人不滿當局的專制，在南京城內貼出了幾十份「反革命傳單」，於是陳卓然被捕，王茂雅也因為與他談戀愛被押送回南京接受批鬥。對王茂雅的批鬥極其殘酷，公安人員當她的面對陳卓然拳打腳踢當場逮捕，又讓她陪綁陳卓然上了刑場。她最終瘋了，繼而上吊自殺。

第三個自殺的也是四中學生，他叫裴光中，他也是被「文革」逼死的，但他的情況我不清楚。

我相信四中自殺的人遠不止這幾位。

四中在「文革」中還製造了許多精神病患者，王茂雅只是其中一個典型的例子。這方面的例子急需有人來進行調查統計。

由於我是一名教師，在我半個多世紀的教學生涯中，我碰到過許多精神病患者的學生。我很早就發現一個規律，那些患病的學生若追溯其根源來，往往都跟他們的父母親在懷孕哺育他們期間處在政治運動被批鬥的位置上有關，也就是說，這些被整的人的後代往往也罹患上精神病。這個規律到目前為止尚未被醫學界和其他人們所認識。這是幾十年政治運動的「遺傳後遺症」，它給中國遺留下世世代代的基因禍害。我可以舉出許多例子來，像我的學生王茂雅、吳珊、張西、倪蕾等等。我之所以說它是規律，就因為我已經可以多次做到正確的預報誰家的孩子可能是精神病人並可能即將發病。

這一大批受運動傷害的後代遺傳受害者，估計數量極其龐大，他們的問題該如何清算？我只能把這個問題提交給廣大的讀者，提交給歷史，在這篇文章裡我就不多說了。

在「文革」五十周年的今天，我想起那數千萬屈死的冤魂，他們漂浮在宇宙之中，無著無落，他們在等待共罪人們的懺悔，等待犯罪人的還債。今天某些中國人無疑比上世紀二十年代的人更聰明，那時的學閥們還

會寫些「墨寫的謊言」，然而一落墨，難免不留下掩飾歷史的罪證。那麼最好的辦法是什麼呢？那就是先讓歷史成為一筆糊塗賬，最後的結果水到渠成必然是集體遺忘。然而「文革」十年血寫的歷史是聖杯中流下的基督的血，中華民族糊塗不了，更抹不掉。謹以我這篇文章為屈死的靈魂做沉痛的祭奠。

2015年12月26日

地平線下的紀念碑

按語：其一，「金伯利」（Kimberley）這個術語是指南非最大且最著名的鑽石礦名，由於金剛鑽石是在地心深處由高溫高壓所形成，最後再由火山噴發被熔漿帶出，因而金伯利岩的典型地貌就是火山筒，學名稱作「金伯利岩筒」，在地球的其他地方也有這種地質結構。金伯利出產的鑽石最貴重，稱作橄欖碧。其二，詩中寫到了一位「貌比元春」的女神，除了形容她外貌美麗外，還因為賈元春在金陵十二釵中代表著月季花，月季又有月紅、鬥雪等別名，是天津的市花，這位烈女出生於天津。

在茫茫戈壁灘上，
有一座
深陷在地下的
非人工的
紀念碑。
起伏的沙丘
劃出一道天地線，
枯燥又乏味。
既沒有
挺立身軀的
英雄塑像；
更看不見
傲視蒼穹的
花崗石碑。

那兒沒有
人行的足跡，

那兒沒有
鮮花和燭穗；
只有
偶爾光顧的沙鼠，
還有
夜狼嚎月的悲催。

一夜，
我忽地騰身疾飛，
越過了大洋和
瀚海沙堆。
發現了窪處有座「天坑」，
坑口佈滿了
火山灰。
原來它是──
火山口，
看上去似乎
在沉睡。

我縱身來到了谷底，
四周是環立的峭壁。
經過熔岩和地火的燒炙，
山崖猶如錚錚的龍脊。

這裡是地下的世界，
連風都吝嗇地呼吸。
即使中天陽光偶爾的垂顧，
也只是短暫的一瞥。

粗礪暗紅的山體，
陰暗中閃爍著金光熠熠。
這是高壓高溫的地火精靈，
鑲嵌在堅硬的石壁。

「天哪，」我失聲驚呼，
「我居然找到了金伯利！」
但我旋即懷疑——
因為我看見鑽石上
鬼斧神工的字跡。

這是一長串
高貴的英名，
這是錐心泣血的
沉睡的記憶。
它綿延了幾乎
一個世紀，
每一個姓名
珍藏在
鑽石中的一粒。

她們曾用
柔弱的雙肩，
在鐘毀瓦鳴中
扛起了道義。
他們曾經奮力抗爭
專制主義癌細胞
對民族機體的致命打擊。

環狀的火山岩壁啊，
遍布著爍眼的橄欖碧。
它們猶如璀璨的銀河，
懷抱著夜的大地。

正在我讚嘆著造化的神奇，
驀然地心裡響起了霹靂。
石屏應聲訇然洞開，
仙之人兮紛紛現鳳儀──

北大聖女居中立，
冰清玉潔如白璧。
丹書十萬犯龍顏，
遂令天下鬚眉無顏色。

貌比元春一女神，
只認真理不認人。
鎖喉難以鎖「正氣」，
月紅鬥雪天下尊。

……

虎鼓瑟，鸞鼓聲，
雲為裳兮衣為霓。
「歡樂頌」歌徹寰宇，
天地動容為之泣──

「歡樂女神，聖潔美麗，
燦爛光芒照大地。

我們心中充滿熱情
來到你的聖殿裡，

「你的力量能使人們
消除一切分歧。
在你光輝照耀下面，
人們團結成兄弟！」

眾神高歌我心旌悚栗，
無顏面對匍匐在地。
痛悔自己
蠢若木魚
居然聽信魔鬼的咒語；
痛恨當年
愧為男兒，
為何不能挺身而起？

內心的悔恨
頓作奔湧的淚水，
沖刷著
　　　多年心上的
　　　積垢污穢。
內心的譴責
化作覺醒的呼喚，
令我深深自責
願與民族共懺悔。
懺悔這——
整人被整的
醜陋家規，

懺悔這——
吃人被吃
犯下的「共罪」；
再為心靈的
冷漠和自私
深深羞愧。

這座英雄壁啊，
它像照妖鏡，
　　照出了
　　人心的陰毒和卑猥；
它像試金石，
　　試出了
　　群氓的野蠻和愚昧；
它像天平，
　　稱出了
　　人們的惡善醜美；
它像地獄的判官，
　　拷問著
　　每個人
　　良知的有無存毀。

從今往後，
我將傳遞
點燃的烽燧，
從今往後，
我將以求真
編織生命經緯。
因為我知道，

刻意地抹去歷史
意味著
刻意地
拒絕面對；
執意地封鎖記憶
意味著
執意地
迷不知歸！

驀地鬧鐘跳腳
令我神轉夢回，
一夜神遊
清掃了心中塊壘。
縱使是窗外
電擊雷劈風雨發威，
我清楚
延伸地心的礦脈
永續不毀。

憑甚說，
中國人
是世上最劣等民族？
扔掉阿Q的破氈帽
靈魂就最美。
相信吧，朋友，
終有一天，
冰河終會消融，
大地定將春回，
終有一天，

祖國定將
開遍鑽石的花蕾。

因為我知道
我們有座「金伯利」
中國人的「哭牆」；
因為我牢記
地心下永遠矗立著
中華民族不朽的——
靈魂豐碑！

2015年7月18日晨五易其稿

王曉雨

作者簡介：

王曉雨，1954年生於上海，畢業於上海市師範大學中文系。

1988年赴澳，做過教師、記者、編輯，現為自由撰稿人。1984年起發表作品。

著有《人在澳洲——王曉雨小說散文選》，《100個華人的故事》二卷，《中西方房產文化漫談》等，是英文暢銷書《毛的最後一個舞者》的中文譯者（臺灣版《毛澤東時代的最後舞者》和大陸版《舞遍全球》）。其中篇小說《吃飽》曾獲2004年世界華文作家協會年度小說首獎。

涼城新村和靶子山的故事

那天在上海乘車時，計程車司機突然打起精神，說：「這裡以前是靶子山」。後座上的我突然跳起來，四處張望窗外這個被叫作「涼城新村」的地方。可是除了一幢接一幢的高樓，我已經看不到記憶中的草地、山坡、小河和水塘，但我腦海中回放出來47年前的往事，沉悶而又清晰。

聽老人說，原先的靶子山一直是軍隊打靶練習用的，文革中從1967年開始，它被用來槍斃犯人。上海市在文革中被槍斃的人，大多數是押到這裡後在草地裡用槍擊頭部的。下鄉前三年，也就是十三歲那年的4月27日，我去過一次靶子山。

帶我去的志達大我三歲，我們兩家斜對面住，是一條弄堂的鄰居。志達對我媽和他媽說是去靶子山捉魚蟲，還把手裡的竹竿、魚蟲網和鉛桶給家長看。他的哥哥前幾年拿家裡的黃金去黑市換錢被抓，判了二十年，所以他如今和我一樣，成為家裡唯一的兒子，出門非要父母同意才行。

我家離目的地不遠，就在附近的四川北路魯迅故居的對面。還記得出門後沿著四川北路，不到虹口公園處拐彎，經過東海艦隊的411醫院後，上廣中路，下水電路。走到我兩腳發酸時，志達指著前面的幾塊山坡草地說「到了。」

我沒有看到什麼山，只有幾個坡，低窪處的水塘平地相比，也不過十幾米的高度。到了坡上往下看，可以看到水網般的許多水塘，最大的一個也不過足球場大小，許多人都在水邊釣魚蝦和捉魚蟲。我倆十幾分鐘捉的魚蟲就裝滿了一個塑料袋，後來就把捉到的魚蟲送給旁邊的人，那天在現場觀望我們捉魚蟲人特別的多。許多人走那麼遠路不是為了來看我和志達捉魚蟲，那天上海市中心的文化廣場開反革命分子公審大會，宣判中被判死刑者就會被押來靶子山立即執行。今天正好有宣判，所以人們從上海市區的四面八方趕來靶子山，為的是遠遠地看那些被五花大綁的人和聽那一聲槍響。

　　1968年4月27日沒有太陽，天空陰沉沉，朦朦的如大霧天一樣。清明節已經過去，水邊草青青，高的草已經長到人的小腿肚子。有人釣到魚，我們只有一小袋魚蟲，心裡不服。看看那麼多人走往靶子場邊，我們也不想回去，就在幾個小水塘邊溜達，想看到小蝌蚪之類的話也捉幾隻回家。志達用竹竿打水，濺起水花。突然水面上一條魚躍出水面，啟發了他。「有辦法了，我們可以抓魚啊。」志達說。

　　有個呈葫蘆型的小水塘，當中腰部很細，不過兩人寬。志達每天洗冷水澡，還喜歡冬泳，不怕春天水冷，他脫衣下水用竹竿用力拍打水面，先把葫蘆大頭的魚趕到小頭裡，然後，他守住中腰，我把周邊的石塊和土塊填堵在中腰上，等到土高出水面後，我們兩開始用小鉛桶把葫蘆小頭的水往大頭舀。志達稱之為「烤浜」捉魚法。因為文革時不讀書，我也不知道有一個破壞生態的成語叫「竭澤而漁」。很快，中腰堤壩兩面顯出落差：小塘水面迅速下降，大塘水面逐漸上升，志達拼命地舀水，脫光膀子還是滿頭大汗，我負責不斷用土加高堤壩。當小水塘裡頭水深僅一尺高時，我們看到十幾條魚在塘底掙扎時露出的背鰭，跳出水面的魚劈啪作響，我們成功在望了！

　　就在這時候，遠處響起了警鈴聲，人群突然叫起來，大家集中向靶子山中間的一塊最大的空地圍去，我們兩個小孩也跟著上了塘岸。六七輛警車「嘟亞嘟亞」地叫著開到一塊大的空地，下來許多人，隔著一片大水塘，遠遠地我看不清誰是犯人誰是警察，前面的大人們又多又個子高，我和幾個小孩只能從別人的胯下和肋窩下看到一點：有幾個人跪在那裡，好像排成了一排。接下去很長時間就沒有聲響，靜得如半夜一樣，因為人群都屏住了呼吸，反而是讓志達聽到了身後的水聲嘩嘩地響起來。志達大叫一聲「不好！」拉著我就跑回水塘邊，但此時已經晚了，我們無築壩經驗，沒有先麻包裹土，堤下的暗洞和漫溢的水流如快刀，很快就割出大口子，衝垮了堤壩，我和志達都跳進水裡用身體堵，但也沒有用，看著口子越來越大，魚兒歡快地頂水出逃。志達怕水性不好的我出人命，將我一把拽上岸。

　　就在我倆坐在塘邊喘氣的時候，「砰」的一聲，槍響了，人群裡發出

一聲叫聲，那聲音很短促，但很整齊。大家往後退兩步，但很快又挪回去。槍聲一點也不清脆，我當時懷疑是不是「啞彈」。志達拉起我就往人堆裡跑，槍聲又響起來，我確定不是啞彈，但和電影裡的槍聲太不一樣。跑動中我大口喘氣，數不清楚槍聲，大約總共不超過十響。等我跑到人群邊看過去，已經沒有跪著的人了，只有一排躺著的人，槍的長短也沒看到，事件就結束了。

上千的人群開始四散，都是大人，有人說執行者是軍事管理委員會的，我也不懂這是啥機構。我和志達返回水邊。他把衣服絞幹後穿上，我這時發現褲襠裡有異物撲騰，脫下外面長褲一查，是一條尺把長的魚。估計是我小門鈕扣沒有鈕好（那年頭還沒有流行拉鍊），下水堵缺口時有條傻魚鑽錯了門，那魚又因為長褲腳管被卷緊而逃生不得。

「是條白魚，兒子抓的。」晚飯時媽媽把熱騰騰的清蒸魚端上桌，爸爸端起碗時笑著問，「怎麼就抓一條小魚？」我如實地把一天的過程講了一遍，還因為魚誤鑽褲襠的事笑起來。沒料到，爸爸把原先放在魚碗裡的筷子移開，臉色一下子就沉下來，厲聲吼道：「以後不准再去靶子山！」我嚇壞了，求助地看著媽媽。媽媽一臉難過：「誰知道你會去看殺人啊！」

原來弄堂門口的布告早已貼出來。第二天的《解放日報》也登出文化廣場公開宣判的十人名單，其中七個人是「十惡不赦的現行反革命分子」，判死刑「立即執行」，七人中有一個「反動學術權威」是上海交響樂團的指揮兼副團長。

那晚上的魚沒人動它一筷子。我後來直到文革結束也沒有再去過一次靶子山。公開讓人們看刑場是封建文化的延續，那個陰霾天空常常出現在我夢中，我就此問過志達，他也一樣沒有再去過，並發誓永遠不去那地方。很多年後，我讀到了學者何與懷寫的《沉淪神洲的血祭者》和劉文忠（他哥哥劉文輝是1967年在文化廣場公開宣判死刑的第一個上海反革命，是否在靶子山被公開槍斃待考證）寫的《風雨人生路》，知道我捉魚時看到的著名音樂家陸洪恩是文革中第一位被公開殺害的高級知識分子。他生前遭受嚴刑毒打，卻在打完後寬恕暴打他的年輕人。在最後定罪時刻，

面對三個「上面派來的人」，他被問道：「想死想活，你今天表個態！」時，陸洪恩慷慨激昂，發表了二十多分鐘的演講（其內容堪比馬丁・路德・金恩演說）。後來共產黨中央委員會十一屆三中全會給文革定結論時使用的「浩劫」兩字，早在十年前已經在陸洪恩遺言裡出現了：

「我想活，但不願這樣行屍走肉般地活下去。不自由，毋寧死。」、「文革是暴虐，是浩劫，是災難。我不願在暴虐、浩劫、災難下苟且貪生！」

下鄉期間，我就立志成為一個作家，和魯迅一樣告訴人們不要去刑場做「看客」，認為自己的成熟完全和靶子山那一幕有關，畢竟這個世界能在光天化日之下看到公開殺人的孩子是不多的。今天，我認為陸洪恩們和夏瑜們的死都不會是白死和被白看的。去靶子山的「看客」未必都是魯迅認為的麻木不仁，那位計程車司機在新樓房如林的街道上飛馳時，還能言外有意地指出它的前身是「靶子山」；另外，當推土機的轟鳴聲結束，靶子山地區澈底變成近大上海市區的一個新城區，重新改名字叫「涼城」。用一個「涼」來放在「城」字前，可謂穿心透肺，空殼回音，就此定案歷史。我不知道誰能否定我的猜想：大手筆決定用這個「涼」字的人（也可能是一批人），當年曾經和我一樣，也在靶子山現場。

黃河的憂傷
——記澳洲華裔作曲家儲望華

王曉雨、田地

> 我們這一代，已決定了是犧牲自己，為後代造福的。
> ——儲安平《中國的時局》，1948年

今天，只有出來讀中學的小留學生們和改革開放的一部分受益者——大款們，才會在離鄉背井、移民海外時帶著笑容；從80年代末期開始到九十年中期，我相信所有負笈海外的留學生和移民們在邁出國門時，都是一步三回頭，心情十分沉重的，父母有說不完的囑托，朋友、情人有道不完的珍重，遠行者本人對要去的國度越來越感到陌生和惶恐。

儲望華和赴澳洲的其他留學生不一樣，不僅是因為他更早了幾年，還在於他的父親儲安平是中國赫赫有名的大右派，而他自己則是赫赫有名的鋼琴協奏曲《黃河》的曲作者。就在他準備動身去北京機場時，中共中央統戰部派人送來一份文件。他打開一看，是對父親正式作出「死亡結論」。

儲望華是帶著大右派父親的「死亡結論」赴澳洲留學的！

儲望華是帶著鋼琴協奏曲《黃河》的磁帶赴澳洲留學的！

機翼下，舷窗外，白雲皚皚，激動中的儲望華又看到了失蹤十六年的父親，這位解放前《觀察》雜志的主編，解放後《光明日報》的總編輯，看著遠行的兒子，可是一句話也沒說出來……

那年是1982年，儲望華四十歲。

一

儲望華很小的時候，被發現有音樂天才。可惜家中無人教他，只是送

他進了交通大學附小讀書。七歲那年，母親帶他去見著名教育家端木愷（後為台灣東吳大學校長），進門後看見鋼琴，竟一見鐘情。

小學畢業時，儲望華自己決定報考中央音樂學院附中，1000名考生中，僅錄取前30名，他考中了。曾任《觀察》主編的父親認為這個比例勉強可以接受，於是認同兒子的選擇。

在音樂聲中，小望華長大了。父親帶他去見小提琴家馬思聰，馬思聰檢查了儲望華的手後說，你的樂感好，可以學小提琴。後來成為偷渡客的堂堂中央音樂學院院長的這番話，沒能使儲望華最後成為小提琴家，但卻促使他向作曲發展。1956年，儲望華創作的二胡獨奏曲《村歌》在全國音樂周公演，《人民日報》在消息報道中稱他為「帶紅領巾的作曲者」。這篇報道大大激勵了少年儲望華，並使他下了決心當作曲家。於是他向學校申請轉學作曲理論。

畢業時，儲望華順利拿到中央音樂學院作曲系的入學通知書。

那時，中國的時局正發生著令人瞠目的變化。父親儲安平由於在1957年6月2日的《光明日報》上發表〈向毛主席、周總理提些意見〉，使毛澤東大為惱火（據胡喬木兒子透露，毛澤東看後「一連幾天都沒睡好覺」）。後來，就有了那場被稱為「反右」的浩劫。儲安平與章伯鈞、羅隆基等人一起被打成全國最著名的幾名大右派。有人貼大字報點名說儲望華是大右派之子，中央音樂學院培養人才方面有問題。迫於壓力，院領導只好通知儲望華取消作曲系入學通知書。一周後，招生組找到絕望中的儲望華，問他是否願意進鋼琴系？儲望華就這樣進了鋼琴系。

當然，儲望華的劫數還沒完，學生中仍有揪住他不放的，逼他和大右派父親「劃清界線」。練琴之餘，儲望華還要「反省」、「檢查自己」。

許多教育家認為，父親對子女的教育是「背影教育」，也就是說，父親是用自己對事業的執著和成功來影響孩子的。還在讀書時，儲望華的父親就已經被「打倒」了，父親留給儲望華的更多是「陰影」。正如2000年末，時任中央音樂學院院長吳祖強在為《儲望華鋼琴作品選集》序中所言：「望華那些年中的不少鋼琴曲的寫作其實都在背負著家庭的巨大政治壓力下完成的，這太艱苦了。」

　　在大學期間，儲望華又寫了《變奏曲》和《江南情景組曲》。著名鋼琴教育家易開基教授愛才心切，在文化部1960年主持的全國高等音樂學校教材會議上推薦了這兩部作品。這就使儲望華成為中國第一位在大學期間以自己作品為教科書的鋼琴系學生。儲望華說，當他和老師郭志鴻（郭沫若之子）一起去領稿費時，雖然因為年紀太小扣去一半，但心裡卻十分高興，因為自己雖然只是鋼琴系的學生，卻被認可是塊「作曲的料」。

二

　　作曲，其實是一項十分依賴於個人特質的創作，但在那個年代的中國，卻流行「集體創作」。儲望華在中年以前的大部分創作（甚至包括鋼琴協奏曲《黃河》），都被冠以「集體創作」。

　　1961年他和郭志鴻、陳兆勛、焦鵑「集體創作」了鋼琴交響詩《蝶戀花》（後期殷承宗加入）。1964年他和殷承宗「集體創作」了《農村新歌》。當時總理周恩來聽後說：「這是我生平第一次聽鋼琴後受到教育。」1964年他又和郭志鴻、殷承宗「集體創作」了《越南組曲》。

　　1969年，留蘇歸來的殷承宗因為用鋼琴伴奏《紅燈記》而紅極一時。於是，又打算將已故著名音樂家冼星海的《黃河大合唱》改為鋼琴協奏曲。殷承宗和儲望華已經有過數次成功的合作經驗，所以特地將當時在中央音樂學院任教的青年教師儲望華調到中央樂團，並召集了盛禮洪等人前往黃河壺口大瀑布處體驗生活，並開始了創作。回憶當年看到黃河泥漿巨浪、白霧濤天的情景，撐船纖夫們臉上鏤刻的皺紋和古銅色的脊背，今日的儲望華仍然十分激動。

　　一個家庭出身不好的非作曲系畢業生，成為大紅大紫的殷承宗的搭檔，其艱難可想而知。此時的儲望華正值青年，父親打成右派已經十二年，失蹤也已三年。自己連未婚妻也斷絕往來。以陰險毒辣出名的中共理論家康生早有過講話：「儲安平，大右派，活不見人，死不見屍，怎麼回事？」最後在殷承宗的活動下，儲望華被批准「控制使用」。如今早已移民美國的殷承宗這一大膽舉動，在文化藝術界，口碑相傳，直到如今仍為

人稱頌。

長期背負「黑五類」出身的儲望華得此機會自然受寵若驚,為爭取成為「可以教育好的子女」,他如履薄冰,拼命地工作。在初期醞釀階段,儲望華擬了創作提綱,將每一段每一章節構思旨意,都見諸文字,做到有據可考,以便組內明確認識。不僅每天伏案彈奏譜寫,創作小組的文件秘書工作也一起承包,連殷承宗頻繁給江青的信件、匯報亦都由他起草,殷承宗修改後,儲望華再抄一遍寄出。

《黃河》鋼琴協奏曲首次演出是1970年元旦,地點是北京人民大會堂小禮堂。向人民大會堂這種「神聖」的地方原本是不能讓「大右派」之子進入的,但放幻燈字幕的人必須熟悉音樂作品,臨時找不到合適者,不得已,「工人、解放軍宣傳隊」的頭兒只能讓「作曲家之一」的儲望華放幻燈,當然,旁加一位監視者。

帷幕拉開,燈光漸暗之前,儲望華看見了周恩來、康生、江青⋯⋯除毛澤東、林彪,陳伯達三人之外的全部政治局委員都來審聽。李德倫指揮的中央樂團交響樂隊和殷承宗擔任的鋼琴獨奏配合融洽,完美。結束後,儲望華看見周恩來走上台向演員們祝賀,並揮手高喊一句:「冼星海復活了!」因為掌聲太大,周恩來又大喊了一次:「冼星海復活了!」這時,臨時的幻燈放映員儲望華才發現自己渾身上下已經濕透了。

一場文革,對中國文化的摧殘超過歷史上任何一次。十年中竟然沒有真正的藝術作品問世。那幾部「樣板京戲」在紅了一陣子後,終於偃旗息鼓。只有這一部鋼琴協奏曲《黃河》,藉著雄壯強烈的旋律,豐富飽滿的和聲,猶如滾滾黃河波濤在中國人民心中流淌著,成為三十年來常盛不衰,最為海內外人熟悉和接受的作品!

三

1978年,中國時局開始穩定,鄧小平給55萬右派做了平反。「維持原案,只摘帽子,不予改正,不予平反」的只有6個「大右派」,儲安平名字排在章伯鈞,羅隆基後,列第三位。到了1980年6月11日,統戰部的一

份報告中說:「……(包括章伯鈞羅隆基等人)我們也要全面歷史地看待他們……就是對不予改正的人,凡是在世的,也應該在政治上和生活上給予適當照顧……」儲安平名字不在括號內,也無證明他在世,一切依舊,繼續蒙冤!

儲望華決定出國。1982年初向墨爾本大學寄出磁帶和曲譜,申請現代作曲的碩士學位,很快就得到該校的錄取並獲全額獎學金。

四十歲時,他踏上人生的另一段旅程。

將父親的「死亡結論」放妥後,儲望華和其他留學生一樣開始在澳洲勤工儉學。細算一下,他幹過十個工種。其中最愉快的是華僑子弟學校教中文,最難堪的是在車站廣場派廣告;最累的是替人油漆房間和花園打草,最輕鬆的是在電影院當過領位員,工作中順便看場電影;工資最高的是在ABC電台介紹音樂體裁形式,每小時二百澳元,最低的是替體育用品店粘弓箭上的羽毛,每小時四澳元;最倒楣的是在ESSENDON區讓狗咬了一口,留下一個疤痕……儲望華做每一件工作都極其認真,在酒店餐館彈琴時,常有聽眾在離場時向他表示感謝,在他耳邊輕聲說:「你是在用心彈奏。」當然,活最重,也最值得一提的是開荒整理山林火場。澳洲夏天乾燥,酷熱,山火不斷,1983年的一天,儲望華和一幫學生來到大火後的山林場。大家用長鐮刀揮砍枯草,整理敗枝,讓來年樹木長得順暢。

作曲家畢竟不同於一般留學生。半月工作結束後,除了大家相同的一手老繭和幾個血汗錢,儲望華比別人多的是創作了一部交響詩:《灰燼星期三》。澳大利亞最著名的墨爾本交響樂團看中這部作品,並在1986年盛大公演。這一年,儲望華在導師Peter Tahourdin指導下已獲墨大鋼琴、作曲雙重專業音樂碩士,亦舉辦了個人鋼琴演奏會,作曲創作方面已擴展到交響樂、室內樂、打擊樂及聲樂。

澳大利亞音樂界有作曲大獎Albert Maggs Composition Aword,該獎每年評選一名,不通過考試,而是公開應征,申請者必須將自己的新作送去一批而不是一二件!這是一個很高的專業獎項,澳大利亞的著名作曲家無不以摘取這項桂冠為榮。著名的作曲家如Richard Mills等人均曾獲此獎。1987年,儲望華認為自己的水準可以向此獎衝擊,就集中自己當時創作的一批

樂隊作品和鋼琴作品送去參賽，結果幾十名參賽者中，五名評委竟然一致推薦儲望華，使他成為獲得該獎的第一位中國背景音樂家！

四

今日海內外七十歲以上的中國知識分子，都知道《觀察》這份自由知識分子雜志。由儲安平主編三年的這份政論週刊在1948年被國民黨查封，當時刊物在各大城市有航空版，發行十多萬份，影響極大，七十八位特約撰稿人差不多集中了當時最著名的學者、作家、教授。儲安平在一封信中說：「假如不要做官，即無須迎逢國民黨，假如不想投機，即無須迎逢共產黨，心無所求，才能言所欲言，不偏不倚，不計功利，盡心為之。」從創刊號的《李公樸，聞一多之死》到最後一篇《一場爛汙》，疾惡如仇的儲安平，以他犀利的文字，批評國民黨的腐敗。1957年4月在毛澤東的親信胡喬木的推薦下，儲安平出任了《光明日報》總編輯，幫助共產黨整風，可是70天後即在「反右鬥爭」中下臺，並因為一篇文章成為罪人。當年的《觀察》結束時，他的生命沒有結束；《光明日報》沒結束，但儲安平的生命結束了。

1968年6月3日是儲望華最後一次見到父親，那天，兩人談起了父親好朋友吳晗已被批判。

中國歷史上如果說有個知識分子「自殺潮」的話，那麼「文革初期」是最集中的，比如傅雷、鄧拓、范長江、老舍、葉以群、李翠貞、吳晗、翦伯贊等。儲安平的第一次自殺是8月31日，不幸和作家老舍同一天。按事後諾貝爾文學獎評審委員會的材料，如果那天老舍不死，他就是第一位獲諾貝爾獎的中國人。但太平湖水太深，淹沒了這位大作家。儲安平投的是青龍橋下的潮白河，水太淺，他被紅衛兵拎起來，押了回去。一星期後釋放，看到被洗劫一空的家，儲安平扔下包袱行李，再次絕望地離開了！

一個人全身的骨胳共有206多塊，它們各有各的部位，其中有幾根骨頭叫脊樑，人依賴它們挺直站立。一個人如此，一個民族，一個國家亦如此。

　　回想起來，也許因為儲望華是儲安平最親近、最放心不下的幼子，早在六十年代初，父親就在和儲望華的一次試探談話中，清楚地說他經常有想自殺的念頭。人是高級動物，是最有計劃性的動物。學習計劃，旅遊計劃。國家有五年、十年計劃。西方人熱衷於Finace Planning，可儲安平生命的最後幾年的計劃是自殺！而且這個計劃的商量人是自己親愛的兒子！

　　1989年，是儲安平誕辰80周年。對祖國的思念和對父親的深情，如團團濃霧裹住儲望華，使他夜不成寐。含著淚水，儲望華創作了一部交響詩《秋之泣》（Autumn Cry），仍然由墨爾本交響樂團再次公演。算起來，這是儲望華的第二部作品被這家澳洲首屈一指的交響樂團演奏。節目單的樂曲簡介中說：作品不僅刻畫了晚秋的蒼涼景色，而且對作曲家之父的深厚的緬懷與悼念。在1966年的一個深秋之夜，作曲家之父突然消失了⋯⋯

五

　　儲望華的大兒子叫儲濤，也彈鋼琴，水平已達教師水平。到澳洲後，儲望華和妻子，墨爾本大學醫學系博士唐希琳有了小兒子儲波。他們倆按他們在西方接受的教育方法培養儲波。今天的儲波是我們能見到的最全面最出色的華裔兒童。他鋼琴已到十級水平，大提琴也有七級，可以彈奏許多不同時期、不同風格的大師作品，且連年得獎。此外，他各門功課均優，僅憑數學和英文二門功課，獲墨爾本最負盛名的墨爾本文法中學6年全額獎學金。1996年儲波隨父親回中國，在中央音樂學院舉辦了他在中國的首場鋼琴演奏會。風格多變的曲子，充滿自信的表演，使中央音樂學院的師生十分感動。中央音樂學院附中的校長聽後說：「中國的學生太注重手指，我們學生的修養素質培養落後了。」

　　澳大利亞著名的電視節目主持人Ray Martin采訪了儲波，節目在9號台播出後，反響很大，美國最大的音樂家代理公司IMG總裁給儲望華來信，說他們公司多年的慣例是只贊助12歲以上的天才兒童，希願雙方不斷保持交流，早日為天才孩子提供機會。

　　看著活潑聰穎的小兒子儲波，透過他清澈明亮的瞳子，儲望華又看到

父親儲安平。小儲波有一次問：「爺爺玩哪一種樂器？」儲望華至今沒告訴儲波爺爺是誰，爺爺今天在哪裡。他不希望他承受了大半輩子的陰雲出現在孩子的心靈，他不希望孩子對中華民族的崇敬和熱愛因此打上哪怕一丁點的折扣。他說孩子是無辜的。

但他更相信父親是無辜的！

江澤民主持工作後，儲望華一度重新燃起替父伸怨的念頭，他寫了兩頁紙，介紹了自己，也說了父親1949年前後的工作，並說縱觀父親一生，對國家和人民作出了貢獻，希望能給予平反，有利於調動知識分子積極性，有利於團結海內外人支持祖國建設。信寄出後，石沉大海，儲望華沒有得到任何回音。

為什麼？沒人知道。

但儲望華和許多老知識分子看法一樣：不平反本身也是一塊碑！

琴聲響起來了，是儲波在彈奏《黃河》，幼嫩的十指翻滾下，儲望華又看到了滔滔的黃河和兩岸那連綿不斷的縴夫……

儲望華相信，不管天上、人間，父親一定也看到了……

王亞法

作者簡介：

　　王亞法，筆名半空堂主，原少年兒童出版社編輯，曾為九三學社社員，中國科普作協第一屆理事。上世紀80年代，在《新民晚報》連載《彩筆風流》、《失蹤的馬隊》等中長篇小說，並發表詩歌、散文、科幻等作品百餘萬字，其科幻小說《太空醫院》被選入湖北省教育出版社五年級（上）教科書。

　　1988年赴澳洲定居，1992年在雪梨創辦「澳大利亞上海同鄉會」，並連任第一、二屆會長。旅澳時曾發表《他鄉演義》、《故鄉演義》等連載小說，並在「文學城」、「析世鑒」、「明鏡出版社」設有博客專欄，近期出版書籍《半空堂記遊》。以及常為港臺報刊撰寫介紹大陸藝術家的文章。

善和惡的手

這是一隻手，一只用石膏澆鑄的波蘭藝術家蕭邦的模型手，就是這只手，彈奏出世界上優美無比的琴聲；就是這只手，給人類的心靈潑上一縷陽光，給人類的文明史添上一份優雅……

波蘭政府曾將這只手模作為禮物，贈送給在國際鋼琴大賽中獲得最高獎的選手。

1957年，中國一位二十歲的女青年鋼琴家曾經獲得這只手，這只使中華民族為之驕傲的手——女鋼琴家把它擺在鋼琴前，比作激勵自己進步的鞭策之手……

這是另一隻手，一隻瘋狂野蠻，兇狠無比的罪惡之手。

這只手，似乎在1966年8月的天安門城樓上揮動過。它的揮動，猶如孫悟空吹毫毛，幻變出無數隻罪惡之手……

1967年1月30日——在本該氣氛高雅，弦樂悅耳，掌聲雷動的上海交響樂團的排演廳裡，一位羸弱文靜的女鋼琴家，在急促的腳步聲中，被雙手反綁，押到台前，隨即，粗野的口號聲起，幾個瘋子般的人，揪住她頭髮，強迫她跪在一幅獰笑的畫像前，同時人群裡伸出一隻手，一隻由毫毛幻變出的罪惡之手，朝這位的青年女鋼琴家的臉上狠狠摑去……

第二天，女鋼琴家與母親以及弟弟，一家三口，在上海愚園路1355弄73號的家中，開煤氣自殺了。

記住這個忌辰，1967年1月31日，中國農曆年春節前九天，女鋼琴家時年三十歲。

女鋼琴家名叫顧聖嬰——這顆本該大紫大紅，為中華民族的音樂事業爭得更多榮譽的新星，卻就此在隕落在紅霧彌漫的沙塵暴裡。以致我每每想起她，腦際裡就會呈現出暴風肆虐，雨打梨花的宋詞意境……

顧聖嬰，祖籍無錫，出身於上海一個書香世家，從小就受到良好的教育，被老師稱為「天才兒童」：十五歲，就擔任上海交響樂團的鋼琴獨奏

演員；十九歲在第六屆莫斯科國際青年聯歡節鋼琴比賽中榮獲金獎；二十歲獲得第十四屆日內瓦國際音樂比賽女子鋼琴最高獎……

1954年8月，二十歲的青年鋼琴家傅聰去波蘭參加蕭邦鋼琴大賽，就此金龜脫鉤，成了被黨咒罵的「叛國者」。

運筆至此，我想起一則舊事：傅聰出名後，《文匯報》等大小報紙，大肆吹噓「黨培養了傅聰」。偏偏傅聰的老子傅雷不識趣，公然在一次會議上說是自己培養了傅聰，膽敢頂撞戰無不勝的黨，因此得了一個「與黨搶奪功勞」的罪名。不久傅聰因「叛國投敵」（這時就與黨無關了），傅雷又獲一罪，變成「反黨反社會主義、叛國投敵分子」的老子，打成右派。到了文革，數罪並罰，他的資產階級靈魂經不住觸及，只好和夫人朱梅馥一起，聯袂跨過奈何橋，成了那個年代「死了餵狗，狗還嫌臭」的，「帶著花崗岩腦袋去見上帝」的反革命分子。

卻說傅聰出走後，當局為了挽回面子，決定要培養自己的鋼琴家，於是在1955年邀請蘇聯鋼琴家來中央音樂學院任教，在音樂學院本科和附中鋼琴主科中挑選優秀學生，是時，非音樂學院的顧聖嬰和劉詩昆、殷承宗一起成為這位專家的學生。顧聖嬰雖然專攻音樂，但並不像其他學生那樣，只注重鋼琴，她抽空學習古典文學，同時跟母親學習英文，文學方面則請教傅雷，精讀莎士比亞的作品。中央音樂學院一位老校長曾說：「在中國音樂家和鋼琴家中，能像顧聖嬰那樣評論八大山人畫的真是鳳毛麟角。」

為了音樂事業，顧聖嬰沒有結婚，她和母親秦慎儀以及弟弟顧握奇住在一起。顧聖嬰的母親，畢業於大同大學西文系；父親顧高地，在1956年因「潘漢年反革命案」遭逮捕，1958年被判刑二十年徒刑，送往青海勞改。弟弟顧握奇，1955年考進上海交通大學。1956年，上海交通大學遷往西安，顧握奇因病退學，留在上海，多年以後才找到一份臨時工作，在天山中學擔任代課數學教師。

顧聖嬰全家三口死後，屍體被焚，骨灰被扔，住房分配給別人居住。

據說，他們自殺之前，曾給顧高地留下了一封遺書。但遺書裡寫了什麼，至今沒有披露，只有當時掌握權力的人才知道。

　　1977年，顧高地獲得平反，回到上海，興沖沖趕到愚園路的老家時，才知覆巢之下，已無完卵，全家均已含冤自盡，老人一夜急白了頭髮。在以後的十幾年裡，他致力收集顧聖嬰的遺物、照片，希望有人能寫一本顧聖嬰傳記。遺憾的是，直到他去世，願望不曾實現，也沒有看到那份遺書。

　　可慰的是，在較為和諧的今天，顧聖嬰的老同學周廣仁教授，多年來到處奔走，終於出版了《中國鋼琴詩人──顧聖嬰》一書，實現了顧高地先生的遺願。

　　我哭泣這雙手，這雙在鋼琴鍵上像燕子般靈巧飛舞的手，這雙為中華民族爭得榮譽的手，可惜這雙手過早地隱入歷史，永遠不見了。

　　我痛恨那雙手，那雙顛倒歷史，摧殘中華民族文明，殺戮無辜的罪惡之手，那雙手雖然已經被歷史唾棄，但是由他的毫毛幻變出來的無數雙無形的手，仍然在時代的光影裡閃動著。

　　世人啊，要警惕呀！

2010年5月4日

吳中傑

作者簡介：

吳中傑，1936年出生，1957年畢業於復旦大學中文系，留校執教。教授、博士生導師、中國作家協會會員、曾任上海作家協會理事。現居澳大利亞雪梨，為自由撰稿人，既事學術研究，亦寫雜文隨筆。主要學術著作有：《吳中傑評點魯迅小說》、《吳中傑評點魯迅雜文》、《吳中傑評點魯迅詩歌散文》、《吳中傑評點魯迅書信》、《魯迅的藝術世界》、《魯迅畫傳》、《魯迅傳》、《魯迅的抬棺人──魯迅後傳》、《文藝學導論》、《中國現代文藝思潮史》、《審美意識的現代化》、《海上文譚》（與高雲合作）、《1900-1949：中國現代主義尋蹤》（與吳立昌合作主編）、《中國古代審美文化論》（主編）等；散文集有：《人生大戲場》、《舊途新旅》、《海上學人》、《復旦往事》、《曦園語絲》等。

復旦園裡炮聲隆

　　「一月革命」之後，上海發生了兩次「炮打張春橋」事件。炮打的基地都在復旦大學，但事件的觸發，卻與整個上海、乃至全國的權力鬥爭有關。

　　所謂「一月革命」，就是上海造反派推翻了中共上海市委的領導，時在1967年1月。上海市委一倒臺，就出現了權力真空，造反派自以為是有功之臣，按照「打天下者坐天下」的古訓，他們就開始奪權。有些組織，有些山頭，爭相去佔領辦公室或者去奪取公章，於是，「奪權」又變成了「奪印」，彷彿只要佔領了辦公室、奪得公章，就算奪取到了權力。紅革會就曾搶先把中共中央華東局、上海市委、市政府，以及十個區委、區政府的公章全都奪來，裝在一個書包內，背在一個頭頭身上，算是奪得了上海黨政大權。

　　這情景，難免使人想起了阿Q的革命。當然，兩者還是有些不同：阿Q要的是元寶、洋錢、洋紗衫、女人，還有秀才娘子的一張寧式床，同時要處死他所不滿意的人；造反派要的是辦公室、大印，但同樣要排斥和打擊別的造反組織的人。而且，阿Q只不過是在幻想中革命，造反派則在實際行動中，已接觸到權力的邊緣。然而，阿Q式的革命，實際上正是中國歷次農民革命的縮影。

　　毛澤東也是深諳中國國情的人，他要利用學生來造反，卻未必能放心他們來掌權。所以當上海市委倒臺之後，立即派了中央文革小組的張春橋和姚文原來組建上海新政權。這個政權先是定名為「上海人民公社」，為的是要繼承工人階級第一個政權巴黎公社的傳統，但因與中華人民共和國現行的政治體制不相適應，毛澤東親自將它改名為「上海市革命委員會」。

　　但正當這個新的權力機構在積極籌備，張春橋馬上要奪得上海市第一把交椅之時，卻發生了炮打張春橋事件。

第一次炮打張春橋

第一次炮打張春橋事件，是復旦「孫悟空」戰鬥組發動的。

1967年1月23至24日，「孫悟空」小組在復旦校園裡，並且在南京路、西藏路和淮海路等鬧市區，刷出了醒目的大標語：「警惕反革命兩面派」、「張春橋不等於中央文革」、「堅決反對目前成立以張春橋、姚文元為首的新市委」；接著，又貼出了大字報：《一問張春橋》、《為什麼？——二十問張春橋》。他們質問：張春橋對於群眾組織為什麼要兩面派手法？為什麼上海市委都爛掉了，而獨你張春橋是左派？

醒目的大標語很引起行人的注意，而大字報中提出的一些問題，則啟發了人們的思考。對張春橋的懷疑空氣，迅速彌漫開來。

我曾問過「孫悟空」小組的負責人胡守鈞：「你們是怎樣懷疑起張春橋來的？」

胡守鈞說：「是從上三司趙全國問題上開始懷疑的。」

趙全國是上海戲劇學院學生，是「上海市紅衛兵革命造反第三司令部」的頭頭。在「一月革命」初期，他提出了迎合張春橋需要的口號：「成立以張春橋、姚文元為首的新市委！」並且向中共中央發電報，提名由張春橋擔任上海市委第一書記兼市長，姚文元擔任上海市委第二書記兼副市長。這當然很受張春橋一幫人的歡迎，對他禮遇有加。後來在位置的安排上產生了矛盾，趙全國對張春橋的態度有了改變，於是受到張春橋的歧視，由工總司出面將他拘捕。而徐景賢、王洪文則因為緊跟張春橋，就被委以重任。這種以「我」劃線，兩面三刀的作風，很使造反派反感。胡守鈞正是從這一點開始懷疑張春橋的。當時他的想法很單純，他認為無產階級革命派是絕不會有這種政客作風的，而張春橋卻大耍其兩面派手腕，那麼，他到底是什麼樣的人呢？

懷疑一旦開始，就覺得問題愈來愈多。除了現實的表現之外，別人還提供了張春橋的一些歷史材料：陝西省委書記霍士廉說，他以黨籍擔保，張春橋在蘇州反省院裡曾經叛變，是可恥的叛徒；還有人從三十年代資料

中查出，張春橋就是當年被魯迅批判過的狄克。……這樣一來，張春橋因擔任中央文革小組副組長而造成的「無產階級革命派」的光環消失了，代之以愈來愈濃重的懷疑。——但不知何故，這些歷史資料在第一次炮打中都未曾運用。

1月22日，張春橋召集一些造反派頭頭開祕密會議，商討成立新的權力機構問題。張春橋、姚文元自己提出，要成立以他們二人為首的新市委，徐景賢帶頭鼓掌，大家隨聲附和，就算是各群眾組織通過了。會場上只有胡守鈞和他的夥伴蕭昌雄袖著手，不肯鼓掌，這場面當然引起了張春橋的注意，雙方的矛盾就加深了。等他們走出會場時，「迅速成立以張春橋、姚文元為首的新市委」之類的大標語已經貼滿街頭，這當然更引起了胡守鈞們的不滿。形勢緊迫，必須立即行動。所以第二天，他們就開始刷大標語，貼大字報。

張春橋後來在鎮壓參加「炮打」的學生時，幾次發出指示，要抓後臺。他認為，學生們的「炮打」行動，一定是長鬍子的走資派在幕後指使的。其實不然，正是他自己的行為，引起了造反派的懷疑，才發展成炮打事件的。後來，張春橋們又批判「懷疑一切」的思潮。其實，「懷疑一切」的思潮，正是他們中央文革小組自己鼓動起來的。他們鼓動起「懷疑一切」思潮的目的，是要學生們去懷疑位高權重的老幹部，從而打倒他們，卻不料這東西是一把雙刃劍，它可以砍倒別人，也可以傷及他們自己。

「懷疑一切」的信條來自馬克思。他在回答家人提問「你最信仰的格言是什麼」時，說道：「懷疑一切」。拉法格把它寫入回憶文章，其譯文就收在人民出版社出版的《回憶馬克思》一書中。這篇文章本來並不廣為人知，在文革初期卻被造反的學生們抄在大字報上，大加宣傳。

「懷疑一切」的信條其實並不錯，它是歐洲啟蒙運動中理性主義的表現，意在打破迷信思想，將一切事物都放在理性的審判臺上，重新衡量其存在意義和社會價值。馬克思正是在這個意義上來讚賞這一格言的。「懷疑一切」的信條，同樣影響著五四時期中國新文化運動的先驅們。胡適說過：他從赫胥黎那裡學會了懷疑，學會了「不信任一切沒有充分證據的東西」，所以他提出「疑而後信，考而後信，有充分證據而後信的方法」。

魯迅則藉著狂人之口質問道：「從來如此，便對麼？」並且說：「凡事須得研究，才會明白。」正是在這種懷疑主義的思想基礎上，他們才對傳統思想作出了理性的批判。

但文革時期的「懷疑一切」思潮，卻與前面所說的情況有些不同。它雖然也打破了一些對於高官和教條的迷信，但卻又被籠罩在一個更大的個人迷信思潮之下，缺乏獨立的思想判斷，所以懷疑常常為某種權力意志所左右。而且因為缺乏民主與法制的保證，懷疑不待求證，即可成為打倒的根據，這就易於為陰謀家所利用。

既然張春橋們可以利用「懷疑一切」的思潮來打倒許多位高權重的老幹部，那麼，為什麼別人就不能因懷疑而向你開炮呢？當初猴子們憑著幾條未經核實的懷疑材料，就貿然發動打張戰役，實非無因，乃是當時特定環境下的產物。

但矛盾的激化，還與張春橋急於搶權的心態和睚眥必報的作風有關。

在「孫悟空」刷出大標語的次日凌晨，胡守鈞等人就被叫到市里開會。主持會議的徐景賢宣稱這是反革命事件，勒令胡守鈞收回大標語，這當然不能為胡守鈞所接受，他當即頂了一句：「炮打張春橋不是炮打毛主席，根本談不上反革命！」徐景賢冷笑道：「這樣下去，你們不會有好結果的！」但當時紅衛兵們風頭正健，哪裡會在乎這種威脅，這種話反而激起他們更大的憤怒。

這懷疑，這憤怒，又感染了其他造反組織。

「孫悟空」這一派，雖然敏感性很強，能量很大，但人數卻不多。在復旦，在上海，最大的學生造反派組織是「紅衛兵上海市大專院校革命委員會」，簡稱「紅革會」。他們受到感染之後，也馬上動了起來。

紅革會的「將革命進行到底」戰鬥組在1月26日貼出《上海必須第二次大亂》的大字報，提出了10個「為什麼」的問題，矛頭直指張春橋及其親信。如第8條說：「為什麼黑市委的一些保皇機構在大勢已去之時宣布」集體造反」？但是「造反」一個月來卻未交代揭發出什麼像樣的東西？為什麼這些原封不動的保皇機構竟成了左右運動的決策部門？」這是針對以徐景賢為首的「市委機關革命造反聯絡站」而發的。徐景賢原是上

海市委宣傳部幹部，後來擔任上海市委寫作班的支部書記和文學組組長，文化革命初期，還是上海市文化革命小組的成員，列席市委常委會議，他當時的立場當然是站在市委這一邊的。後來，由於形勢的變化，徐景賢在1966年12月18日在文化廣場召開的批判資產階級反動路線大會上，宣布造反，並以寫作班為核心，組織了「上海市委機關革命造反聯絡站」。由於徐景賢是張春橋的老部下，是姚文元的老同事，又是在他們的支持之下造反的，所以這個聯絡站就成為張春橋、姚文元當時在上海的辦事機構，其地位和作用，在相當一段時期內，都在王洪文領導的工總司之上，徐景賢成為僅次於張春橋和姚文元的第三號人物，學生們給他取了個綽號，叫做「徐老三」。這裡對他們的「集體造反」提出了懷疑。又如第9條和第10條說：「為什麼在毛主席和黨中央號召革命造反派大聯合的時候，上海各造反派內部組織之間卻發生了前所未有的大摩擦、大分裂，甚至武鬥？這樣以新形式出現的群眾鬥群眾現象是誰挑起的？根子在什麼地方？」、「為什麼一月二十三日《文匯報》還報導上海三司作為革命造反組織之一參加了『上海革命造反派聯絡站』，而一夜之間竟成了非法組織，而被強行解散？」這是直接指向張春橋，認為他是挑起上海造反派內戰的黑手，是反覆無常的政客，其突出的事例就是上三司事件。可見上三司事件不但引起了胡守鈞的懷疑，同樣也使得紅革會反感。

在用大字報製造輿論的同時，紅革會還直接付諸行動。他們在1月27日深夜至28日凌晨，到市委機關革命造反聯絡站去把徐景賢抓到復旦。在抓捕時，徐景賢和聯絡站的人提出抗議，當然無效，寫作班的王知常一把抱住徐景賢的腰，想把他拖住，但是紅革會人多勢眾，連王知常也一起拖上汽車，拉到復旦之後，再把王知常趕走，將徐景賢單獨關押了起來。這就是當時有名的「綁架徐景賢」事件。第二天，市委機關革命造反聯絡站的另一個頭頭郭仁傑趕到復旦，自願陪同徐景賢一起囚禁。因為正是他，把紅革會的人引到徐景賢房間的，他的到來，是為了表示一種歉意，也希望能助徐景賢一臂之力。所以1月30日貼出的《七問》大字報，是徐、郭二人共同署名的。郭仁傑原先在復旦哲學系擔任過總支副書記，後雖調離復旦，但在文化革命運動初期，又曾回到復旦造反，與紅革會中哲學系出

來的頭頭馬立新有著密切的關係，他希望通過這層關係，能說服紅革會頭頭們改變態度。

但是，在政治鬥爭面前，沒有私誼可言，何況，這時打張戰役已經發動起來，不是誰能夠停得下來的。

紅革會的頭頭認為，徐景賢是張春橋的材料袋，抓住徐景賢，張春橋必然感到威脅，非跳出來不可。果然，在得知徐景賢被扣的消息之後，張春橋馬上採取措施。先是由姚文元出面，多次打電話給紅革會頭頭，要求放人，結果無效；於是又派上海警備師政委徐海濤帶兵到復旦要人，這更激起紅革會的憤怒。他們指責張春橋派兵衝擊學校，鎮壓學生運動。張春橋被迫親自出場，他和姚文元一起來到上海展覽館紅革會總部，試圖說服紅革會頭頭。但是這些頭頭們根本不買他的賬，他們跳上臺去，高喊口號：「張春橋是口頭革命派，我們不相信你！」、「張春橋是兩面派！」並且直斥道：「你張春橋算老幾？」、「你張春橋不能代表中央文革！」……對於姚文元，則想採取分化政策，叫他「不要奴隸主義」。這實在有些天真，當然不能取得什麼效果。紅革會的人提出要給中央打電話，而且指名要周恩來、陳伯達、江青三人中的一位聽電話，張春橋不同意指名要他們接電話，說要打電話只能打給王力，由他轉達。這更引起了紅革會的懷疑，質問道：「你同王力是什麼關係？」雙方互不讓步，相持了6個小時，毫無結果。這時已是29日凌晨一點多鐘了。

當晚，紅革會召回走向工廠、走向社會的戰士，在本校登輝堂召開「高舉毛澤東思想偉大紅旗，炮打張春橋誓師大會」。另幾派造反組織：「紅衛兵第三司令部」（簡稱「紅三司」）和以「孫悟空」為核心的「東方紅公社」，還有「大隊部造反派」，也都一起參加。本來，在「打楊（西光）戰役」之後，造反派幾派組織矛盾日大，逐漸發展為內戰，不但大字報上你來我去，互相指責，而且還在登輝堂裡進行通宵辯論，鬧得不可開交。現在，在炮打張春橋的問題上，卻又自動地聯合起來了。胡守鈞（東方紅公社）、安文江（紅三司）、勞元一（紅革會）等幾個頭頭爭相發言，提出各種疑問，表示戰鬥的決心，於是會場的氣氛愈來愈濃烈，戰鬥的熱情愈來愈高漲，大家決定立即成立聯合指揮部，明天在人民廣場召

開十萬人大會，批鬥張春橋。他們想造成既成事實，迫使中央承認。因為在文革中是不乏此種先例的。

但紅衛兵畢竟缺乏政治鬥爭經驗，不知道在戰鬥打響之前保密的重要。正在他們摩拳擦掌，爭表決心之時，臺下有一個人悄悄溜出門去，登上自行車，直奔市委機關革命造反聯絡站而去。此人名叫鄒道喜，原是復旦一名工人，文革前被排擠出復旦，調到一家工廠裡去做工，文革初期復旦又派人到那家工廠去把他打成反動分子。批判「資產階級反動路線」之後，他殺回復旦，在郭仁傑的支持下得到平反。於是他對郭仁傑感恩戴德，忠心耿耿，為之效勞。這時，郭仁傑雖然還與徐景賢一起被關在復旦，但他已認識寫作班的人，所以馬上跑去報信。

同時，徐景賢、郭仁傑也在拉線廣播裡聽到登輝堂的會議實況了。他們急如熱鍋上的螞蟻，也在設法向張春橋通風報信。恰巧，這天晚上看守隔離室的紅衛兵正好是哲學系的學生，郭仁傑憑他擔任過哲學系總支副書記的關係，說服這位學生，讓徐景賢出去打電話，哲學系學生相信這位前領導，給了他們一個方便。徐景賢借助一部公共電話，撥通了興國路招待所，直接向張春橋本人作了報告。

這樣，不等紅衛兵到人民廣場集會，在1月30日一大早，工總司的宣傳車就開到復旦，高聲廣播「一‧二九中央文革特急電報」了。

這個特急電報的內容是：

> 上海市委機關革命造反聯絡站同志並轉上海紅革會的同學們：
>
> 　　紅革會的某些負責人，最近把鬥爭矛頭指向張春橋和姚文元同志，指向中央文革小組，而不是指向以陳丕顯、曹荻秋為代表的資產階級反動路線和黨內走資本主義道路的當權派，這是完全錯誤的。
>
> 　　紅革會的某些負責人，無理綁架上海市委機關革命造反聯絡站的革命同志，必須立即釋放，並向他們道歉。
>
> 　　人民解放軍採取保護革命群眾組織的行動，是完全正確的。紅革會的某些負責人，扣押了人民解放軍的師政委和參謀，是十分錯

誤的,是絕對不能允許的。

各群眾組織內部之間的爭執,應當採取協商和談判的方式解決,而不應當採取綁架、拘留等非法手段。

希望上海紅革會的同學們,幫助紅革會的某些負責人立即改正錯誤,如果他們堅持錯誤,你們要同他們劃清界線。我們將要採取必要的措施,一切後果應當由製造這次事件的紅革會的某些負責人和幕後的操縱者負責。

(請你們立即印成傳單,出動廣播車,廣為宣傳)

中央文化革命小組
1967年1月29日

一·二九中央文革特急電報廣播之後,復旦園裡一片蕭殺之氣,第一次炮打張春橋戰役失敗了。

但是,組織「炮打」的紅衛兵頭頭們並不服氣,他們首先就懷疑這份特急電報的真實性。因為自從中央文化革命小組成立以來,還沒有發過這樣的特急電報,而且電報又是通過張春橋在滬辦事機構市委機關革命造反聯絡站轉達,所以他們懷疑是張春橋自身搞的鬼。於是紅革會、紅三司、東方紅公社,還有大隊部造反派的頭頭們:趙基會、勞元一、安文江、胡守鈞、金應忠等,一起到北京打探消息,並準備告狀。他們因怕上海北火車站被封鎖,先行潛出上海,再在一個小站上火車。

到達北京之後,他們先到北大找聶元梓。但這位前不久到上海揪鬥曹荻秋(說他出賣北大社教運動)時,還得到上海造反派紅衛兵頭頭們熱情接待和大力援助的「老佛爺」,卻避而不見了。她畢竟是政工幹部出身,很有政治經驗。上海的頭頭們只好轉而到清華去找蒯大富,蒯大富倒是坦誠相告:這個特急電報的確是中央文革小組所發,你們不要告狀了,趕快回去罷。

於是他們鎩羽而歸。

反「逆流」與反「反逆流」

對於這份「一・二九」中央文革小組特急電報，至今尚有不同的說法：有說是張春橋自己寫的，根本沒有經過中央文革小組，電報就在上海本地發出，只是中央文革事後承認罷了；有說是張春橋寫好之後，發給王力，由王力交給江青、陳伯達定稿，馬上發回上海。但這些說法，只是描繪出張春橋自保之情和惶急之狀，仍未能判定其為偽造。因為不管這份特急電報是怎樣出籠的，既經中央文革小組的認可，也就算是他們直接所發的了，必然能產生相應的效力。而實際上，這份電報在當時也的確起了扭轉局勢的作用，一下子就把「炮打」的風潮壓了下去。

「炮打」失敗，世情大變。

原來，復旦由於造反派勢力大，黨委垮得早，因而被稱為「解放區」。徐景賢在下決心造反之前，還曾到復旦來取過經，在他宣布造反的12月18日大會上，郭仁傑公開號召大家到復旦來學習，的確曾引來不少單位的人群。復旦的造反派也以先覺者自居，到工廠、到社會上去鼓動造反，人們都以尊敬的口吻稱他們為「革命小將」。而在中央文革小組的特急電報下達之後，他們就被視為罪人，被圍攻、被驅逐，一個個灰溜溜地回到學校。而在校園裡，也充滿歧視的眼光，反差之大，使他們感覺到世態炎涼。

這時，張春橋就「炮打」問題，發表了三點指示：一、歡迎紅革會戰士起來造反；二、對於一般的紅革會戰士來說，不是請罪的問題，而是造反的問題，要請罪的不是廣大戰士，而是少數頭頭，責任在於紅革會的某些負責人；三、這一場鬥爭不是一個小問題，也不是個人問題，而是關係到中央文革的正確領導能否貫徹的問題，關係到上海運動的大方向問題。紅革會戰士要造反，就要徹底肅清少數頭頭在這次事件中所造成的惡劣影響。

張春橋的指示，為反「逆流」運動定下了調子：一是說明了這個事件的嚴重性，要徹底肅清其「惡劣影響」，也就是說，要大張旗鼓地加以整

肅；二是把打擊目標集中到少數頭頭身上，鼓勵紅革會戰士從內部進行造反，這是一個重要的策略思想。

當時，上海紅衛兵運動的中心在復旦，「炮打張春橋」的頭頭也集中在復旦，於是復旦的運動就進入了反「逆流」階段。

開始，是發動各造反派組織的群眾從內部反。紅革會內部成立了「新復旦紅革會臨時接管委員會」，接管了原紅革會勤務組，並召開「高舉毛澤東思想偉大紅旗，堅決擊退紅革會某些頭頭炮打中央文革反革命逆流，保衛無產階級司令部誓師大會」。紅三司連日召開整風大會，統一思想，連續發表聲明，表態擁護中央文革特急電報，批判炮打頭頭。連頂得很厲害的東方紅公社，也發表了《堅決執行五點指示的聲明》。於是，對於「炮打」頭頭的批鬥會一個接著一個開，頗有應接不暇之勢，就像不久前他們批鬥「走資派」一樣，有些人身上也被掛了牌子。真是：風水輪流轉，今日到我家。但過去有「三十年河東，三十年河西」之說，可見風水之輪轉還是需要一些時日的，現在這一轉，只有一兩個月之隔，實在有點使人眼花繚亂。

但造反派畢竟是一起衝殺過來的，他們自稱為「一個戰壕裡的戰友」，而且這些頭頭們既建立了威信，要從內部打倒他也不是易事。許多群眾並不認可新頭頭，因為他們具有更大的投機性。群眾認為他們沒有冒過風險，只不過是乘機撈一把，故謂之曰：「撈稻草」，常常用大字報或漫畫加以譏諷。即使被樹為全市紅衛兵正確路線代表的同濟大學東方紅兵團司令陳敢峰，也不被老紅衛兵所看重。在張春橋們看來，上海的紅衛兵組織頭頭只有一個陳敢峰沒有參加炮打，難能可貴，所以將他作為紅衛兵唯一的代表，安排為市革會委員，後來又提拔為中共中央委員會候補委員。但是，陳敢峰之沒有捲入炮打事件，純屬偶然。在炮打誓師大會之前，他曾問過安文江對炮打的態度，表示要跟安文江採取同一步調，但陳敢峰外號叫做陳看風，一向投機，安文江怕他臨陣出賣，沒有告訴他真情，倒是保全了他。所以陳敢峰的沒有參加炮打，並非有什麼「堅定的立場」，而是不為人所看重的結果。

既然造反派對於老頭頭總還有一股難以舍割的感情，所以臺上有時批

鬥得很激烈，而臺下卻對他們還是很照顧，而新頭頭卻樹立不起威信來。對於這種情況，張春橋們當然很不滿意，他們認為這樣不能鬥倒老頭頭，而且也無法開展工作，必須派人下來整治才行。於是，在3月4日紅革會召開的「高舉毛澤東思想偉大紅旗，堅決擊退炮打中央文革反革命逆流大會」上，徐景賢代表上海市革命委員會宣布：派郭仁傑回到復旦主持工作。

郭仁傑所主持的工作，當然是鎮壓「炮打」派的工作，他自己宣稱是「反逆流」運動。

但這是一件極其難辦之事。上海的紅衛兵雖因「炮打張春橋」而受挫，但在全國範圍內，紅衛兵運動還在蓬勃發展之中，刀勢未老，鋒芒猶盛，毛澤東也尚未說現在是小將們犯錯誤的時候了，他還需要他們來衝衝殺殺。所以紅衛兵運動雖然招怨，但《人民日報》在4月2日還是發表了一篇題為《正確對待革命小將》的社論，在指出「革命小將」的缺點錯誤的同時，特別肯定了他們的歷史功績，並且針對那些否定紅衛兵運動的人說：「如何對待革命小將，是如何看待幾個月來兩條路線鬥爭的問題，是如何對待無產階級文化大革命群眾運動的問題，是站在毛主席的無產階級革命路線一邊還是站在資產階級反動路線一邊的階級立場問題，是要不要培養和造就無產階級革命事業接班人的重大問題。如果否定革命小將，便是否定無產階級文化大革命。如果打擊革命小將，便是打擊無產階級文化大革命。」在這種形勢下，要郭仁傑來主持針對「革命小將」的「反逆流」工作，無疑是把他放在爐火上烤。

但郭仁傑還是興沖沖地來了。因為他這次是以欽差大臣的身分君臨復旦，一言九鼎，威風不下於當年的楊西光。

郭仁傑一到復旦，照例少不了許多捧場的。不但想做官的圍著他轉，就是那些不相干的家屬在路上碰到他，也會說幾句奉承的話，說得郭仁傑樂滋滋的。哲學系的《八一鐵軍》貼出了拍馬的大字報：《郭仁傑同志是堅定的革命左派》，吹捧郭仁傑是「努力學習毛澤東思想、抵制周揚的教育黑線」的模範，是「與楊西光、陳傳綱、劉振豐、胡曲園都進行鬥爭」的英雄。此後，這類捧場大字報還接連不斷，捧得郭仁傑有點暈暈乎乎，根本就聽不進不同意見。

　　而在復旦，反「反逆流」的力量卻非常強大。開始是暗中抵制，但很快就轉為公開對抗。

　　「過河卒」率先貼出大字報：《在轉折點上》和《再論在轉折點上》，他們根據《紅旗》雜誌近期發表的《關鍵在於大聯合》、《必須正確對待幹部》和《論革命的三結合》等社論精神，認為目前的大方向是無產階級革命派大聯合，狠抓幹部問題，為革命三結合奪權作好準備，而「反逆流」鬥爭應當服從這個大方向；同時還批判了「復旦情況特殊論」，指出那種借「反逆流」來打擊革命小將的做法是完全錯誤的。接著，「金猴」、「迎春花」等戰鬥組貼出了呼應的大字報，「金猴」在《我們的看法》中，提出了「對我校前一階段運動的估計」，全面否定郭仁傑的做法，並指名要郭仁傑就「過河卒」的大字報表態；「迎春花」則貼出《要正確對待革命小將》和《我們老造反要講話》等大字報。一時間，抵制「反逆流」鬥爭的言論和大字報充滿復旦園。

　　但郭仁傑根本不把這些意見放在眼裡，他在登輝堂公開向全校師生員工宣稱：「兩岸猿聲啼不住，輕舟要過萬重山。」並且在私下裡佈置，要揪「過河卒」的後臺。這樣，事情就沒有回轉的餘地了。在權勢的影響下，當然會有人出來呼應郭仁傑，比如，化學系就出了個「輕舟」戰鬥組，寫出《「輕舟」要過萬重山》的大字報，從標題上就可看出，是照著郭仁傑的調子唱歌的；但被譏為「猿聲」的人們卻被激怒了，由胡守鈞挑頭，包括「過河卒」、「金猴」、「迎春花」在內，組織起一個「八二五串連會」，八二五者，紀念1966年8月25日戲劇學院大串連也。

　　陣勢已經拉開，雙方處於公開頂牛階段。

　　開始還只是在大字報上表態、呼籲，後來發展到在會場上搶話筒辯論。在「史紅」戰鬥組1967年5月編印的《復旦大學無產階級文化大革命大字報選》裡，還保存著一份〈郭仁傑「五‧三」在復旦大學大禮堂的報告〉記錄稿，從中還可以看出一些實況。現摘錄一段如下：

　　　　……今天下午，晚上，星期五一天，安排時間對4月份工作作一總結，用大鳴大放、大字報、大辯論方法對4月份作總結，在這個基

礎上來安排考慮。（戳一槍：總結不出來怎麼辦？）為什麼總結不出來？當然做得出來，做了工作就總結得出來，不做工作就做不出總結來。（戳一槍：那麼只能少數幾個人總結，因為大部分人都沒有事情做。）大家一起來總結，從小班開始，（吵……大會主席：請大家不要打斷，有什麼意見，老郭講好再提。）全體同志都可以參加這個總結，希望總結不要發展無原則的糾紛。（胡守鈞插話：請講清楚一些，什麼是無原則糾紛？）有人要搞無原則糾紛也沒有什麼了不起！無原則糾紛就是無原則糾紛，其實大家心中有數。（王志惠：據說有人問老郭，什麼是老保翻天，老保翻天就是老保翻天。吵……）大家自己心中有數，可以自己考慮，為什麼一定要講？（哄笑）你以為我是搞無原則糾紛，你也可以指出來。大家擺事實講道理！（戳一槍：那麼辯論！）有一定時間給大家辯論嘛！現在讓我講完好不好？（戳一槍：吃飯的時間也沒有了。）4月份的工作估計就是這樣的。……

我記得現場上還有更激烈的辯論場面，胡守鈞辯論得性起，把外套也脫了下來，衝上去搶話筒。但這份記錄稿上沒有寫出，不知是記錄者的疏漏，或者是發生在另一次大會上。但從這裡多少可以看出一點當時的頂牛狀態。

不過要說郭仁傑根本不抓三結合問題，那也不然，只是步子走得很亂，他一會兒成立「共產黨員造反聯絡站」，一會兒又成立「反逆流指揮部」，總之是想撇開原來那些造反派頭頭，要建立一個以他自己為核心，能聽他指揮的權力機構，但是處處遇到阻力。他也知道，三結合的一方必須是原來的幹部，即所謂「革命幹部」，但他不是在普遍解放幹部的基礎上進行群眾性的選擇，而是由他自己選定一兩位進行結合。可惜他選得並不理想。

他的首選對象是原黨委副書記葛林槐。平心而論，郭仁傑作此種選擇是有他的理由的，並非如對立派所指責的，純屬私人交誼，主要原因還是因為葛林槐並非楊西光的親信，認為可以分化出來。但葛林槐一向很左，

左得非常固執，而且辦事很小家子氣，這樣就非常不得人心，在黨委裡是群眾意見較大的一個。比如，1955年章培恒被打成胡風影響分子，照當時的政策，是可以不開除黨籍的，但葛林槐堅持要開除，別人想保都不行。此類事情一多，民憤自然就大了，郭仁傑提出首先解放他，要結合進新的權力機構，群眾當然不會支持。反對派馬上組織了一個「打葛縱隊」，諧音為「打狗縱隊」，專門對著幹，要批判葛林槐。而葛林槐也實在不爭氣，弄得洋相百出。比如，4月26日黨委常委開思想交鋒會，打了兩次電話通知葛林槐，他都不到會，紅衛兵上門去催，發現他躺在床上，以手遮面，說是生病了，問他是什麼病，說是發高燒，問看了醫生沒有，說昨天去看了，藥瓶還在臺上。紅衛兵要陪他到保健科去看病，幫他穿衣，拖了半天不肯起來，紅衛兵就請醫生來出診，這醫生也是被他整過的，當然不肯幫他的忙。先是查看病歷卡，證明他從3月22日以後就沒有看過病，說昨天看了病，顯然是撒謊；再量體溫，只有36.6度，說發高燒，也沒有根據；聽了心肺，也都正常，根本就沒有什麼病。於是紅衛兵就指責他裝病，要他去開會。但葛林槐就是不肯去，幫他套上衣服的袖子，他就拉掉，抱他起來，他再躺下，並且大哭大叫：「我準備被打倒！」、「你們把我丟到河裡去好了！」還威脅那位醫生說：「你這樣對我，是沒有好處的！」這一場景被「打葛縱隊」在大會上報告出來，並用大字報公布，葛林槐就成為態度惡劣的典型，解放、結合云云，也都無從談起了。

這樣鬧了幾個月，郭仁傑漸漸轉為劣勢，被當作新的「資產階級反動路線」來批判了。這一形勢的轉化，使復旦的老造反們非常高興，覺得自己的鬥爭是有成效的。其實，郭仁傑的失勢，並非因為「反逆流」遇到了阻力，而是因為得罪了張春橋的緣故。

張春橋最惱火的，是郭仁傑把他內部講話公開出去了。張春橋在一個內部小會上曾傳達過毛澤東的話：「紅革會炮打張春橋、姚文元，還不是反革命嗎？紅革會這筆賬是要算的。」然後叮囑道，此事不得外傳。但郭仁傑為了說明自己主持的「反逆流」鬥爭來頭很大，就把毛的話說出去了。反對派指責郭仁傑偽造毛主席指示，郭就說是張春橋說的，弄得張春橋非常被動。

　　其次，郭仁傑到市革會教衛組（教育衛生組）之後，想把紅革會的隊伍重新拉起來，說是別的紅衛兵組織都有全市的總部，紅革會也應該恢復總部。在他，是要拉一支隊伍，壯大自己的勢力，但對張春橋說來，紅革會無疑是一種異己力量，這支隊伍好不容易才打散的，怎可讓他復活，此舉實乃大忌。

　　再則，在工人的隊伍中，上海柴油機廠的聯合司令部（簡稱「上柴聯司」）是一支與工總司對立的力量，王洪文製造了上海規模最大的一次武鬥，帶領工總司的大批人馬將它砸爛，踏平，但郭仁傑卻表態支持上柴聯司，這當然也為張春橋所不滿。

　　有此數事，張春橋就不再見他。郭仁傑本是靠著張春橋的力量辦事的，一旦失去張春橋的信任，命運就要逆轉了。

　　但張春橋的態度，學生們還並不清楚。最先起來批判郭仁傑的，是他們內部人物，市委機關革命造反聯絡站的另一個頭頭王承龍。王承龍是市委一份內部刊物《支部生活》的造反派頭頭，在聯絡站內有相當的勢力，並沒有把郭仁傑放在眼裡，而且正在與徐景賢爭權。所以一摸到張春橋的態度之後，就組織會議批判郭仁傑，繞過徐景賢，直接向張春橋彙報，說郭仁傑是上柴聯司的黑後臺，並設立了「郭仁傑專案組」。徐景賢和聯絡站的另一個頭頭程綺華還想保郭仁傑一下，把他送進上海公費醫院治病，因為他有腎結石。但這消息卻被上海工學院的造反派知道了，就衝到醫院把郭仁傑抓走，隔離起來，加以批鬥。後來查出他有婚外的男女關係，這在當時被認作是流氓行為，就被當作流氓來鞭打，打得郭仁傑難以忍受，跳樓自殺了。

　　郭仁傑一死，「反逆流」鬥爭也就破產了。

　　據說，在郭仁傑被抓時，徐景賢曾要求張春橋出面將他保出來，但張春橋不表態，他其實是要假手紅衛兵除掉郭仁傑。除掉郭仁傑，對張春橋有兩個好處：一是清除了一個能夠再拉隊伍與他對抗的隱患；二是可以消解因「反逆流」而引起的怨憤。

　　郭仁傑實際上是政治鬥爭的犧牲品。

第二次炮打張春橋

但紅衛兵與張春橋的矛盾並沒有緩和。有壓迫，必有反抗；壓得愈緊，反彈的力量也愈大。「反逆流」反得太厲害了，積壓的怨憤也就更多，並不是犧牲一個郭仁傑所能消解得了的。

本來，群眾的反張情緒是被中央文革特急電報硬壓下去的，如果張春橋聰明一點，適可而止，局面也許還可以穩定得住，無奈他是個心胸狹隘，睚眥必報的人，對於反對派必欲置之死地而後快，於是一整再整，整個沒完沒了。表面上張春橋的威信愈來愈高，人人談「炮打」而變色，但實際上危機四伏，人們背地裡對他恨得咬牙切齒，反張情緒有增無減。所以，無論後來的觸發劑是什麼，第二次炮打張春橋事件是遲早要爆發的，這其實是張春橋自己造成的惡果。

還在第一次「炮打」剛被鎮壓下去的時候，復旦就有人在大字報中借用魯迅的話說：「沉默呵，沉默呵！不在沉默中爆發，就在沉默中滅亡。」一年之後，這句話應驗了。1968年4月12日，上海又發生了一次炮打張春橋事件，主戰場仍在復旦大學。

不過第二次炮打，遠比第一次炮打的情況來得複雜。第一次炮打失敗之後，張春橋們揚言要抓黑後臺，其實那時倒並無什麼人在幕後指使或煽動，完全是在新的權力分配的背景下，懷疑一切的思潮在作怪。而第二次炮打則不同了，明顯有上層的線通下來，特別是軍方，只是礙於上層政治鬥爭的格局，不好追查下去，所以至今還是個謎。

但風源來自北京是肯定的。據我所知，有三條線路通下來：

一條是經過《文匯報》北京辦事處，通到《文匯報》革命委員會主任朱錫琪那裡。《文匯報》北辦主任艾玲是個通天人物，在批判《海瑞罷官》時，曾為江青、張春橋搜集過許多情報，後來又直接為中央文革小組服務，深得陳伯達的賞識，她的丈夫又是部隊裡的高級軍官。當時就聽說，艾玲用保密電話給朱錫琪通了消息，朱錫琪召集《文匯報》核心組成員開祕密會議，大家宣誓決定炮打張春橋。於是他們以「文匯報星火燎

原革命造反總部為什麼戰鬥隊」的名義，寫出《十個為什麼》傳單，用大字印出，廣為散發和張貼。其內容大致是說：上海召開活學活用毛主席著作積極分子代表大會，新華社為什麼不發報導？《人民日報》為什麼幾個月不轉載上海的社論？北京3月27日十萬人大會，為什麼張春橋沒有去參加？江蘇、浙江省革命委員會成立會的報導中，張春橋為什麼沒有中央文革副組長和南京軍區第一政委的頭銜？為什麼上海沒有人參加北京「三‧二四」、「三‧二七」大會？……雖然沒有點名，但矛頭直指張春橋。最後提的口號是：「誓死保衛上海市革命委員會」，區別於過去所提的「誓死保衛以張春橋、姚文元為首的上海市革命委員會」。

　　另一條線是由解放軍總後勤部，通到第二軍醫大學「紅旗戰鬥隊」。二軍大當時分為「紅旗」、「紅縱」兩派，「紅縱」在北京要打倒總後勤部長邱會作，在上海則支持打倒陳丕顯、曹荻秋的造反派，支持上海奪權，因而參加上海市革會的活動，而「紅旗」則是保邱會作的，在上海卻受到張春橋的排擠。到得4月初，「紅旗」卻忽然活躍起來了，以「三軍無產階級革命派」（簡稱「三軍無革派」）的名義，到處刷大標語，如：「揪出楊、余、傅的黑後臺」，等等。楊、余、傅是指解放軍代總參謀長楊成武、空軍政委余立金、北京衛戍區司令傅崇碧，3月份剛剛被打倒，北京提出要揪他們的黑後臺，上海一些敏感人士認為這個黑後臺就是指張春橋。

　　還有一條線，是由《人民日報》記者通到復旦紅衛兵組織。4月初，《人民日報》派了兩名記者到上海，都是復旦大學提前畢業的學生，一個原屬紅革會，一個原屬紅三司。原屬紅三司的記者是「過河卒」小組成員，與我關係很好，他到上海後先來找我，告以陳伯達到《人民日報》指示工作時，說了一些不利於張春橋的話，這些話當然是暗示性的，但大家都聽得出來，矛頭是指向張春橋的。這種表達方式，是當時領導人的一種說話藝術。既豁出了翎子，又不落言筌，萬一事情不成，別人也無法追究他的責任，他可以說根本不是這個意思。當時的「革命群眾」也鍛鍊得很善於察言觀色，領會言外之音、字外之義。上面翎子一出，下面聞風而動，北京反張的空氣已經很濃了。

我問他此次到上海有什麼具體任務，他說沒有明確指示，只是要他們瞭解基層情況，組點稿子。我立即意識到，這實際上是派他們來向上海兩大紅衛兵組織傳遞信息的，只是領導上不肯明說罷了。北京這股反張熱流，必然要南下上海，而且指日可待，不會太久。我們必須趕快拿定主意，作好準備。

我們在「文革」開始以來將近兩年的經歷中，已經積累了一些經驗，深感自己不過是供大人物驅使的嘍囉。大人物在雲端裡指揮，小人物在地面上大戰，打得汗流浹背，頭破血流，自以為英雄，其實不過是傀儡。鬥贏了，無非是為上面大人物的高升清除障礙，開闢道路，小人物除了受幾句誇讚之外，得不到什麼實惠；鬥敗了，卻就是反革命的罪名，身敗名裂，而大人物則依然無恙，雙方仍皮笑肉不笑地握手言歡。

既然已經悟到這一點，當然就沒有勁頭再來做傀儡了。我們決定這回要做個看客，只看看熱鬧不再捲入即將掀起的第二次炮打張春橋熱潮。次日，約「過河卒」成員在共青苗圃碰頭，我將這層意思說了，大家都很贊成。我們還特別叮囑安文江，要他穩住陣腳，切不可輕舉妄動。安文江是紅三司司令，在當時是個風雲人物，這麼大的事體，別人肯定要找他，他又好激動，一激動起來就衝到前面去了。所以要想不捲入，先得把他穩住。

果然，第二次炮打張春橋的熱潮很快就形成了。4月10日，二軍大「紅旗」造反隊的大標語就刷到復旦校園裡來了。但他們始終只刷些暗示性的標語，既不明確說出自己的意見，也不肯透露消息來源，表現得神祕兮兮的。但愈表現得神祕，愈能刺激人們的想像力。關心文革動態的人都知道二軍大「紅旗」與邱會作的關係，也知道邱會作是林彪的親信。那麼，二軍大「紅旗」出來反張，是不是反映了林彪的態度呢？如果林彪、陳伯達都在反張，那麼，張春橋不是倒定了嗎？

於是，復旦紅衛兵也貼出了大字報。雖然由於第一次炮打失敗的教訓，使得他們表現得相當謹慎，但是憤火積壓已久，有了適當的機會，還是要爆發出來的。這些大字報和大標語雖然都沒有點張春橋的名，但是明眼人一看便知，是針對張春橋的。這時火上加油的是，《文匯報》「為什

麼戰鬥隊」的傳單《十個為什麼》的出現。紅衛兵消息靈通，知道他們有通天人物。在分析各種動態之後，得出了一個結論：這次反張之風，是從中央刮下來的，打倒張春橋的時機已到，還有什麼可以猶豫的呢？

4月12日早晨，當人們從宿舍區走向復旦校門時，就看見圍牆上有醒目的大字報：《揪出大叛徒張春橋》。紅墨水畫得鮮血淋漓，甚是嚇人。校園裡更是炮打張春橋的大字報滿天世界了，而且還不斷地在增加。復旦的紅衛兵們懷著深仇大恨，全面出動，在市里通衢要道，在各路公共汽車上，都刷了反張標語，整個上海都轟動起來了。主戰場當然仍在復旦，市民們紛紛湧向復旦園。到得10點鐘左右，復旦園的幾條要道便擠得難以行走了，比任何節日都要熱鬧。

不過，胡守鈞一派這次倒沒有參加炮打。因為這時軍宣隊（即「中國人民解放軍毛澤東思想宣傳隊」）已經進駐復旦，在這之前就借清理階級隊伍之名，將胡守鈞、周谷聲等人隔離起來了。「炮司」（「炮打司令部聯合兵團」）突擊隊乘亂衝進隔離室將他們的司令周谷聲搶走，胡守鈞也走出隔離室，宣布自己解放自己。這個消息，更給節日的人群增加了歡樂氣氛。

「過河卒」和安文江因為沒有明確表態，成為人們追蹤對象。有些人向我們探聽消息，有些人要我們參加炮打。我們還是抱著老主意：做個看客。但是樹大招風，安司令是上海灘上的名人，「過河卒」是有名的戰鬥小組，在這樣大事件面前，要回避也不容易。這時，二軍大「紅旗」已經派人來找安文江了，名曰訪問，實則煽動。我們怕安文江頭腦發熱，就帶著他出去躲避。先是全組集中到我家，那時我家住在淞莊，離校本部很近，馬上就有人找到我家來了，我們趕快轉移到和平公園，在那邊一直待到傍晚。等我們回校時，第二次炮打事件已經結束。軍宣隊原來一直旁觀不表態，他們的負責人方耀華以微笑來回答別人的詢問，弄得別人更加懷疑，這時卻出來傳達了海軍第一政委李作鵬的電話指示：一、上海有人炮打中央文革副組長張春橋同志，我們軍隊不要介入；二、已經貼出的大字報，要予以覆蓋；三、不要搞反擊。於是，校園裡又出現了一片蕭條景象，與我們上午離開時那番熱烈氣氛，形成鮮明的對比。

　　但人們心中的疑團並未消散。李作鵬只是個海軍政委，並非文革小組成員，當時也還不是中央大員，為什麼要他出來表態呢？而且與上一次中央文革小組的特急電報相比，態度也並不強硬，有些話還說得非常含糊。這裡面有什麼奧妙？李作鵬是林彪的親信，林彪為什麼那麼快就轉變態度？但這一切都無法深究。反正大家都明確一點：第二次炮打又失敗了，等著挨整吧！

　　不過這一次倒沒有再搞「反逆流」。當然不是李作鵬說了「不要搞反擊」就能起作用的，想來另有原因。近來看了一本文革回憶錄，才知道還是毛澤東特地把張春橋找到北京，下的指示：「你可以對那些炮打你的人講『無事』。北京不是有個謝富治嘛，學生炮打他，他對學生講」無事」。那些學生就炮打不下去了。」

　　但張春橋並不是一個寬容的人，他表面上雖然也只好說「炮打」的賬不要算了，其實，在內心裡對這些炮打的人恨得咬牙切齒，只是需要等待時機。

　　這個時機不久就來了，那就是1970年初的「一打三反」運動。

項德寶

作者簡介：

　　項德寶，男，1938年3月生於上海，1956年上海市格致中學高中畢業，1960年北京政法學院（現中國政法大學）法律本科畢業。曾任上海大場中學教導主任，深圳進出口貿易集團公司專職法律顧問，深圳天虹彩色不銹鋼公司總經理。1992年解放軍總參謀部法律顧問處聘為法律顧問（本人非黨員、非軍人）。1995年因家庭團聚移民，現定居澳洲雪梨，澳籍華人。在大陸和雪梨媒體工作多年，於大陸、澳洲、香港發表幾十篇文章，2015年出版24萬字報告文學《「文革」牢獄之拍案驚奇錄》。

無限感慨嘆「絕食」
——摘自《「文革」牢獄之拍案驚奇錄》

　　十年浩劫「文革」中，我曾關押在遠東第一大監獄——上海提籃橋監獄內，親眼所見親耳所聞，絕食的犯人，無一會在共產黨專政的監獄中，獲得「吊鹽水、葡萄糖水維生」的待遇。當局對夠膽絕食拒不認罪的犯人雖「不打不罵」，卻實施更令犯人痛不欲生的手段，精心設計了「以餓治餓的革命人道主義」，絕食犯人經多日折磨後，無一不含冤負屈，拍落門牙和著血吞下肚去。個個膽戰心驚強忍滿眶熱淚，放下人的尊嚴舉起雙手賭神發咒：再也不敢用絕食對抗政府。因為犯人實在無法忍受以餓治餓的「革命人道主義」分分秒秒痛徹心扉的饑饉煎熬。哀莫大於心死。犯人在高牆鐵窗中，企望以「絕食」讓政府「平反冤案」或減輕刑期，現實宛如走入一條死胡同。

我對絕食流程有經驗

　　同是天涯淪落人，我十分同情牢獄中絕食的犯人。其實我因不滿戴反革命帽子，在看守所也曾試過絕食，對此流程有實踐經驗。絕食第一天，經批准躺在牢房角落，人的神志完全清醒，飢餓折磨但尚能忍受。同監犯常給我一口一口餵水。據說，人七天不吃不喝必渴死無疑，為保命我喝水。

　　第二整天，人神志尚清醒，知覺還存在，乃腸胃饑饉最難受的一天。囚犯平時就缺食少油半飢不飽，因前一天粒米不進，腸胃猶如一首著名搖滾樂「一無所有」，喝進胃的清水變作酸水流動，空空如也的肚腹，一次次發出「空城計」訊號。我在牢房地板上翻來覆去，越餓越睡不著，越睡不著就越餓。外加開飯時眼見裝飯的盒子，鼻聞飯菜飄逸之馨香耳聽筷合相碰之音韻，更平添哀思歷盡折磨。理智令我不能功虧一簣，要咬緊牙關

忍饑挨餓進入黎明前最黑暗時刻。

第三天，低血糖趨向半昏迷狀態，腸胃四壁空空如也，知覺如飛絮在天空飄飄，漸漸消失於大地。物極必反，飢餓的痛楚仿若一縷雲煙裊裊逸去，肚腹已變得「不知不覺」了。同監犯不時給我飲水，身體根本沒有絲毫力氣了。

看守所資源有限，牢警分不清是絕食還是真病，於是將我送進提籃橋犯人醫院。老犯人講：監獄醫院伙食好，可以享受幾餐。誰料見多識廣的獄醫，診斷後對我這類雕蟲小技一目了然，醫囑除飲水外，先禁食兩餐，只住院一天半就「病癒」出院。老犯人弦外有音說：幸虧你是在看守所，如果在提籃橋監獄就有得苦吃了。

他做夢成了現行反革命

我被判刑五年後，終於親眼所見提籃橋監獄「以餓治餓的革命人道主義」全套演出。

隔鄰監房一位年輕犯人，犯的罪名屬於世界犯罪史創舉：「做夢成了現行反革命」被判刑十年。

幾星期前，他把最最要好的同事拉到一邊，神神祕祕告訴他昨晚的夢境。

由於與生俱來的「海外關係」癌瘤，他在一次次政治運動中，以「莫須有」罪名被大會批判、小會鬥爭，實在難受煎熬。因陸上空中根本無法逃離國境，於是他買了從上海到青島的船票，因唯有這條航路有一段途經公海。待等夜闌人靜天色漆黑一片，輪船駛到公海時，他看準時機向無邊無際的茫茫大海縱身一躍，時臨深更半夜四周靜寂間「撲通」一聲特別引人注意：馬上響起「有人跳海自殺了」的叫喊。當年每逢「政治運動」神州大地炎黃子孫，跳江投海上吊墜樓者不計其數，船員們因屢見不鮮見怪不怪了。客輪像沒有發生任何事情一樣，繼續乘風破浪前進。

他跳海後閉住呼吸潛入水底，屏聲息氣用盡吃奶力氣遠離客輪。直到他精疲力盡奄奄一息行將葬身魚腹，不遠處剛好一艘外國貨輪經過，船上

水手發現他後，躍入海中奮力把他救上貨輪。他絕處逢生隨貨輪到了異國他鄉，幾經辛苦終於找到定居美國的雙親，苦盡甘來他在美國住高樓嘆大餐，穿洋服坐汽車，正當他縱情享樂忘乎所以時，急促的鬧鐘聲，驚醒了一忱黃粱南柯美夢。

最最要好的同事聽後不耐煩說：你是吃飽了撐得慌，大白天說夢話，我沒空聽你瞎三話四。

大家一笑了之，隨著時間推移，夢境慢慢遺忘了。

禍從天降

突然一天，保衛科幹部把他請到辦公室似談家常問：聽說你做了一個與眾不同的夢？他一聽即感到不祥之兆，回答道：人人都會做夢，我亦不例外。

「聽同事講你夢中游水到了外國？」保衛科幹部問。

「這是做夢，難道做夢也犯錯誤？」他聽到談及「同事」，覺得應了「不聽老人言吃苦在眼前」，當年箴言：單位同事、鄰居、親友間絕不能講「知心話」；最好的朋友，往往是最可怕的敵人。現在肯定是最要好的同事出賣了他。

在保衛科幹部步步緊逼下，他自認為反正是做夢，又沒有實際行動，只能將「夢境」一五一十交待了。

幾個鐘頭「談夢」後，保衛科幹部將「夢境」陳述筆錄，扔給他簽字畫押。命他繼續交待自己及教唆他人叛國投敵罪和其他罪行，爭取寬大處理。

腦海轟隆一聲，精神澈底崩潰了，他無語問蒼天：做個夢怎麼犯了叛國投敵罪？

結果，世界犯罪史前無古人的「做夢成為叛國投敵現行反革命分子」，判刑十年。

他在提籃橋絕食了

他不服判決，到提籃橋監獄後，寫了一份份申訴書，換來了一次次批鬥，高牆鐵窗內求生不得求死不能，走投無路下只好以「絕食」示冤屈，希望「落實政策」撤銷原判。

他絕食的第一天，三餐飯合子原封不動退了出去。舊時的獄卒牢丁，現尊稱謂政府隊長，立時三刻收到了勞動犯報告。醫務犯（犯罪前醫院院長、主任，醫術精湛），奉命而來給他檢聽心臟、測量血壓後，規勸他進食，不要自搬石頭砸自己的腳。第二天，醫務犯不請自來照樣給他作各種檢查。之後，樓面的「勞動犯」奉政府隊長之命訓誡他：有病看病，沒病吃飯，有想法可以寫報告，裝腔作勢想在提籃橋搞「絕食」來翻案，永遠也不可能達到目的。勞動犯口含天憲宣述政府隊長口諭，因在鄰近我們亦聽得清清楚楚，但聽不到絕食犯人的回應，估計他依然故我。

「打死的人少嚇死的人多，我當作絕食後果有多可怕原來不過如此。」我明知這是精彩大戲的「開場白」，卻裝愣扮傻揶揄同監的「四朝元老」引他「開牙」。「四朝元老」在英國佬、小日本、國民黨、共產黨牢獄關押，經驗豐富。

「好戲剛剛開鑼，後面有你看的了。」他胸有成竹，不慢不快半鹹不淡的回答我。

「絕食」第三天，醫務犯上午、下午都來到作常規檢查，例行公事又勸說一番，每次彷彿都是燒火棍子一頭熱，絕食犯人一字不答一聲不吭。

我因百思不得其解，終於忍不住放下架子，請教「四朝元老」。「如此這般拖拖拉拉半死不活的情景，何時才了？」

「聽你這種講法真有一比：『皇帝不急急煞太監』，現在絕食犯人只餓了三天，每日兩次醫務犯為他檢查身體，他有水喝肯定死不了。」

政府隊長御駕親征

第四天，政府隊長才御駕親征姍姍而來，後面緊跟著醫務犯、勞動犯。醫務犯被授意後，再一次例行檢查了「絕食」者身體狀況，畢恭畢敬湊在政府隊長身邊輕聲報告了檢查結果。只聽得政府隊長對絕食犯人說：你罪輕罪重，有罪無罪寫材料應該向提審員報告；監獄是根據公、檢、法軍管會的判決書，對你實施專政的場所。政府警告你，「翻案不得人心」。提籃橋不是犯人裝腔作勢做戲表演的場所，好收場落幕了。你不好好改造，以絕食負隅頑抗，向無產階級專政挑戰，政府對你必然迎頭痛擊。另一方面，也絕對不會讓你餓死，還是要挽救你，對你實施一系列「革命人道主義」措施。不等回答，政府隊長說完就揚長而去。

耳聽政府隊長的腳步聲越來越遠，我不失時機的說「政府隊長也不過甩甩爛山芋，講兩句不痛不癢的話，沒啥了不起，虛驚打卦」。

「急啥，現在是好戲剛剛開鑼，出場的是「跑龍套」先熱鬧熱鬧而已，真正的『角兒』還沒登場呢，精彩的場面慢慢有你看的。你有沒有注意到剛才政府隊長的話，似乎是『大路貨』沒啥新意思，實際上是下『最後通牒』，可惜他不識好歹吃苦在後頭呢。」他滿懷信心地講。

最後通牒

第五天下午，政府隊長身後邊，緊跟著醫務犯及幾名勞動犯，陣容明顯比昨日壯大。他們走到隔鄰的監房門口後，政府隊長一言不發亦不再採用「政策攻心」說服教育的手法，改由勞動犯宣示一番共產黨的政策，估計絕食犯人毫無反應。於是只聽見清脆的金屬碰撞聲和緊接著打開監房鐵門聲，幾個勞動犯熟練地把牢房裡絕食犯人抬了出來，放在樓層走廊的地面上。我們因「近水樓臺先得月」，視角恰到好處透過鐵欄桿，可以清楚地見到放倒在地上的犯人，看著事情發展的全過程。與往常不同，政府隊長對我們站立鐵欄邊「看熱鬧」亦不予訓斥、阻止，有意視而不見放任自

流。先見政府隊長用嘴示意，醫務犯連忙拿出聽診器和血壓計，為躺在地上的犯人，量度血壓、測聽心臟，翻眼皮，探舌頭，試脈搏，做作一切「病人」常規檢查功夫後，醫務犯小心翼翼一本正經輕聲細氣，向政府隊長報告檢測情況。隨即又聽到政府隊長的聲音：最後再問你一句，吃還是不吃，現在你「搭足架子」不吃，過兩天你不要苦苦哀求政府給吃的。

「以餓治餓的革命人道主義」

講完話因不見任何回應，於是在政府隊長一個手勢下，勞動犯們各司其職立刻行動：但見一個勞動犯按著絕食犯雙手，一個勞動犯擒住兩腳，其實這在「殺雞用牛刀」，絕食犯人整整五天粒米未進，早已氣息奄奄半死不活無絲毫掙紮之力。此時又見一個勞動犯一隻手捏住他的鼻子，同時拿出了預先準備好的一合子約二、三兩糧食的粥，當地下躺著的絕食犯人，為了生存需要呼吸，自然而然張開嘴巴時，勞動犯將合子裡的粥，熟練地一口口準確、及時、不急不徐地倒進了他的嘴裡。短短的兩、三分鐘，一合子粥乾淨、澈底、全部地進入躺地犯人的口中，米粥迅速地流向他的肚腹。待等這一切「革命人道主義」動作完成之後，絕食犯人又被抬回牢房，政府隊長此時惜字如金，將牢房關門落鎖後，一行人浩浩蕩蕩「班師回朝」揚長而去。監獄樓面上一場「好戲」落幕，間間牢房似炸開了鍋，嘰嘰喳喳此起彼伏或竊竊私語或聲浪略高，總而言之一句話，指手畫腳各抒己見對剛才演出的精彩一幕議論紛紛。

目瞪口呆思潮翻滾

我瞪大了眼，半天都長大了嘴，思潮翻滾心情久久不能平靜，做夢也想不到，獄方會用如此這般「革命人道主義」的花招。

「如果那天你不聽我金玉良言好心規勸，今朝外面躺在地上出盡洋相，今後幾天吃足苦頭的就不是他該是你了」。「四朝元老」因先見之明獲得證實，沾沾生喜自鳴得意。

　　我心懷感激地向他點頭致意，說：「你經驗豐富名不虛傳，確實要謝謝你。我今天總算開了眼界，以往認為犯人絕食，政府會給吊鹽水、葡萄糖來維持生命。做夢也想不到政府採用這種挖空心思對付絕食犯人的手法實在高明。表面上既不打又不罵，彷彿是在『挽救』他的生命，給他灌了二、三兩粥，其中既有水又有米，實施了所謂的『革命人道主義』，讓他餓也餓不死，飽亦飽不了，犯人所能使用的最後『絕食』這一招，也就不攻自破了；他申冤昭雪的願望，更隨之石沉大海變成又一次的絕望。哀莫大於心死，經此一擊他肯定澈底心死，精神完全崩潰。說它『高招』因『絕食』已經五天，若貿貿然給他吃飯，必然吃不進，即使吃進去，飯米粒子會在幹癟多天的腸胃內膨脹，造成胃擴張腸破裂，可能會有性命危險。粥裡有水有米，『絕食』犯人一清二楚心知肚明，二、三兩粥倒進去，想通過絕食而死，要政府答應『翻案』條件，更是癡人說夢異想天開，人，如果一切願望全部破滅，就變成行屍走肉，真乃生不如死。」

一天只灌二三兩粥

　　「你以為灌二、三兩粥的『好戲』這麼容易就算落幕了，實在想得太幼稚，太天真爛漫可愛了。今天乃第一幕，還只是剛剛開始，此後幾天還會上演第二幕、第三幕，總而言之，日日有戲看。政府以飢餓之道還治飢餓之身，用『以餓治餓』吊足胃口來折磨犯人，警告大家。」

　　「粥都灌進腸胃裡了，犯人想絕食也絕不了食了，難道『好戲還沒有完』，還要『以餓治餓』吊足胃口，你說人再餓還有比絕食更餓的感覺？」我不解地詢問「四朝元老」。

　　「你也想得真是一廂情願了，絕食犯人折騰了幾天，遠近監房誰人不知哪個不曉，好多不知天高地厚的犯人，就像閣下你過去那樣，都在伸長頭頸，睜大眼睛看著，拉長耳朵聽著，想知道政府究竟採取什麼『革命人道主義』應對方法。如果政府真的怕犯人，因絕食而餓死，花費國家公帑每天給他吊葡萄糖、鹽水，或送監獄醫院治療，就證明絕食犯人絕食『成功』了。提籃橋內大把犯人排了隊，就依樣學樣如法炮製，絡繹不絕蠢蠢

欲動都搞起了「絕食」。到那時，政府隊長即使三頭六臂，再增加人手，都應接不暇無法對付！剛才一幕把絕食犯人放在走廊上，為的是讓周圍監房犯人看得清清楚楚明明白白。你想政府隊長興師動眾帶了一幫勞動犯來到監房，對絕食犯人撳頭按腳吃吃力力，僅僅灌了一頓粥後就偃旗息鼓落幕終場，像你這種朝思暮想絕食的人，內心必然感覺無所謂。所以一定要從根子上斷絕大家幻想，快刀斬亂麻『一烙鐵燙平』，方能殺雞儆猴，讓其他準備絕食的犯人感到『山窮水盡』此路不通。採用絕食的後果，必定撞牆撞得鼻青眼腫頭破血流，才會改弦更張不敢輕舉妄動，只能放棄幻想死心塌地面對現實低頭改造。」

「灌粥」的第二天，早、中餐發合子時，獨獨絕食的犯人都沒有。牢房同犯詢問勞動犯，但聽回答一句他沒有份，就無下文。下午，上一天的原班人馬又來了，政府隊長已不再作教育訓話，停下腳就熟練地開了牢門，勞動犯們把「絕食」犯人，又一次抬了出來放在樓面走廊，醫務犯循例檢查身體，報告政府隊長後，勞動犯輕車熟路，按步就班又一次重複昨天的種種作為，擒手撳腳捏住鼻子，向他的喉嚨裡如法炮製倒光了一合粥，就再將他抬進監房。待等政府隊長關門落鎖後，一行人前腳剛走，各個監房同犯們「後腳」，又馬上七嘴八舌說三道四。

「為啥今天不給他吃三餐，又勞師動眾只灌他一合粥？」我不解地問。

「像你這種踏著尾巴頭會搖的聰明人都弄不懂，可見共產黨監獄手段高妙獨具匠心！不過，你好好動動腦筋，還是會拎得清想得明的。上海人不是歡喜講『吊胃口』嗎？一天只灌二、三兩粥，才真正是對絕食犯人『吊足胃口』了。你想，人餓了五天五夜，昏天黑地肚子裡空空如也，腦子裡迷迷沉沉一片空白，人的血糖指標奇低，什麼知覺都沒有了，糊裡糊塗亦不曉得餓了。灌一合粥後，他雖然還是『昏頭六衝暈頓頓』，人畢竟有點醒過來了，知道吊葡萄糖、鹽水毫無可能，並且『絕食』肯定是『絕』不成了又絕對餓不死了。但是第一天從昏迷到剛醒不久，人還不感到太餓，第二天一合粥到肚子裡，人慢慢地一步步甦醒了過來，由於一天進入腸胃的僅只二、三兩糧食，飢餓的感覺會隨著時間的推移，越來越明顯，肚裡的蛔蟲餓蟲饞蟲搶粥粒吃，一時三刻就米盡粥絕，各種蟲兒便

『英雄無用武之地』，這時刻骨銘心的飢餓感，就一分鐘比一分鐘難受了，這也是『以餓治餓革命人道主義』之目的」。「四朝元老」在向我釋道解惑指點迷津。「你信不信，明天『老規矩』還是給他一合粥。」

「明天怎麼還會是一合粥？國家規定犯人即使不勞動，每月至少二十五斤糧食，不是大家一天都有三頓吃，刻扣囚糧呢是犯法的！」我又喋喋不休繼續詢問。

「你是大智若愚，還是在裝瘋賣傻。難道『國家規定』犯人可以在共產黨牢監裡不認罪伏法，搞絕食搞搗亂？難道你不明白，每個犯人在政府隊長手裡都是糯米糰，他要你方是方，要你圓即圓，即使他指鹿為馬黑白顛倒，難道容得犯人半點異議？我們是共產黨抓進來的犯人，不是共產黨請來的客人。你想要吃就吃，要絕食就絕食，提籃橋不是飯店，政府隊長又不是服務員，共產黨專政不給他些『苗頭看看』，把妄圖絕食的犯人既不讓他餓死，又使他餓得死去活來，讓他吃足苦頭弄得服服帖帖才能真正懲一儆百，讓每一個妄圖準備絕食的犯人，從心底裡談虎色變心驚膽戰，絕不會就此罷休的。」

「你倒好，像政府訓話，對絕食同犯沒有一點同情心，反倒過來幸災樂禍。」

「講得對，這番話確實就是政府隊長講的，我們都是犯人，當然同情他，但泥菩薩過河自身難保，人微言輕又能起什麼作用呢，你好好用腦子想想，共產黨監獄能對階級敵人產生同情心？憑我的經驗，明天會繼續給他一合粥，以後肯定不再『灌粥』了，不信你看。」

「你是諸葛亮料事如神未卜先知，名副其實的萬寶全書。」我知他所言所談有一定的根據，卻心服口不服地說。

「不是未卜先知但也不是無中生有的，僅僅是經驗之談。你來此不久，我在提籃橋時間長，看見聽到的多了。」

變本加厲以餓治餓

灌粥第三天，勞動犯向各監房發早餐時，只聽到有氣無力的聲音問，

為啥沒有我的合子。

　　勞動犯存心將聲音提高八度說：「你不是要『絕食』嗎，既然『絕食』了，當然不需要飯合子了，政府指示不發給你飯合子是為了成全你，讓你絕食』如願以償絕個夠。」

　　話音剛落引來各個監房，犯人幸災樂禍的一陣譏笑聲。

　　近幾日，來得最勤的要數醫務犯，每天早晚給他作兩次常規檢查。

　　到了中午開飯時，勞動犯只給了他一合粥。但聽得略帶啞音的問：「大家全是飯，怎麼只有我吃粥。」

　　勞動犯有恃無恐「理直氣壯」地講，政府指示只給你發粥合子，我只好照辦。我想既然你要絕食，當然不會要吃飯了，你有本事可以連粥都不吃，堅持絕食到底。

　　又是臨近監房眾犯的嘲諷聲，而遠處監房的犯人不是不想湊熱鬧，唯是聽不清勞動犯與監房的對話。

　　「勞動犯，請您幫幫忙，我請求見政府隊長，要求吃飯。」前絕食者有氣無力帶哭音乞哀告憐的說。

　　勞動犯終究也是「犯」，聽到絕食犯人此聲此音，眼見此情此景，亦出現了少見的「強盜發善心」，說：「早知今日何必當初，我在此地看得多了，一開始勸你不要『絕食』，你不到黃河心不死，你有本事到了黃河游過去，也就算了；既然嘸沒本事游過黃河，何必搞小兒科的絕食，現在是自作自受了吧。你要求見政府隊長，就這麼便當隨叫隨到？監房又不是餐廳，政府隊長更不是服務員，不要忘記自己的身分，先向政府隊長打報告吧，我可以幫你遞上去。」

　　「謝謝你。」哭音中帶有無助的悲嘆聲。儘管明曉得勞動犯話中有刺，閻王好見小鬼難纏。但事到如今人在屋簷下，哪能不低頭。

最難過日子才開始

　　「四朝元老」眉飛色舞瞭如指掌如數家珍地說：「這傢伙最難過的日子，其實現在剛剛才是個開始。前幾天『絕食』的時候，人有信念支持，

橫豎橫想尋死，人臨到連死都置之度外，對一切亦無所畏懼了；外加絕食後人陷入昏迷狀態，也不知道肚皮飢餓。現在不同了，每天一合子粥落肚，有水有糧食明曉得死不成，絕食此路不通了，翻案的信念先已崩潰。每天三餐變成一頓，天天只給一合二、三兩的粥，日日二十四小時中，吃不飽更餓不死，又被『吊足胃口』。知覺慢慢恢復後，肚皮感覺就會越來越餓，而越餓就越想吃，政府卻偏偏不給他多吃，『以餓治餓革命人道主義』這種情況長則六、七天，短則三、五天，讓他『餓餓透』吃足苦頭，這種苦是痛徹心扉的苦，絕望無奈的餓。啥叫『求生不得，求死不能』，很多辛酸苦痛事，只在牢監裡才會有。」話音一轉，又要「白相」我了，他說：「你聰明能幹、『本事』大得很，前幾天不是也想『絕食』嗎，蠻好讓你嚐嚐這種難熬的味道，讓我親眼目睹你的洋相。」

殺雞儆猴以儆效尤

「你這傢伙是扶不起的劉阿斗，本來我真心誠意感激你，要謝謝你，你倒一而再三的譏笑諷刺我，現在我該謝都不謝你了。」大約過了半小時，不見他出聲，我隨即又以「禮賢下士虛懷若穀」的姿態，求教於他：「不過我還是要請問你，犯人已經停止絕食並且討饒了，為啥還要拖幾天才給他吃正常的三餐？」

他聽我一問，勁頭上來重新發聲了，說：「你以為這是在家裡，小孩向爺娘討饒，爺娘心疼孩子見好就收放他一馬了。此地是提籃橋，是共產黨對階級敵人全面實施專政的監獄，需要對犯人殺雞儆猴以儆效尤，一烙鐵把他『燙平』，讓其他也想絕食的犯人，從今開始心懷恐懼誰也不敢輕舉妄動，省得三天兩頭監房裡有人搞『絕食』，以免政府隊長興師動眾一次次搞『革命人道主義』。政府隊長存心將他放在樓面走廊『灌粥』，目的讓各監房大家看到聽得，再幫政府作口口轉達義務宣傳。在共產黨的牢監裡，用『絕食』、『尋死』來達到翻案或其他目的和要求，是自找『餓』路，政府隊長餓得絕食犯人昏頭落衝分不清南北西東，餓得你心驚肉跳半死不活吃足苦頭，才會俯首帖耳安下心來高唱『是我錯』，從今以

後低頭改造，其他猴子亦會老老實實了。」、「四朝元老」見多識廣富有經驗地為我解惑釋疑。

「那麼要幾天後，他才能恢復正常三餐？」我不由得不心悅誠服真情實意地討教。

「沒有定規，可能三、五天，或者六、七天，日子長短，要看看各個監房犯人的反應，及絕食犯人所受教訓的程度，更要憑政府隊長心情來定。醫務犯天天檢查絕食犯人，每天吃二、三兩粥後身體反應，十拿九穩人餓不死，又逃不走訊息又傳不出，沒啥好擔心。再說政府隊長對要絕食尋死的犯人，實施『革命人道主義』措施，走到天邊也是理直氣壯。再說提籃橋裡是沒有王法的，共產黨所做的一切就是王法，想怎樣就怎樣。」

「你是政府隊長肚皮裡的蛔蟲，他心裡的想法你瞭如指掌一清二楚。」

「狗咬呂洞賓，勿識好人心，我怕你腦子進漿糊，不聽老人言，吃苦在眼前，鬼迷心竅也去搞『絕食』，所以才不厭其煩詳詳細細講給你聽聽。」

「皇恩浩蕩網開一面」

「絕食」的犯人寫了幾次報告，亦不見政府隊長出現，每天照常給他發一合粥，大約在最後一次「灌粥」的第六天，政府隊長才「皇恩浩蕩網開一面」，終算將「革命人道主義」措施告一段落，他才算開始了正常的牢獄三餐生活。整座監房那些準備搞絕食或者腦子裡動過絕食想法的犯人，見到前車之覆，都老老實實「夾緊尾巴做人」，誰也不敢嘗試「以餓治餓的革命人道主義」，更不敢指望吊鹽水和葡萄糖水了。

蕭 蔚

作者簡介：

　　蕭蔚，女，生長於北京。畢業於北京首都醫科大學（原北京第二醫學院）口腔系，曾任牙科醫師。1988年到澳大利亞學習，獲護士證書，定居雪梨。育有一女一子。

　　1996年開始文學創作。先後在澳洲各日報、週報和臺灣《新生報》、《人間福報》及國內的報刊雜誌上發表過小說、紀實小說、散文、隨筆、編譯。曾於香港《大公報》副刊開闢專欄。出版小說散文集《澳洲的樹熊，澳洲的人》，與父親蕭正輝合著散文集《雨中悉尼》。曾為澳洲SBS國家民族廣播電臺「人間插曲廣播劇」劇組編劇及演播員之一。1999年加入澳大利亞新州華文作協，先後任理事、副會長及第六屆會長等職。

東八樓

（謹將此文獻給「文革」五十周年祭奠）

　　那年回北京，我順路探訪了東八樓，那是爸爸機關家屬宿舍大院中的一棟樓，是二十世紀六十、七十年代，我兒時居住的地方。那時，樓裡住著十二戶人家，湊巧聚集了一群「牛鬼蛇神」，這些人可憐的人們，共同上演了一齣時代的悲劇。

　　我們家和當年北洋政府大總統徐××之侄同住一個單元。徐家夫婦一個忠厚老實，一個大大咧咧，因為我們兩家都是天津人，孩子們的年齡又相仿，因此關係比較親近。我哥哥經常和徐家的兒子下圍棋，昏天黑地，不分勝負；我則和徐家的女兒一起玩娃娃家，一個當爸爸，一個當媽媽。剛解放時，徐家夫婦從美國回來參加祖國建設，帶有十足的洋氣，就連他們家的玩具都是從國外寄來的洋玩藝兒。我們過娃娃家用的電烤箱、電爐子等實物都是許多年之後我來澳洲時才真正見到和使用。上個世紀六十年代初的「困難時期」，我們兩家一起在院子裡開出一小片菜地，徐太太踩著雙紅色高跟鞋，昂首挺胸地到馬路上拾馬糞澆菜園，十分招眼，出盡洋相。

　　1966年，文化大革命一開始，徐家成為東八樓裡第一個被「破四舊」，抄家的對象。紅衛兵揪著徐家夫婦在東八樓前，各自站在一個小板凳上，審問開始：

> 坦白交代，徐××和袁世凱是什麼關係?!
> ──是結盟兄弟。
> 說，你知道不知道，袁世凱是個什麼東西?!
> ──他是個倒行逆施，妄想恢復帝制，做皇帝的壞東西。

那麼徐××為什麼還和這種人結拜兄弟?!

──我不知道。那時候我還小，再說他們結拜的時候，袁世凱還沒有稱帝。

樓前站滿了看熱鬧的人，聽到這裡，大家都笑了起來。

徐家被抄了家，連電烤箱、電爐子、洋娃娃等玩具都給抄走，更不要說徐太太的那雙紅色高跟鞋。

抄家之後，大院裡的孩子開始欺負徐家的兒子，按諧音，給他起了外號叫「希特勒」。他一出門，孩子們就跟在後面喊叫：「希特勒，屁眼兒多」。徐家兒子從來沒有受到過這樣的辱罵，回到家裡哇哇大哭。一天，他放學上樓回家，後邊尾隨著幾個孩子嘻笑叫罵，正逢我哥哥下樓，見狀，把欺負他的那幾個孩子一腳踹到樓下，算是為徐家兒子出口惡氣。

我們東八樓裡真是「藏龍臥虎」，慈禧太后重臣李××的嫡孫也住在這裡。由於國人早已蓋棺定論：「賣國者秦檜，誤國者李××」，所以李家在文化大革命前就已聲名狼藉，家徒四壁。紅衛兵來抄家時進門看看，見沒有值得查抄的東西，甩下幾句革命口號走人。大概是因為家族的敗落和這位滿清大臣嫡孫本人的無能，他所娶的老婆是一個其醜無比，庸俗不堪的市井婦人，大家叫她「胖葫蘆」。這個女人好串門，生性好東家長，西家短，兩頭傳閒話，樓裡和院裡的是非不夠她搬弄的，難免遭人之恨。雖然李家躲過了紅衛兵，可卻沒有躲過樓裡十多個孩子。在那個混亂無政府主義狀態的年月裡，孩子們和李家玩過不少的惡作劇：白天，拿個小鏡子在太陽下對著李家的窗戶晃，半夜三更，敲開李家門，再一溜煙逃跑，要不，就點著炮仗扔到李家的大門裡……孩子們自然也把李家的獨子當作「小賣國賊」來對待，模仿照片上李××的樣子，在他嘴周貼上一把白棉花當鬍子，又用黑紙糊了一頂清朝官帽，再套上一件黑布大氅，大家玩「鬥爭賣國賊」。「小賣國賊」只有六、七歲，還不大懂事，看著孩子們哈哈大笑，也跟著傻笑，還不斷地做怪樣逗大家。他晃著大腦袋，拉著眼皮，嘴裡念念有詞：「准──大清國──再賠洋人──四億五千萬兩銀子──」胖葫蘆拉長耳朵聽著，又氣又急，臉憋得像個紫茄子。她從屋裡跑

出來，一邊揪著兒子的衣領往回拉，一邊罵著「你這個小兔崽子，還不快給我滾回家！」從此，胖葫蘆再也不讓「小賣國賊」出來給大家當笑料。

文革初期有一年學校停課不上學，樓裡的孩子們整天聚在一起玩。夏天，爬大樹，摘桑葉養蠶寶寶，冬天，在院子裡打雪仗，要不就藏貓貓，或在院子裡跳跳繩……唯有「劉右派」家的兩個孩子不能加入大家的行列。

「劉右派」原來是設計院的工程師，只因為發表了幾句保護北京舊城牆的言論，1957年被打成「右派」，不但被發落當雜工，還備受大家欺辱。據說，他老婆「劉瘋子」原來有一個非常體面的家庭，父親曾是北京輔仁大學的教授，她自己原來是美國人辦的八年制協和醫科大學畢業的內科醫生，她理當是一位高尚人家的太太，然而這殘酷的事實從天而降。她根本無法接受，於是患上精神分裂症。「劉瘋子」總是把頭夾在兩個肩膀之間，從不抬頭看人，她上下樓時，一陣輕飄飄，不願引起別人注意到她的存在。「劉瘋子」在東八樓孩子們的心目之中如同陰間的鬼神，哪個孩子淘氣不聽話，大人們最後一招就是說：「別鬧了，要不然『劉瘋子』該來了！」嚇得孩子立即收聲，夜晚做惡夢，亂叫嚷。

「劉瘋子」懷孕時正趕上「反右」和患精神病，樓裡人傳說這種病可以遺傳後代，因此，當她的女兒剛呱呱落地時，大家就自然地在背地裡喚她「小瘋子」。「劉瘋子」的兒子長得極像爸爸「劉右派」，再加上那個年代，人們認為人的劣質秉性也可以遺傳，於是他被稱為「小右派」。

每當「小瘋子」和「小右派」怯生生地過來要求加入我們玩耍的行列時，大家便像是躲避瘟疫一樣，叫著「不加，加減，不乘除」（不多加人，也不減人之意），一哄而散，換個地方再接著玩。於是，他們倆只好趴在窗戶上，幽靈一樣，露個小腦袋看著我們玩。「劉瘋子」家裡肯定沒有玩具，這兩個孩子的童年就是這樣，是在看著別的孩子玩耍中度過的。

三樓住著末代皇帝溥儀老師的嫡孫女，按說，她也是舊社會留下來的遺少，然而，她的運氣極佳，總是禍從身邊過，從不進家門。究其原因，有三：一是這位溥儀老師的嫡孫女是個一心撲在學校裡的小學教師，為市教育系統優秀人物，紅衛兵沒敢動她；原因之二，是這家有三個虎頭虎腦的大兒子，為樓裡和大院小孩們的指揮和統帥人物，當然，誰也不會欺負

這家人；原因之三，是他們有一個不但全權代理家政，而且管理樓裡雜事的保姆。這個保姆可是個人前一套，人後一套，當人說人話，當鬼說鬼話的人物，樓裡人對她是既恨又怕。通常大家稱呼保姆為「阿姨」，可唯獨尊稱她為「王大媽」。

王大媽的精明之處是會使陰招。比如，分配樓裡人清掃院子時，她總是派給「劉瘋子」家和徐家最難掃的地方，明明是欺負人，可她卻裝作一副無可奈何的樣子對他們說：據群眾反映，這地方是你們家孩子經常玩耍弄髒的，所以就請你們幾位多多代勞吧！然後再呵，呵，呵地乾笑幾聲。不過，那年月，「劉瘋子」家和徐家除了可以看到王大媽的笑臉，還真看不到別人的。諸如此類，王大媽說話辦事精明得讓你說不出，道不出，找不到什麼毛病，幹受一口窩囊氣。

1968年，更加恐怖的年月到來，文化大革命進入「清理階級隊伍」階段，如同連鎖效應，大院裡不斷發生服安眠藥、燻煤氣、上吊、跳樓等自殺事件。一天，大院裡的積極分子提審樓裡一個寄居在外甥家的孤老頭，說他是反動教徒，證據是一件教袍。這個老頭的確入過什麼教，當他看到大院裡有很多人受到審查，便偷偷地將自己的「贓物」——教袍，撕成一條一條，扔到垃圾箱裡。沒想到這事被王大媽發現，她將教袍又一條一條地撿回來，重新縫製好，交到大院居委員會手裡。王大媽立了功，可是那老頭卻丟了性命——他抵擋不住逼供，也無法澄清事實，又不願意死在外甥家裡，只好跳樓自殺。那天清晨，樓裡人聽到孤老頭喊了聲「我罪該萬死！」然後就是重重的落地聲。那個年月，大家說你入過什麼教就是「反動分子」，連你自己都覺得確實是有罪，沒臉再活下去。這樣的自殺稱作「畏罪自殺」，家裡人不敢收屍。鮮血四濺的孤老頭只是招徠眾多的蒼蠅瞻仰遺容，向遺體告別，屍體在樓前擺到下午才被火葬場拉走焚燒。

孤老頭是從三樓的女兒牆上跳下的，樓裡的孩子們也跑到三樓的平臺上體驗自殺前的心態。夕陽斜下時，女兒牆上小孩子們的身影在院子當中晃動，樓裡的大人透過窗戶，看得清清楚楚。誰不明白，哪個孩子稍有失足，就會同那孤老頭一樣，摔個粉身碎骨！各家的大人從樓裡跑出來，喊著自己孩子的名字。我姥姥更是急得團團轉，那天我遭到了姥姥前所未有

的嚴厲訓斥。

終於，「清理階級隊伍」也清到我爸爸頭上，機關來人抄了我家。我爸爸是被他家鄉的人揭發檢舉出來的。那個人在「文革」前來北京找我爸，帶他家人看病。我爸付出所有的醫藥費，臨走之前，他們又打算要一台縫紉機作嫁妝。我爸說，我的工資就是這麼多，我自己家裡還沒有攢夠買縫紉機的錢呢。於是，這家人在「文革」時總算是找到報復的機會。我爸在讀大學的時候，有一個假期確實在國民黨機關裡幫忙抄寫文件，打工掙飯錢，但是並未加入國民黨，這在建國初期已經搞清。但是這家老鄉卻添油加醋，說得有鼻子有眼，我爸不但是國民黨了，而且還是個科長。於是，他被當作隱瞞歷史的「國民黨反動派的殘渣餘孽」揪了出來。

那天我放學回家的時候正趕上抄家，看到東八樓前站滿看熱鬧的人，以為是別人家出事，同往常一樣，也擠在人群裡踮著腳尖看熱鬧。奇怪的是大家都扭過頭來異樣地看著我，可誰也不說一句話。過了一會，「劉瘋子」悄悄走過來，好心地對我說：先別回家了，他們正在抄你們家呢！真的，我看到機關裡的人整箱整箱地把我家的東西往外搬，最後由兩個工人架走了我爸爸。

回到家裡，一片狼藉，連我睡覺的小床都給翻個底朝天，我哇地一聲哭起來，屋裡空蕩蕩，居然還響起回音。後來聽媽媽說，他們花很多時間尋找和國民黨有關的證據，實在找不到，就拿走了家中的細軟、爸爸媽媽的書籍和日記本。

如同是一種默契，第二天早晨我出家門去上學，見到樓裡的小朋友，大家像陌生人一樣，沒有人願意理睬我。那些經常到我家來向爸爸請教技術問題的叔叔阿姨也是怪模怪樣，他們縮著脖子，扭著身子，將視線越過肩膀頭，咧一下嘴，勉強地和我點一下頭。真的，風水輪流轉──這回該我家倒楣了！以前，我從來都不和小瘋子、小右派講話，徐家被抄以後，我也不再願意和徐家的女兒玩娃娃家，他們家搬走前，我竟連聲「再見」都沒有和她說一句，有誰願意和壞人、壞孩子同流合污呢?!可是，就是在一夜之間，我居然也變成一個「小國民黨」！

學校裡的同學大多也是機關大院裡的孩子，他們都知道我家被抄，誰

都不願意和我講話,同桌的女孩,把課桌拉得好遠,說是要和我「劃清界限」。放學回家的路上,我身後邊尾隨著那幾個曾經被我哥哥從樓上踢到樓下的孩子,報復的時機到了,他們叫著「打倒小國民黨反動派」。

我哭著向姥姥訴說這一切,姥姥摟著我疼愛地說:「騾子大馬大值錢,人大了不值錢!別怕那些孩子,誰都不知道誰會有倒黴的那一天。」

爸爸託付機關裡的同事帶來便條,說是要接受「隔離審查」,很長時間不能回家,要我們相信他,絕對不是國民黨。機關停發了爸爸的工資,存款也被抄走,全家只靠媽媽一個人的收入維持生活,姥姥不得不用白麵、大米等細糧票換回價錢便宜的玉米麵等粗糧票。(那個時候,買什麼都是定量用票買。誰都願意要細糧票。)看著家裡生活拮据,我拿出自己過去積攢下來的,僥倖沒有被抄走的十幾元嶄新的紙幣,交給姥姥買菜用。姥姥的眼圈紅了,說我一下變成一個懂事的大姑娘。

冬天來了,桑樹的葉子被西北風吹光了,再也沒有小孩有心思去養蠶寶寶,大院裡堆滿的積雪開始溶化,再也沒有人打雪仗和堆雪人,院裡的孩子們誰都不知道哪一天,哪一戶又要變成大壞蛋,所以乾脆,誰都不敢再找誰玩。很快,大孩子都得到農村插隊去,樹倒狐孫散,東八樓昔日熱鬧的景象不復存在。我默默地待在家裡,聽著收音機和聽姥姥講故事,拉著心愛的手風琴,孤獨地度過了剩餘的童年⋯⋯

時移俗易,時變境遷,大家終於熬過那些可怕的日子。東八樓的孩子們長大以後都很有出息,「劉瘋子」的女兒現在是教授級內科醫生,兒子在設計院任高級工程師。徐家兒女移居美國,一個搞科研,一個開中醫門診。聽說「小賣國賊」念的是政治經濟學,當然,現在他走的是治國,而不是祖爺爺的賣國之路。我哥哥成為一名有實力和資本的企業家,聊起當年把院子裡小孩從樓上踹到樓下的事時他說:真的不知道,我當時哪來那麼大力氣和膽量?給人家孩子踢傷殘了怎麼辦?!我,當上牙科醫生,後來移居澳大利亞,小時候的經歷,使我對權勢和地位漠然置之,整日愉快。我學會樂人之樂,人亦樂其樂;憂人之憂,人亦憂其憂的處事哲學,願意和朋友分享愉快和分擔憂愁。

　　人去樓還在，如今，老住戶全部搬走，粉刷一新的東八樓給我一種「此東八樓不是彼東八樓」的感覺，我記憶中的「東八樓」早已經成為這齣悲劇中的一個標誌，成為我所經歷的那個特殊時期的歷史見證！

　　吟詠著古人崔顥的詩句：「昔人已乘黃鶴去，此地空餘黃鶴樓，黃鶴一去不復返，白雲千載空悠悠。」我告別東八樓，但願這段記憶中的故事永遠隨歷史而去，不再復返！

辛夷楣

作者簡介：

　　辛夷楣，女，澳大利亞中文傳媒資深記者，1987年赴澳留學，自1990年開始，在雪梨中文報刊先後擔任編輯、記者、主編多年。2009年與家人合出《記憶深處的老人》（北京三聯出版社），2015年與丈夫蓋瑞‧坦普合出《人約黃昏》（四川文藝出版社）。

「文革」噩夢

　　我已年近70歲，在澳大利亞生活了28年，但是提起50年前在中國經歷的「文革」，我仍然心有餘悸。1966年6月初，文化大革命爆發了，家中的親戚朋友熟人幾乎無一漏網，全被扣上了「反動學術權威」、「黑幫份子」甚至「聯合國特務」等嚇人的大帽子。北京人藝那些媽媽的老同事、我們熟悉的名演員毫無例外地進入了「黑幫隊」。我們今天聽說這個熟人跳樓自殺了，明天又聽說那個熟人被打死了。我的兩位堂姑都是北京女八中的教師，運動開始不久先後瘋掉。

　　最先橫死的是媽媽在《大公報》的老同事劉克林。1953年9月我們全家從上海搬到北京，住進王府井大街報房胡同西口的《大公報》宿舍。我家住前院北房，劉克林伯伯家住西房。我們剛剛搬進來時，劉克林伯伯的愛人與孩子還在上海，他下了班就常常來我家聊天，甚至在我家吃晚飯。我和姐姐那時已上小學，大弟在幼兒園大班。劉克林伯伯不但會講故事，唱歌也很好聽，他很喜歡孩子，我們很快和他混熟了。後來，他的愛人、孩子到來了，我和他的大女兒常常一塊玩。再後來，媽媽調到了北京人民藝術劇院，我們搬進人藝大院，劉克林伯伯則調到中宣部擔任副部長姚臻的秘書。

　　20世紀60年代初期，姚臻被選進康生領導的寫作班子，劉克林伯伯也被姚臻帶進這個寫作班子。自那時開始，媽媽就很少見到這位老同事了，老同事們都說他忙得要命。1966年，劉克林與姚臻一起參與起草了「2月提綱」等文件。沒想到「文革」一開始，中宣部有人貼姚臻的大字報，康生就把姚臻拋出來，說他是「閻王殿的閻王」，是中宣部派到釣魚臺寫作組的特務。姚臻很快上吊自殺，劉克林伯伯在巨大壓力之下，竟然也跳樓自殺了。當時形勢十分緊張，媽媽自然不敢去安慰劉克林伯伯的夫人。他的5個孩子本是響噹噹的紅衛兵，但是父親跳樓第二天就淪為另類，有的人還遭到了批鬥。

　　劉克林伯伯跳樓後不久，媽媽在人藝的要好同事蔣瑞阿姨的丈夫李巍叔叔也跳樓了。他曾任陽翰笙的秘書，又是實驗話劇院的辦公室主任。周揚、田漢、夏衍與陽翰笙那時已被打成「四條漢子」，是文藝黑線的祖師爺，正在北京各大專院校遊鬥。實驗話劇院也準備批鬥李巍叔叔，他不願受辱，憤而跳樓。蔣瑞阿姨聽說噩耗，不敢去收屍，怕被說成「劃不清界限」，也不知該如何將爸爸的死訊告訴兩個小女兒。

　　我們的中學——北京女十二中（現在的一六六中），解放前叫貝滿女中，建於1864年，培養出許多優秀人才，是北京的名校。而位於北京東城燈市口同福夾道的高中部來歷非淺。同福夾道原為佟府夾道。佟府是清初順治、康熙皇帝的內親佟國綱、佟國維的府第，順治之妃、康熙之母佟妃曾長期居住於此。

　　1959年，我先在初中部上學；1961年上初三時進入同福夾道高中部，直到1968年底才離校下鄉。這座佟府有著幾進大四合院與一些偏院，相當有氣勢。而這些房間開間非常大，有的隔成幾間教室，那些耳房則是老師們的教研室，有一個小偏院是圖書館與閱覽室。院內一些百年大樹枝葉繁茂綠蔭鋪地，每到春夏，白丁香紫藤蘿爭妍鬥豔。

　　我想，這座佟府大院幾百年來是經歷了不少跌宕沉浮了，它一定被「文革」的一幕幕攪得心神顛亂。如果它會說話，它一定會說自1864年以來，你們這幾屆在這裡搞「文革」的學生最沒良心，你們給老師們造成的創痛太深了。我覺得作為學生，我們怎麼道歉都不為過，都不能挽回當年造成的惡劣影響。

　　1959年，我進入女十二中上初一之時，還是一個少不更事的小姑娘。我碰到多少學養高深道德高尚的好老師啊，他們的諄諄教誨、眷眷愛心、殷殷鼓勵甚至他們的氣質風度都深深地滋潤了我影響了我。我和姐姐都在女十二中從初一讀到高三，我們經常懷著敬意談論我們喜歡的老師。

　　但是，女十二中又是我們的傷心之地，自上而下鋪天蓋地的階級路線壓得我們透不過氣來，我們不斷地檢討父親的「右派」問題。當了六年班主席的姐姐直到高三才入了團，然而考大學時仍然名落孫山；而我則一直未能入團。我一生中思想最苦悶情緒最低落的十年是在女十二中。因為苦

悶終於生病，我在1964年休學一年，1965年再上高三，1966年高三將要畢業時，卻趕上了這個「史無前例」的浩劫。

運動初期，我像其他同學一樣，整日整夜地在學校寫大字報，揭露學校的資產階級教育路線，一心一意要保衛毛主席。那時，盛行懷疑一切打倒一切，抓住一點小事就上綱上線。記得，我和幾個同學決定給班主任老師李爽麟寫一張大字報。班上的紅衛兵已經寫了，主題是「揭開李爽麟的畫皮」。我們幾個大多是知識分子家庭出身，我還是「右派」之女。如果不跟上紅衛兵的調子，就有維護資產階級教育路線之嫌。大字報由我執筆，我寫了幾稿，其他人都說不夠尖銳。平時，李爽麟老師對學生很好，為人又很謹慎，要想給她挑錯是很難的，我們於是費盡心機給她羅織罪名。

大字報終於貼出去了，我心裡卻在嘀咕：這樣上綱上線生拉硬扯地羅織罪名對不對呢？後來，我越想越良心不安，覺得文中不實之詞頗多。在那樣的時刻，給老師無限上綱，不是把她往火坑裡推嗎？這想法時時困擾著我，以致在路上遠遠看見她，我就趕緊躲開。但是直到1968年底離開學校下鄉前，我都沒有勇氣去向李爽林老師道歉。現在想起來，我應該道歉的何止是一位李爽麟老師呢！作為學生，我們以老師為敵，給他們製造了一種多麼恐怖的環境啊！

運動很快就失去控制了。大概是8月上中旬，在我們學校的一次批鬥大會之後，紅衛兵用皮帶趕著所謂有問題的校長老師，給他們剃陰陽頭，給他們扣上各教室的垃圾箱遊校。被游鬥的老師們個個狼狽不堪，其他老師也都人人自危灰頭鼠臉。我們的校長焦其樹是個穿著講究溫文爾雅的老太太。她去過延安，是老革命，以往深受師生尊敬。紅衛兵給她列了幾大罪狀，日夜批鬥，直到她心臟病復發，送進醫院。我們是女校，可年紀越小的女紅衛兵越兇狠越沒有理智，我幾乎認不出她們了。

紅衛兵運動很快走上了社會，運動的火藥味也越來越濃。有一天，我出了學校大門剛走到燈市東口，就聽見馬路對面有人喊：「打死人了，打死人了！」我立時跑過馬路，向人堆裡擠。我看見一個老人倒在冰鋪門前的地上，他的頭上鮮血淋漓。在他的周圍，幾個剛上中學的男女紅衛兵正

提著皮帶喘氣。老人一動不動，他是我見過的第一個死人，又是我見到的第一個被紅衛兵打死的人。

我不知道老人的名字，但是我熟悉他的身影。自1956年我們家搬進史家胡同人藝宿舍大院，我們每天上下學，都要經過燈市東口的這家冰鋪。老人冬天趕著馬和驢去後海拉冰，拉了來存在冰窖裡，然後再賣給別人。我們放了學，常常站在冰鋪外面看那幾匹馬和驢甩著尾巴吃草料。他有一兩個幫手，所以紅衛兵說他是資本家。老人的死使我震驚，假如冰鋪老頭都該被打死，那麼紅衛兵得打死多少人？

我奶奶（外婆太拗口，我們從小叫她奶奶）的姐姐姐夫土改時被劃為地主，紅衛兵要轟他們回鄉。他們唯一的女兒、我的表姨不放心，決定跟送父母回鄉。在北京站，紅衛兵命令男女分開，分別上火車，表姨只得跟著母親。20多個小時後，她們在合肥車站下車，她的父親卻怎麼也找不到了。後來，有人說是被紅衛兵在車上打死了，但是表姨死活找不到父親的屍首。表姨把母親安置在鄉下親戚家，回北京後，悄悄把情況告訴我們。

奶奶很害怕，問我該往哪裡躲？我強自鎮靜安慰她：「奶，沒事兒，實在不行，我帶你去鄭州舅舅家！」舅舅擔任鄭州一個四萬人的大廠的總工藝師兼副廠長，我們還不知道，那時他正在挨整。不久之後，鄭州開始武鬥，舅舅帶著一幫同事逃到北京躲避。後來，新疆也開始武鬥，姐姐輾轉回到北京家中。街道居委會的老太太竟說，不許她回京串聯，把她抓到派出所詢問一夜，才允許媽媽帶她回家。

當周圍所有的親戚朋友熟人，甚至冰鋪老人都受到衝擊之時，我有一種天塌地陷的恐懼，我擔心我們家的軟肋──「右派」父親性命難保。父親博聞強記，表達能力很強，是學生們鍾愛的老師。1957年大鳴大放引蛇出洞之時，他的獨到見解自然脫穎而出，而他又不肯檢舉出賣別人，所以對他的處理就特別重，不僅劃成「右派」，還逐出北京送去勞改。幸虧，父親所在的勞改農場不許進行文化大革命，他才保住性命。

運動的矛頭很快就指向我們──所謂出身不好的同學了。按照「老子革命兒好漢老子反動兒混蛋」的邏輯，出身不好的人都是混蛋，都是狗崽子。作為「右派」之女，我當然被劃歸狗崽子之列。我們班上的一位同

學，第一天被父母單位的紅衛兵抄了家，第二天，她就在校門口的大影壁上貼大字報宣布，自己從此改名「×狗崽」了。學校裡的紅衛兵看到這張大字報，得意非凡，成群結隊跑到我們班的教室，來看這個「×狗崽」，還大聲地喊：「×狗崽滾出來，×狗崽滾出來！」那時，正興改名，好多人改叫「李向東」、「張衛國」之類，以示自己革命。「×狗崽」事件像一顆炸彈，學校裡氣氛更加緊張了。

「×狗崽」事件對我刺激很大，我被激怒了。我父親有問題，但是我沒有問題，我是人，我才不是狗崽子呢！我不能坐視人家欺凌，我要反抗！我和幾個同學組織了戰鬥隊，開始寫文章批判血統論。我們的這個戰鬥隊很快就與其他年級觀點相似的戰鬥隊結合在一起。

面對這紛亂的世界，我暗暗下了決心：我一定要學會保護自己，學會反抗。我知道自己不可能有機會上大學了。我也永遠不能像爸爸媽媽那麼有學問了。但是，在紛繁複雜的社會生活中，我要爭取像媽媽那樣善於保護自己，我要避免像爸爸那樣被人無辜迫害。

媽媽可真是了不起，那麼風雲詭譎毫無章法的運動，那麼多人陸陸續續被打倒，加之她又身在文藝單位，真是險之又險吶！在所謂「紅8月」的一次全團批鬥大會上，200多人的北京曲藝曲劇團就揪出了70多名「黑幫」，可見打擊面之大。雖然有人給媽媽貼了大字報，但最後什麼罪名也沒扣上，在「文革」中，媽媽始終保持了正常人的身分。這是媽媽難能可貴的勝利，也是我們四個孩子和奶奶的福祉。爸爸已經久陷勞改農場，如果媽媽再出事，我們一家可就慘了。

1968年夏天，在「文革」的驚嚇中，奶奶患癌症去世。那是我第一次失去親人，也是我第一次親眼看著一個生命漸漸衰弱下來。那時，北京的各家醫院掛號時，要填寫出身成分。奶奶雖然從未被劃過成分，但應算地主官僚家庭出身，所以她堅決不肯去醫院看病。奶奶臥床之後，每天中飯後，就由我扶著她在小院裡走幾圈。她總是說：「不想走了，走不動了。」我總是說：「奶，再走一圈吧。」她死去的那天下午，曾經有氣無力地問我：「我一點東西都吃不下，怎麼辦啊？」我說：「奶，別擔心，你會好的！」我不懂，奶奶已經病入膏肓了。那天傍晚，她就斷氣了，媽

媽和我們幾個孩子悲痛欲絕。悲傷滲在我心中久久不去，我不相信，奶奶已經永遠地離我們遠去。

前幾年，聽說薄熙來在重慶提倡大唱「文革」中的紅歌，我不僅反感也開始擔心。一聽到這些紅歌，我就想起了十年浩劫，就想起了那麼多橫死冤死的熟人，就想起了冰鋪老人那鮮血淋漓的頭顱。難道我們要讓「文革」陰魂不散？難道我們要讓「文革」捲土重來？

認識我的西人丈夫蓋瑞以後，他常常問起我的過去，他怎麼也想像不出爸爸媽媽曾經遭逢了二十年厄運，而我們姐弟的青少年時代也是充滿了掙扎與坎坷，他更不明白毛澤東為什麼要發動「文革」陸陸續續打擊全中國所有的人。他反覆地詢問事情的細節，探究這些政治運動的起因。他總是問我，為什麼會是這樣？為什麼會這麼荒謬？有一天，他若有所思地對我說：「英國人常說，有什麼樣的人民，就有什麼樣的領袖。也許，中國也是這樣。」我想，這也許就是我們思考中國現代史的出發點之一吧。

崖青

作者簡介：

　　崖青，本名龐亞卿，生於上海。華東師大中文系畢業。1996年移民澳大利亞。曾任中文報紙副刊編輯、中文教師、澳大利亞中文作家協會會長。在澳大利亞及中國、美國、臺灣、香港的報刊雜誌發表大量小說、散文、雜文、遊記、人物專訪等，作品收入多種文集。已出版作品《無背景狀態》、《S城》、《誰是澳洲人》、《壁爐的秘密》。先後獲得澳大利亞徵文比賽獎和臺灣僑聯華文著述獎小說佳作獎散文佳作獎。

天道胡不公
——紀念我的同學徐子榮

一、斯人已逝

自從當上外婆，心思都在可愛的小外孫女的身上，對她的愛心、耐心、細心被無限激發，對其他事情的興趣卻大大下降，惰性十足。但是有一件事，一直在我心裡，想好一定要把它寫出來。那是一件什麼樣的事呢？

去年9月，我在美國帶外孫女，忙得沒有任何空閒處理自己的事，只是每天看看Email而已。中旬的一天，讀到了我們復興中學上一屆的同學發來的郵件，還附上了一些文章，原來是上一屆有位叫徐子榮的同學不幸慘遭車禍，離開了人世。當我讀完所有的緬懷悼念文章，禁不住潸然淚下。

雖然不是第一次聽到同學好友早逝的噩耗，但這一次超過了以往，是痛徹心肺的。我在心裡呼喚的是：子榮，我的苦命兄弟！因為他的遭遇是我們這一代人的痛。

徐子榮跟我同校不同屆更不同班，跟我同一個農場不同連隊，我從來沒有跟他說過話，但此時我卻深深為他哀痛，久久不能忘懷。可想而知，跟他同班學習，同一個連隊當農民的，會有什麼樣的情結。

同學和隊友們稱他「我們心中的豐碑」，「求真（復興中學校訓）的典範」。「我的英雄」，「『傻子』（取自魯迅作品）徐子榮」，「哲人已逝，精神永存」，「徐克思，你在哪裡？」

他的追悼會是由老同學和農場老同事主持舉行的，這很少有。這種沒有任何背景（單位）的會，來了一百多人，這時人們體現出內心對真善美的追求是最樸素最自然的。悼詞說，在學校裡，徐子榮是一位品學兼優的好學生，他才華出眾，高中期間就在鑽研大學三四年級的課程；他誠摯待人，用一顆善良公正的心衡量著這世界上的一切；他志向遠大，要縱馬馳騁在廣闊的科學疆場。

在崇明島，他心靜如泓。他把農場看作一個遠離城市塵囂、可以專心讀書的好地方。每天在辛苦勞作之餘，刻苦研讀馬克思主義的經典著作，並用他那深邃的思想和敏銳的洞察力，分析著當時的政治，思索著社會的進程。

他指出了那場「文化大革命」的荒唐，說這是政治上的虛熱，不會久長。

這樣優秀的一個人，但是直到六十多歲，他還是一名普通的船廠退休工人，他還沒有妻子沒有兒子沒有房子沒有車子，他穿著厚厚的白色帆布工作服，理著很土的髮型，戴著不合時宜的寬邊眼鏡，騎自行車30多公里穿越整個上海參加農友的聚會。農友們說，「克思」（他的外號）老了還這麼牛？他說要早點走，因為「路不好走」。但是那天他匯入車河就再沒有回家，和他同住的八十八歲老母一夜無眠。第二天同學農友全部發動起來找他，還陪他妹妹去公安局報了「失蹤」，可是兩天三天都沒有消息，直到一個星期以後，才在龍華殯儀館找到他的遺體。又因為車禍責任的認定問題，拖了兩個月才能開追悼會。

他是一個悲劇，包括他的離去都是以悲慘的方式。為他的悲劇，同學們紛紛自責：他在那個人妖顛倒的時代受盡迫害，自己出於無奈，無法向他伸出援手，但是為什麼現在在會所裡不和他多聊聊？他既然願意花幾個小時到會所來，那就是用他的心告訴我們，他渴望與這些兄弟姐妹們在一起，但我們為什麼沒有更多地用熾烈赤誠的心去溫暖他那顆傷痕累累的、堅強而又冰涼了幾十年的心？為什麼我們沒有更多地關心他的生活，幫他找一個伴侶，陪伴他幸福地安度晚年？

但是都沒有來得及。不說，不做，是因為怕觸動他厚厚的工作服遮掩下的斑斑歷史傷疤。

當年的農友，如今是經過大海四十年洗禮的老船長，在巨輪上，在東海的夜色和波濤的喧鬧中，把所有悼念徐子榮的文章整理成冊，以海上至高無上的船長的名義發給他的船員，這是他寫的「序」，《這是一個真實的故事》：

「年輕的朋友：你知道『老三屆』嗎？你知道『知識青年上山
下鄉』嗎？你知道什麼是『四人幫』、『黑五類』、『現行反革命
分子』嗎？這些在共和國歷史上曾產生的名詞，你偶爾會在現在的
小說或電視劇裡看到、聽到。你似懂非懂，或許渾然不知。是的，
那個年代發生的故事與你今天的生活本已沒有任何關係。然而，我
們這一代人卻難以忘懷，深深地烙在我們的心裡。

今天我要給你講述的是一位66屆高中生，屬於『老三屆』裡最
老的一屆，他在『知識青年上山下鄉』的浪潮中來到了崇明新海農
場××連。他信仰馬克思列寧主義，而且是一個正直、真誠而執著
的馬克思主義者。為此，在那個一切都顛倒過來的年代他遭到了迫
害。以致他的一生是那麼的淒慘。當年我與他在同一個連隊，我敬
仰他，他是我心目中的英雄。他的故事在那些悼念、緬懷他的文中
會給你細細敘述。

過去的已經過去。我這位農友的悲劇，隨著歲月的流逝，也會
漸漸被湮沒在歷史的塵埃裡。人類的歷史從來就是由偉人和悲劇人
物交織而成，而有時悲劇人物往往被後人傳的更久更久。」

這位船長的序，由徐子榮的同學和農友，華東師大中文系教授謝在聚
會上朗讀，謝為之動容，許多人也都淚流滿面。

更多的人說：從今而後，我還將不斷地向他人訴說他（徐子榮）的
故事。

因為他：

復興五年學富五車，「求真」使爾脫穎成材；
劫難十年初衷依舊，傲骨令人敬佩感慨！

二、禍起真話

我跟徐子榮從來沒有講過話，但「徐克思」的大名在學校無人不知，

可見他那時就喜歡思考理論問題，「克思」尤其喜歡從馬列的原著中去尋找中國問題的答案。文革前，他是一個班級的團支部書記。文革中，因為不是「響噹噹的紅五類」，沒有成為風雲人物。但是他時不時在大庭廣眾之下發些議論，總是引經據典，邏輯嚴密，無可辯駁。他個子不高，戴一副眼鏡，總是憨厚地笑著，有點結巴地論證著自己的觀點。他對「文革」中的極左做法和那幾個當時權傾一時的理論家很不以為然，老是在同學們面前用馬列的原話來和他們唱對臺戲。以至有的同學在海外多年，還想著退休以後同學聚會，如果能見到他，再聽聽他對這四十年的總結，一定很有味道。

1967年至1968年的冬天。按市革委會的指示，66屆高中畢業生去工廠企業參加勞動。我們學校每班有一二十名身強力壯的男生是去碼頭上扛活。他們被安排在上港四區，就是大名鼎鼎的十六鋪碼頭和大達碼頭。他們與碼頭工人幹著同樣強度的重體力活，而且三班倒，但每月只有12元的「津貼」。

有一天上夜班，幾個同學一起頂著凜冽的寒風向碼頭作業區走去。這時有人感慨道：一個月12元，按30天算，每天只有4毛錢；一天按8小時算，每小時才5分錢！這時，人群中發出了一個甕聲甕氣的聲音，不是很響，但當時聽來簡直是發聾振聵：「這就是社會主義制度的弊病！」原來是「徐克思」，他悶著頭，雙手插在袖筒裡，認真地說道。一時間，全體噤聲。大家都不敢往下說了。誰都知道，這是絕對的「反動言論」。社會主義制度是共產主義的初級階段，而共產主義是世界上最完美的制度，社會主義制度怎麼可以有弊病呢？

1968年秋天，他去了崇明的新海農場，他是抱著一大堆馬列著作去農場的。他對馬列主義經典倒背如流，頗有研究，使很多人不由心生敬意。夏天的晚上「徐克思」常常坐在宿舍門口，邊上圍坐著一些人，聽他談最近研究馬列著作的體會。他說一個觀點時能說出老祖宗的原話出在哪篇文章、載於第幾卷第幾頁，不由使人目瞪口呆。他說話有點口吃，然而聽來卻條理井然、邏輯嚴密，使人信服。不過後來他說起某個觀點時突然說關於這個提法他比毛老人家還早了幾年，這在那個時代可是反動言論，即便

是你真比老人家還早提出某個觀點，直接對人明言那也是犯大忌的，難道他不知道「禍從口出」？

果不其然，一天夜裡食堂的高音喇叭又響起了革命歌曲，已勞累了一天的農友們極不情願地走出宿舍，聽說又揪出了反革命分子。剛走到食堂門口就看見民兵連長用繩子牽著一個人跌跌撞撞走過來，一看竟是徐子榮。他本來就長得矮小，讓粗麻繩五花大綁起來更是縮成了一團。

會場的陣勢好像特別嚴肅，大屋頂下黑壓壓地坐滿了人，太陽燈照耀著的主席臺煙霧騰騰，有些陌生面孔在跑來竄去，據說場部領導來了，還有縣革委會的大人物。

原來徐子榮寫文章批駁姚文元的什麼「唯生產力論」，好大膽哦！

當天的批鬥會開得好像不怎麼樣，「克思」說話有些口吃卻並不認罪，主席臺上一大幫人輪番上陣也沒能把他鬥服了，最搞笑的是，據說請來的全崇明最權威的馬列主義專家上去沒幾分鐘就敗下陣來。好像「徐克思」問他有沒有看過馬列主義原著，沒有請回去看看馬克思全集第幾卷第幾頁第幾段，你的觀點是馬克思當時就批判過的。那個專家當場就愣住了，嘴唇哆嗦了半天也沒說出看沒看過。全場氣氛極其尷尬，臺上的人個個臉色發青。幸好有人機靈，帶頭振臂高呼：「打倒某某分子徐子榮！徐子榮不老實就叫他滅亡！」、「無產階級專政萬歲！」、「毛主席萬歲！」於是臺下的人也跟著喊口號，翻來覆去不停地喊。

最後怎麼收場，宣布了什麼罪狀現在大家都已記不清了，只記得徐子榮被人像扔麻袋那樣扔到了拖拉機的拖斗上，然後一路顛簸開去。那輛車把徐子榮押到了靠近場部的「抗大」。「抗大」是當年政治風暴的代名詞。對知青的洗腦，整肅，甚至毆打，都將會發生在這個後來令人色變的地方。

聽說他在「抗大」被關押期間吃了很多苦，曾被人用槓子暴打得大小便失禁，因為他不肯低頭認罪。後來腦子被打壞了，神情木納，才被放出來。

他被放出來之後。不是抬頭愣愣地看天，就是低頭挑了兩隻糞桶匆匆趕路。一些不懂事的愣頭青常拿他開玩笑。他是初學理髮者最好的練習對

象，每當看見他又被剃了個坑坑窪窪的馬桶頭時，就有人上前去摸一把，還有人要打三下，說是「新剃頭，不打三記戳黴頭」，他什麼也不表示，像個木頭似的任憑作弄。老三屆的都走得差不多了，新來的小青年不知道他的根底，只知道他是個壞分子，是個行為怪異的傻子，農場生活枯燥，工餘時間拿他來開開玩笑也蠻開心的。而「克思」對這一切似乎都不在意，只是被打重了才躲著走開點。

我已經寫不下去了，太傷感了，而他之所以受苦受恥辱，僅僅是因為他曾經做了安徒生筆下的小孩，說了實話，指出了皇帝沒有穿衣服。在屈辱之下，他絕不認錯，就好像布魯諾，在被推上火堆時還大聲喊著：「地球它現在還在繞著太陽轉動！」

三、天才被誤

我們學校重理科，特別是男生。徐子榮不但精通馬列主義，而且也是一個數理天才。文革前，他已經在研究大學三、四年級的數學物理專業的教材，數學物理老師都為他驕傲。教室的牆上，貼著他的研究成果——關於愛因斯坦的相對論的，還有量子力學的問題。而班上那些亦是高材生的同學對此完全在雲裡霧裡。

如果沒有文革，徐子榮會入全國一流的高校深造，會成長為一位科學家，研究員，博士生導師，著作等身，碩果累累，總之，前途輝煌。

但是文革將他貶到了「水稻田大學」，還被扣上了莫須有的帽子。屈辱之下，他絕不低頭，依然研究他的科學，觀察他的星座。他說過：「革命是必要的，但是科學也是革命的一部分，也是需要的。」

有個小同學看他抬頭仰望星空，就問他看什麼？他說那顆很亮的是金星。

真沒想到他還識星相。曾經以欺負他為樂事的小同學對他刮目相看了，「克思」的稱號也變得親昵。有機會大家願意跟他聊天，他也樂意向他們敞開大腦中的知識寶庫，天文地理，古往今來，無所不談。看他們有興趣，子榮常在晚上帶他們出去看星星。什麼季節什麼時辰什麼星座在什

麼位置，它的主星有幾顆，叫什麼，距離地球多少光年等等，他都說得明明白白。

有次為了看一個北半球難得露面的南方星座，他特意約了一個小同學凌晨兩點到大田後面的壩上去，因為那個星座亮度低，在遠離住宿區，沒有地面燈光的地方可以看得更清楚。壩上夜空非常純淨，是個觀察星空的理想地方。那夜子榮帶著手電和自製的星空圖，他們並肩坐在河堤上，一會兒抬頭看天，一會兒低頭看圖，努力從頭頂浩繁的宇宙中尋找的目標。許多年後，這幾個同學每當站在山頂上，望著太陽的餘暉消盡，星空漸漸展現在眼前，心裡還懷念著當初認識它的那些夜晚，懷念著當初帶自己認識它的人——「徐克思」。

有一天中午，農友們正在休息，突然寢室門被哐地撞了個山響，只見子榮手拿扁擔跌跌撞撞闖進來，「我解開費馬大定律啦！我解開費馬大定律啦！」他興奮得滿臉通紅地叫道。

「啊，什麼呀，什麼菲什麼馬啊？」小同學們都丈二和尚摸不著頭腦，「『克思』你別是瘋了吧？」子榮激動得手舞足蹈、語無倫次，說這是個世界級的數學難題，是法國大數學家費馬留下的一個關於「a+b=什麼」的猜想，他從中學開始就研究這個猜想了，最近一直在整理原來的思路，剛才在挑糞的時候腦子裡突然一亮，答案找到了！

這可是大事情呀！於是大家都激動起來，於是有人去食堂把寫菜單的黑板摘下來，掛在寢室裡，讓子榮給他們講怎麼解開這個世界難題的。子榮使勁地用粉筆頭在小黑板上寫了擦，擦了寫。末了滿頭大汗雙手一攤說，你們基礎太差了，我再說你們也不懂。

小同學雖然不懂計算過程，但不知道這個東西的複雜性和重要性？紛紛給他出主意：你得直接給華羅庚同志寫信，而且你只能把結論和主要的推導步驟寫上，要害的地方不能寫，你能保證華羅庚同志公正不阿，但你能保證他手下的其他什麼人不剽竊嗎？這畢竟是世界級的數學難題啊。於是子榮在他們諄諄教導下起草給華羅庚的革命信件，以「首先敬祝偉大領袖萬壽無疆」開始。

信寄出去了，所有的人都在替子榮捏指算日子，這信到南門港要多少

時間，南門到上海，上海到北京，北京到中科院傳達室，再到華羅庚手裡，有人說十五天差不多了，有人說不夠，華羅庚還要開會，忙著呢，得二十天，還有人說得一個月。然而一個月過去了，兩個月過去了，一點消息也沒有，大家便開始灰心了，唉！這信怎麼就「泥牛入海」啊？

大家逐漸將此事拋到了腦後。大約三個月過後，一天下午收工，突然聽說子榮有信了，是中科院來的。小同學們那個激動啊，跑得比他本人還快。一看，那信已經被拆開，白皮信封，一張薄薄的公文紙，上面除了開頭徐子榮三個字是手寫的，後文全是鉛印的，大體意思是：來信已經收到，非常感謝什麼什麼的，但是華羅庚同志很忙什麼什麼的，最後是希望什麼什麼的此致革命敬禮！

大家先是面面相覷，好像被當頭澆了盆冷水，續而憤憤不平起來，這華羅庚也太官僚了吧，怎麼看也不看就退回來呢，不是說中國缺人才麼，這萬一埋沒了人才怎麼辦呢？子榮什麼也沒說，木頭似的站在一邊望天，好像此事與他無關。

大家的熱情被澆滅了，人散了。好像有人勸子榮去找蘇步青，或許他能夠慧眼識真寶，也有人說，是不是先投到國外去。

事實上徐子榮也並沒有放棄，過了4、5年，恢復高考後，他幾經轉折，托人將手稿送到了入讀華師大數學系的同學。他給的是一張從巴掌大的工作手冊上撕下來的紙，上面用圓珠筆密密麻麻寫滿了字，那就是他作的費馬大定理的證明。一張巴掌大的紙，一段用劣質圓珠筆書寫的、不少字跡都化為墨團的字居然是困惑數學界300多年的費馬定理的證明？當時剛進數學系的同學數學也就是高中水平，根本看不懂。同學請科代表把紙條交給老師，老師的回答是：你們這是想騎自行車上月球。

為什麼子榮的證明是自行車呢？費馬當年也說他已經知道這個定理的證明，只是書頁邊上的空白太小他寫不下，可見這個證明並不會太長。即便子榮的證明是錯的，裡面也一定有閃光的思想火花。但是後來卻再也找不到那張紙條。

子榮就是這樣被埋沒，被扼殺了。

我和徐子榮在一個學校而不同班，在一個農場卻不同連隊，但是我一

定要把他的事情寫出來。在那個人妖顛倒的時代,即使我當時在場,不是也只能眼睜睜地看著他被釘上十字架嗎?但我有責任,那就是把這個故事傳下去,讓我們的後代都知道都記住,在我們自認輝煌的歷史上還曾有過的黑暗一頁,這個重要性不會亞於記住四大發明。

對於他這樣的草根人物,是不會有媒體來宣傳,即使母校也不會將他當作「傑出校友」。他多年來遭受的不公平,被暴打的後遺症,也沒有一個單位承擔責任,更不要說賠償了。

我寫了他的故事,只是為了我的良心。

2010年3月;原載《澳洲新報‧澳華新文苑》

楊恒均

作者簡介：

　　楊恒均，男，1965年生於湖北省隨州市。復旦大學法學學士，澳大利亞新南威爾士大學文學碩士，雪梨科技大學博士。1987年至1997年，分別在北京外交部、海南省人民政府、香港中資公司工作。1997年到美國大西洋理事會從事國際戰略問題研究。2000年後在華盛頓和雪梨從事國際問題研究。2006年3月曾任澳大利亞《雪梨時報》總經理兼副總編輯。

　　2002年開始從事文學創作，已完成小說二百萬字，包括驚險政治間諜小說致命系列三部曲《致命弱點》、《致命武器》和《致命追殺》；以及紀實文學《伴你走過人間路》。2006年開始在網絡上撰寫散文和時評，2010年出版散文、時評集《家國天下》。現為澳中作家協會和雪梨華文作家協會副會長，以及「天大研究院」研究員。

　　座右銘：嫉惡如仇，從善如流。十分欣賞羅素這句話：三種簡單但又極為強烈的激情支配我的一生：對愛的渴望、對知識的追求和對人類苦難的不堪忍受的悲哀！

下一場「文化大革命」離我們有多遠？

　　文章寫了兩個半小時，找一個恰當的題目卻用了兩天，從「再來一次文革的時機已經成熟了，你準備好了沒有？」到「我們是否能夠避免下一場文革？」，翻來覆去四五個題目，最終也沒有讓我滿意的。我想，這些題目如果讓我八十多歲的老父親看到，他不但會失眠、發噩夢，也許還會對我橫眉冷對。

　　文革帶給父輩的苦難也許只有等到他們離開人世才能夠最終消除。就算我們這些當時年紀不大的，身上也都或多或少留下了文革的創傷，至於整個民族，則被深深烙上了也許再過幾十年、一個世紀都無法消除的烙印。回頭看一下，無論是被整還是整人的，有幾個敢說自己不是文革的受害者？整個民族都陷入了瘋狂，經濟發展不進反退，社會陷入混亂，文化澈底遭到破壞，而那十年恰恰是世界各國大踏步向繁榮富強挺進的時期……看了我的題目，稍微有理智的中國人都會斬釘截鐵地說：不能、也不會再有下一場類似文化大革命的運動了。

　　但願如此！我們折騰不起，中國折騰不起，中華民族也折騰不起。然而，願望畢竟是願望，我們折騰不起並不一定意味著我們一定不會去折騰，或者我們一定不會被折騰。中華民族幾千年的歷史，打打殺殺，起起伏伏，一直就是這樣不停地惡性循環，至今並沒有走出怪圈。這也難怪我會有這樣一個強烈的感覺，那就是在我們還沒有逃離上一次文革的陰影的時候，我們很有可能再次迎來第二次文化大革命。

　　毛澤東發動文化大革命的原因眾說紛紜，但有一點我想大家都不能夠否定，那就是毛感覺到政權不穩了，想發動文化大革命來保衛用槍桿子打了幾十年才奪得的江山。那麼，毛為什麼覺得自己的江山不穩？是有人要奪權？是他看到了中國幾千年歷史上一次又一次興起的改朝換代的農民起義即將爆發？還是帝國主義和修正主義要來侵略中國？我想，這三點都兼而有之，然而都不是最重要的。

　　在發動文革前，毛已經把自己在全國人民中的威信弄得很高了，如果說他想更高，那也有可能，但卻不足以讓他發動對社會和文化具有摧毀性的文革。至於中國所有朝代面臨的最大威脅──農民起義或者武裝起義，老毛比誰都清楚。老毛自己就是靠農民起義和武裝鬥爭奪取政權的。所以，1949年後他三下五除二，從經濟、思想上澈底解除了農民的「武裝」。熟讀史書的毛也很清楚，因為中國歷史都無情地顯示：中國農民不被一個腐敗的朝代折騰個七八代人，弄得民不聊生了，賣兒賣女的話，仁厚、老實、膽小的農民是不會揭竿而起的。至於第三個原因，帝國主義修正主義的威脅，就更是無稽之談了，老毛即便錯誤地判斷美蘇要入侵中國，他也從來沒有害怕過。

　　我沒有任何理由為老毛辯護，但我想說的是，他當時確實沒有受到多少來自各方面的威脅，那麼發動文化大革命是為了保衛自己政權又從何說起？如果把老毛說成是一個心眼狹小，說成是一個變態的人，或者乾脆說他七十歲以後老糊塗了，很容易解決問題，大家就不用討論了，可是，那樣是不是也太簡單了？畢竟，當時社會主義國家，發生類似文化大革命運動不僅僅是中國，幾乎每個社會主義國家都出現過類似文革的運動，有些規模很小而已。這就讓我們不能只是從老毛個人因素來考慮問題，而要深入到制度，把制度和人的因素結合起來，探索一下文革爆發的最大根源（由於不是專門研究這方面的，我的有些結論很可能已經早有學者和專家提出來過）。

　　毛澤東感覺自己的政權受到了威脅，作為開國之君，他對這個政權的感情難道不超過任何人？當他感覺到威脅時，他自然要起而捍衛。那麼這威脅來自何方？正是來自政權內部，來自他自己的手下的同志們。按說如果那個威脅是來自個別的同志，他完全可以用其他的方法，可是他還是發動了文革，因為在他的眼裡，那些威脅了他的地位和政權的不只是某位國家主席或者少數走資派，而是大批的已經開始集體朝資本主義走的同志加部下，而且他已經無法借助自己創立的體制去自救。

　　老毛是一個理想主義者，從1949年後他就脫離了中國和世界的實際，他對中國幾千年歷史了如指掌，卻對中國和世界的前途稀裡糊塗；他對世

界其他國家的政治制度一竅不通，卻對自己創立的體制清清楚楚。他感覺到自己打下的江山在腐化墮落，他感覺到周圍的戰友都開始享受革命果實了，這和他的理想相差很遠——他怎麼辦？等著那些貪污腐敗的同志和部下把民眾激怒起來，最後弄得人民揭竿而起打倒他們，從而也推翻自己來之不易的政權？

那種事就是中國幾千年密密麻麻的歷史上每一頁都記載的，老毛不會重蹈覆轍，可是由於他創立的這個體制卻從本質上無法消除權貴們淪落為魚肉民眾的貪腐分子，建國後他雖然搞了各項運動也都毫無作用，於是，他發明了一個辦法（說是發明，其實這個體制裡的每一個最高領導都會走上這一步），從下面發動群眾來對付夾在自己和群眾之間的官僚和知識分子精英們。

毛澤東很清楚，當一個政權開始腐敗的時候，人民群眾遲早有一天要造反，要來革當時那種「文化」的命，可是，到那個時候，人民群眾要革的就不光是那些腐敗分子，而是滋生和慫恿了這種腐敗的制度和政權本身，就是要革老毛打下的這個江山的命。他能夠坐以待斃嗎？與其等待人民群眾自發地起來革命，不如自己先出來挑起這場革命，在自己的帶領下，把中間那些腐敗和走資本主義的壞分子革掉。來一次由自己親自組織和指揮的「群眾自發的運動」，打一場政權保衛戰，這當然和有些學者說他是為了保護自己手裡的權力是殊途同歸，那個政權就是他創立的，他手裡的權力也是來自於那個政權。

於是轟轟烈烈的無產階級文化大革命爆發了。不管現在那些曾經生活在激情燃燒的歲月裡的文革遺老們如何懷念那場「自發的」革命，他們其實都是在老毛操縱下的扯線公仔，從頭到尾，老毛——只有老毛一個人，沒有失去對文革的指導權和控制權。

現在評價文革，意見和分歧都不是太大，對於我們民族，那是一場浩劫。可是，大家也許還可以換個角度問一句，如果沒有當初那場浩劫，毛創立的那個政權能夠維持下去？維持到今天蘇聯和東歐都土崩瓦解了，我們還在搞中國特色？

現在有那麼一批學者和當時受到折騰的當權派傾向於這樣一個觀點：

如果1949年後不接二連三地搞那些運動，特別是如果老毛不發動文革，中國將是另外一種美好的樣子——言下之意，是好幾億人民被一個老毛帶上了歧途。我還是那句話，這樣說如果能夠讓我們這些「人」心裡感覺舒服些，那也無妨。但那樣評價歷史，就有些站不住腳了。讓我們不禁要問：老毛睡到天安門廣場中間去之後，十幾億中國人又是被誰帶著，在往哪裡走？

每一個社會主義國家都搞了類似文化大革命的運動，但都沒有老毛搞得徹底，這是否使得中國成為地球上僅存的社會主義大國的原因之一呢？有人說我們的經濟改革和發展讓我們倖免遇難，別逗了——在我們改革最成功的時候，我們人民的生活水平也沒有超過蘇聯和東歐一些國家。我就不妄下結論了，只想說，文革是不是災難要看對什麼來說，對於你，對於我，對於經濟發展和民族文化來說，也許是災難，但對於鞏固政權，長治久安，也許就另當別論了。

當事後諸葛亮很容易，現在有很多人出來說了，如果當時不搞文革，我們的經濟就如何發展了，我們的生活水平就如何提高了，這話沒有錯。但當時就真沒有什麼問題？文革就真是平地而起？當時的那個體制難道比現在的更進化？更先進？更具有代表性？當時的社會真的沒有問題？例如官員的絕對權力和貪污腐敗，官員的墮落和不顧民間疾苦等等。誰能夠告訴我當時沒有出現讓普通民眾咬牙切齒的情況？難道那時實行的是一種能夠避免這些情況發生的社會制度？誰能夠告訴我1965的社會主義制度比2005年的社會主義制度更加有效的阻止了絕對權力、貧富分化和貪污腐敗？在我的記憶中，當時一個人民公社的書記幾乎就是一個小皇帝，用給人做政治思想工作方法搞女人不說，還享受了當時民眾根本無法想像的特殊待遇（當時民眾沒有錢，有錢也無法享受到）。請問，文革前的中國社會真那麼美好？還是那種美好只存在於被民眾憤而起來折騰的官員和精英們的身上？

文革的殘酷也許掩蓋了文革前的黑暗，這都有可能，我也無法多說。但我卻知道1995年的中國和2005年的中國是什麼情況。在一個無論從哪一方面來說都要優於1965年的社會制度的今天，卻湧現出那麼多下層民眾懷念老毛，那麼多年輕人喊著如果老毛回來，我們再來一次文化大革命，他

們一定會把那些貪官污吏一個一個個打翻在地，再踏上一隻腳！

　　當然，那些叫囂要再來一次文革的年輕人對文革知道有限，但那不是他們的錯，是我們的問題，是社會的問題，是制度的問題。由於我們現在無法深入反思文革，反思下去就會有很多問題。對於絕大多數中國人來說，說起文革，他們腦海中出現的圖片和文字都是那些類似的批鬥場面：國家主席慘死，國家主席的老婆脖子上掛著乒乓球串起來的珍珠項鍊，省委書記的家被炒，省長被插上牌子被批鬥，他們貪污腐敗的生活被揭露，各級黨委被清洗，他們家裡的物件包括黃金和值錢的字畫被搶奪，知識分子精英被批鬥，一些領導人被迫搬出了小別墅，有些領導人甚至失去了保姆，連司機也沒有了，在一個人民生活水平還是全世界最低的國家裡生活的走資派的子女們享受到特權，結果被勇敢的紅衛兵打得遍地找牙⋯⋯

　　啊！這就是文革？如果這就是文革，你走到街上隨便拉一個普通中國人問一下，問一下他們是否想再來一次？我告訴你，他們不但想再來一次，而且他們這一次還想把所有的官僚都拉到街上去排隊，要槍斃他們。他們說什麼來著？對了，他們說，如果隔一個槍斃一個，保不準會漏掉大批魚肉民眾的貪污腐敗分子！

　　再脫離中國低層老百姓的知識分子也應該清醒地認識到，如果有那麼一個機會，如果文革以類似的形式死灰復燃的話，至少不下於八到九個億的低層民眾（他們的財產加起來將讓他們成為世界上至今最貧窮的人類族群）會毫不猶豫地把那些書記和部長、廳長、局長、鎮長推上批鬥台甚至斷頭臺，他們的「革命」激情一點也不會比無產階級文化大革命時狂熱的民眾要低多少。他們甚至會振振有辭地說：上一次文革我們被老毛忽悠了，我們是為他而造反，這一次，嘿嘿，我們是為自己！

　　共和國在1965年遇到的問題，現在照樣存在，因為基本的社會制度並沒有多大的變化；普通民眾在當時看到的問題，現在不但依然存在，很可能更加嚴重；毛澤東當時感覺到的挫折，現在的領導人也一樣碰到。

　　胡溫新一代領導人都是從基層做起，對於中國的現實都有比較深刻的瞭解，這使得他們無論在世界觀還是頭腦的清醒上都遠遠超過晚年的老毛。他們上臺後注重民生，提出以人為本的科學發展觀，順應時勢，深得

民心。然而，作為最高黨和國家領導人，他們自然也像老毛一樣，比任何人都更加關心政權的長治久安。正是鑒於這些，他們也清楚地看到現在政權面臨的最大威脅來自何方。

來自何方？大家可以打開胡溫的前任老江同志的文選，在這些洋洋灑灑的文字中，只有少數幾次提到亡黨亡國（所謂亡政權是也）的字眼，而提到這些字眼的時候，既不是在說經濟崩潰，也不是說到美國炸我們的大使館和其他一些國際對抗——老江同志只有在三個場合說到亡黨亡國，這三個場合都是在提到黨內的貪污腐敗的時候！

老江的繼任者乎胡溫比老江還清醒，他們都知道，天災人禍不但不能亡黨亡國，而且會讓人民更緊密地團結在黨的周圍；而就算我們與全世界為敵，哪怕我們像那位姓朱的將軍建議的把西安以東的幾億中國人都犧牲了，也不會亡黨亡國的，最多犧牲半個民族。在相當長一個時期內，要想亡黨亡國，只有一個辦法——繼續絕對權力下的絕對的貪污腐敗，徹底激怒民眾，把民眾逼上梁山。這也是一個被中國幾千年歷史上的無數朝代以統治者的鮮血證明過的顛撲不破的真理。

大家還記得，胡溫上任初期，曾經傳出最高領導人要求學習北朝鮮的事情。這件事當時震動很大，但沒有我後來得到另外一個版本時感到震動。我得到的版本說，我們的領導人是在想到黨內幹部貪污腐敗的時候，要求學習北朝鮮的。大家也知道，雖說北朝鮮幾乎沒有什麼東西可貪的，但那裡的黨和政府的幹部確實比較「純潔」。從這一件事，我們至少看到，新一代黨和國家領導人對於官僚體制的現狀不是不清楚，他們也想有所作為，這不，為了遏制腐敗、防止亡黨亡國，差一點被逼到要學習北朝鮮的地步了——何其悲壯！

也許你想我舉一個最近的例子，那我就舉溫家寶總理親臨地震災區第一線的事。在七十歲的總理風塵僕僕不顧危險趕到地震最前線的時候，我們很多人感動了，也有不少人認為沒有必要，還有少數人認為他在做秀，但在這眾多聲音中，我卻從一位美國朋友，一位中國問題專家那裡聽到一段話（他好像也在公開的電視新聞分析節目中說過）：溫總理到那裡不是做秀，他根本不用做秀，反正他不需要你們的選票就能當總理，為什麼要

做秀？溫總理清楚他下面的那個幹部隊伍已經如何腐敗了，他親臨第一線是要親自督促那官員們積極救災，如果他不來，那些人不但不會停止貪污，而且會繼續採取一貫做法欺上瞞下，只是這一次人民付出的代價不是納稅人的錢，而是他們自己的命。你們的溫總理就是要親臨第一線，對那些官員造成壓力。他是個好總理，他不是做秀。

如果我當時認為這位美國專家的話些聳人聽聞，讓我半信半疑的話，那麼當七十歲老人激憤之下摔掉電話，喊出那聲悲壯的「是人民養活了你們——」之後，我就太佩服美國佬了。而且，溫總理那句話當然不只是喊給當天那些被人民養活的人聽的，否則，根本不會傳出來，溫總理是喊給那些所有被人民養活的人聽的！

毛澤東是中國幾千年歷史上唯一一個找到了對付貪污腐敗官員的辦法——發動文化大革命——他用這個方法取代了中國歷史上經久不衰的另外一種方法：人民暴動，推翻一個腐敗政權，建立一個一開始不那麼腐敗最後也同樣腐敗的政權。對中國歷史了如指掌的毛澤東絕對不會允民眾起來反對貪污腐敗最終把自己的政權也推翻，他在發現制度無法抑制那些貪污腐敗（也就是資產階級走資派）時自己率先跳起來發動起義——一場不是由民眾自發主導而是由他控制的針對政權裡的腐敗勢力的起義。

這種一開始旨在針對資產階級和腐敗變質勢力的運動最終沒有逃脫所有農民運動的怪圈，摧毀了所有不該摧毀的東西，包括文化。把中華民族帶進了萬劫不復的深淵。老毛同志看上去跳出了中國歷朝各代都無法避免地被民眾推翻的刀山，卻自己帶領整個民族跳進了更加可怕的火海！由統治者發動的「起義」確實組織了貪污腐敗的蔓延，但卻幾乎摧毀了整個民族！

然而，由於體制的弊端，貪污腐敗和絕對權力無法澈底剷除，所以毛澤東也在萬般無奈中說，這樣的文化大革命要「七、八年再來一次」，我想，如果毛澤東如果真能夠七、八年就來一次文文化大革命的話，他創立的那個制度應該還可以繼續長治久安下去的。

各位，是不是以為我又在寫小說了？是不是讓你特別不舒服？你想哭？還是想笑？別忍著，那就哭吧，笑吧，哭笑之後，繼續看下去。

　　1949年後一場運動連著一場運動，最後一場文革更是弄得民族到了崩潰的邊緣，然而，就在我們思考這些運動的時候，我們卻往往掩蓋了另外一種事實。現在經常聽人說，如果某某主席不被打倒，如果某某領導人的主張得到貫徹，中國就會如何，從他們的口氣上，彷彿幾個億的中國人民的命運就因為某個領導人打倒了另外一個領導人，而且，在他們的口中，還總是邪惡的戰勝了偉大的，何其可笑，何其悲哀?!

　　我們是不是應該從體制上來一個最終診斷？那就是有些體制無論由多麼偉大和英明的領導人領導，你始終無法走出貪污腐敗以及與民眾利益背道而馳的怪圈，中國幾千年的歷史都是這樣。而現在我們又一次站在歷史的拐點上，貪污腐敗早就不再是貪污那麼簡單，他已經延伸到老百姓生活的方方面面，累計的越久越多，爆發起來越是慘烈。更加嚴重的是，由於貪污腐敗的蔓延，中國的道德水平下滑的趨勢無法抑制，十三億生活在道德被破壞，信仰殘缺的人，最終會如何，你能夠想像嗎？如果這一切延續下去，亡黨亡國絕對不是危言聳聽。

　　那麼最擔心的是誰，當然是高高在上的胡溫為首的黨中央，最遭殃的是誰，當然就是最下層的普通民眾。最討厭的是誰？當然就是那些貪官污吏，包括那些依附於貪官污吏的各種精英們（政治精英、經濟精英和知識精英）。那些位高權重或者獨霸一方的諸侯們並不擔心，亡黨亡國對他們來說不是問題，正是看到要亡黨亡國，他們才拼命貪污腐敗，在大船沉之前分一杯羹，等到他們撈得差不多的時候，他們甚至盼望這個大船快一點沉下去，好讓他們貪污的那些藏在世界各地的財富合法化。

　　人民會答應嗎？最高黨和國家領導人會答應嗎？扯——當然不會答應，可是，你有啥辦法？普通老百姓去抗爭，人家把你抓起來，說你破壞和諧與團結；就算是溫總理，也好像束手無策了，最後只好喊出一個大真相「是人民在養活你們」，算是威脅那幫被人民養活的人。溫總理也順便提醒他們，你們再不清醒，我就去對那些養活你們的人民說：是你們在養活他們呀！

　　這些天，當人民的感覺真好，一會從臺灣聽到「人民最大」，一會又聽到溫總理高喊「是人民養活你們的」，以前也常常聽到人家說人民，但

那是一個奇怪的複數詞——那個複數詞裡不包括我們這些所有的單數的人民。現在我們感覺到自己就是那些複數中的一員。可是，作為人民，我們能夠做些什麼？而且，在當今的的中國，如果你真淪落為「人民」——那個供養別人的階層的話，你不是不清楚，被你供養的那個階層有多麼的貪污和腐敗，你生氣，你甚至想——你想毛澤東回來，把他們揪鬥出來！除此之外，難道還有更好的方法？你看現在連胡主席和溫總理也站在了人民一邊，因為他們很清楚，如果任憑手下那幫貪污腐敗分子恣意妄為的話，老江同志說的亡黨亡國就可能真地出現了。

那麼，在最高黨和國家領導人都無法抑制貪污腐敗的時候，他們是否真地會走上那一條直接訴諸人民的方法——再次發動一場類似文革的運動？至少我知道，有相當大一部分「人民」是準備好了的，其中就包括乾柴烈火的憤青們，當然還有那些受到貪官污吏欺壓的，至於在自己國家需要暫住證的農民工，下崗工人等，就自不待言了。

還有一個讓人亦喜亦驚的現象：人民——請原諒我老是忍不住使用這個以前每次使用都覺得有點滑稽的詞兒——在天災人禍中痛定思痛，在深刻領會了胡主席「以人為本」和溫總理那句「是人民在養活你們」的精髓後，已經開始覺醒，並逐漸在向公民蟬變！

你告訴我，下一步會出現什麼情況？那些掌握了絕對權力的貪官污吏會停止貪污腐敗，加入人民的行列，還是繼續胡作非為，該吃就吃，該喝就喝，該包二奶就包二奶？在我們幾千年的歷史記憶中，除了毛主席發動的無產階級文化大革命做到了暫時「橫掃人間一切害人蟲」（當然，最終把每一個人民自己也掃到精神崩潰和窮困潦倒的深淵）外，還有啥方法？現在你再想一下，我說再來一場文化大革命也許為期不遠，是不是危言聳聽？

上一場「文化大革命」雖然過去三十年了，然而，我們卻沒有幾個人感覺到澈底地擺脫了文革的陰影，而且，讓人感到恐懼的是，我們的制度繼續在給民眾提供文革的土壤，這個制度繼續在培養那些破壞這個制度的貪官污吏，而要剷除他們的話，只靠這個制度，也許就只有再來一次文化大革命，或者乾脆回到北朝鮮時代，除此之外，我們已經別無選擇。有些

人自認為可以帶領人民走一條有中國特色的社會主義道路，可以永遠繞開文革那種災難，他們如果不是太天真，就一定是假裝傻。想一下一個問題：你們真以為在維護老毛同志創立的體制上，你們比他更有能力?!

我們離開下一場文化大革命到底還有多遠？難道我們真地沒有辦法避免了？有，要避免再來一場文化大革命其實很容易，老毛同志早就找到了，不是發動文革，利用民眾來排除異己和貪官污吏，而是讓人民起來監督他自己和他的政府，實行真正的民主。1945年7月，老毛滿懷信心地回答黃炎培時說，對於那種因腐敗而引起的興亡週期，我們已經找到了新路，我們能夠跳出這週期律，這條新路，就是民主。——可惜的是，1949年掌握政權後，老毛沒有使用民主來打破這個週期，而是選擇了文革。

不想繼續使用老毛的文革來清除腐敗保衛政權的領導人，還有一個選擇，也是全世界絕大多數人民已經選擇了並用實踐證實了的方法。民主制度是全人類共同的財富，也是結束了所有在惡性怪圈裡循環的人類歷史的一種迄今為止最不壞的政治制度。我相信，對貪污腐敗深惡痛絕、嫉惡如仇的胡溫政府，一定會從善如流，把中國帶進民主和法制的時代（就像十七大報告所講），讓文革這種悲劇永遠成為歷史。

最後，讓我們像文革中那些紅衛兵小將們背誦老毛的語錄一樣，重溫下面一些經典的句子：人民最大！以人為本！是人民在養活你們……

《楊恒均思想解放系列之四》，2008年6月的第二天

楊鴻鈞

作者簡介：

楊鴻鈞，出生福建閩侯（今屬福州市馬尾區）。1979年隨父親移居香港，任職香港報社編輯多年；1989年移居澳洲雪梨至今，曾從事廣告、報紙、旅遊行業；現任《號角月報》澳洲版編輯，並自僱運營旅遊巴士接載服務。

做了「秋桐」的紅衛兵
——《中國「文革」十年史》讀後

　　讀嚴家其、高皋的《中國「文革」十年史》（下稱《文革史》），其中毛澤東逼害劉少奇的全過程，與王熙鳳逼死尤二姐的情節竟然驚人的相似，而當年的紅衛兵，在懵懂中充當了秋桐的角色。

　　《紅樓夢》第六十九回「弄小巧用借劍殺人，覺大限吞生金自逝」，講述王熙鳳把「苦尤娘（尤二姐）賺入大觀園」後，正在設計陷害之。偏巧賈赦又將一個名叫秋桐的丫頭賜給賈璉為妾，使王熙鳳「心中一刺未平，又平空添了一刺」，「且喜借他先可發脫二姐，自己且抽頭，用『借劍殺人』之法，『坐山觀虎鬥』，等秋桐殺了尤二姐，自己再殺秋桐」。她立定主意，便故意勸說秋桐：「你年輕不知事。他現是二房奶奶，你爺心坎兒上的人，我還讓他三分，你去硬碰他，豈不是自尋其死？」那秋桐聽了這話，「越發惱了」，於是「天天大口亂罵（尤二姐）」。

　　在「文革」中，毛澤東則是「施大計用借劍殺人」，因他要殺的人不是「品行既虧」、「心癡意軟」的尤二姐，而是名望甚高、大權在握的國家主席。所以「弄小巧」必然無濟於事，非得施展大計不可。況且，僅僅動用一個「秋桐」遠遠不夠，毛澤東需要千千萬萬個「秋桐」去和劉少奇「做一回」。「文化大革命就非要靠他們去做，不靠他們靠誰？」（《文革史》）可謂一語道破天機！

　　如果說，王熙鳳是用「激將法」去激起秋桐對尤二姐的仇恨，毛澤東則以「哄騙術」來達到目的。中共以馬克思主義起家，馬克思關於階級鬥爭的學說，在戰爭年代，一度成為中共奪取政權的重型武器；到了「文革」，則被毛用來作為黨內權鬥的法寶。以致這支「無產階級先鋒隊」組織的內部，也有了無產階級同資產階級的鬥爭，亦即所謂的「無產階級革命路線」和「資產階級反動路線」的兩條路線鬥爭。長期接受「階級鬥爭」薰陶的「秋桐」們，一聽說有人「站在反動的資產階級立場上，實行

資產階級專政」，鬥志一下子被鼓動起來。

王熙鳳之所以要殺尤二姐，無非因為她的醋意太大，「人家是醋罐子，他是醋缸醋甕」；而毛澤東要殺劉少奇，則純粹為了權力。毛說過：「不是東風壓倒西風，就是西風壓倒東風（注意！此語亦出自《紅樓夢》），在路線問題上沒有調和的餘地。」其實，你只要將其中的「路線」換為「權力」，毛的居心，就昭然若揭了。

王熙鳳一方面調撥秋桐去謾罵侮辱尤二姐，自己「並無露出一點壞形來」，同時擺出一副「好意」、「賢良」的姿態，看起來與尤二姐「和美非常」。毛澤東如法炮製。

「十一月二日，中央組織部貼出了一大批指責劉少奇、鄧小平的大字報，天安門前也出現了『打倒劉、鄧』的大字報。『打倒劉少奇、鄧小平』作為無產階級『文化大革命』的第一目標，向全世界公開了。」（《文革史》）

此時，劉少奇的日子已不大好過。然而，就在第二天：

「十一月三日，毛澤東第六次接見紅衛兵的活動中，……特地走到劉少奇面前與之交談了十幾分鐘，不僅在中國最高領導人面前顯示了毛澤東的寬宏大度，而且在當時毛澤東的威望影響下，劉少奇也覺得是莫大的內心安慰。」（《文革史》）

從劉少奇覺得「安慰」這一點來看，毛的演出十分成功！兩個月後，就是六七年初，在「秋桐」們的種種折磨下，劉少奇和他一家人的處境已經到了「猶如生活在滾油鍋中」的地步。

「一月十三日深夜，毛澤東等在人民大會堂，讓秘書接劉少奇來談話，劈面問的第一句話就是『平平（註：劉少奇的女兒）的腿好了嗎？』……在這次會見中，毛澤東態度和藹，似乎他與劉少奇之間根本沒有發生過什麼不愉快的事情。」（《文革史》）

這與王熙鳳在尤二姐面前的表演如出一轍！

不過，在毛演出的這幕戲中，出現一個始料未及的小插曲：劉少奇一再承認自己犯了錯誤，要承擔責任，還鄭重其事地提出辭職，願意攜妻子兒女去延安或老家種地，做個普通老百姓。毛「聽了劉少奇的一席話，沉

吟不語，不住地吸煙」（《文革史》）。嚴家其、高皋認為：「或許他是在沉思與劉少奇的多年合作關係」（《文革史》）。筆者卻相信，毛既與王熙鳳亦步亦趨，這時想到的，理應是尤二姐「覺大限吞生金自逝」的結局。劉少奇至此尚未「覺大限」之臨頭，毛自然不會放他走人。毛「沉思良久，沒有正面回答劉少奇的辭呈，也沒有提到劉少奇『犯錯誤』問題，只是建議他認真讀幾本書，臨別，還親自把劉少奇送到門口，客氣地說：『好好學習，保重身體。』」（《文革史》）曹雪芹曾借興兒之口，形容王熙鳳「嘴甜心苦，兩面三刀；上頭一臉笑，腳下使絆子；明是一盆火，暗是一把刀」。這廿八個字，拿來形容毛澤東，也很貼切呢！

尤二姐在王熙鳳的逼迫下，臨死前十分悲慘。劉少奇的最後日子，要比尤二姐悲慘幾十倍。王熙鳳用一個秋桐，便將尤二姐推入「大限」的絕境。劉少奇則要承受成千上萬個「秋桐」的煎熬：批鬥、打罵、關押、飯食裡被吐進唾沫、有病不給醫治。當劉少奇在「想死死不了，想活又活不下去」的狀況下，毛澤東更以「黨內頭號走資本主義道路當權派」、「叛徒、內奸、工賊」等莫須有的罪名，把劉少奇「永遠開除出黨」、「撤銷黨內外一切職務」，最後，劉少奇只能以化名「劉衛黃」、無業身分淒慘地離開了人世，死時身邊沒有一個親人。

毛澤東處置完劉少奇，很快就發出「最高指示」：「知識青年到農村去，接受貧下中農的再教育。」把尚在做夢中的「秋桐」們，一並「打發」到「遠遠的莊子上去」了。數以千萬計的紅衛兵做了一回「秋桐」，充當了「現代版王熙鳳」的殺人工具，這樣的歷史教訓，值得人們永遠記取啊！

（後記：重寫此文，自問心中是否仍然有恨？若是的話，求神赦免，並祈挪走一切的恨！回首歷史，只為汲取教訓；以古鑒今，避免重蹈覆轍。「忘記背後，努力面前，向著標杆，去得上面的獎賞。」）

張奧列

作者簡介：

　　張奧列，澳洲資深報人，北京大學文學士。在中國大陸、香港、臺灣出版著作有《文學的選擇》、《藝術的感悟》、《悉尼寫真》、《澳洲風流》、《澳華文人百態》、《澳華名士風采》、《家在悉尼》、《飛出悉尼歌劇院》、《澳華文學史跡》等。多次獲中國大陸、臺灣和澳洲各類文學獎。

知青
——文革產物仍招搖

　　近兩年，「知青」忽然熱乎起來，知青劇集，知青組歌，知青專訪，知青晚會，連我微信上的幾個老知青群，都常有知青話題。似乎國家的一號、二號人物出道於知青，已壽終正寢的「上山下鄉」又死灰復燃，恍如進入了「後知青時代」。要知道，全國性的上山下鄉運動是文革「十年浩劫」中的產物，知青也是文革的犧牲品。而文革已終結近40年，中共中央宣判文革死刑也有30多年，「上山下鄉」及「知青」還以諸如「無悔」、「感恩」之類的正面形象堂而皇之招搖於市道，真有點莫名其妙。

　　我本身也是一位知青，隨著歲月流逝，新的社會、新的生活之改變，知青身分於我是漸行漸遠了，只埋藏於心底。首次將我這個深層記憶再次翻抖出來的，卻是前兩年的《歲月甘泉——中國知青組歌》。

激情，還是悲情？

　　朋友蘇煒隨美國合唱團來雪梨，他們要在雪梨歌劇院上演「中國知青組歌」。蘇煒邀我們去觀賞，因為他是該組歌的歌詞作者，更因為我倆都有海南軍墾的知青經歷，曾是農友，也是文友，同移居海外。客觀地說，演出是精彩成功的，美澳同台，華洋共唱，效果當然很好。據說，這個知青組歌，曾獲廣東省魯迅文藝獎。

　　激昂而帶點溫馨的旋律，響徹音樂殿堂，也回蕩在南十字星空下，讓我回到了當年背朝青天，淚灑黃土，屯墾戍邊，穿梭膠林的難忘歲月。應該說，這個《歲月甘泉》組歌是頗有藝術感染力的。藝術感染力源自於對一種情懷的捕捉和表達。無論是當年開山辟地的豪情，思念家人的親情，貼心工農的溫情，重返鄉土的歡情，都演繹得很到位。如果從純藝術欣賞的角度來看，可以令我陶醉，但我畢竟是個過來人，對知青所處的年代有

切膚之痛，所以儘管組歌情感飽滿，但我仍感到欠缺一種情，而且是極其重要的情，那就是國情，是知青所處的文革時期的那種民族災難、國家瀕危的社會悲情。

是的，在那銘心刻骨的知青歲月，我們有過追求，也陷入迷惘，有過歡樂，也飽受苦難，有過夢想，也趨於幻滅，有過汗水凝結的碩果，也有過鮮活生命的付出。無論你怎樣理解知青時代，感受知青生活，當年所發生的一切，都基於十年浩劫這一國情。如果有意無意忽略這個時代基調的國情，那麼，哪怕你唱得風情萬種，都會與時代真實有種疏離感。

我問蘇煒兄，知青題材很敏感，最近有部電視劇《知青》在中國熱播，但也招來罵聲。你這組歌又如何？他說，我們在世界各地巡演，反響不錯，罵聲當然也有，但還不多。知青是個特殊產物，但唱歌總不能弄得悲悲切切呀。

說的也是，聽音樂，是一種欣賞，一種陶醉，而不是一場控訴，一場教育。藝術表達一種情感，也不能所有情感面面俱到。當晚演出中，一對洋人青年男女，牽手輕唱月夜膠林情歌，特別逗，招來了暴風般的掌聲。我也和全場觀眾一道尖叫喝彩。不過，此時的我，並沒有把這一刻與知青聯想，純粹是一種娛樂。他們唱得再過癮，畢竟與我當年所經歷的月夜下的橡膠林大異其趣。我的意思是說，知青組歌是一種有意味的藝術情調、藝術角度，但不能看作是知青生活深刻而準確的映照。它確實調動了當年場面的記憶，但卻把當年複雜難言的情感表面化、單一化，甚至虛擬化了。

當晚的觀眾，應該有不少老知青，大家都會在藝術欣賞中尋找難忘的記憶。對於當年的生活場面，大家的記憶應該是差不多的，但對於那段時光的評價，也許會各有不同。雪梨的一位知青朋友，就在互聯網上與中國的知青農友為知青歲月的是非功過、價值評判爭論不休。我想，恐怕也是這代人揮之不去的心結吧！

知青生活，到底是頌歌，還是悲歌？知青年代，究竟是激情，還是悲情？的確是一個頗值深思的問題。

知識青年，可以說是社會毀掉的一代，但同時也是時代造就的一代。在他們該好好讀書，汲取知識的時候，被領袖巨手一揮，趕到了農村、邊

疆。他們被毀掉了中國千年的文化傳統，毀掉了眩目真誠的理想追求；但他們呼吸了大地的氣息，延續了工農的血脈，在逆境生存中，熔鑄了腳踏實地、不屈不撓的精神品格。對大多數知青及其家長來說，文革期間的上山下鄉運動，是一場噩夢，只不過，在這場噩夢中，被激情燃燒的知青們，並沒有沉淪，而是在掙扎中奮進，在磨難中走向成熟。

在回首知青歲月，張揚知青精神的同時，我們絕不能忘掉特殊年代的社會悲劇、時代悲情。如果一味放歌一時的激情，而忽略深藏的悲情，那麼，這種激情與悲情還有可能發生在下一代身上。難道老知青還願意自己的孩子重走「上山下鄉」之路嗎？

當年在海南島，我也受命寫過點宣傳小品，當時筆下的基調當然是激情。哪怕心裡陰沉，也只會歌頌朝陽。今天我若執筆，還會有那樣的激情嗎？當年身在其中，社會只有一種聲音，一道光芒，愚忠遮目，有激情，也是虛無、扭曲和變態的。那是一種崇拜領袖的盲目激情，實質上，是一種迷失自我的無奈悲情。我們曾有過真誠，有過激情，但在荒誕的年代，這種真情也變得有點荒誕。所以，激情是表層的，是與世隔絕、封閉愚昧所產生的虛無情感；而悲情卻是深層的，是歷史倒退、人性毀滅，而你又身陷其中卻無力自拔的悲哀情感。

不管是當年告別知青生涯，還是今天回首青春歲月，我們都有某種抑制不住的感傷，為什麼？因為我們明明白白意識到，我們並不希望那個特殊的年代，特殊的群體，特殊的際遇重現。雖然當年的青春歲月和人間真情，包括對年輕人的磨練，與工農的友情，永遠記懷，但那個浩劫的年代不值得歌頌，那場毀掉一代人求學追求的運動不值得唱讚歌，那種培養年輕人喊口號、表忠心的愚昧不值得自豪。如果還要說「青春無悔」，無悔的不是當年的付出，當年的愚忠，而應該是付出之後、淬打之後的浴火重生。

我並無意去評說知青組歌，只是因聽歌而引發對「知青」的記憶，對歷史的思考。對於知青的頌歌，也許不必太多指責，那是一代人的歷史印痕；對於知青的奮取精神，我們也要延續，還要張揚，那是血淚的凝聚；但對於那個時代的人生悲劇、社會悲情，我們更要正視，絕不容許下一代

重蹈我們當年「上山下鄉」之覆轍。那是人類歷史的一場大災難！

特殊，還是非正常？

當我把「激情，還是悲情？」這個觀點寫成文章發表，並有朋友貼上知青網站上時，有人點贊，有人沉默，也有人批駁。這種不同「反響」，恰恰說明這段關乎一代人青春的歷史，關乎國家命運的歷史，很值得研究，很需要有正確而又具體的評價。上山下鄉，只是文革「遺產」的一部分，而巴金提出建立「文革紀念館」的構想，至死未能實現，至今也無太多人關注，正正說明文革後遺症仍然深重。

我寫文章一般比較溫和，留有餘地，大家商討。如果實話實說，上山下鄉運動，就是對世界文明的挑戰。領袖利用完青年學生挑起內亂，打倒政治對手，就統統放逐到鄉下，免打亂其政治佈局。領袖每次動作，都有漂亮的口號，這次是「到廣闊天地煉紅心」，「接受貧下中農再教育」。荒廢學業，上山下鄉，對國家而言，是一場政治欺騙，對青少年來說，又是一次上當受騙。不錯，大部分人挺了過來，熬了出來，也有「根正苗紅」子弟利用政策，或利用關係進了軍隊、機關，上了清華、北大，今天還掌了權。但是，這個以青春博得的既得利益，是以一代人的青春殉葬為代價的。

雖然「知青組歌」也很有觀賞性，但它不是抽象藝術，可以自由想像、任意解讀。它是有明確所指，有明白的歌詞，有具象的台景，有打著富於歷史含義的「知青」旗號，有鮮明的時代烙印。藝術的本質是表現美，你可以表現知青的人性、人情美，知青的奮進、抗爭、覺醒美，但你不能以豔陽歡歌美化荒誕年代，以皎月柔情美化時代悲情，把那種欺騙性的假大空政治口號，也作為知青的進取精神來美化，來歌頌。

誰說悲劇就不能用藝術美來表現？莎士比亞最偉大的作品，就是四大悲劇，揭示了人性中善與惡、正與邪較量的美，這是永恆的藝術美。難道表現二戰中受難的猶太人，也要用浪漫激昂的美調子，美化時代悲情？

如果我們的後代，或若干年後來聽知青組歌，就有可能被誤導：噢，

知青生活還是挺浪漫的，雖說辛苦點，也是一種活法，傳說中的文革，其情景也不過如此而已，也能找樂。

那些激情演唱知青頌歌者，那些盲目的所謂的「青春無悔」者，請捫心自問：今天你果真能勇敢面對自己的子女棄讀中學，棄考大學，再度將他們投入「上山下鄉」嗎？

偏偏那些當年從「上山下鄉」中爭相蜂擁「回城」的知青，今天一方面忙於將自己的兒孫趕進名校，輸送出國深造，另一方面，又熱衷於大唱知青頌歌，懷舊當年。前不久，我回中國時，剛好有一台晚會，知青朋友送票邀我觀賞。當得知晚會的下半場又是「知青組歌」時，我便放棄了。無獨有偶，近期又有知青朋友用微信向我推薦了兩個知青音樂會，一個是北方的，一個是南方的。我打開一看，還是我們幾十年前的朗誦詞、演唱詞，還是那種虛無的激情，那種假大空的豪言壯語，我第一感覺是，怎麼還沒長大呢？恍如時光倒流，起雞皮疙瘩。要說當年無知，那麼現在呢？

南北兩台演出，臺詞唱詞都少不了「迎朝陽」這一句。我們這代人當年都常激情滿懷地大喊這一句。但真的是「迎朝陽」嗎？學業荒廢，生產荒廢，人性荒廢，人道荒廢，只有口號漫天飛，「朝陽」下，大地瘡痍，人心麻木。如今聽到這一句，說不出的萬般滋味湧上心頭。還有一句更值得玩味。無論哪場音樂會，一拉開帷幕就會聲情並茂來這麼一段：特殊的年代，特殊的一群，特殊的經歷，特殊的歡樂。好像這個「特殊」，挺有味道，挺理直氣壯似的。但仔細想想，什麼「特殊」？為什麼「特殊」？這正是知青情感中的一種兩難尷尬。

一方面，國家的動亂浩劫不堪回首，另一方面，個人的青春年華，有血有肉有情感終身難忘。這是事實，但你總不能這樣說：浩劫的年代，革命的一群，磨難的經歷，理想的歡樂——這是悖反。更不能說：偉大的年代，偉大的一群，偉大的經歷，偉大的歡樂——這是歪曲。所以我們就自以為是，得意洋洋用「特殊」去修飾。

特殊，其實是我們在政治與情感衝突中的一種選擇性的自我安慰。特殊，用官方在政治敏感問題上的標準用語就是「非正常」。如果說白了就是：非正常的年代，非正常的一群，非正常的經歷，非正常的歡樂。但這

樣一來，那種崇高感、使命感就全沒了。「無悔」者當然不幹了。於是，就用「特殊」定位，該含糊的含糊，該突出的突出。這就是中文所具有的「模糊」特性的魅力。不過我還是心虛，瞞天過海呀！

當然，我在某種時候也會借用「特殊」這個詞，但絕不是得意洋洋的顯擺，而是言論環境下的一種修飾，表達自由度受限的一種無奈。

「八百秀才」是知青？

時代在改變，社會在發展，但並非人人都在進步，有些過來人，對事過境遷似有失憶，仍滯留過去；有些沒有親歷者，卻想當然盲目迷信過去。如果因實體物質的改變而忘記當年精神靈魂所孕育的感受和認知，缺少自省與反思，歷史難保不會重演。

老知青尚且對自身經歷都混淆不清，是非難分，那新一代就更不用說了，常常對知青問題一頭霧水，甚至張冠李戴。

近日讀報，偶爾翻到廣東某報一篇關於英德茶場的報道，因用「知青情濃」作標題，故而引起我的興趣。作為當年的知青，對那段磨難的經歷，那種無奈的記憶，確實有種「情結」。但是什麼情結呢？是懷念、自豪？抑或自省、慨嘆？肯定會因人而異，不盡相同。

我要說的是，這篇出自年輕記者之手筆的報道，把「上山下鄉」與「五七幹校」的歷史背景混為一談，顯然是一種誤讀和誤導。如果有人說，散文大家秦牧、粵劇泰斗紅線女是知青，你會相信嗎？但這篇報道確實如此稱謂，不啻令人悲哀。

報道中說，當年5000知青到廣東英德種茶製茶，這沒錯，但又說，這批知青還包括秦牧、紅線女等省市報社、省文化單位的「八百秀才」，這就有點張冠李戴了。要知道，知青，是指當時還未參加工作的中學生、大學生，被領袖一揮手，捲入「上山下鄉」的浪潮，他們大都是十來二十歲的年輕人。而那「八百秀才」，卻是在職的記者、編輯、作家、畫家、藝術家等文化人士，他們大多是有社會閱歷的中年人，也有參加工作不久的年輕人，更有中共建政前就在解放區和國統區工作的老前輩。他們到英德

茶場,並非「上山下鄉」,而是在「最高指示」下,被軍宣隊、工宣隊驅趕到「五七幹校」。

上山下鄉與五七幹校有同也有異。同者,都是國家強制性驅趕,都是以革命的名義,是被教育對象,被勞動鍛鍊,被思想改造。異者,知青只是被遺棄、被放養的一群;而五七幹校則還有政治審查、身分甄別、清理隊伍、重新分配的性質。那些年,許多家庭,父母去幹校,子女上山下鄉,家裡空巢,有的甚至被逼遷。這是現代社會反文明的奇特現象。

報道中提及的秦牧、紅線女等那批文化名人,我曾與他們中的一些人共事,也聽他們談及過到英德種茶、勞動、受審查的往事,但從沒看出一種高興的心情,或欣賞的態度,只是深深地舒了口氣,每個人都慶幸自己終於走出幹校,重返工作崗位。順境者,只當作人生的一段荒誕插曲;逆境者,則是一段不堪回首萬劫不復的生活教訓。這一輩人,已有相當一部分人陸續離世,健在者,肯定對這段奇特而野蠻的歷史有深切的體會、深刻的認識。

我無意責怪報道者,因為他們都是生活在當下的年輕人,對歷史可能不知情,下筆或有誤解。但我悲哀的是,上山下鄉和五七幹校都是所謂「文化大革命」的產物,而文革距今才四十多年,上山下鄉和五七幹校的親歷者仍大有人在,而我們的媒體,我們的社會就出現健忘症,對非正常年代的史實混淆不清。倘若這輩人都走了,這段歷史留下的又會是什麼樣子呢?我們的後人又會怎樣去書寫呢?

我驚訝的是,報道以欣賞的態度來談及「八百秀才」往事,無疑是以歷史的傷痛作商機。我不反對以「八百秀才」作英德紅茶的品牌,這些人、這段歷史應該銘記。但把「八百秀才」與歷史作錯誤嫁接,作為「感恩知情、紀念知青、延續知青精神的品牌符號」,委實是對歷史的無知與曲解吧。

為何仍樂道於「無悔」、「感恩」?

當我把「八百秀才是知青?」的感觸寫成文刊於報上後,有知青朋友

問我：我們的社會，對知青問題還這麼盲目；我們的許多老知青，明明知道當年不是情願的，不是合理的選擇，現在卻還在津津樂道於「無悔」，喋喋不休談「感恩」；為什麼？我以為，深究原因主要有兩個方面：一是國家態度，一是個人心理。

國家雖然在1981年黨的十一屆六中全會上，以黨的決議對文革十年定性為「由領導者錯誤發動，被反革命集團利用，給黨、國家和各族人民帶來嚴重災難的內亂」，但對文革的標誌性圖景之一的上山下鄉從未有過具體定性。

粉碎「四人幫」後，各地知青不斷向各級政府上書、上訪，中央於1978年10月召開全國知識青年上山下鄉工作會議，決定終止上山下鄉運動。之後，又陸續安置知青回城和就業。當時，官方媒體對此事的報道用詞是「撥亂反正」。

何謂「亂」？依愚見，亂國政，亂民心。青年學生到農村去，本身沒對錯，看你是否自由選擇。就像今天有些大學畢業生喜歡去當村官，文革前也有城市青年自願到農村去闖蕩，這是個人的行為選擇。但文革期間的上山下山絕對不同，是一場與政治相關的運動，是一次巨大規模的強制性的國家行為，是一種不由分說中斷學業，分離家庭的野蠻大遷徙，擾亂了民心，破壞了社會生態平衡。

何謂「正」？知青回城是正道。回城與家人團聚，是人道；回城深造、就業，是對經濟發展的推動。今天，不是許多農民工蜂擁入城打工，促進城市建設嗎？你可以說，這與當年的社會情勢不一樣。的確不一樣。最大的不一樣，是當年國家的心不在民生在政治，工作重心不在於經濟建設而在於搞階級鬥爭、權力鬥爭。所以知青成了多餘的人，成了吃閒飯的礙事者，惟有上山下鄉去打發。

遺憾的是，雖然官方也承認上山下鄉「受極左路線干擾」而「撥亂反正」，終止了上山下鄉運動，安置了知青回城，但沒有正式行文澈底否定上山下鄉。所以，為此灑過血汗的知青仍存有幻想，社會、媒體也可以無禁忌正面談論上山下鄉。何況上山下鄉是領袖傑作，毛還是國家旗幟，不是說「不能用後三十年否定前三十年」嗎？所以官方再不會對上山下鄉作

明確否定。國人早已被馴服得有「緊跟」的慣性。如像文革，因已用中央決議的方式給否定了，即使當年一些受益者，如參軍、進工廠、工農兵學員，進革委會領導班子的人，對文革沒有惡感的人，也不會出來大談自己在文革中的「光榮史」。又如紅衛兵，也早已被斷定為「打砸搶」分子，擾亂社會秩序的劣行。即使其中許多人當年也只是懷著「跟隨領袖鬧革命」的純真，現在也不可能出來為自己申辯。因為有了國家的態度，也就形成了社會的共識。

現在已沒人敢像鄧小平當年那樣明確否定毛的東西，所以對上山下鄉問題很曖昧，理論上是文革產物，但具體上沒定性，給了一些人有幻覺。

就是文革問題，現在也變得很敏感，雖然被否定了，但在宣傳上不能隨便探討，媒體、出版都有一些避忌，比起當年「實踐是檢驗真理的標準」和傷痕文學時期，是大大倒退了。當年鄧小平必須否定毛的一些做法，才能打破鐵幕，開放改革，挽救中國於水火之中。現在不同了，柏林牆一夜之間倒塌，蘇聯東歐瞬間解體，社會主義國家體制受到衝擊，同一陣營的倖存者中國，必須再打出毛老人家的旗幟來自保。對文革如果一深談，一追究，就牽涉到領袖，牽涉到對黨史的否定，所以對文革只能是抽象的否定，具體的不談。

上山下鄉牽涉幾千萬人，現在全國的「知青博物館」已逾百家，而文革禍害幾億人，「文革紀念館」卻沒有進展。知青博物館也只是展示知青「偉業」，而無反思內容，隱去文革的禍害，虛化時代的悲劇，因而也誤導了知青精神。

就知青本人而言，雖然當年絕大多數都不是心甘情願的，但畢竟付出過，留下了情感，留下了終身的記憶，既然沒有反面的定性，自己也不容易否定自己，那就作為正面的經歷留存，也是一種自戀、自慰吧。就像夫妻盲婚，並非自願，也非真愛，但長期生活在一起，有了共同經歷，有了一定情感，更有了小孩，知道不可能時光倒流，再找真愛，也就認命了，還會向小孩自誇：看，你父母如何如何……。

至於有不少人其實心裡明白，但也要唱好，就是在一種社會思潮下的兩難心態。這也是中華民族自古至今都缺乏的西方文化裡那種懺悔意識、

自省意識之使然。如果中央明確表態，社會形成共識，那人們的狂熱就會馬上幻滅，如同面對文革問題、紅衛兵問題一樣。

知青這一代人，論資質，論虔誠，可以專注做事業，可以出很多博士，但幾千萬知青風華正茂之時，正是上大學深造的大好時機，如果不是上山下鄉，他們之中應該出很多科學、經濟、實業人才，出很多中國製造的「××之父」，但現在卻只是盛產官員。好在當今決策者已經明白，應該讓子女去讀清華、北大，去讀哈佛、劍橋，而不是上武夷山種茶，到延安挖窯洞。今天國人更是明白，現在要高唱的不是上山下鄉之歌，而是上天之歌，上太空之歌，只有這歌聲才真正響徹雲霄。

其實，如果你心有不甘仍想唱知青頌歌的話，那就歌頌知青在苦難中不甘沉淪，掙扎中成長，在國家動亂之時，與農民、軍工患難與共，結下夥伴情誼。我和許多知青朋友，也時有回憶上山下鄉生活，這是一種集體記憶。如果說，知青也是一首歌，那就是患難與共，自我進取的勵志歌。我們雖然受蒙蔽，還自強不息，雖然很傻逼，還一臉真誠，雖然很惘然，仍互相鼓勵，尋求出路。那是一種人性美，人情美，但絕不是對上山下鄉唱讚歌。曾記否？當我們披星戴月，汗灑驕陽，「杯杯膠水獻給黨」的時候，正是國家經濟到了崩潰的邊緣，我們還以為給共和國添磚加瓦，實質正被引向挖牆腳的絕路。好在這個事實，已被鄧小平寫進黨的文獻中。如果你翻看十一屆六中全會決議對文革十年的判決，你還能唱出激昂「無悔」的頌歌嗎？那是共和國恥辱的悲歌啊！知青是悲歌中的一個音符，若還想唱氣沖雲霄的最強音，我只能無言。

上山下鄉，一言以蔽之：對國家來說，是歷史的創傷；對世界來說，是反文明的人類悲劇；對後代來說，是莫名其妙的映像；對紅太陽來說，是日食無光的一刻；對上帝來說，是人類原罪的又一注腳。而對知青來說，在知識上是被荒廢的一代，在精神上是被強姦了的一代，在意志上是磨難中鍛鍊成長的一代。回首當年，我們的激情我們自己來消化，我們的苦樂我們自己來擔當，可不要誤導後代，再讓他們成傻逼。

時間流逝改變著空間，歷史的實體及物質已不復存在，但歷史的精神和靈魂永遠不滅。讓我們及子孫後代永遠記住：共和國的「文革恥辱史」！

趙九歌

作者簡介：

趙九歌，無黨派，非著名自由撰稿人，澳大利亞新州華文作家協會會員。1946年生於臺灣臺北市。知識分子家庭出身；1951年後隨父母定居福州至今。

前《福州鐵道學院》肄業。原供職於福州鐵路單位，後自營。21世紀初在《法制與社會》雜誌社第二編輯部（福州）任撰稿人、編輯、採訪部、通聯部負責人。

曾在《法制與社會》、《福州晚報》、《前線鐵道報》和國內報刊發表警務報導和法制類文章；並著書《文革聊齋》和《時代聊齋》達數百萬字。文章在國內多次獲獎，散文《臺北的福州山》和《快快見到你啊，美麗的基隆港》被收錄於《華夏散文精選》。

2011年被聘為英格蘭皇家藝術基金會永久學術顧問，協助開展中國及亞洲地區文化藝術發展方向研究工作，終身享受學術出版專項基金最高津貼申請資格。

家國十年

　　父親慘死的那年夏秋季節，《人民日報》在頭版頭條發表了一篇社論，觸目驚心的標題曰：「橫掃一切牛鬼蛇神」！

　　中國人突然變得很兇惡。平常很熟悉的人相見也不再打招呼，一個個都板著鐵青的臉，橫行而過。

　　從北京經過「導師」兼「統帥」又兼了「舵手」的領袖接見和檢閱後回來的年輕人走在路上，一個個趾高氣揚，好像看什麼都不順眼。他們改了福州城內的很多街名、路名。新名字也都取的很是怪異，令人毛骨悚然而又不敢不服。大街小巷裡，時不時地響起一陣口號聲，然後就有一堆造反派或紅衛兵押著一隊樣子狼狽不堪的人；這些人頭上都會戴著高高的、用紙糊起來像紙筒一樣的帽子，上面血淋淋地寫著歪歪扭扭的字。

　　父親在福建醫學院（後更名為福建醫科大學）任政治經濟學教授、學報總編，和許多校領導和老師們一起在早些時候就被押到學校裡集中起來了。父親的罪名很多，有「反動學術權威」、「反動文人」……又因為是從臺灣回來的，最嚇人的罪名是「國民黨特務」。

　　帶著紅色袖章的人一撥接著一撥來到家裡，如入無人之境。從我記事時開始，我家就有個碩大的書架，架上整整齊齊擺放著很多書。有一層是一些厚厚的精裝本，上學時我常常看著它們，念書脊上的書名，我印象最深的是《資本論》、《列寧主義問題》、《聯共黨史（布）》等。那幾天，書架上的書都下了架，隨便來的是什麼人，都在書上走來走去，也沒覺得墊腳。

　　父親母親的辦公桌的抽屜都被粗暴地拉到地下，裡面的東西也都散落一地，被一雙雙叫「解放鞋」的草綠色鞋子踩踏成了一堆堆垃圾。我很憤怒，但又有些害怕，只是站在一邊冷眼看著這些闖入者。

　　一天傍晚，家裡來了醫學院的兩人，神情有點詭異他們低聲地和母親說了幾句什麼，母親臉色一瞬間變得十分哀戚，就跟著他們匆匆走了。

深夜，我被一陣哭聲驚醒。是母親！姐姐也在一旁陪著啜泣落淚。在同來的母親友人們的勸說和母親的訴說中，我明白父親死了！

第二天，學校裡的藥理學鹿教授的兒子告訴我，父親在學校的教室裡用頭撞牆，撞得滿臉是血被急救車送去醫院，又從醫院的三樓跳了下來……

後來，姐姐居然也自殺了。

那幾天，我在福州東街口一個大字報欄上也看到了關於母親是省裡最大叛徒的消息，是整版的。從第一張到最後一張大約貼了十米長，大字報前人頭攢動，綠油油、黑壓壓、紅彤彤一片，人們爭相觀看，然後就奔相走告。

這張大字報時天津大學「八‧一三揪叛徒紅衛兵團」寫的，這個紅衛兵團在當時非常出名。

後來聽說，大字報貼進了福建省中部的這個小山城。還加了注腳——這個叛徒的女兒就在永安鐵路上、在革命人民的身邊云云。一霎間，山城革命派奔相走告，姐姐身邊驟然捲起一陣狂風！

她沉默了！

接著就發生了1968年4月28日晚上的事！她走了！她頭也不回！她從虛無飄渺界走來，再走回虛無縹緲界去。永遠沒有人知道，她是懷著悲傷走的還是帶著欣喜走的。她走時才二十六歲，正是花樣年華。

姐姐在自殺前，幾乎每一周都給為躲避死亡而藏匿在福州郊縣的母親寫一封信。這些信多年後文革結束時交到了我手裡，內裡內容很淒慘！我總是流著淚看，看完後再流淚。信中說得最多的是關心母親的處境和傾訴她活在世上的無助！字裡行間也總會流露幾許厭世。信紙上的字有時很難辨認，字跡被眼淚洇得模糊不清，是需要用點思考才能將它們連接起來的。在我後來的《文革聊齋‧化蝶》一文的結尾裡，她成了美麗的蝴蝶，這是我所期望的！但蝴蝶的生命太過於脆弱，這又是我所不期望的！

再說當年，姐姐慘死後，母親很快就被革命造反派抓起來了，關在福州第十六中學教室裡，嚴加看守。

雖說十分難熬，但時間還是一天一天過去了。這就來到了那場大災難的第三個年頭。母親在被關押審查兩個月後，被聞訊而來的「紅色老區革

命造反總司令部」的五十多個揮舞著棍棒長刀的農民們從戒備森嚴的紅衛兵包圍中救了出去，連夜用板車拉走，安排在「林祥謙陵園」旁的小村子安頓下來。此處歷來民風強悍，造反派、紅衛兵每每談之色變，絕不敢來抓人。

孰不料，這一躲兩年就把外婆的老命賠進去了。

自打1951年我們家從北京南歸到福州，外婆就一直和我們一起生活。母親被關時，外婆已經年屆八旬，原本是尚可以「頤養天年」的，兩個姨媽三不五時來我家輪番照顧她，她尋常時候也幫著照料弟弟，生活還算舒心。

母親她「逃走」後，外婆又回到二十多年前母親棄家鬧共產、外公沉屙不起、一命嗚呼的黑暗生活裡了。

1969年，依據「最新指示」，這場「史無前例」的運動已經進入「鬥、批、改」階段；但「中央文革小組」副組長「江青同志」此前的「文攻武衛」的強大精神仍然起作用，各地的武鬥仍像方興未艾、此起彼伏。大約在這年冬春季節吧，我們這裡的一場「擁軍派」的「八・二九」工人造反總司令部和「反軍派」的「體育革命造反委員會」已經酣戰數日，打得難解難分。「擁軍派」們佔據著於山風景區一隅的白塔上和白塔周圍，被「反軍派」團團圍住。「體造會」們身強力壯，在山麓的陣地上的兩棵樹幹綁著了很粗的橡皮帶，往白塔周邊射著拳頭大小的石頭。「八・二九工總司」依仗軍隊做靠山，卻有很多來歷不明的槍支彈藥，時不時往山下開幾槍。

當時，外婆無處可去，夜晚只能在我們業已殘破的家裡住著，權當個「鎮守使」。白天她就步行到姨姨家或福州各處的親戚家蹭飯，晚上回來，生活如行乞一般。有一天，外婆一如往日，在去往南後街舅公家時經過南門。外婆路過時，就那麼不幸，一顆流彈不偏不倚正打在外婆頭上。她一下子向前撲倒，水泥的人行道上，頓時淌滿猩紅色的血……

她還是被潛伏在市區的「紅色老區」抬走的。當天下午，就被送到母親棲息的閩侯「祥謙小學」母親的身邊。夜裡，母親在昏暗的燈光下，流著淚用從祥謙衛生院借來的手術刀和鑷子在昏迷的外婆頭上取出三十多顆

霰槍彈，多是自行車軸承裡的鋼珠，約米粒大小。外婆昏迷兩天，一直沒有醒來，到了第三天上午就斷了氣。幾位農民送來了一副松木棺，和母親一起抬到林祥謙陵園旁的山上掩埋。母親和他們一道焚了幾柱香，再燒了一些紙，就平靜地下山了。

後來聽說，外婆走的時候神態非常安詳。我至今覺得，在那種大劫難期間，外婆還算是很幸運的，還算沒有遭受很多折磨。

五年後，母親也在孤獨和痛苦中死了。她被發配到了教育部門「支農」的福州北郊壽山上的一個公社，在勞作時「不慎」從梯田的田埂上滾下來，跌斷了手臂。抬回福州住進了醫院，不知怎麼地就併發了很多重病，後來就死了。母親在最後那幾年，忍受了常人幾乎無法忍受的苦難。短短幾年間，親人逐個離世，家也不復存在了。她頑強地活了下來，卻把許多話留在肚裡。據說，在她臨近死前的一天，在福州市第二醫院，突然向同病房的病友們詳細地講述了她一生的故事。母親一直是當地「名人」，當時其他病房的許多病友聞訊都集中來到母親所住的病房，病房內座無虛席，以致很多人都站著聽。都後來，竟然是哭聲一片，連醫生、護士都哭著跑走了。

母親死時文革已到了晚期。人人都已經厭倦了那場毫無意義的運動；厭倦了喋喋不休的爭吵，莫名其妙的打鬥；厭倦了你方唱罷我登場的走馬燈式的政治舞臺。

清明，我又上山為母親掃墓。走完長長的山路，已是氣喘噓噓，全身浸潤了汗水。我坐在母親的墓前哭了兩個小時。一個專為人掃墓的老頭默默地站立在旁看著，後來長嘆了一口氣走了。

一陣山風忽然從母親墳後向前面吹來，輕輕吹拂在我的身上，又久久地盤旋著，沒有離開。

母親何柏華，1912年正月初一日誕生在福州城裡我外公那個窮畫師兼非著名中醫家裡。有四姐妹，母親居長，天性聰穎，深得外祖父寵愛。四姐妹中，也只供她上學。但母親卻不是中國傳統意義的女性。16歲在福州女子師範念書時就在當時還沒拆掉的南門城牆上加入了共產主義青年團

（C.Y）；隨即又被共產黨員江董琴推薦考入黃埔軍校武漢分校，和趙一曼、遊曦（廣州暴動中去世）、張瑞華（聶榮臻夫人）、黃傑（徐向前夫人）、謝冰瑩、遊曦等一起，被編為黃埔第六期女生大隊。1927年，寧、漢（蔣、汪）合流，「國共合作」徹底破裂，和許多軍校裡的共產黨員一起，跟著她的老師惲代英去南昌參加了八一暴動。

母親走上了不歸路！

文革以後，我經常尋訪她年輕時的印記。在福州西湖公園吧邊的菜市場後面的小巷裡，有個上世紀七十年代已經八十歲左右的老太太一見我面就會和我講起當年母親念書失蹤的事：她說：你外婆每天早上買菜碰到我，都會哭訴女兒上學上丟了！

母親二十八歲前就嫁過兩位共產黨人，一位是江德賢（也是黃埔），一位是邱泮林。江德賢1930年時在福建泉州當任中共地下組織領導時在當地發動暴亂被捕，而後處決。母親時任中國福建省委行委委員，在一夜間成了寡婦，2002年4期《福州黨史通訊》是這樣描述的：「何柏華同志接到噩耗痛不欲生，從此更堅定了推翻國民黨反動派的決心……」云云，不知確否？第二位邱泮林曾經當過福州市委書記、江西省委書記等等，是母親在上海任中共閩北區婦委書記時，組織分配扮為假夫妻成真（中共黨史裡有）。後來母親和邱泮林都被捕了，母親先後關進上海南市監獄、南京警備區監獄又轉到蘇州反省院與帥孟奇同監關了幾年後，被保釋（俗稱「組織營救」）出獄隨即被派到廣東寶安（即現在的深圳）工作。邱泮林出獄後在193幾年時也因傷病犧牲了，母親再一次守寡。

抗戰時期，母親先是在寶安領導抗日。她是黃埔軍校出來的，中共地下黨組織理所當然地委派她作了軍事教員。後來又派她潛回福州，結果恰逢福州第一次淪陷，地下黨組織已盡數瓦解。旋北上欲去江蘇、安徽尋新四軍。到了金華，發現有個隊伍夾雜進大量共產黨員。領頭的是黃埔軍校畢業的李友邦，這個隊伍叫「臺灣抗日義勇隊」。她就加入了這個隊伍，被任命為輔導員。這才有了後來我們的一家！

日本投降後，父母隨著李友邦凱旋班師臺灣，在那個島上我和我弟降生了。可是又由於參與謝雪紅等臺灣共產黨的「二‧二八」事件策劃的反

政府活動，再次遭到調查，深知大事不好的父母連夜離開臺北逃到台南。據幾個父輩的老人說，我父親看著七歲的姐姐、才剛三歲的我和1949年9月生、尚在襁褓中的弟弟躲在鄉下直流眼淚。母親倒是十分鎮定，花了九牛二虎之力聯絡了離島開往香港的船，這才逃出來了。在香港，父母還沒有和中共黨聯繫上，就一家人蝸居在小旅社裡，父親作為香港《大公報》副刊主筆，每日賣文養家。如此數月，直至1950年由當時的中共南方局安排輾轉去了「解放區」。1951年，據母親的回憶手稿敘述，母親當年在上海的老上級鄧穎超和也是剛從臺灣逃出的臺灣共產黨負責人謝雪紅作了研究，認為臺灣很快就要「解放」了，很需要像我母親這樣的幹部，到時謝雪紅將帶著我的父母一起回到臺灣工作，於是，就分配南下到福州待命，母親這才永遠回到了故鄉。

總算盼到「理想」成功、能過上了舒心日子了。可是已經獲得政權的一方還意猶未盡，總覺得贏得不夠紮實。於是禁不住就不斷發動一些政治鬥爭，從共產黨外鬥到共產黨內。最後把自己也鬥進去了！這樣，我的脆弱的父親和我苦難的母親也都在那幾場鬥爭中相繼離世了。因為父親是文革自殺的——那是在「解放」後，國家在「偉大領袖」毛澤東領導的時期，他得到的謚號是「自絕於黨自絕於人民」！

高蓋山上，母親墳旁原來那些密集的墳現在所剩無幾。這座山已被整體建成了一個公園。人們在每天清晨安步上山，稍事休息後，便開始了各式各樣的操練，一群老頭老太太聚精會神地打著太極拳，動作非常柔和綿軟，他們用歡聲笑語和好聽的音樂陪伴著母親，撫慰著她不滅的靈魂。我看著這些已經忘掉那個時代的悲傷享受著苟生美好的老頭老太太。那麼，媽媽，請您的靈魂揩乾淚水。也忘掉貼滿福州街頭的大字報，忘掉連天的槍炮聲，忘掉協和醫院水泥地上爸爸頭顱裡湧出的鮮血，忘掉1967年外婆白髮裡的霰彈，忘掉1968年套在二十六歲姐姐頸上的繩，忘掉1971年戴在兒子手腕上的那副錚亮的手銬！他終於活下來了，而且甚至還能寫文章！

今天我把這篇文章戛然截斷，但有那麼一天我會認真地把它寫完！然後選擇一個地方，交給「人權出版社」出版。我要告訴人們，毛式革命是

如何吞噬自己的兒子，暴政是如何扼殺大眾的人權，而人是多麼需要保衛
自身的權利……

努力吧，人們！

2016年3月於雪梨

血歷史72　PC0616

新銳文創 文革五十年祭
INDEPENDENT & UNIQUE

主　　編	何與懷
責任編輯	洪仕翰
圖文排版	楊家齊
封面設計	蔡瑋筠

出版策劃	新銳文創
發 行 人	宋政坤
法律顧問	毛國樑　律師
製作發行	秀威資訊科技股份有限公司
	114 台北市內湖區瑞光路76巷65號1樓
	電話：+886-2-2796-3638　傳真：+886-2-2796-1377
	服務信箱：service@showwe.com.tw
	http://www.showwe.com.tw
郵政劃撥	19563868　戶名：秀威資訊科技股份有限公司
展售門市	國家書店【松江門市】
	104 台北市中山區松江路209號1樓
	電話：+886-2-2518-0207　傳真：+886-2-2518-0778
網路訂購	秀威網路書店：http://www.bodbooks.com.tw
	國家網路書店：http://www.govbooks.com.tw

出版日期	2016年9月　BOD一版
定　　價	600元

國家圖書館出版品預行編目

文革五十年祭 / 何與懷主編. -- 一版. -- 臺北
市 : 新銳文創 : 秀威資訊科技發行, 2016.09
面 ； 公分. -- (血歷史 ; 72)
BOD版
ISBN 978-986-5716-84-4(平裝)

1. 文化大革命 2. 文集

628.75   105014185

讀 者 回 函 卡

感謝您購買本書，為提升服務品質，請填妥以下資料，將讀者回函卡直接寄
回或傳真本公司，收到您的寶貴意見後，我們會收藏記錄及檢討，謝謝！
如您需要了解本公司最新出版書目、購書優惠或企劃活動，歡迎您上網查詢
或下載相關資料：http:// www.showwe.com.tw

您購買的書名：_____

出生日期：_____年_____月_____日

學歷：□高中 (含) 以下　　□大專　　□研究所 (含) 以上

職業：□製造業　□金融業　□資訊業　□軍警　□傳播業　□自由業
　　　□服務業　□公務員　□教職　　□學生　□家管　　□其它_____

購書地點：□網路書店　□實體書店　□書展　□郵購　□贈閱　□其他

您從何得知本書的消息？

　□網路書店　□實體書店　□網路搜尋　□電子報　□書訊　□雜誌

　□傳播媒體　□親友推薦　□網站推薦　□部落格　□其他_____

您對本書的評價：（請填代號　1.非常滿意　2.滿意　3.尚可　4.再改進）

　封面設計____　版面編排____　內容____　文／譯筆____　價格____

讀完書後您覺得：

　□很有收穫　□有收穫　□收穫不多　□沒收穫

對我們的建議：_____

_____

_____

11466
台北市內湖區瑞光路 76 巷 65 號 1 樓

秀威資訊科技股份有限公司　　　收

BOD 數位出版事業部

....

（請沿線對折寄回，謝謝！）

姓　　名：＿＿＿＿＿＿＿＿＿　年齡：＿＿＿＿　性別：□女　□男

郵遞區號：□□□□□

地　　址：＿＿＿＿＿＿＿＿＿＿＿＿＿＿＿＿＿＿

聯絡電話：(日)＿＿＿＿＿＿＿＿＿(夜)＿＿＿＿＿＿＿＿＿

E-mail：＿＿＿＿＿＿＿＿＿＿＿＿＿＿＿＿＿